ŒUVRES COMPLÈTES

D'ALEXIS DE TOCQUEVILLE

PUBLIÉES

PAR MADAME DE TOCQUEVILLE

1147

—

VI

PARIS. — IMP. SIMON RAÇON ET COMP., RUE D'ERFURTH, 1.

CORRESPONDANCE

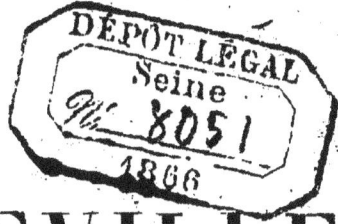
D'ALEXIS

DE TOCQUEVILLE

— Publiée en 1860 —

_ 2me éd. _

PARIS

MICHEL LÉVY FRÈRES, LIBRAIRES ÉDITEURS

RUE VIVIENNE, 2 BIS, ET BOULEVARD DES ITALIENS, 15

À LA LIBRAIRIE NOUVELLE

—

1867

CORRESPONDANCE[1]

A M. LE BARON DE TOCQUEVILLE[2]

Paris, 9 août 1829

C'est à vous deux à la fois que je veux écrire aujour-
d'hui, mes bons amis; je n'ai pas le temps de vous
faire deux lettres, parce que nous sommes au milieu des
assises; et cependant je veux parler à l'un et à l'autre.
L'embarras est de savoir à qui s'adresser d'abord; car
il y a des choses qui ne se rapportent point à tous les
deux. Si je consulte mon cœur, il ne m'indique ni premier ni second. Je commencerai cependant par la dame

---

[1] Voir l'observation commune à toute la correspondance de Tocqueville, à la page 296, tome V.

[2] Son frère Édouard, depuis le vicomte de Tocqueville. Cette lettre était
tout à la fois adressée à son frère Édouard et à sa belle-sœur Alexandrine,
nouvellement mariés, qui firent à cette époque, en Suisse et en Italie, un
voyage, pendant lequel Alexis de Tocqueville leur donnait les nouvelles de
France, devenues chaque jour plus graves aux approches de la révolution
de Juillet 1830.

du logis; mais il faut bien qu'elle se figure que c'est par pur esprit de politesse française.

Je vous dirai donc, ma bonne sœur, que si ma lettre vous a été au cœur, c'est un chemin que la vôtre a trouvé aussi d'elle-même. Je le mandais à votre mari il y a quelques jours; je ne sais comment vous exprimer l'impression que ce témoignage d'amitié de votre part a causée sur moi. Tous les jours il arrive de remercier ceux qui vous écrivent des choses aimables, et le remercîment alors a quelque chose de plus vif que le sentiment qui l'inspire : c'est de la fausse monnaie qu'on donne pour de la bonne; et on le fait consciencieusement parce qu'elle ne trompe personne. Eh bien, je veux au contraire que vous preniez la mienne pour ce que je la présente et pour ce qu'elle vaut; et pour cela je ne sais comment faire. Je voudrais vous dire ce que j'ai éprouvé tout juste, rien au *delà, rien au-dessous. Je vous dirai donc bien simplement du fond du cœur que votre lettre m'a touché, ému, que j'ai cru à tout ce qu'elle contenait sans restriction, parce que je retrouvais dans mon âme tout ce que vous savez si bien exprimer. Je vous jure que l'amitié que vous me témoignez et le bonheur que vous faites et ferez toujours, j'espère, trouver à Édouard, sont les deux choses les plus propres à contribuer au mien et à me faire penser avec plaisir à l'avenir.

Ce n'est pas seulement moi qui ai à vous remercier de vos lettres. Il y a *chorus* sur ce point. Toutes les fois qu'une lettre datée de Suisse parvient à Paris, on convoque le ban et l'arrière-ban : tout cela ne fait pas une grande assemblée ; mais au moins chacun y a la même opinion. On lit non pas tout d'un coup, mais tout doucement. On vous suit sur la carte. On commente vos démarches ; on jouit avec vous des beaux sites que vous décrivez ! On s'effraye presque à l'idée de vos fatigues, heureusement très-imaginaires. Enfin, quand la lecture est finie, on se permet de raisonner. Arrivent les réflexions. Ah ! s'il était vrai que les oreilles tintassent aux gens dont on dit du bien, quel beau carillon vous entendriez alors ! On termine en disant que vos lettres vous peignent tout entière ; et c'est là le dernier trait après lequel personne n'a plus rien à ajouter. Quelquefois on va aussi jusqu'à remarquer qu'elles sont tout naturellement écrites à merveille. Mais c'est ce que je n'aurais pas dû vous dire, et ce que nous nous reprochons quand nous nous en apercevons. Ce sont de ces choses auxquelles on ne devrait pas faire plus d'attention que celle qui écrit.

. . . . Mais il est temps que je parle à votre mari.

Tu sais sans doute maintenant, mon cher ami, quels étranges événements se passent dans ce pays-ci. Le ministère vient de donner sa démission en masse. Un ministère composé de MM. de Polignac, la Bourdonnaye, Montbel et autres arrive aux affaires. Comment s'y maintiendront-ils ? Dieu seul le sait. Ou plutôt il sait déjà ce dont nous ne faisons que nous douter ; c'est qu'ils ne s'y maintiendront pas. Il paraît qu'ils vont d'abord vouloir aller avec la chambre actuelle ; mais il est bien peu probable qu'ils y trouvent un point d'appui. En appeler une autre, c'est mettre toutes les chances contre eux, si la loi d'élection reste la même. Changer la loi d'élection avec la chambre actuelle n'est guère à supposer possible. Les voilà donc lancés dans le système des coups d'État, des lois par ordonnances, c'est-à-dire la question posée entre le pouvoir royal et le pouvoir populaire, une lutte engagée en champ clos, une partie où, dans mon opinion, le pouvoir populaire ne joue que son présent, et où l'autorité royale jouera son présent et son avenir. Si ce ministère-ci succombe, la royauté souffrira beaucoup de sa chute; car il est sa création, et fera désirer des garanties qui réduiront à peu de chose un pouvoir déjà trop affaibli. Dieu veuille que la maison de Bourbon ne se repente pas un jour de ce qu'on vient de faire ! . . . .

Adieu, mes bons amis, je vous embrasse tous les deux de tout mon cœur, précisément comme je vous aime.

A M. GUSTAVE DE BEAUMONT

Tocqueville[1], 30 août 1829.

Je viens de recevoir une lettre de vous, mon cher ami : c'est la seconde. Je n'ai pu répondre à la pre-

---

[1] Le château de Tocqueville, devenu depuis sa propriété, était al r à son père.

mière, parce que vous ne m'indiquiez pas où vous trouver ; mais je vous remercie bien de cette double marque de souvenir. Vous paraissez vous attendre à ce que je vous fasse des descriptions de ce que j'ai vu dans ce pays-ci. Je n'en ferai rien : 1° parce que ce serait très-long ; 2° parce que cela ne m'amuserait pas du tout ; 3° ceci est ma raison capitale, parce que cela vous ennuierait. Ce dernier point pourrait se subdiviser. Cela vous ennuierait : 1° parce qu'une description d'une belle chose est presque toujours une vilaine chose ; 2° je vous gardais cela pour le dernier, parce que vous êtes l'homme le moins curieux que je connaisse pour tout ce qui n'a pas pour vous une utilité actuelle et pratique : ce qui, pour le dire en passant, me paraît l'abus d'une excellente disposition et une véritable imperfection. Je vous dirai seulement qu'on a lancé à la mer un gros vaisseau de cent canons ; que je suis parvenu à monter sur le pont, qui est élevé à quelque cinquante pieds du sol ; et que là je me suis senti couler à la mer au bruit des fanfares, du canon, et des voix d'une multitude immense qui environnait le port. Tout ce spectacle était beau, en vérité, et un de ceux que votre imagination concevra bien. Aussi, à l'instant où le capitaine a crié de couper la dernière amarre, et où nous nous sommes mis en mouvement, j'ai été saisi d'un élan d'enthousiasme tel que je n'en avais pas éprouvé depuis longtemps. Je vous assure, mon cher ami, que c'est avec bonheur que j'ai senti ce je ne sais quoi qui remplit les poumons et jette subitement l'âme hors de sa sphère. . . . .

J'ai fait peu de chose, intellectuellement parlant, depuis notre séparation. Cependant, entre autres choses, nous avons appris cette année à employer les petits moments; et j'ai mis cette science à profit pour lire d'abord la plus grande partie de Guizot. Il faut que nous relisions cela ensemble cet hiver, mon cher ami; c'est prodigieux comme décomposition des idées, et propriété des mots, *prodigieux*, en vérité. Cette lecture m'a donné des lueurs assez vives sur le quatrième siècle, qui m'était totalement inconnu, et qui cependant présente tout l'intérêt que peut avoir la décomposition de la grande machine romaine.

AU MÊME

Neufchâtel, 4 octobre 1829.

Permettez-moi, mon bon ami, de ne point vous féliciter de ce qui arrive [1]. En vérité, votre bonheur me coûte si cher que je n'ai pas le courage de prendre un air joyeux. J'aurais fait tout ce qui humainement aurait dépendu de moi pour amener l'événement qui arrive; mais je ne puis m'en réjouir sincèrement... Je ne croyais pas possible notre séparation; et plus je retourne cette idée dans ma tête, moins je parviens à m'y habituer. Nous sommes maintenant liés intimement, liés

---

[1] La nomination de M. G. de Beaumont au parquet de Paris.

pour la vie, je pense.....Mais notre intimité, mon cher Beaumont, cette intimité de tous les moments, cette confiance sans aucunes bornes quelconques, tout ce qui constituait, en un mot, le charme de notre vie commune, tout cela est fini. Cette pensée doit être moins triste pour vous, qui trouvez tout de suite une grande compensation. Un avenir immense s'ouvre devant vous ; le cercle où vous êtes connu peut désormais s'étendre indéfiniment. Mais pour moi, à qui tout échappe à la fois ! pour moi qui vais revenir habiter seul le logement où je me sentais mourir quand j'y restais huit jours sans vous ; qui vous cherchais le soir pour nos promenades, dans la journée pour nos travaux ; qui me sentirai écrasé par mes pensées ; qui ne pourrai demander conseil à personne au milieu de toutes les petites difficultés, de tous les petits dégoûts dont notre état est plein, quel va être mon avenir? Je suis bien triste... Quoique la diminution de notre intimité me paraisse un résultat inévitable, il faut cependant, mon cher ami, lutter contre, autant qu'il sera en nous. Pour cela, il faut continuer à nous dire *tout*, à mettre en commun quelques travaux, à nous réunir certains jours. Je ne vous le cache pas, je vous crains, mon cher ami. Je ne connais personne plus susceptible d'amitié que vous ; mais votre esprit est mobile... Moi, je n'ai donné mon amitié qu'à très-peu de gens, ma confiance entière à presque personne ; mon estime même est difficile à gagner ; mais celui qui a une fois tout cela, l'aura toujours ; il peut y compter. . . . .

. . . .

J'aurais bien des choses à vous dire sur votre nouvelle position, mais ces choses-là se disent plutôt qu'elles ne s'écrivent. Si on voulait vous *utiliser* maintenant, votre position serait bien délicate... Soyez l'esclave de votre propre opinion et le serviteur de personne. . . . . . .

Adieu, mon cher ami, pardonnez-moi la tristesse involontaire qui règne dans cette lettre. Vous êtes heureux, je ne crains pas que les félicitations vous manquent. Mais parmi tous ceux qui viendront vous serrer la main avec un air joyeux, comptez qu'il n'y en a pas un qui, au fond de l'âme, soit aussi content de vous voir heureux que moi.

Écrivez-moi à Genève... une longue lettre pleine d'idées sur l'avenir de notre liaison, sur les moyens de la conserver telle qu'elle est, sur mon propre avenir, sur les chances qui me restent, etc.

AU MÊME

Gray, 29 octobre 1829.

Enfin, mon cher ami, me voilà tranquille auprès du feu, assis seul en face de ma table et prêt à causer avec vous. C'est la situation que j'aime, et pourtant je ne me sens pas en état de causer gaiement aujourd'hui. En arrivant ici il y a quatre jours, j'ai essuyé une de ces

crises d'estomac que vous m'avez déjà vues, et si bien
conditionnée cette fois, que la fièvre s'en est suivie. Il
a fallu me tirer un peu de sang. Maintenant je suis sur
mes pieds comme un autre homme, marchant, parlant,
agissant; cependant mon estomac se ressent de la secousse, et je ne suis pas encore totalement rétabli. Tout
cela me donne du noir; par-dessus le marché il pleut,
le vent siffle dans ma porte et ma cheminée fume, réunion de circonstances les plus propres du monde à faire
prendre l'humanité en grippe, et à faire raisonner et
réfléchir profondément sur les travers, les vices et les
scélératesses des hommes.

Pour parler sérieusement, mon cher ami, le tour que
prend ma santé commence à me causer un vrai chagrin. Il me semble qu'elle est loin de se fortifier avec
les années; que les fatigues du corps prennent plus sur
elle qu'autrefois. J'ai peur que cette disposition empi-
rant par notre genre de vie ne devienne un état de va-
létudinaire. Et puis ce n'est pas tout. Voilà le plus difficile à comprendre, j'ai peur d'avoir peur : c'est-à-dire
que l'être moral ne se laisse trop préoccuper de cet
état matériel, qu'il n'en grossisse prodigieusement la
gravité... Je suis effrayé de la place que mes maux phy-
siques tiennent dans mon imagination, du dégoût qu'ils
me donnent souvent pour l'étude, pour toute espèce d'a-
venir, pour toute ambition, autant dire pour la vie...
C'est cet affaiblissement moral, si propre à diminuer la
seule qualité que j'estime vraiment dans l'homme, l'é-
nergie, c'est cela que je crains plus que tout le reste.

Maintenant, mon cher ami, qu'y pouvez-vous faire? Pourquoi vous conter tout cela? En vérité, je n'en sais rien,
et je ne puis vous répondre autre chose sinon que ces pensées m'occupent, qu'elles remplissent mon âme en ce moment plus qu'aucune autre, et que je sentais le besoin
de me décharger d'un poids qui me gênait en vous le
faisant partager. Maintenant donc que me voilà mieux
de ce côté, je passe à d'autres sujets.

Votre lettre que j'ai reçue à Genève il y a cinq jours
m'a fait un grand plaisir et un grand bien. Seulement
vous avez pris beaucoup trop à cœur ce que je vous ai
dit d'irréfléchi sur la légèreté de vos sentiments en amitié. Vous deviez faire la part de la première impression,
mon cher ami. Quand un homme reçoit un coup de poing
sur la tête, ce n'est pas le moment de lui reprocher qu'il
ne sait plus où il met les pieds, pourvu qu'il marche
vers un but qui n'est pas mauvais... Il est très-vrai,
mon cher ami, que je n'ai pas pris, que je ne prends
pas encore mon parti du changement qui va se faire
dans notre vie. J'y ai vu dès la première seconde, et
avec l'œil d'une imagination blessée sans doute plus
qu'avec celui de la raison, le relâchement nécessaire des
liens si étroits qui nous ont unis pendant plus de deux
ans. Je vous ai vu lancé, vous, dans une sphère, moi dans
une autre. Ces pensées m'ont causé un chagrin vif, plus
vif peut-être que je ne puis vous le rendre.. J'ai voulu
vous l'exprimer. Si je me suis servi d'un mauvais moyen,
et je suis prêt à l'avouer, l'intention au moins n'avait
rien dont vous pussiez vous plaindre... Au reste, je

vous le dis, je crois que j'avais tort. Non que j'admette qu'il n'y ait absolument rien de changé dans notre position respective ; mais parce que je sens bien que deux hommes de notre âge, qui sont parvenus à se démêler, à descendre jusqu'au fond de leur âme, à en toucher réciproquement tous les points, et à croître en amitié en même temps qu'en intimité ; je sens bien que ces deux hommes-là ne peuvent point changer d'une manière notable. Il faut absolument qu'ils restent unis toute leur vie, et lorsqu'ils doivent par la force des choses se voir souvent, il faut encore de toute nécessité qu'ils demeurent l'un vis-à-vis de l'autre dans une grande habitude de confiance. Voilà les sages réflexions que j'avais déjà faites avant de recevoir votre lettre et que j'avais communiquées à Kergorlay, durant les longues conversations que nous avons souvent eues sur vous, dans nos routes pédestres et dans des lieux où, je pense, votre nom n'avait point été prononcé depuis le commencement du monde. Mais votre lettre a fait mieux qu'achever ma conviction ; elle a convaincu aussi quelque chose qui vaut mieux que la tête ; en un mot, elle m'a touché, vivement touché. Je vous le dis nettement, sans commentaires, comme une chose profondément sentie. Oui, mon cher ami, vous avez raison, il faut tâcher d'avoir le plus de points communs. J'entre parfaitement dans vos plans. Quelques bons travaux sur l'histoire pourront encore sortir de nos efforts communs. Il n'y a pas à dire, c'est l'homme politique qu'il faut faire en nous ;

et pour cela, c'est l'histoire des hommes et surtout de ceux qui nous ont précédés le plus immédiatement dans ce monde qu'il faut étudier.

L'autre histoire n'est bonne qu'en ce qu'elle donne quelques notions générales sur l'humanité tout entière, et en ce qu'elle prépare à celle-là. Pour cette dernière, mon cher ami, je suis presque aussi neuf que vous. Je sais plus les événements sans doute; mais ce qui les a amenés, mais les ressources que les hommes ont fournies à ceux qui les ont remués depuis deux cents ans, l'état où les révolutions ont pris les peuples depuis ce temps-là, celui où elles les ont laissés, leur classement, leurs mœurs, leurs instincts, leurs ressources actuelles, la division et la disposition de ces ressources, voilà ce que j'ignore; et tout le reste, à mon avis, ne sert presque qu'à parvenir à savoir bien cela. Il y a une science que j'ai longtemps méprisée et que je reconnais non pas utile mais absolument nécessaire, c'est la géographie, non pas la connaissance du méridien exact de telle ville, mais la connaissance de toutes les choses qui se rapportent à ce dont je parlais tout à l'heure, par exemple se mettre bien nettement dans la tête la configuration de notre globe, en tant qu'elle influe sur les divisions politiques des peuples et leurs ressources. Il y a tel pays qui, par sa seule position géographique, est appelé presque forcément à entrer dans telle ou telle agrégation, à exercer telle ou telle influence, à avoir telle ou telle destinée. J'avoue que ce n'est point là la géographie que l'on apprend au collége; mais je me figure que c'est la seule que nous soyons capables de comprendre et de retenir.

Enfin, mon cher ami, cramponnons-nous le plus que nous pourrons l'un à l'autre. Conservons avant tout l'habitude de nous *tout* dire... et nous retrouverons toujours quelque chose du temps de Versailles qui, je le prononce nettement, est pour moi un des meilleurs des temps passés, et sera sans doute le meilleur des temps à venir. . . . .

—————

AU BARON ET A LA BARONNE DE TOCQUEVILLE (ÉDOUARD)

Paris, 6 avril 1830.

Ce n'était pas sans répugnance, mes bons amis, que je vous ai écrit à Rome. Quelque chose me disait que je ferais mieux de vous adresser ma lettre à Naples. Mais il n'y a eu qu'une voix dans la famille contre moi. Cependant ma raison était bonne. Je prétendais que vous étiez assez calculateurs pour qu'on fût sûr que vous nous indiqueriez la marche à suivre d'avance. Votre silence me paraissait devoir être interprété dans mon sens. Enfin, j'ai cédé, ma lettre est à Rome et bien d'autres avec elle. J'approuve, on ne saurait davantage, votre résolution de rester où vous êtes, mes bons amis. La semaine-sainte de Rome est plus belle de loin que de près. On y trouve comme à beaucoup d'autres spectacles plus de

fatigue que de véritable intérêt. D'ailleurs, on dit ici
que le pape n'officiera pas. Continuez donc à vous ré-
chauffer sous le soleil de Naples; jouissez tranquillement et des lieux où vous êtes et du bonheur que vous
y trouvez ensemble. Personne mieux que moi ne peut
concevoir à quel point vous avez eu raison de faire une
chose qui peut paraître extraordinaire à bien des gens.

J'étais à table avec plusieurs de mes collègues quand
la longue lettre d'Édouard sur la constitution napoli-
taine est arrivée. J'ai lu tout haut ce qui avait rapport
à la politique; et on m'a fait force compliments que je
transmets à qui de droit. Pour moi, je ne te ferai pas
de compliments, mon cher ami, mais je te remercierai
de tout mon cœur de me l'avoir écrite. Elle m'en a plus
fait connaître sur le pays où tu es que les six mois que
j'ai passés en Italie. Comment se fait-il que deux hommes
raisonnables et dont l'un avait fait son droit, aient voyagé
si longtemps dans un pays sans diriger leur attention sur
le sujet du monde le plus intéressant et le plus fait pour
mériter une attention sérieuse?

Je suis fâché, mon cher Édouard, que tu n'aies pas
reçu ma lettre de Rome; elle t'aurait mis au courant
de la marche de nos affaires. J'avoue que je n'ai pas le
courage de recommencer. Tu sais, d'ailleurs, déjà sans
doute les événements en gros. L'adresse de la chambre
a été, comme on pouvait s'y attendre, fort vive; le roi
y a répondu avec hauteur; et le lendemain les chambres
ont été prorogées au 1er septembre. Depuis lors il est
arrivé peu d'événements. Le ministère se place de plus

en plus dans l'extrême droite. On croit que M. de Cha-
brol et deux autres modérés comme lui vont en sortir.
Le roi ne parle plus que de force, les ministres que de
fermeté. Les royalistes sages sont inquiets de l'avenir;
les fous, et c'est le plus grand nombre, sont aux anges.
On ne parle parmi eux que de coups d'État, de changements de la loi d'élection par ordonnance, etc., etc.
Au milieu de tout cela, le peuple français est parfaitement calme. Les tribunaux condamnent tous les jours
quelques journalistes dans les deux partis. Personne
n'est satisfait de leurs arrêts. Les journaux crient
comme des aigles; et cela se conçoit à cause du *dispo-
sitif* qui les condamne. Le gouvernement n'est pas fort
satisfait des *considérants* qui, en général, établissent
le droit de résistance à toute entreprise extraconstitu-
tionnelle. Pour moi, j'avoue que je trouve que les juges
font, dans l'un comme dans l'autre cas, leur devoir.

Ce qui m'effraye pour le ministère, c'est : 1° la médiocrité des hommes qui le composent; il n'y a qu'une
voix sur son chef; 2° la chaleur de ses ennemis et leur
nombre; 3° la tiédeur de la plus grande partie de ceux
qui se croient en conscience obligés de le soutenir;
4° la présomption de ses plus ardents soutiens. Il se
passe sans cesse ici une scène de Coblentz. Les royalistes par excellence ne sont qu'une petite poignée parmi
nous. Eh bien, ils ne pensent qu'à s'épurer. Ils se cherchent pouille les uns aux autres avec un acharnement qui
serait plaisant s'il n'était pas si déplorable. On dirait
qu'il n'y a plus qu'à partager les fruits du triomphe.

C'est ainsi que la *Gazette*, organe de M. de Villèle, et la *Quotidienne*, organe du ministère actuel, s'attaquent l'une l'autre tous les matins à la grande risée des libéraux.

Au milieu de ce mouvement, on se prépare à la guerre avec une activité incroyable (l'expédition d'Alger). Une chose assez remarquable, c'est que, maintenant que la guerre est résolue, les journaux libéraux ont cessé, en général, d'en critiquer le but et les préparatifs. Il y a un véritable esprit national dans la manière dont cette question a réuni les opinions.

Tu sais sans doute les démarches qu'a faites Hippolyte[1] pour partir. Il a été jusqu'à arrêter madame la Dauphine au moment où elle montait en voiture. Tout cela a fort bien pris, l'a mis dans une position favorable, mais n'a encore produit aucun résultat positif. Adieu.

AU BARON DE TOCQUEVILLE (ÉDOUARD)

Versailles, 6 mai 1830.

Je vois, mon cher ami, d'après ta dernière lettre, qu'en définitive tu juges les choses à peu près comme moi. Tu aperçois le mal et non le remède. Nous tournons, en effet, dans un cercle vicieux. Si on reste dans

---

[1] Son frère aîné, qui était capitaine de cavalerie et sollicitait la faveur de faire la campagne.

l'ordre légal, je ne pense pas que le ministère puisse tenir ; personne ne le soutient avec ardeur. Tout le monde
et lui-même croit à son instabilité. Le chef est un honnête homme, présomptueux et médiocre, qui n'inspire
de confiance à personne. Les royalistes sont incertains,
divisés, sans enthousiasme, et, qui pis est, sans grande
terreur de l'avenir, parce qu'ils pensent qu'on n'en
veut qu'à la maison de Bourbon et non à la royauté elle-
même, et qu'une révolution se ferait sans trouble. Ainsi
donc, en suivant le cours des choses tel que l'a tracé la
charte, il est très-peu probable que le ministère actuel
puisse se soutenir. Si le roi l'abandonne, il s'ensuivra
une réaction, et le pouvoir royal sera bien bas.

Cependant c'est encore là le parti le plus sûr ; car se
mettre au-dessus de la charte, c'est vouloir infailliblement se faire précipiter du trône. Telle est du moins ma
conviction. En effet, mon cher ami, envisageons un peu
de sang-froid le dédale dans lequel on se jetterait en
laissant de côté la loi. Où serait le point d'appui ? Certes
ce n'est pas dans l'opinion publique. Il n'y a presque pas
de gens qui approuvassent la mesure. On peut dire
qu'elle réunirait à peu près toute la nation contre celui
qui la tenterait. Serait-ce sur les tribunaux ? Mais le
jour où le roi régnerait par ordonnances, les tribunaux
refuseraient de les appliquer. Je les connais assez pour
pouvoir en répondre. Il faudrait donc créer des commis-
sions, s'enfoncer de plus en plus dans l'illégal, régner
par la force militaire, avoir sans cesse les soldats sur
pied. Mais est-on sûr que le métier leur plût longtemps ?

Et puis, c'est là la raison déterminante : un roi de soixante-douze ans, Charles X, avec la facilité et l'extrême bonté de son caractère, est-il homme à envisager de sang-froid de pareilles conséquences, à suivre avec fermeté un semblable plan? trouverait-il même parmi tous les braves gens qui parlent si haut autour de lui un homme assez audacieux pour lui servir de ministre ou assez habile pour le conduire ? Qu'arriverait-il donc d'un déploiement de forces? Peut-être le renvoi de la maison régnante, et à coup sûr un extrême affaiblissement du pouvoir royal qui se serait inutilement compromis. Personne ne veut le règne des ordonnances en France ; il faut bien partir de là. Ce n'est l'intérêt de personne. Les corps judiciaires y perdraient leur importance, les pairs leur rang, la plupart des hommes de talent leurs espérances, les classes inférieures leur garantie, le plus grand nombre des officiers leurs chances d'avancement. Que faire contre une pareille masse de volontés?

Je n'ai aucune nouvelle particulière à te donner. L'expédition d'Alger doit avoir mis à la voile. Je suis mortellement inquiet pour Louis de Kergorlay; il m'a mandé sous le secret qu'il était désigné pour descendre le premier à terre avec une petite batterie portative qui doit commencer le feu bien avant la grosse artillerie et protéger la descente.

A GUSTAVE DE BEAUMONT

Versailles, 8 mai 1830.

Je commence cette lettre à Versailles, mon cher ami, mais je la finirai à Paris : car j'y vais d'ici à une demi-heure. Cependant je ne veux point perdre de temps pour répondre à la longue et bonne lettre que j'ai reçue hier.

Vous êtes un étrange homme, mon cher ami, pour manier à votre guise le cœur des gens. Votre lettre m'a remonté à peu près sur ma bête, c'est-à-dire m'a remis dans le même état à peu près où j'étais précédemment, ni plus content ni plus inquiet que dans l'habitude de la vie. Le fait est que vous êtes le seul homme au monde sur le jugement duquel je puisse m'appuyer avec confiance. Kergorlay serait bien en état de juger ; mais il n'est pas du métier. Vous seul avez la capacité d'esprit et de position. Quand j'y réfléchis, mon cher ami, je pense que c'est un bonheur dont nous ne sommes pas assez reconnaissants, que celui de nous être accrochés ainsi au milieu de la foule. C'est surtout heureux pour moi, non que je prétende faire ici de la modestie hors de propos et dire que je vaux moins que vous, bien que je le pense à plusieurs égards ; mais j'entends seulement que vous aviez plus de chances d'être apprécié et rencontré que moi dont le caractère est extérieurement glacial et peu entrant. Vous avez déjà trouvé de bons amis ;

tôt ou tard vous auriez trouvé un homme qui vous eût aimé comme moi. Mais parmi les âmes circonspectes qui habitent les *robes noires*, je ne sais où j'aurais trouvé un second *vous*, si je ne vous avais pas rencontré sur mon chemin. Quoi qu'il en soit de ce qui pouvait nous arriver, la chose est faite, nous voilà liés, et ça m'a bien l'air d'être pour la vie. Les mêmes études, les mêmes projets, les mêmes lieux nous rassemblent et peuvent nous rassembler pendant tout le cours de notre existence. Quelle fortune rare et inappréciable! Chacun de nous trouve en l'autre l'homme le plus à même de lui donner des conseils et le plus décidé à ne pas les lui épargner! Croyez-moi, plus nous irons, plus nous verrons que nous ne pouvons compter entendre le langage de la vérité qu'entre nous. Rien n'est plus rare que de rencontrer un homme qui puisse la dire : rien n'est plus rare non plus que d'en rencontrer un qui veuille la dire. Quant à celui qui le peut et le veut, où est-il? Pour moi, je m'effraye souvent en voyant à quel point je deviens méfiant. Il n'y a presque pas de louanges dont je ne me défie; le plus souvent même je parviens à expliquer défavorablement des avis sévères. Il n'y a que vous sur lequel je compte entièrement.

A M. LE VICOMTE DE TOCQUEVILLE[1]

Versailles, 18 août 1830.

Mon cher ami, nous approuvons tous ton plan. Personne de nous ne te conseillera jamais de donner ta démission[2]. Avec la vivacité de ton esprit et de ton caractère tu pourrais, au bout de quelque temps, trouver ton oisiveté insupportable. Il faut essayer de la tranquillité, et ne pas s'y précipiter à corps perdu et pour toujours. Mon père est à Paris depuis deux jours pour agir en ta faveur. Il a demandé une audience au directeur du personnel. Je pense qu'il a dû l'obtenir hier. Je conçois parfaitement que tu veuilles te garder une porte ouverte pour le cas de guerre. C'est en effet celui où le devoir serait le plus nettement tracé. Plus d'invasion sous quelque prétexte que ce soit! C'est le cri des royalistes eux-mêmes. La nation se lèverait comme un seul homme si on voulait se mêler de son gouvernement intérieur...

J'ai prêté le nouveau serment avant-hier. C'est un moment désagréable. Non que la conscience reproche rien, mais l'orgueil est froissé de l'idée que d'autres peuvent croire que l'intérêt vous fait agir contre votre conviction. Je reste donc : mais resterai-je longtemps?

---

[1] Hippolyte, son frère aîné, devenu depuis le comte de Tocqueville.

[2] Au moment de la révolution de juillet, le vicomte Hippolyte de Tocqueville était capitaine dans un régiment de cavalerie.

Je l'ignore. Il arrive à la magistrature la même chose qu'à l'armée. Elle est humiliée. Mais nous, nous n'avons pas comme vous la ressource de nous relever à coups de sabre. Aussi, si je voyais jour à une autre carrière, je crois que je quitterais celle-ci ; mais je n'en aperçois point. Je reste donc, jusqu'à ce qu'en ma qualité de juge auditeur on me renvoie. Vois ce que c'est que la modération! Si le ministère Polignac eût triomphé, j'aurais été cassé pour avoir résisté aux ordonnances. Il est vaincu, et je serai peut-être mis de côté par ceux qui l'ont renversé; car je ne puis approuver tout ce qui se fait.

Nous recevons presque tous les jours des lettres d'Émilie[1]. Il est impossible de nous témoigner plus d'amitié qu'elle ne fait. Mon père en était ému l'autre jour, et disait que ce qui le consolait dans ces pénibles événements, c'était l'attachement que nous et ses belles-filles nous lui montrions. De mon côté, j'ai été très-content de la manière froide et calme dont il a envisagé tout ceci.

Si je m'en croyais, j'aurais encore bien des choses à te dire. Tout ce que j'ai vu pendant cette révolution demanderait un volume. Nous en causerons bientôt, cela vaudra mieux.

Adieu, mon cher ami, je t'aime et t'embrasse du meilleur de mon cœur.

[1] Sa belle-sœur, la vicomtesse Hippolyte de Tocqueville.

A GUSTAVE DE BEAUMONT

Londres, 13 août 1833.

Me voilà enfin arrivé en Angleterre, mon cher ami ; non sans peine, je vous assure. Je me suis d'abord rendu de Cherbourg à Guernesey, dans un yacht où le propriétaire m'avait offert une place. Là, j'ai trouvé un bateau à vapeur qui m'a conduit en dix heures dans une petite ville de la côte méridionale d'Angleterre, appelée Weymouth, d'où je suis enfin parvenu à gagner Londres. J'y suis depuis samedi dernier. Il me serait difficile de vous rien dire sur les impressions que j'éprouve depuis que j'ai mis le pied dans cette immense métropole. C'est un étourdissement continuel et un sentiment profond de ma nullité. Nous étions beaucoup en Amérique. Nous ne sommes pas grand'chose à Paris. Mais il faut arriver au-dessous de zéro, et prendre ce que les mathématiciens appellent les nombres négatifs pour computer ce que je suis ici. Ceci tient à deux causes : d'abord à l'immensité de cette ville qui dépasse tout ce que Paris peut faire imaginer, et à la multitude de célébrités diverses qui s'y rencontrent ; secondement, à la place qu'y occupe l'aristocratie, chose dont il me semble que je n'avais pas d'idée. La position que donne la fortune jointe à la naissance, me paraît être encore ici à un million de pieds au-dessus de tout le reste. Vous sentez que je ne puis parler encore de l'esprit du peuple anglais ; ce

que je puis dire, c'est que ce qui me frappe le plus jusqu'à
présent dans les mœurs, c'est leur extérieur aristocratique ; l'esprit aristocratique me paraît descendu dans
toutes les classes... Je ne retrouve en aucun point notre
Amérique... Me voilà donc errant sur la surface de Londres comme un moucheron sur une botte de foin... Tous
les gens auxquels je puis parvenir me traitent avec distinction ; mais la difficulté est de les joindre... Le plus
difficile ici, c'est de savoir borner sa curiosité à quelque
chose ; la multitude des objets intéressants (intellectuellement parlant) vous écrase ; c'est dans le choix à faire
que j'aurais besoin d'être dirigé... Écrivez-moi au plus
tôt.

AU MÊME

Paris, 5 juillet 1834.

J'ai reçu de vous, l'autre jour, mon cher ami, une
lettre telle que je les aime, c'est-à-dire longue et détaillée. Je vous en remercie et vous prie de persévérer dans
ce système. De mon côté, je tâcherai d'être exact dans
ma correspondance. Vous êtes d'ailleurs la seule personne avec laquelle je puisse correspondre sans perdre
beaucoup de temps. Ce que je vous dis vient si naturellement que je n'emploie à vous faire une lettre que le
temps nécessaire pour en tracer les caractères. Cela vient,
je crois, indépendamment ou plutôt à cause de l'amitié,

de ce que je suis sûr que vous me connaissez si bien qu'avec vous je n'ai rien à gagner ni à perdre. Je vais donc mon train sans songer aux conséquences...

Je suis retourné avant-hier chez Gosselin. Si le susdit G. avait lu mon manuscrit[1], le résultat de la visite n'eût pas été flatteur pour moi, car, à mesure que je répondais à ses questions sur le sujet du livre, je voyais que la peur commençait à le galoper. Il a fini par me dire qu'il tirerait à cinq cents exemplaires. Je lui ai paru étonné de cette dernière résolution, et alors il m'a expliqué ses motifs. Il n'est pas beaucoup plus cher, il est vrai, de tirer à mille que cinq cents. Mais si l'ouvrage ne se vend pas, on perd tout ce surplus. Lorsqu'au contraire il faut refaire une seconde édition, il en coûte plus, il est vrai, que si on avait tiré sur-le-champ le nombre nécessaire, mais on va alors à peu près à coup sûr. Dans le premier système, on a donc chance de perdre; dans l'autre, chance de *moins gagner*. Or, dans l'état de la librairie, il faut se résoudre à viser aux petits profits assurés. Tout cela m'a paru fort raisonnable. Il n'en résulte pas moins que Gosselin a une fière peur soit de perdre, soit de peu gagner avec moi. C'est la morale que j'ai tirée de ma visite...

C'est, à mon avis, un côté assez humiliant de la profession d'auteur, d'avoir à traiter ainsi d'inférieur à supérieur avec le libraire.

Je suis toujours, ou pour mieux dire, je suis plus que

[1] Le manuscrit des deux premiers volumes de *la Démocratie en Amérique.*

jamais décidé à vous arriver vers le 15 du mois prochain avec mon manuscrit sous mon bras et mon fusil en bandoulière. Préparez-vous donc d'avance à tous les exercices de l'esprit et du corps.

AU MÊME

1er avril 1835.

Je vais, mon cher ami, vous écrire deux mots en courant. Il me semble que vous êtes parti depuis un mois, tant les événements, je dis les petits événements, s'accumulent!... J'ai été hier matin chez Gosselin, lequel m'a reçu avec la figure la plus épanouie du monde en me disant : « Ah çà! mais il paraît que vous avez fait un chef-d'œuvre! » Ne trouvez-vous pas que cette exclamation peint l'industriel tout entier! Je me suis assis. Nous avons causé de la seconde édition. Il fallait parler affaires, ce que j'ai fait assez gauchement et avec un air de petit garçon en présence de son pédagogue. Bref, à toutes ses propositions, je n'ai trouvé rien à objecter; et, ayant placé sur ma tête le chapeau que je tournais depuis un quart d'heure dans mes mains, je suis parti convaincu de deux choses : 1° que Gosselin avait les meilleures intentions du monde; 2° que j'étais décidément un grand sot en affaires, ce qui n'empêche pas que je ne sois un petit homme. . . . .

. . . . La veille de votre départ, j'avais été voir madame Récamier, laquelle m'avait invité à venir le lendemain, qui était hier à trois heures, entendre le *grand
homme* lire une portion de ses Mémoires. J'y ai été. J'ai
trouvé là un paquet de célébrités en herbe ou toutes
venues, un petit salon très-bien composé, Chateaubriand d'abord, Ampère, Ballanche, Sainte-Beuve, le
duc de Noailles et le duc de Laval, le même à qui j'a-
vais entendu dire à Rome il y a dix ans : « Saquedié !
j'ai passé des moments bien agréables chez cette femme-
là ! » Chateaubriand m'a présenté à tout ce monde-là, de
manière à me faire des amis de quelques-uns et de
sincères ennemis du plus grand nombre. Les uns et les
autres m'ont adressé beaucoup de compliments. Après
avoir ainsi procédé à la petite pièce, les véritables ac-
teurs sont entrés en scène. Il serait trop long de vous
dire ce que j'ai entendu. C'est la première restauration
et les cent-jours. Du mauvais goût quelquefois, quelquefois aussi de la bile très-âcre, de la profondeur dans la
peinture des embarras de Napoléon sur le trône, de la
verve partout, de la poésie à pleines mains, la marche
de Napoléon sur Paris après le retour de l'île d'Elbe
peinte comme auraient pu le faire Homère et Tacite
réunis, la bataille de Waterloo décrite de manière à faire
frémir tous les nerfs, quoique ce ne soit que le retentissement lointain du canon... Que vous dirai-je? J'étais
ému, agité réellement et profondément remué, et, en
exprimant une admiration extrême, je n'ai fait que
rendre ma pensée. Madame Récamier et ensuite M. de

Chateaubriand m'ont chargé de vous dire qu'ils regret-
taient beaucoup que vous ne fussiez pas là.

Je revenais hier chez moi, à la suite de cette séance,
porté dans ce milieu aérien qui n'est pas encore le ciel
et qui n'est plus la terre, milieu où se trouve l'esprit
quand on a été fortement ému et que l'impression vibre
encore : en arrivant, j'ai trouvé une lettre de. . . . . .

***

A N. W. SENIOR, ESQ.[1]

Paris, 21 février 1835.

Mon cher M. Senior, je vous remercie beaucoup de la
lettre aimable et obligeante que vous venez de m'écrire.
Votre suffrage est un de ceux que j'ambitionnais le plus,
et je suis fier de l'avoir obtenu. Combien je voudrais
que le livre fût mis à la portée d'un grand nombre de
vos compatriotes et qu'on s'en formât généralement
l'opinion que vous paraissez personnellement avoir conçue! Son succès ici dépasse de beaucoup mes espérances.
Mais je ne serai pas satisfait s'il ne s'étend pas à un pays
que je regarde comme ma seconde patrie intellectuelle.

J'en viens à vos critiques, qui m'ont fait presque autant de plaisir que vos louanges, parce qu'elles m'ont

---

[1] Voir la Notice, pages 103, 104 et 105, tome V.

prouvé avec quelle attention vous avez lu l'ouvrage, et
qu'il est plusieurs d'entre elles dont je compte profiter
pour la seconde édition.

Vous me dites avec beaucoup de raison, à propos
d'une note de la page 77, que l'entretien des pauvres
n'est pas une marque que le gouvernement est démocratique ; aussi n'ai-je cité l'Amérique sur ce point que
pour donner aux lecteurs français un exemple des dé-
penses auxquelles une démocratie aimait à se livrer.
Tous les gouvernements peuvent être poussés par différentes raisons à entretenir les pauvres aux frais de
l'État ; mais le gouvernement démocratique est porté
par *nature* à agir ainsi.

J'avais dit, page 115, que dans la législation anglaise
*le bien du pauvre avait fini par être sacrifié à celui
du riche.* Vous m'attaquez sur ce point, dont vous êtes
assurément un juge fort compétent. Vous me permettez
cependant de n'être pas de votre avis. D'abord il me
semble que vous donnez au mot *le bien du pauvre* une
acception restreinte que je ne lui ai point donnée : vous
le traduisez par le mot *wealth* qui s'applique particulièrement à la richesse. J'avais voulu parler, moi, de
toutes les choses qui peuvent concourir au bien-être
la vie : la considération, les droits politiques, la facilité à obtenir justice, les jouissances de l'esprit et mille
autres choses qui contribuent indirectement au bonheur.
Je pense, jusqu'à preuve contraire, qu'en Angleterre
les riches ont peu à peu attiré à eux presque tous les
avantages que l'état de société fournit aux hommes. En

prenant la question dans le sens restreint que vous lui avez donné, et en admettant que le pauvre ait un profit momentané plus grand à cultiver la terre d'un autre que la sienne propre, pensez-vous qu'il n'y ait pas des profits politiques, moraux, intellectuels, attachés à la possession de la terre, et qui compensent au delà, et surtout d'une manière permanente, le désavantage que vous signalez? Je sais du reste que je touche là une des plus grandes questions de notre temps et celle sur laquelle probablement nous sommes le plus profondément en dissentiment. Nous aurons bientôt, j'espère, le loisir d'en causer. En attendant, je ne puis m'empêcher de vous dire que j'ai été bien peu satisfait de la manière dont M. Mac Culloch, aux talents duquel je rends du reste hommage, a traité cette question. J'ai été surpris de le voir nous citer, nous autres Français, à l'appui de ses arguments en faveur de la non-division de la propriété foncière, et prétendre que le bien-être matériel diminuait en France à mesure que les héritages se divisaient : ce que je suis convaincu être jusqu'à présent *matériellement faux.* Une pareille opinion ne trouverait aucun écho parmi nous, même parmi ceux qui attaquent la loi des successions comme impolitique et dangereuse dans sa tendance finale. Ceux-là mêmes reconnaissent que quant à présent les progrès du peuple dans la voie du bien-être et de la civilisation sont continus et rapides ; et que, sous ce rapport, la France d'aujourd'hui ne ressemble déjà plus à la France d'il y a vingt ans. Au reste, je le répète, de semblables ques-

tions ne peuvent se traiter par lettres. Il faut les réserver
pour de longs entretiens. Agréez.

A M. DE CORCELLE

12 avril 1835.

Mon cher monsieur, j'ai examiné vos critiques avec
autant d'impartialité qu'un auteur peut en mettre.
Quelques-unes m'ont paru très-fondées; toutes sont pré-
sentées avec une extrême bienveillance.

Je ne ferai qu'une seule observation. La voici : Vous
me faites voir trop en noir l'avenir de la démocratie.
Si mes impressions étaient aussi tristes que vous le pensez, vous auriez raison de croire qu'il y a une sorte de
contradiction dans mes conclusions qui tendent, en définitive, à l'organisation progressive de la démocratie.

J'ai cherché, il est vrai, à établir quelles étaient les
tendances naturelles que donnait à l'esprit et aux institutions de l'homme un état social démocratique. J'ai signalé les dangers qui attendaient l'humanité sur cette
voie. Mais je n'ai pas prétendu qu'on ne pût lutter contre
ces tendances, découvertes et combattues à temps;
qu'on ne pût conjurer ces dangers prévus à l'avance.
Il m'a semblé que les démocrates (et je prends ce mot
dans son bon sens) ne voyaient clairement ni les avantages ni les périls de l'état vers lequel ils cherchaient à

diriger la société, et qu'ils étaient ainsi exposés à se méprendre sur les moyens à employer pour rendre les premiers les plus grands possibles, et les seconds les plus petits qu'on puisse les faire. J'ai donc entrepris de faire ressortir clairement, et avec toute la fermeté dont je suis capable, les uns et les autres, afin qu'on voie ses ennemis en face et qu'on sache contre quoi on a à lutter. Voilà ce qui me classe, je pense, complétement dans une autre catégorie que M. Jouffroy.

Ce dernier signale les périls de la démocratie et les considère comme inévitables. Il ne s'agit, selon lui, que de les conjurer le plus longtemps possible; et lorsqu'enfin ils se présentent, il n'y a plus qu'à se couvrir la tête de son manteau et à se soumettre à sa destinée. Moi, je voudrais que la société vît ces périls comme un homme ferme qui sait que ces périls existent, qu'il faut s'y soumettre pour obtenir le but qu'il se propose, qui s'y expose, sans peine et sans regret, comme à la condition nécessaire de son entreprise, et ne les craint que quand il ne les aperçoit pas dans tout leur jour.

Je vous demande pardon de m'être étendu sur ce sujet. Il s'agit ici, non pas d'un détail de mes opinions, mais de la donnée génératrice, du point de départ de l'idée-mère, et j'attache une très-grande importance à ce que le public, en pareille matière, ne puisse errer.

Je ne veux pas finir, mon cher monsieur, sans vous exprimer toute ma reconnaissance, et sans vous dire que j'espère qu'après avoir loué beaucoup trop le livre, vous voudrez bien devenir un des amis de l'auteur.

P. S. Il y a un passage de votre lettre qui me fait particulièrement grand plaisir. C'est celui où vous indiquez comme remède aux excès de la démocratie les élections à plusieurs degrés. C'est là, à mon avis, une idée capitale, qu'il faut présenter prudemment, mais qu'il est très-important de faire arriver peu à peu à l'imagination de ceux qui aiment la liberté et l'égalité des hommes. Je crois fermement que les différents degrés d'élection forment le plus puissant moyen que possèdent les peuples démocratiques, de donner la direction de la société aux plus habiles, sans les rendre indépendants de tous les autres.

A M. LE COMTE MOLÉ

Londres, ce 19 mai 1835.

Je voulais vous écrire beaucoup plus tôt, monsieur, afin de vous faire part du gracieux accueil que m'ont valu vos lettres ; mais d'abord les soins qui accompagnent nécessairement le commencement d'un voyage et ensuite une indisposition assez prolongée, m'ont empêché d'exécuter mon projet. Vous dire que j'ai été bien reçu des personnes auxquelles vous m'aviez adressé, ce serait rester fort au-dessous de la vérité. Il n'y a pas de prévenances dont je n'aie été l'objet. M. le marquis de Lansdowne a surtout montré, par les témoignages de bienveillance dont il m'a comblé, tout le désir qu'il avait de vous être agréable. Ces marques d'estime m'ont été d'autant plus précieuses que j'y ai vu un reflet des sentiments que vous aviez bien voulu me témoigner vous-même.

J'ai trouvé, en arrivant dans ce pays-ci, la lutte parlementaire suspendue. Les chambres sont rouvertes depuis trois ou quatre jours; mais on n'y a pas encore agité de grandes questions, et les partis n'ont pu y dessiner leurs physionomies. Il est donc très-difficile, même pour un Anglais, de présager quant à présent la destinée du nouveau ministère. Pour un étranger, nouvellement arrivé comme moi, il serait ridicule de le tenter. Aussi n'ai-je cherché, jusqu'à ce moment, qu'à juger par quelques points de comparaison des changements généraux qui s'étaient opérés depuis mon dernier voyage.

J'avais remarqué, il y a dix-huit mois, que les idées démocratiques qui faisaient des progrès rapides dans tout ce qui avait rapport à la société politique, paraissaient stationnaires dans ce qui touchait la société civile; en d'autres termes, que la nation était plus préoccupée de l'égalité des droits que de celle des conditions. Comparant ce que j'ai vu alors à ce que je crois voir aujourd'hui, il me semble que la révolution a continué à marcher dans le premier sens, mais qu'elle est restée dans le second à peu près au point où je l'avais laissée. Il y a dix-huit mois les whigs attaquaient la majorité de la chambre des pairs, mais respectaient la pairie. Au-

jourd'hui j'entends retentir dans leurs rangs des paroles
de mauvais augure. Le bill de réforme, suivant beaucoup d'entre eux, a complétement changé l'esprit de la
constitution anglaise. Autrefois le gouvernement réel de
la société résidait dans la chambre des lords ; les communes étaient infailliblement entraînées par le mouvement de la haute aristocratie. Aujourd'hui le contraire
doit avoir lieu. Le résultat du bill de réforme a été de
placer le gouvernement dans les communes. Les pairs
peuvent encore servir à la marche des affaires, mais
ils ont perdu le droit de les diriger.

D'autres vont plus loin encore, et demandent pourquoi les riches seuls peuvent arriver à la chambre des
lords. Il en est même qui mettent en question les avantages de l'hérédité. Toutes ces doctrines ont été depuis
peu reproduites dans des écrits que le parti whig ne
combat point, si même il ne les approuve pas formelle-
ment. En général, il règne dans la nation une tendance
visible des esprits à contester à la richesse le privilége
de gouverner l'État.

Si, des opinions politiques proprement dites, on passe
aux opinions que je pourrais appeler sociales, on n'a-
perçoit point qu'un progrès analogue se soit opéré. Je
ne vois pas aujourd'hui plus de gens favorables à l'égalité des conditions et au partage de la propriété foncière, que je n'en apercevais il y a dix-huit mois. Tout
ce qui est en train de faire fortune ou a des chances de
devenir riche, est favorable à l'accumulation de la richesse. Le reste n'a pas encore voix au chapitre. Je me

figure assez aisément le peuple anglais représenté par deux hommes, dont le premier dit à l'autre : *Il s'agit de choisir ; voulez-vous que nous partagions également notre commun héritage? nous serons tous les deux dans la médiocrité; * et le second répond : *Prenez tout, et laissez-moi la chance de me mettre un jour à votre place.* Les hommes des classes moyennes d'Angleterre raisonnent encore comme des hommes qui jouent quitte ou double. Chez nous, ceux qui appartiennent à ces mêmes classes aiment mieux diviser les enjeux, et, laissant une petite latitude à l'action de la fortune, moins attendre et moins craindre de l'avenir.

Lorsque je considère attentivement l'état de ce pays-ci, je ne puis m'empêcher de croire que la même révolution démocratique qui s'est opérée chez nous doit, tôt ou tard, avoir lieu chez les Anglais. Mais il me semble qu'elle ne s'opérera pas de la même manière et procédera par d'autres voies. Chez nous, l'indifférence en matière de religion a singulièrement facilité le changement des anciennes lois. Ici, la révolution me paraît presque aussi religieuse que politique. On ne se figure pas en France l'ardeur qu'ont encore dans ce pays-ci les passions religieuses, échauffées qu'elles sont par l'esprit de parti, et l'influence qu'elles exercent sur la conduite des hommes. La population se partage ainsi. Du côté de la religion établie se trouvent presque tous les riches. Avec les dissidents, marchent une grande partie des classes moyennes et une portion considérable des classes inférieures. On remarque que les familles qui arrivent

à la richesse ne tardent pas à entrer dans le sein de l'É-
glise établie, tandis que chaque jour un grand nombre
de pauvres se joignent aux dissidents. Et en examinant
attentivement la tendance et les habitudes des deux doctrines, on s'aperçoit que la religion établie conduit naturellement aux idées monarchiques et aristocratiques,
que celle des sectes mène au républicanisme et à la démocratie.

Les théories républicaines et démocratiques ne marchent donc point en Angleterre, comme chez nous,
dans le vide des croyances. Elles s'aident, au contraire,
des croyances. Tour à tour, elles leur servent d'instruments, ou s'en servent comme d'instruments. Suivant le cours probable des événements, les dissidents finiront par l'emporter, et on les verra, comme en 1640,
renverser l'État après avoir détruit l'Église. Un trait
suffit pour faire sentir la différence qui existe entre les
deux pays en matière de religion. L'année dernière, il
ne s'est manqué que de quelques voix qu'un bill ne
passât dans la chambre des communes ayant pour objet de rendre beaucoup plus stricte encore l'observation
déjà si rigoureuse du dimanche. Ainsi le mouvement de
la réforme pousse à l'austérité puritaine, comme chez
nous à l'affaiblissement de la discipline religieuse.

En France, le nombre des petits propriétaires fonciers a toujours été fort considérable, et le goût de la
propriété foncière très-répandu dans le peuple. La révolution n'a fait que généraliser cet état de choses. Ici,
non-seulement la propriété foncière est infiniment peu

divisée, mais chaque jour elle se concentre de plus en plus dans quelques mains. Cela vient surtout, je pense, de l'immense développement que prennent le commerce et l'industrie.

Il est, je crois, reconnu qu'à mesure que la civilisation augmente chez un peuple, les hommes passent des champs dans les manufactures. Ce mouvement naturel de la population est particulièrement sensible en Angleterre, où l'on fabrique presque tous les objets nécessaires, non-seulement nécessaires à la consommation des Anglais, mais pour ainsi dire à celle du globe. En Angleterre, d'ailleurs, la terre, ayant toujours été peu divisée, n'a jamais présenté autant de ressources au pauvre que parmi nous, et ne s'est pas présentée à l'imagination de l'homme du peuple comme l'objet le plus naturel de l'industrie. Le paysan anglais a donc des habitudes et des instincts tout différents des nôtres. Dès qu'il a acquis plus de lumières, ou plus de capitaux que ses voisins, il cherche à utiliser ces avantages dans le commerce ; l'idée de devenir propriétaire foncier ne se présente pas à son esprit. La terre, chez les Anglais, est donc devenue un objet de luxe ; elle donne des honneurs, des plaisirs, mais peu d'argent, comparativement parlant. Il n'y a que les gens déjà très-riches qui cherchent à se la procurer. Ainsi, tandis que chez nous le grand propriétaire vend quelquefois sa terre en détail par spéculation, ici le petit propriétaire cherche à se défaire de la sienne pour s'enrichir. Les grandes propriétés s'agrandissant donc chaque jour aux dépens des petites, le goût et l'habitude de la grande culture deviennent plus généraux. Il en résulte entre autres ceci : la grande culture exigeant, proportion gardée, moins d'ouvriers que la petite, chaque année un grand nombre de petits agriculteurs manquent d'emploi. Ainsi, tandis que l'industrie et le commerce les attirent, la terre les repousse.

Je ne sais si vous penserez comme moi, monsieur, qu'un pareil excès du principe aristocratique mène presque aussi certainement à une révolution que chez nous le développement naturel de la démocratie. Déjà l'Angleterre présente ce phénomène, que près des deux tiers de la population ont quitté la terre et sont entrés dans les carrières industrielles. Un pareil mouvement, qui date de loin et qui va toujours s'accélérant, ne peut mener qu'à un état contre nature, et dans lequel une société ne saurait, je pense, se maintenir. Il n'y a déjà qu'un cri dans ce pays contre l'excès de la population et le manque d'ouvrage. La population paraît excessive, parce qu'elle est mal répartie, et l'ouvrage manque, parce que les travailleurs sont tous poussés du même côté. En face d'une minorité qui possède, se trouve une immense majorité qui ne possède pas ; et nulle part la question n'est posée d'une manière plus redoutable entre ceux qui ont tout et ceux qui n'ont rien. Je sais que tous les riches commencent à s'entendre parfaitement entre eux, mais les pauvres s'entendent également mieux qu'en aucun autre pays du monde. Il n'y a que d'un camp à l'autre qu'on ne s'entend pas.

Il est vrai-que la démocratie, qui a déjà dans ce pays une immense armée, n'a point, à proprement parler, de chefs. Les hommes qu'elle parvient à envoyer au Parlement ne la représentent que très-imparfaitement ; la plupart d'entre eux veulent arriver à l'égalité politique en respectant l'inégalité sociale. Mais il me paraît évident que, dans un temps donné, ils seront poussés malgré eux de l'une à l'autre. Le malaise général les y entraînera. Quand l'aristocratie sera privée de la plus grande partie de son influence politique, ses chefs auront encore une grande existence, parce qu'ils sont riches ; mais, dans ses rangs inférieurs, les maux qui suivront ce changement paraîtront insupportables. Ce qui fait aujourd'hui l'arrière-garde de l'aristocratie deviendra l'avant-garde de la démocratie, et c'est alors qu'avec le sentiment du mal, on aura soin que l'idée du remède arrive à l'esprit du peuple.

En résumé, on peut donc dire que si le goût de la propriété foncière chez le peuple, et l'usage de la petite culture, ont singulièrement facilité parmi nous l'égalité des conditions, il est à croire que l'excès des causes opposées amènera forcément les Anglais au même résultat. Il y aurait bien d'autres différences à signaler entre ce pays-ci et la France, mais je dois m'arrêter ici, et en vérité il est déjà plus que temps de vous demander pardon de la longueur ridicule de cette lettre. Je m'aperçois qu'après m'être laissé entraîner à écrire la moitié d'un volume, je n'ai rien dit encore des embarras de tous genres qui environnent la marche journalière du gouvernement, et qu'en parlant beaucoup de l'avenir, j'ai oublié le chapitre plus important du présent. Vous auriez probablement désiré de moi des faits, et je ne vous envoie que des rêveries. Mais j'espère, monsieur, que vous voudrez bien apercevoir dans cette lettre, non ce qu'elle contient, mais le but dans lequel elle a été écrite, et que vous y verrez la volonté de faire quelque chose qui pût vous être agréable.

Agréez.

P. S. J'espère que vous serez assez bon pour me rappeler au souvenir de madame d'Aguesseau.

A LORD RADNOR

Londres, mai 1835.

Mylord, pour répondre aux questions que vous m'avez posées, je crois utile d'établir d'abord en droit et en fait ce qu'était la position des ministres de la religion avant la révolution de 1830. Je parlerai ensuite de l'état actuel et de ses résultats[1].

[1] Pendant son séjour à Londres, en 1835, Tocqueville voyait souvent lord Radnor, qui, un jour, dans le cours de la conversation, lui demanda quel était à cette époque en France le mouvement des esprits en matière religieuse, et l'état de l'opinion publique vis-à-vis du clergé. Tocqueville fit à sa question une réponse qui frappa assez lord Radnor pour que celui-ci le priât de la lui renouveler par écrit. C'est ce que fit Tocqueville le lendemain même en adressant cette lettre à lord Radnor.

Lorsque Napoléon rétablit en France l'exercice de la religion catholique, il ne rendit pas au clergé ses biens-fonds, mais il lui appliqua une partie du budget de l'État. Les prêtres de *propriétaires* devinrent *salariés*. Ce ne fut point la seule atteinte portée à leur indépendance par l'empereur. Dans l'ancienne monarchie, il existait entre les évêques et les simples prêtres de chaque diocèse un tribunal ecclésiastique qui leur servait d'intermédiaire et qui s'appelait, si je ne me trompe, l'officialité. Napoléon détruisit ce tribunal d'appel. Il livra le clergé inférieur à la juridiction de l'évêque, contre laquelle il n'y eut plus de recours. L'empereur pensait, à tort ou à raison, qu'il aurait toujours bon marché d'un petit nombre d'évêques, et que maître de ceux-là il le serait de tout le clergé. Tel était l'état où se trouvaient les ministres de la religion à l'époque de la Restauration.

Les Bourbons revinrent avec l'idée qu'il fallait appuyer le trône contre l'autel; et la charte de 1814 déclara que la religion catholique était *la religion de l'État*. Mais on n'osa point définir ce qu'il fallait entendre par religion d'État. On ne rendit point au clergé ses biens; on n'augmenta même pas, à ce que je crois, ses salaires. Mais on le fit pénétrer indirectement dans les affaires. Les curés devinrent en quelque sorte des autorités politiques par le poids qu'obtenaient leurs recommandations. Les places furent souvent données en vue des croyances de ceux qui les demandaient plus qu'en considération de leur capacité. On le crut du

moins. A mesure que la restauration s'établissait, l'u-
nion de l'État et de l'Église devenait de plus en plus
évidente. On fit une loi pour punir avec la dernière rigueur la profanation sacrilége des vases sacrés et le vol
dans les églises. Tous les archevêques et une partie des
évêques entrèrent dans la chambre des pairs. La nation
fut, ou plutôt se crut gouvernée par les prêtres et aper-
çut partout leur influence. Ce fut alors qu'on vit renaître
ce qu'on appelle chez nous *l'esprit voltairien*, c'est-à-
dire l'esprit d'hostilité systématique et de moqueries
non-seulement contre les ministres de la religion, mais
contre la religion elle-même et le christianisme sous
toutes les formes. Tous les livres du dix-huitième siècle
furent réimprimés et distribués à bon marché au peuple.
Les caricatures, le théâtre, les chansons se remplirent
de satires amères contre la religion. La haine d'une
partie de la population contre le clergé prit une violence inconcevable. Je remplissais alors des fonctions
analogues à celles de procureur du roi, et je remarquais
que toutes les fois qu'un prêtre avait le malheur d'être
accusé d'un crime ou d'un délit, le jury, en général si
indulgent, condamnait presque toujours à l'unanimité.
Le clergé, qui n'était d'aucun parti sous l'empire, devint
sous la restauration un parti. Il se joignit aux absolu-
tistes les plus décidés, et prêcha souvent en chaire en
faveur du pouvoir absolu de la couronne.

De là résulta un effet bien funeste. Presque tous les
libéraux, c'est-à-dire la grande majorité de la nation,
devinrent irréligieux par principes politiques. En fai-

sant de l'impiété, ils croyaient faire de l'opposition. On vit souvent alors des hommes très-honnêtes entrer en fureur au seul nom de religion, tandis que d'autres, connus pour l'immoralité de leur vie, ne parlaient que de la nécessité de relever les autels et de faire honorer la Divinité.

Je crois, mylord, qu'aujourd'hui il n'est personne en France, à quelque parti qu'il appartienne, qui ne considère les haines religieuses que la restauration a fait naître comme la cause principale de la chute des Bourbons. Livrés à eux-mêmes, les princes de la branche aînée auraient eu de la peine à se soutenir; unis au clergé et exposés aux inimitiés ardentes que le pouvoir politique des prêtres suscitait, ils ne pouvaient manquer de succomber.

Ceci nous reporte jusqu'à l'année 1830. Voyons ce qui s'est passé depuis.

Le clergé avait si bien uni son sort à celui du roi, que quand le roi vint à être renversé de son trône en juillet 1830, les prêtres se crurent tous menacés dans leur personne, et plusieurs en effet le furent. Dans quelques grandes villes, ils durent quitter les apparences extérieures de leur profession. L'archevêché de Paris fut pillé en février 1831, et l'archevêque obligé de se cacher.

De son côté, la législature se prononçait contre eux. Le mot *religion de l'État* était supprimé de la Charte, et en place on mettait *religion du plus grand nombre des Français*. Tous les évêques promus à la pairie par

Charles X perdirent leurs siéges. Les autres se sont toujours abstenus depuis de prendre part aux séances. Le ministère des affaires ecclésiastiques fut supprimé. De cette manière, le clergé perdit aussi tout représentant dans la chambre des députés.

Un changement encore plus considérable s'opérait dans les habitudes du gouvernement. Les prêtres perdirent toute espèce d'influence indirecte dans les affaires administratives et politiques. On ne se montra pas en général hostile envers eux ; mais on les renferma avec soin dans les limites de leur ministère. Le taux des salaires fut changé en quelques parties. On dépouilla les évêques d'une partie de leurs appointements pour augmenter le traitement des simples prêtres.

Tel est, je crois, l'état actuel des choses. Il s'agit de savoir maintenant quelles en sont les conséquences. Ici, mylord, il serait peut-être imprudent de m'en croire sur parole. Vous savez qu'en politique, ce qu'il y a souvent de plus difficile à apprécier et à comprendre, c'est ce qui se passe sous nos yeux. Le passé, dans les grandes affaires humaines, apparaît plus clair et plus net que le présent. Tout ce que je puis vous promettre, c'est de vous montrer exactement ce que je vois, et de dire sans arrière-pensée ce que je crois et ce qu'une multitude d'hommes éclairés croient comme moi en France.

Du moment où le clergé eut perdu son pouvoir politique, et dès qu'on crut apercevoir qu'il était plutôt menacé de persécution que l'objet de la faveur du gouvernement, les haines qui l'avaient poursuivi pendant toute la restauration, et qui du prêtre étaient passées à la religion, ces haines commencèrent à s'attiédir d'une manière visible. Cela n'eut pas lieu tout à coup et en tous lieux. Les instincts irréligieux que la restauration avait créés ou fait renaître se montrèrent souvent sur quelques points du territoire. Mais en prenant l'ensemble du pays, il fut évident que le mouvement de réaction qui allait entraîner les esprits vers les idées religieuses était commencé. Je pense qu'à l'époque où nous sommes arrivés, ce mouvement n'échappe plus à personne. Les publications irréligieuses sont devenues extrêmement rares (je n'en connais même pas une seule). La religion et les prêtres ont entièrement disparu des caricatures. Il est très-rare dans les lieux publics d'entendre tenir des discours hostiles au clergé ou à ses doctrines. Ce n'est pas que tous ceux qui se taisent ainsi aient conçu un grand amour pour la religion. Mais il est évident qu'au moins ils n'ont plus de haine contre elle. C'est déjà un grand pas. La plupart des libéraux que les passions irréligieuses avaient jadis poussés à la tête de l'opposition, tiennent maintenant un langage tout différent de celui qu'ils tenaient alors. Tous reconnaissent l'utilité politique d'une religion, et déplorent la faiblesse de l'esprit religieux dans la population. Mais le changement le plus grand se remarque dans la jeunesse.

Depuis que la religion est placée en dehors de la politique, un sentiment religieux, vague dans son objet, mais très-puissant déjà dans ses effets, se découvre parmi les jeunes gens. Le besoin d'une religion est un texte fréquent de leurs discours. Plusieurs croient; tous voudraient croire. Ce sentiment les amène dans les églises lorsqu'un prédicateur célèbre doit y porter la parole. Lors de mon départ de Paris, les preuves de la religion étaient exposées tous les dimanches dans la cathédrale par un jeune prêtre doué d'une rare éloquence[1]. Près de cinq mille jeunes gens assistaient régulièrement à ses sermons. Au milieu d'eux siégeait, dans ses habits pontificaux, ce même archevêque de Paris dont on avait pillé et détruit le palais il y a quatre ans, et qui pendant plus d'une année avait été obligé de se tenir caché comme un proscrit. Jamais pareil spectacle ne s'était vu sous la restauration, alors que les évêques avaient une place dans la chambre des pairs et dans le conseil du roi, et quand l'influence politique des prêtres passait pour toute-puissante.

Je crois, mylord, que j'ai répondu à peu près à vos questions. S'il n'en était pas ainsi, vous n'hésiteriez pas, j'espère, à me le dire. Je serai toujours prêt à vous répondre sur cette matière et sur toutes autres qu'il vous plairait de choisir. Ce que je viens d'écrire, ayant été fait à la hâte, vous paraîtra peut-être confus. Peut-être aussi aurez-vous de la peine à lire ma mauvaise écriture. Dans tous les cas, je suis à votre disposition

----

[1] L'abbé, aujourd'hui le révérend père Lacordaire, directeur de Sorèze, récemment élu membre de l'Académie française, en remplacement de Tocqueville.

et prêt à éclaircir de vive voix ce que ma lettre aura laissé incomplet.

Agréez, en attendant, mylord, l'hommage de ma respectueuse considération.

P. S. J'ai oublié de vous dire qu'en 1814, la restauration, en même temps qu'elle donnait à la religion catholique le nom de *religion de l'État*, ordonnait, sous peine d'amende, de fermer les boutiques le dimanche, et commandait à tous les fonctionnaires d'assister aux cérémonies du culte catholique. Ce furent ces deux ordonnances qui donnèrent le signal de l'opposition irréligieuse. On les a rapportées ou elles sont tombées depuis en désuétude.

A HENRY REEVE, ESQ.[1]

Paris, 11 septembre 1835.

Vous devez tout au moins me croire mort, mon cher monsieur Reeve, car il n'y a pas moyen d'imaginer que je sois passé par Londres sans vous aller voir ainsi que madame votre mère, et il est presque aussi invraisemblable que j'aie traversé Boulogne sans m'arrêter pour profiter du séjour qu'y fait, j'imagine, madame Austin. Un seul mot peut expliquer tout cela. Je ne suis revenu en France ni par Londres ni par Boulogne. J'ai,

[1] Voir la Notice, pages 103 et 104, tome V.

aux environs de Cherbourg, un frère qui habite là pendant la belle saison, et de plus une petite propriété grande comme la main. Étant à Dublin, j'ai appris que mon frère était arrivé chez lui, et que le vent avait emporté le toit de ma maison ; deux événements qui m'ont fait juger utile de me rendre en Normandie le plus tôt possible et par le plus court chemin. Je suis donc descendu tout droit de Dublin jusqu'à Southampton, et de là j'ai regagné la côte française, sans avoir la moindre tempête à vous raconter. Ma justification étant ainsi complète, parlons de vous. Qu'êtes-vous devenu depuis que je vous ai quitté? avez-vous vécu dans le bon air de Hampstead, ou êtes-vous descendu jusque dans les fumées de Londres? au milieu de vos autres occupations, avez-vous continué la *Démocratie?* J'ai eu le plaisir, durant mon voyage en Angleterre et en Irlande, de voir plusieurs exemplaires du premier volume, et de recevoir sur la traduction des compliments que je vous renvoie très-exactement. Je fais ici ma troisième édition.

Je ne vous dis rien sur *notre* politique. J'arrive. Je n'ai encore fait de visite à personne. Étant réduit à mes seules ressources, je ne saurais que vous dire que je désire vivement vous revoir, et qu'il faut, de toute nécessité, que vous veniez bientôt faire un petit voyage en France. Rappelez-vous d'ailleurs que vous avez à moi un certain nombre de documents américains, et souvenez-vous que je ne les reçois que si vous les apportez vous-même.

En attendant, recevez, je vous prie, l'assurance de mon bien sincère attachement.

A JOHN STUART MILL, ESQ.[1]

Paris, 12 septembre 1835.

Mon cher monsieur Mill, Beaumont m'a dit que vous, lui aviez demandé quelle était ma réponse définitive relativement à une coopération dans votre *Revue*. Je réponds que ma détermination, après mûres réflexions, est d'y écrire, si la chose vous paraît encore désirable ; mais j'éprouve encore quelque incertitude quant au plan à suivre. Je voudrais mettre dans ces articles à peu près tout ce que je sais de la position politique et sociale de la France. J'hésite seulement quant à la forme à adopter. Je crains que, malgré tous mes efforts, on ne puisse, en Angleterre, bien comprendre l'état présent de notre pays, si je ne fais pas d'abord connaître ce qu'il était immédiatement avant que la révolution française éclatât ; et si je fais ce tableau, dont les couleurs seront nécessairement un peu vieilles, j'ai peur de ne point suffisamment intéresser le lecteur : voilà la difficulté. Aidez-moi à la résoudre.

J'ai, du reste, beaucoup réfléchi depuis quelque

[1] Voir la Notice, pages 93 et 103, tome V. John Stuart Mill, fils de James Mill, le célèbre auteur de plusieurs ouvrages, entre autres : *History of British India, Elements of political Economy, Analysis of the Phenomena of the human mind*, etc., etc. On confond quelquefois le père et le fils, à cause de l'analogie et du mérite égal de leurs travaux. On sait que les principaux ouvrages de John Stuart Mill sont : *Political Economy*, 2 vol., et *Logic both ratiocinative and inductive*, 2 vol.

temps à l'objet de ces lettres ; et comme il arrive toujours à ceux qu'un sujet préoccupe, j'ai fini par apercevoir un certain nombre d'idées que je n'avais pas vues d'abord, et par me figurer qu'elles vaudraient peut-être la peine d'être émises ; mais c'est là un second point dont je ne suis pas juge. Ce qu'il y a de certain, c'est que, si j'entreprends ce travail, je ferai de mon mieux. Vous pouvez en être assuré.

Agréez, mon cher Mill, l'assurance de ma considération et de mon sincère attachement.

AU MÊME

Du château de Baugy, 3 décembre 1835.

On vient, mon cher Mill, de m'envoyer de Paris le troisième numéro de la *Revue de Londres*[1] et votre lettre à la date du 19 du mois dernier. J'ai lu attentivement l'un et l'autre, et il ne me reste plus qu'à vous en parler.

Votre article de la *Revue* contient sur moi plus de louanges que n'en peut désirer un auteur, quelque dose d'orgueil que le Créateur m'ait départie, et vous savez qu'il en fournit libéralement les auteurs. Cependant, vous le dirai-je, il y a dans l'article quelque chose qui m'a fait encore plus de plaisir que vos louanges.

[1] *The London and Westminster Review.*

Vous êtes de tous ceux qui ont bien voulu occuper de moi le public, le *seul* peut-être qui m'ait *entièrement* compris, qui ait su saisir d'une vue générale l'ensemble de mes idées, la tendance finale de mon esprit, et qui, en même temps, ait conservé une perception claire des détails. Ce serait un trop beau métier que celui d'écrivain, si l'on rencontrait beaucoup de lecteurs de votre espèce ! Votre article m'a donc donné une vraie joie. Je le garde précieusement pour me prouver à moi-même qu'à la rigueur je puis être compris. J'avais besoin de ce témoignage pour me consoler de tous les jugements de travers auxquels je vois que mon ouvráge donne lieu. Je ne rencontre que des gens qui veulent me ramener à des opinions que je professe ou qui prétendent partager avec moi des opinions que je n'ai pas.

Pour en revenir à votre article, je vous répète que je n'ai rien lu sur mon ouvrage d'aussi complet. Vous pénétrez plus avant que personne dans ma pensée, et, voyant clairement ce qui s'y trouve, vous choisissez avec liberté ce que vous devez approuver ou blâmer. Croyez que je n'exagère point quand je dis que j'ai lu vos critiques avec autant de plaisir que vos éloges. L'ami s'y montre partout sous le censeur. Aussi elles instruisent et ne sauraient blesser. Je voudrais pouvoir entrer dans la discussion de toutes vos objections, mon cher Mill ; mais je vous enverrais un ouvrage au lieu d'une lettre. Une conversation, comme j'espère que nous en aurons une d'ici à quelque temps, éclaircira plus de questions entre nous qu'une volumineuse correspondance. Cependant je veux à l'avance faire quelques remarques...

Paris, 5 décembre.

J'en étais là de ma lettre, mon cher Mill, lorsque j'ai appris que ma mère, qui habite Paris, était dans le plus grand danger. Je suis accouru, comme vous pouvez croire : j'ai trouvé ma mère un peu mieux ; mais elle nous donne encore cependant de graves inquiétudes. J'espère que vous me pardonnerez si dans l'état d'esprit où je suis en ce moment je n'entre pas dans la discussion un peu longue que semblaient annoncer les derniers mots que j'ai écrits à Baugy. Je ne veux pas cependant en finir encore sur votre article que j'ai relu attentivement en venant ici. J'y trouve plusieurs morceaux qui m'ont paru très-saillants. Je ne connais point d'ami de la démocratie qui ait encore osé faire ressortir d'une manière aussi nette et aussi claire la distinction capitale entre *délégation* et *représentation*, ni qui ait mieux fixé le sens politique de ces deux mots. Soyez sûr, mon cher Mill, que vous avez touché là une très-grande question, du moins telle est ma ferme croyance. Il s'agit bien moins pour les partisans de la démocratie de trouver les moyens de faire gouverner le peuple, que de faire choisir au peuple les plus capables de gouverner, et de lui donner sur ceux-là un empire assez grand pour qu'il puisse diriger l'ensemble de leur conduite, et non le détail des actes ni les moyens d'exécution.

Tel est le problème. Je suis parfaitement convaincu que de sa solution dépend le sort des nations modernes. Mais combien peu de gens même l'aperçoivent! combien peu le signalent!

La faveur avec laquelle vient de me traiter la *Revue de Londres* est pour moi un nouveau stimulant à faire les articles que j'ai promis. Le premier est très-avancé, mais la beauté comme la difficulté du sujet semble croître chaque jour à mes yeux. Vous devez trouver que je suis bien long à en finir. Vous m'excuseriez si vous saviez combien j'ai de peine à arriver à être content de moi, et l'impossibilité où je suis de faire des choses inachevées. J'ai toujours cru que le public avait le droit de demander aux auteurs d'aller toujours jusqu'au bout de leurs facultés, et c'est une exigence à laquelle, pour ma part, je tâche de me soumettre. Je travaille donc votre article comme s'il devait paraître sous mon nom et en français. Je me croirais fort heureux si pour prix de ma peine je pouvais faire quelque chose qui vous plût, ainsi qu'aux lecteurs éclairés de votre *Revue.*

Adieu, mon cher Mill, croyez à ma bien sincère amitié. Est-ce que vous ne viendrez pas bientôt faire un petit voyage en France? Je serais très-heureux de vous voir et de vous présenter à ma femme, qui est une de vos compatriotes et a souvent entendu parler de vous.

AU MÊME

Paris, 10 février 1836.

J'ai transmis hier à M. Durand de Saint-André, notre consul général, le travail que je vous ai promis[1]. Il a dû partir le même jour dans les paquets de l'ambassade. M. de Saint-André le remettra à la personne qui viendra de votre part.

Je ne sais, mon cher Mill, ce que vous penserez de cet ouvrage. Tout ce que je puis vous dire, c'est que je ne saurais mieux faire. Je l'ai travaillé comme s'il devait paraître en français et sous mon nom. Je crains cependant de n'avoir que médiocrement réussi. J'ai peur que ma méthode ne soit trop française et peu du goût de vos compatriotes, et qu'ils ne trouvent que j'ai un penchant trop prononcé pour les idées générales. J'avais d'abord eu la pensée de lutter contre cette tendance; mais le sujet m'y a ramené malgré moi. Il n'en est point qui fasse plus réfléchir sur les règles générales qui sont tracées aux sociétés humaines. Je crois, du reste, que quand j'arriverai à la France de nos jours, il me sera facile de devenir plus *détaillé* et plus pratique. Il me tarde d'avoir le temps de me mettre à cette seconde partie. L'étude à laquelle je viens de me livrer a fait naître dans mon esprit une multitude d'idées, et

---

[1] Voir la Notice, page 93, tome V.

m'a fait voir une foule de rapports que je n'avais point encore aperçus.

J'ai appris, mon cher Mill, par une lettre de madame Austin, que vous étiez inquiet de votre père. J'espère que vos craintes se sont dissipées et que sa santé est maintenant rétablie. Je m'intéresse d'autant plus à vos inquiétudes, que moi-même je viens d'avoir le malheur de perdre ma mère et que j'ai senti toute l'étendue et toute l'amertume d'une pareille peine.

Vous me rappellerez, j'espère, au souvenir de toutes les personnes avec lesquelles vous m'avez fait faire connaissance à Londres et en particulier de M. et madame Grote. Adieu, mon cher Mill ; croyez, je vous prie, à ma bien sincère amitié.

_____

A HENRY REEVE, ESQ.

Cherbourg, 17 avril 1836.

J'ai reçu votre lettre, mon cher Reeve, peu de jours avant mon départ de Paris. Je n'ai pu y répondre sur-le-champ pour vous remercier des curieux détails qu'elle contient ; mais je profite du repos de la campagne, si toutefois on peut appeler campagne une petite ville de province, pour vous donner de mes nouvelles. Je suis venu ici faire un petit voyage de propriétaire. Il va sans dire que je suis seul : on ne peut encore faire voyager une femme dans cette saison.

Les mêmes tempêtes qui ont noyé tant de braves marins sur les côtes de Normandie, y ont cassé maints pommiers et ont achevé d'ébranler toutes les vieilles gentilhommières que la démocratie avait jusqu'à présent laissées debout. J'ai craint que le manoir de Tourlaville[1], qui n'a déjà plus de planchers, n'eût perdu son toit de cette affaire, et je suis venu pour m'informer si du moins la girouette féodale avait été épargnée. J'ai trouvé tout dans le plus bel ordre. Le vent m'a respecté, ce que je n'espérais guère. Je resterai encore ici une huitaine de jours, puis je reviendrai à Paris. C'est de là que je vous enverrai le *Système pénitentiaire* : il a paru depuis mon départ.

Ce que vous me dites des paroisses de Londres m'a d'autant plus intéressé que j'y ai vu la confirmation entière de mes idées en cette matière. J'avais ainsi conçu la chose durant mon séjour en Angleterre, et j'éprouve un très-grand plaisir en découvrant que toutes mes premières impressions avaient été justes. Votre nation et la nôtre présentent, il faut l'avouer, un singulier contraste. Chez vous, l'état social est bien plus aristocratique qu'en France; mais une partie de vos lois sont plus démocratiques que les nôtres. Vous n'avez qu'à généraliser et à étendre ce que nous avons à créer.

J'espère que vous avez bien parlé de moi à madame

---

[1] Vieux château près de Cherbourg, qui appartenait alors à Alexis de Tocqueville, et qui, par suite d'arrangements de famille, est devenu la propriété de son frère Édouard le vicomte de Tocqueville, à l'époque où Alexis est devenu lui-même propriétaire du château et de la terre de Tocqueville.

Austin, et que vous avez dit à madame Reeve tout le plaisir que j'aurais à la revoir. Je crois vous apercevoir d'ici, vous et elle, dans cette petite maison de Hampstead que j'ai visitée il y a précisément un an. Je vous découvre dans votre observatoire dominant en philosophe les fumées de Londres; et je vois plus bas, dans le salon, madame votre mère faisant bon visage à ses hôtes. Je n'oublierai jamais Hampstead. Il se rattache indirectement à une époque de ma vie dont je ne saurais jamais perdre le souvenir.

Adieu, mon cher Reeve; parlez de moi à toutes les personnes de votre connaissance qui m'ont si bien reçu, et croyez à des sentiments d'une bien sincère amitié.

AU MÊME

Au château de Baugy, ce 22 mai 1836.

J'ai reçu votre lettre, mon cher Reeve, au moment où je quittais de nouveau Paris pour venir habiter une partie de l'été dans une propriété que possède un de mes frères près de Compiègne. C'est de là que je vous écris. On m'a établi au haut de la maison dans un petit pavillon percé à jour de tous côtés et qui domine tout le pays. C'est dans ce lieu élevé au-dessus de toutes les misères de ce monde que je me retire pour travailler, ce qui ne veut pas dire que je doive en faire descendre des oracles. Pour passer à des images moins sublimes, je vous dirai que le plus grand avantage que j'aie trouvé à me percher ainsi a été d'éviter le contact habituel de quatre charmants petits-neveux qui me feraient donner au diable cent fois le jour si j'étais leur voisin. L'homme est un terrible animal; quand il ne parle pas encore, il crie; et quand il commence à parler, il déraisonne. Mais ce n'est ni vous, ni moi qui pouvons le changer : il vaut donc mieux le laisser tel qu'il est, sans nous en occuper davantage.

Mon intention, le jour de mon départ de Paris, était de vous envoyer un exemplaire de la seconde édition de notre *Système pénitentiaire*. Je n'ai jamais pu trouver le temps de le faire; mais je compte d'ici à une dizaine de jours aller passer quelques heures dans la rue de Bourgogne, et je n'oublierai pas alors de vous faire l'envoi dont je viens de parler.

Ce que vous me dites de la tendance de notre cabinet à se séparer du vôtre ne me paraît que trop véritable; mais je ne puis partager la satisfaction que vous en témoignez. Je crois l'union des deux peuples essentielle au maintien des institutions libres en Europe, et cette considération surpasse à mes yeux toutes les autres. Quant au désir qu'aurait chez vous le parti aristocratique d'embarquer l'Angleterre dans la guerre, afin d'occuper le peuple, je m'expliquerais cela, mais seulement par la considération de l'état désespéré où ce parti serait réduit.. . . . .

Au reste, vous n'êtes pas encore en guerre : ne s'y

mel pas qui veut dans le siècle où nous sommes; et
voilà assez de politique. De quoi pouvaient parler nos
pères, il y a cinquante ans? Je m'en étonne. Otez la politique de nos discours, il ne reste plus que des mono-
syllabes et des gestes muets. Ils parlaient cependant
autant que nous, et souvent mieux. Ils trouvaient cent
choses à dire où nous n'en avons pas une seule à penser. Ils avaient le moyen de faire gaiement les affaires
sérieuses; c'est bien différent de nous qui faisons si
tristement des folies.

P. S. Présentez, je vous prie, mes hommages à
lord et lady Lansdowne. Quand j'ai quitté Paris, je
n'avais pas encore reçu votre *Revue.*

A M. DE CORCELLE

Paris, 6 juillet 1836.

Je vous remercie beaucoup, mon cher ami, de la
bonne et aimable lettre que j'ai reçue de vous. Vous
savez que je tiens d'une manière toute particulière à
votre amitié. Je vous l'ai dit plusieurs fois et l'ai pensé
bien d'autres sans le dire. Je vous ai toujours vu penser ce que vous dites, et sentir ce que vous exprimiez.
Cela seul, sans le reste, aurait suffi pour vous placer à
part dans mon esprit. Mais je suis bien bon de vouloir
vous expliquer pourquoi j'ai de l'amitié pour vous. Cela

se sent mieux qu'on ne l'explique. Je crois comprendre ce qui fait que je compte sur vous ; mais je ne le saurais pas que j'y compterais encore : car, en ces matières, nous ne sommes pas seulement conduits par le raisonnement, mais par une sorte d'instinct qui vaut mieux que lui.

J'envoie chez vous Aristote. Si vous pouvez en tirer meilleur parti que moi, vous me ferez part de vos idées. Pour moi, je vous l'avoue, sauf le respect qu'on doit aux gens qui ont été admirés pendant plus de deux mille ans, je le trouve un peu trop antique pour mon goût. Nous ne sommes pas assez Grecs pour trouver un grand profit à ces livres-là.

Adieu, mille amitiés bien sincères pour vous. Je serai à Berne le 25 juillet, et à Genève le 25 août. Tout le reste est douteux. Écrivez-moi là, je vous prie, non pas seulement pour m'annoncer des choses importantes, mais simplement pour me dire tout ce qui vous passe par la tête.

A GUSTAVE DE BEAUMONT

Paris, 6 juillet 1836.

. . . .

J'attends maintenant l'hiver prochain avec impatience. J'espère qu'il sera heureux et *productif*. Je ne puis vous dire, mon cher ami, combien votre mariage

me fournit d'idées agréables. Il achève pour moi de
compléter le tableau du bonheur intérieur que je désirais atteindre. Nous avons maintenant ce qui est nécessaire avant toutes choses dans ce monde : des compa-
gnes sur lesquelles nous pouvons compter dans la mauvaise comme dans la bonne fortune, sur le courage
comme sur la tendresse desquelles nous pouvons nous
fier... Qui ne se sentirait plein d'énergie et d'envie
d'agir avec un pareil appui près de soi? . . . .

Je pars demain soir. Je serai à Metz après-demain 8 ;
j'y resterai jusqu'au 14. Je partirai alors pour Berne...

A M. DE CORCELLE

Berne, 27 juillet 1836.

Je voyage ici, mon cher ami, beaucoup plus en amateur de la belle nature qu'en philosophe. Cependant,
quand je me trouve par hasard forcé de lire un journal
ou de faire une conversation raisonnable, je tâche de
comprendre ce qu'on m'apprend. J'ai donc déjà, en
ma qualité d'Américain, conçu un dédain très-superbe
pour la constitution fédérale de la Suisse, que j'appelle
sans façon une ligue et non une fédération.

Un gouvernement de cette nature est, à coup sûr, le
plus mou, le plus impuissant, le plus maladroit et le
plus incapable de mener les peuples autre part qu'à

l'anarchie. Je suis déjà frappé aussi du peu de vie politique qui règne dans la population. Le royaume d'Angleterre est cent fois plus républicain que cette république-ci. D'autres diraient que cela tient à la différence des races. Mais c'est un argument que je n'admettrai jamais qu'à la dernière extrémité, et quand il ne me restera plus absolument rien à dire. J'aime mieux trouver la raison de ceci dans un fait peu connu, ou du moins ignoré jusqu'à présent de moi : c'est que la liberté communale est un fait très-récent dans la plupart des cantons de la Suisse.

La bourgeoisie des villes gouvernait les campagnes, comme le pouvoir royal fait en France. C'était une petite centralisation bourgeoise qui, comme notre centralisation, ne souffrait pas qu'on mît le nez dans ses actes.

Assez sur la politique. Si le discours de Quincy Adams est encore dans vos mains, je vous prie de me le garder. Croyez à ma bien tendre et bien sincère amitié.

A JOHN STUART MILL, ESQ.

Baugy, ce 10 novembre 1836.

Je n'ai reçu qu'hier au soir, mon cher Mill, la lettre que vous m'avez écrite lundi dernier. Je me hâte de vous répondre de peur que ma lettre n'arrive après votre départ. Je ne puis vous dire quelle contrariété j'éprouve à ne pas être à Paris dans ce moment. Il m'aurait été particulièrement agréable de vous recevoir chez moi et de vous présenter à ma femme qui a déjà appris à vous connaître comme un de mes bons amis.

Je vous remercie de l'intérêt que vous témoignez à la *Démocratie*. Le charmant voyage que je viens de faire en Suisse lui a fait un peu de tort. J'ai perdu là trois mois précieux. Aussi suis-je venu me renfermer dans la petite vallée de Baugy pour tâcher de réparer, s'il est possible, le temps si mal employé. J'ai eu bien de la peine à reprendre. Dieu merci, me revoilà en train ; et je voudrais maintenant ne plus lâcher prise que je n'aie tout terminé. Aussi bien mon sujet commence à peser sur mon esprit comme un cauchemar sur l'estomac d'un dormeur. Je me sens l'esprit plein de choses au milieu desquelles je ne vois pas encore clairement l'ordre, et que, cependant, je ne puis en faire sortir que une à une. Je voudrais courir, et je ne puis que me traîner lentement. Vous savez que je ne prends pas la plume avec l'intention arrêtée de suivre un système et de marcher à tort et à travers vers un but. Je me livre au mouvement naturel de mes idées, me laissant entraîner de bonne foi d'une conséquence à une autre. Il en résulte que, tant que l'ouvrage n'est pas terminé, je ne sais précisément où je vais ni si j'arriverai jamais. Ce doute finit par être insupportable. Si vous venez ici, mon cher Mill, j'aurais un grand plaisir à causer avec vous sur toutes ces matières et à vous étourdir de toutes les idées qui, dans ce moment, se croisent dans ma tête. . . . .

Je n'ai vu ni l'article du *Quarterly* ni celui de la *Revue américaine*. Quant au reproche que me fait cette dernière de généraliser un peu trop, je le crois moi-même fondé. J'ai été souvent obligé de le faire, pour qu'on aperçût nettement en Europe les caractères généraux du pays que je voulais faire ressortir. L'Amérique n'était que mon cadre, la démocratie le sujet.

Il ne me reste qu'un peu de papier blanc pour vous parler de la France. Aussi ai-je peu de choses à vous en dire, parce que j'en aurais trop à exprimer, si je voulais entrer un peu en matière. Je me bornerai au ministère qui est l'accident du moment. . . . .

A N. W. SENIOR, ESQ.

Paris, 11 janvier 1837.

Je ne suis arrivé à Paris qu'à la fin de décembre, mon cher monsieur Senior, et n'ai reçu que depuis deux jours le rapport sur les *Poor Laws* [1] et le *Traité d'économie politique* que vous avez bien voulu m'envoyer par M Greg [2]. Je vous remercie infiniment d'avoir ainsi

---

[1] Rapport de M. Senior sur le projet de réforme de la loi des pauvres en Angleterre.

[2] Intitulé : *Outline of the science of political economy*, by N. W. Senior (Esquisse de la science de l'économie politique).

pensé à moi. Vous ne pouviez m'envoyer rien qui me fût plus agréable que votre résumé sur l'économie politique. J'ai souvent reconnu que je manquais de notions suffisantes sur cette importante portion des connaissances humaines, et j'ai bien des fois pensé que vous étiez l'homme le plus capable de me les fournir. Tout ce que vous publiez m'est fort précieux, mais principalement ce que vous écrivez sur l'économie politique.

Je n'ai pu, du reste, lire encore ce que je viens de recevoir. J'ai remis cette lecture à l'époque assez prochaine où je serai plus libre. En ce moment je suis si profondément enfoncé dans mon second ouvrage sur l'Amérique, que je vois et entends à peine ce qui se passe autour de moi. J'aurai fini, je pense, ce nouveau travail vers le milieu de l'été et le publierai vers l'automne prochain. Je ne sais s'il sera bon, mais je puis affirmer que je ne saurais mieux faire. J'y donne tout mon temps et j'y mets toute la somme d'intelligence dont je puis être pourvu.

Notre ministère est toujours *in a dubious state*[1]... Veuillez, je vous prie, me rappeler au souvenir de lord et de lady Lansdowne et leur offrir l'hommage de mon respect.

P. S. J'oubliais de vous féliciter sur la place à laquelle vous avez été élevé l'an dernier (*master in chancery*). Je ne sais pas précisément quels en sont les devoirs, mais je vous connais assez pour être sûr que vous les remplirez tous très-bien.

[1] Dans un état précaire.

A HENRY REEVE, ESQ.

Paris, 22 mars 1837.

J'ai reçu avec un grand plaisir votre lettre, mon cher Reeve ; vous m'y donnez de bonnes nouvelles de vous et de votre traduction ; je m'intéresse beaucoup à l'un et à l'autre ; je me crois même assez peu égoïste pour préférer la prospérité du premier à celle de la seconde. Tous deux vont bien, que le ciel soit loué.

J'avais reçu précédemment le discours de sir Robert Peel [1] et la brochure d'un *American citizen*. Je ne sais si c'est à vous que je dois l'un et l'autre. Vous me ferez plaisir de me tenir toujours au courant de publications semblables, s'il s'en faisait encore d'autres. Indépendamment de l'intérêt sérieux que je prends aux jugements qu'on veut bien porter de moi, je suis réjoui en voyant les différentes physionomies qu'on me donne suivant les passions politiques de celui qui me cite. C'est une collection de portraits que j'aime à réunir. Jusqu'à présent je n'en ai point encore trouvé qui ressemblât complétement à ma vraie figure.

On veut absolument faire de moi un homme de parti et je ne le suis point. On me donne des passions et je n'ai que des opinions ; ou plutôt, je n'ai qu'une passion, l'amour de la liberté et de la dignité humaine. Toutes

---

[1] Voir la Notice, page 43, tome V.

les formes gouvernementales ne sont à mes yeux que des moyens plus ou moins parfaits de satisfaire cette sainte ou légitime passion de l'homme. On me prête alternativement des préjugés démocratiques ou aristocratiques. J'aurais peut-être eu de ceux-ci ou de ceux-là, si j'étais né dans un autre siècle ou dans un autre pays. Mais le hasard de ma naissance m'a rendu fort aisé de me défendre des uns et des autres. Je suis venu au monde à la fin d'une longue révolution qui, après avoir détruit l'état ancien, n'avait rien créé de durable. L'aristocratie était déjà morte quand j'ai commencé à vivre, et la démocratie n'existait point encore. Mon instinct ne pouvait donc m'entraîner aveuglément ni vers l'une ni vers l'autre. J'habitais un pays qui pendant quarante ans avait essayé un peu de tout sans s'arrêter définitivement à rien. Je n'étais donc pas facile en fait d'illusions politiques. Faisant moi-même partie de l'ancienne aristocratie de ma patrie, je n'avais point de haine ni de jalousie naturelles contre l'aristocratie; et cette aristocratie étant détruite, je n'avais point non plus d'amour naturel pour elle; car on ne s'attache fortement qu'à ce qui vit. J'en étais assez près pour la bien connaître, assez loin pour la juger sans passion. J'en dirai autant de l'élément démocratique. Aucun intérêt ne me donnait une pente naturelle et nécessaire vers la démocratie; et je n'en avais reçu personnellement nulle injure. Je n'avais aucun motif particulier de l'aimer ni de la haïr, indépendamment de ceux que me fournissait ma raison. En un mot, j'étais si bien en équilibre entre le passé et l'avenir, que je ne me sentais naturellement et instinctivement attiré ni vers l'un ni vers l'autre, et je n'ai pas eu besoin de grands efforts pour jeter des regards tranquilles des deux côtés.

Adieu, mon cher Reeve; recevez, je vous prie, l'assurance de ma bien sincère amitié.

AU MÊME

Tocqueville, 24 juillet 1837.

Je n'ai reçu votre lettre que depuis deux jours, mon cher ami, parce que vous me l'aviez envoyée à Baugy, au lieu de me l'adresser chez moi. Il est vrai que vous n'étiez pas sûr que je fusse venu cette année en Normandie. Je suis dans mon pauvre vieux Tocqueville depuis deux mois. Je ne sais si je vous ai dit que ce lieu qui, par un arrangement de famille, devient ma propriété, est une espèce de grande ferme inhabitée depuis plus d'un demi-siècle. Cela m'oblige dans ce moment à entreprendre des travaux de tous genres qui ne rendront jamais ce lieu joli, mais qui, si Dieu me prête vie, le rendront habitable et même confortable d'ici à peu d'années. Je suis donc au milieu des ouvriers de toute espèce, race détestable, animaux rongeurs et bruyants, dont le voisinage ne convient pas à un philosophe comme moi. Heureusement que je n'ai pas la moindre

prétention de diriger les travaux qui se font chez moi.
Le génie et la volonté me manquent à la fois pour le
tenter. J'abandonne ce soin à madame de Tocqueville,
qui s'y entend bien mieux que moi, et je me renferme
du matin au soir dans la petite pièce qu'elle a bien
voulu me laisser. Vous voyez que je suis un mari
modèle.

Vous me demandez quel effet a produit sur moi tout
l'enthousiasme monarchique qui vient de couler chez
vous à pleins bords? Peu, je vous le confesse. J'ai vu
Charles X entrer dans Paris en 1825 au milieu des ac-
clamations du peuple, et je lui ai entendu dire *plus de
hallebardes!* et le 31 juillet 1830, j'ai vu de mes propres yeux ce même prince quitter Saint-Cloud après
avoir fait gratter sur ses voitures l'écusson royal. Je vous
avoue que cela m'a donné une froideur naturelle et per-
sistante pour les démonstrations populaires. Je ne veux
pas dire pourtant qu'un même sort attende votre jeune
reine. Je suis loin de le désirer, et aussi loin de le croire;
mais sa stabilité repose à mes yeux sur une autre base
que sur les cris de la foule.

Je profite du petit bout de papier qui me reste pour
vous prier de me rappeler particulièrement au souvenir
de mesdames Reeve et Austin. Présentez, je vous prie,
mes respectueux hommages à lord Lansdowne, et croyez
à ma bien sincère affection.

A M. LE COMTE MOLÉ

PRÉSIDENT DU CONSEIL DES MINISTRES

Tocqueville, 12 septembre 1837.

Monsieur, la bienveillance dont vous m'avez donné
tant de preuves me porte à m'ouvrir à vous dans une
circonstance que je regarde comme principale pour mon
avenir. Je sais que vous avez peu de temps à donner à
des intérêts privés ; aussi m'efforcerai-je d'être bref : il
s'agit, comme vous pouvez croire, d'élection.

Plusieurs personnes avaient pensé à moi dans l'arrondissement de Cherbourg pour m'opposer à M. ***. L'idée
de me porter est également venue à quelques autres
dans l'arrondissement de Valognes. Quant à moi, qui
désire arriver à la Chambre naturellement, je n'ai encore fait de démarches ni d'un côté ni de l'autre, ni indiqué par aucun acte que j'eusse fait un choix entre les
deux candidatures qu'on veut bien m'offrir.

J'étais dans cet état lorsque je viens d'apprendre qu'à
la dernière réunion du conseil-général, le préfet m'avait
recommandé *fortement* aux électeurs de l'arrondissement de Valognes. C'est sur ce dernier fait que je désire attirer un moment votre attention.

Je vous dirai d'abord, monsieur, que dans un collége
aussi nombreux (sept cents membres) et où les partis
se balancent, il est fort douteux que l'action directe du
gouvernement soit le moyen le mieux choisi pour réus-

sir. Mais je dirai surtout qu'il m'est impossible d'accepter une candidature officielle. Dans toute autre circonstance une pareille déclaration faite au principal représentant du pouvoir pourrait paraître fort extraordinaire. Mais je sais à qui je parle ; et si M. le président du conseil me blâmait, j'en appellerais hardiment à M. Molé, à l'estime duquel, qu'il me permette de le lui dire, je tiens encore plus qu'à son appui, et près de lui je suis sûr de gagner ma cause.

Vous savez bien, monsieur, que je ne suis pas l'ennemi du gouvernement en général, et en particulier de ceux qui gouvernent en ce moment. Mais je veux être en état de prêter un concours intelligent et libre ; et c'est ce que je ne pourrais pas faire si je me faisais nommer par le gouvernement. Je sais bien qu'il y a des gens qui oublient, en arrivant à la Chambre, les moyens par lesquels ils y sont entrés ; mais je ne suis pas de ces gens-là. Je veux y arriver avec la position que j'y veux tenir, et cette position est indépendante. J'en aurais beaucoup plus long à dire sur ce point ; mais je tiens à être court ; et d'ailleurs je suis assuré qu'énoncer devant vous de pareils sentiments, c'est les faire aussitôt comprendre. . . . .

. . . .

. . . Pardon, monsieur, de cette lettre encore beaucoup trop longue. Vous m'avez permis de vous considérer comme un parent et un ami ; je viens de vous parler comme à l'un et à l'autre.

RÉPONSE DE M. LE COMTE MOLÉ

A ALEXIS DE TOCQUEVILLE

Paris, ce 14 septembre 1837.

Mon cher monsieur, je reçois de vous une lettre qui demande prompte et ample réponse. Je vous rendrai franchise pour franchise, et puisque, d'un bout à l'autre, je ne partage aucun des sentiments ou des principes qui vous l'ont inspirée, j'aurai le courage de vous le dire. Je réclamerai d'abord et protesterai, au besoin, contre la distinction que vous établissez entre le président du conseil et M. Molé. Si ce dernier avait dû s'effacer pour faire place à l'autre, il aurait repoussé la présidence, et, comme dans toute sa carrière, il eût préféré, sans hésiter, la moindre de ses convictions morales ou politiques au pouvoir et à tous les avantages qu'on lui attribue. Ce n'est pas seulement dans l'exercice du pouvoir politique, c'est dans toutes les affaires de la vie qu'il faut accepter la lutte du bien contre le mal. Si on ne se mêlait que de celles où l'on serait sûr de faire tout ce qu'on croit bien ou vrai sans transaction, on ne ferait pas même ses propres affaires ; il faudrait se renfermer dans l'inaction. Je suis donc au pouvoir, comme vous y seriez, faisant le bien, empêchant le mal avec toutes les ressources que me fournissent les circonstances ou mes facultés. Le premier des devoirs est, à mes yeux, de lutter dans les élections comme ail-

leurs pour l'opinion qui m'a porté au pouvoir, que j'y
défends et qui m'y prête son loyal appui. Je n'admets
donc pas que ce soit accepter un joug dont la délicatesse ou la fierté aient à souffrir que d'arriver par notre
influence à la Chambre, ni que ce fût trahir un engagement que de se séparer de nous plus tard sur une
question où l'on ne pourrait, en conscience et avec conviction, nous soutenir. Tout ceci est bien terre à terre,
je le sais, aux yeux de cette opinion factice et amou-
reuse de popularité qui tient le *pouvoir*, quelles que
soient les mains qui l'exercent, pour l'adversaire pré-
sumé de la société. Mais je me permettrai de vous demander si vous croyez donc que vous serez plus libre
d'engagements, si vous arrivez par les légitimistes, les
républicains, ou une nuance quelconque de la gauche
que par le juste-milieu. Il faut choisir ; l'isolement n'est
pas l'indépendance, et l'on dépend plus ou moins de
ceux qui vous ont élu. L'armée du ministère dans les
élections ne se compose pas seulement de gens qui relèvent de lui et lui doivent leur existence ; elle se compose surtout d'hommes pensant comme lui et croyant
bon pour le pays qu'il se maintienne et qu'il l'emporte
contre ses adversaires. C'est parmi de tels hommes, mon
cher monsieur, que j'aurais été heureux et fier de vous
rencontrer. Vous ne le voulez pas, vous avez presque
dit que vous en rougiriez : à la bonne heure. Je méritais que vous me parlassiez avec autant de franchise.
Mais vous n'avez pu croire que je prisse assez peu au
sérieux le métier que je fais pour désirer de vous voir

arriver sous l'un des drapeaux de nos adversaires. Ce métier, sachez-le bien, est un des plus pénibles et des plus méritoires que l'on puisse faire. Il entraîne pour moi plus de sacrifices que pour bien d'autres, parce que les goûts de mon esprit, les penchants de mon âme, toutes mes habitudes y sont complétement sacrifiés. Mais je croirais manquer aux vues de la Providence sur moi, si je ne portais pas avec courage ma destinée. J'estime que, dans nos circonstances publiques, le pays courrait quelque risque, si le pouvoir passait actuellement dans d'autres mains. Si je ne me trompe pas, les cœurs honnêtes et les esprits sensés me doivent quelque estime, même quelque encouragement et quelque appui. En résumé, il sera fait selon votre volonté. Je vous avais porté dans l'intérieur du cabinet comme au dehors jusqu'ici *à outrance*, il faut que je m'en confesse. Je ne connais pas votre préfet, mais apparemment il m'avait deviné. Aujourd'hui même le ministre de l'intérieur va apprendre de moi que nous ne devons vous soutenir nulle part. Nos amis (car nous en avons) vous combattront ; car, en matière d'élection, la neutralité est impossible. Si vous arrivez, je m'en féliciterai pour vous, et d'autant plus, permettez-moi de l'ajouter, que la pratique des affaires et des hommes pourra vous rapprocher de ces malheureux ministres qu'il vous paraîtrait si fâcheux aujourd'hui de paraître appuyer. Dans quelques rangs que vous vous placiez, vous n'en serez pas moins pour moi un parent que j'aime et honore, l'un des esprits les plus élevés et

des talents les plus rares que notre époque ait produits.

Agréez l'expression de tous ces sentiments bien sincères.

MOLÉ.

Les deux lettres qui précèdent furent immédiatement
suivies de deux autres que l'on omet ici parce que,
outre quelques détails confidentiels qu'il convient de
supprimer, elles renferment, à l'occasion des élections,
des noms propres qu'on ne saurait livrer à la publicité
avec les commentaires qui les accompagnent, et se
rapportent d'ailleurs à toute une situation politique
qu'on ne veut, quant à présent, ni apprécier ni même
toucher. On se bornera donc à constater que quelques
explications mutuelles suffirent pour adoucir aussitôt le
ton d'abord un peu vif de cette correspondance. On voit
par une lettre écrite le 23 septembre par Alexis de Tocqueville, en réponse à une nouvelle lettre de M. le
comte Molé, que leurs rapports avaient déjà repris le
double caractère de bienveillante estime d'une part, et
de l'autre d'affectueuse déférence, qui marquait leurs
sentiments réciproques. On en jugera par le passage
suivant de cette lettre.

A M. LE COMTE MOLÉ

Tocqueville, 23 septembre 1837.

Je ne veux pas attendre une seconde, monsieur, pour répondre à la lettre que je reçois de vous et que je viens de lire à la hâte. Il me serait difficile de vous peindre à quel point elle m'a touché, et je puis dire, ému. L'estime que vous m'y montrez m'honore, et l'affection que vous m'y témoignez me pénètre de reconnaissance.

Je ne sais, monsieur, quels dissentiments politiques l'avenir peut créer entre nous. Mais ce que je sais dès à présent à n'en point douter, c'est que mon attachement profond vous appartient et que rien désormais ne pourrait l'altérer. Permettez-moi de vous dire que c'est précisément parce que cet attachement est un sentiment déjà ancien et sérieux, que j'avais été si vivement affligé de ce que j'avais cru voir dans votre première lettre. La bienveillance dont vous m'aviez donné tant de preuves depuis trois ans m'avait persuadé que vous aviez de l'amitié pour moi. Dernièrement une conversation dont M. de Beaumont avait été fort ému, et qu'il m'avait exactement rendue, achevait de me convaincre. En lisant votre lettre, j'avais craint de m'être trompé ; et par la vivacité même de mon style, vous devez juger du prix que j'attachais au bien véritable que je croyais avoir perdu. . . . .

A GUSTAVE DE BEAUMONT

Tocqueville, 12 novembre 1837.

Je reçois à l'instant votre lettre du 8, mon cher ami. Vous avez été surpris de mon échec. J'avoue que je l'ai été moi-même. Je ne connaissais pas le pays et mes amis comptaient sur une majorité de quatre-vingts voix. Les causes de l'événement sont celles que je vous ai dites : l'influence de l'administration d'une part ; de l'autre les passions démocratiques et la grande fortune de mon adversaire. Nous ne nous doutons pas, mon cher ami, de ce qu'est en France la puissance de l'argent, quand il n'est pas joint à la noblesse et qu'il a la haine de la noblesse pour auxiliaire. L'élection s'est faite au cri de *point de nobles!* Ce n'est pas que tous mes adversaires ne reconnaissent que je n'ai point les préjugés qu'ils prêtent à la noblesse, mais il y a dans la tête de ces hommes quelque chose de semblable à la répugnance instinctive que les Américains ont pour les hommes de couleur. L'*esprit* a lutté quelque temps contre cette impression ; mais la *bête* a fini par l'emporter. Du reste, je suis battu, mais non abattu. . . . .

. . . . Nous voilà donc libres, mon cher ami ; et je ne puis vous dire avec quelle joie et quelle ardeur je m'élance de nouveau dans mes études et vers mes travaux. Nous allons passer, si vous voulez, d'heureuses et utiles années ; l'avenir est à nous, croyez-moi. Jamais je

n'en fus aussi convaincu. Vous vous retirez à la Grange
pour travailler, ce que j'approuve d'autant plus que je
vais moi-même dans le même but à Baugy. . . . . .

. . . J'avais oublié de vous dire que nous faisions
une sixième édition de la *Démocratie*. . . . .

AU MÊME

Baugy, 18 janvier 1838.

J'allais précisément vous écrire, mon cher ami, lorsque j'ai reçu votre lettre. Ceci n'est point une gascon-
nade, mais une vérité très-certaine. J'avais même depuis
longtemps envie de le faire, car je trouve que nos com-
munications deviennent infiniment trop rares. L'Irlande
et l'Amérique nous absorbent trop complétement, et il
faut prendre garde que nous ne revenions de ces pays-
là étrangers l'un à l'autre. . . . .

. . . .

Je fais ici à peu près le métier que vous faites à la
Grange. Jusqu'à présent ce genre de vie me réussit; je me
porte à merveille et fais aussi bien que je puisse faire :
ce qui ne veut pas dire que je sois content. Est-ce que
vous avez jamais été satisfait pleinement de ce que vous
écrivez? La chose ne m'est jamais arrivée, que je me
souvienne. Toujours quelque part au-dessus, au-dessous,
à droite ou à gauche du but, jamais en plein dans le but

idéal que chacun a éternellement devant les yeux et qui fuit toujours quand on veut l'atteindre. Je sais qu'il y a une espèce de proverbe d'après lequel un pareil malheur n'arriverait qu'aux gens capables de bien faire. Mais j'ai toujours trouvé que c'était une erreur. J'ai vu dans ma vie une foule de gens qui croyaient très-sincèrement mal faire et qui très-véritablement faisaient mal. Cela m'a guéri pour jamais de la manie de me croire un grand homme par la seule raison que je me sentais une bête et que j'en étais fâché.

Malgré mes tribulations littéraires, je vous dirai très en confidence que je me trouve si bien ici pour le travail, que j'y prolongerai mon séjour jusqu'à la fin d'avril. . . . .

. . . Louis (Kergorlay) vient de passer quatre jours ici. J'étais dans ce moment tout empêtré dans un système d'idées que je ne pouvais débrouiller. C'était un vrai cul-de-sac intellectuel, dont il m'a fait sortir en quelques heures. Ce garçon a en lui-même une véritable mine dans laquelle lui seul ne sait pas puiser. . .

AU MÊME

Baugy, 21 mars 1838.

. . . Je suis revenu ici le jour où je vous ai quitté, et je me suis remis au travail comme un furieux jusqu'à

ce que mon cerveau ait refusé le service, ce qui est l'é-
tat présent. J'ai pour le moment la tête beaucoup plus
pleine de sang que d'idées, et force est de m'arrêter
pour deux ou trois jours, afin de n'être pas contraint de
m'arrêter pour beaucoup plus. J'enrage de me voir
ainsi ramené à terre au plus fort de mon élan, et je fais
les réflexions les plus philosophiques du monde, mais
que je ne vous communiquerai pas, attendu que vous
vous portez bien et que vous ne seriez pas par conséquent à la hauteur de mes théories. N'allez pas, d'après
ce long discours, me croire malade. Je ne le suis point,
mais seulement fatigué. Il me faudrait du repos, et le
repos m'est insupportable, de sorte que j'ai le mal, et
par-dessus le marché l'impatience du mal. Ce qui entretient cette impatience, c'est la vue du peu que j'ai
fait depuis trois mois que je travaille comme un malheureux. Si j'avais mis ce temps et cet effort au premier ouvrage, il ne ferait que paraître maintenant. Ai-je
tort ou raison de tourner et retourner ainsi ma pensée
avant de la rendre? En vérité, je n'en sais rien. Vous
en jugerez, mon cher Aristarque, avant tous les autres.
D'ici à huit mois j'espère bien passer sous votre lami-
noir, de même que vous passerez sous le mien, ne vous
en déplaise.

Ne pouvant mieux faire, je lis depuis quelques jours
de vieux bouquins que j'ai apportés ici avec moi, entre
autres Plutarque, que j'avoue, à ma grande honte,
avoir à peine ouvert jusqu'ici. J'ai d'abord lu une de
ses Vies avec assez de distraction, puis une autre, mais

nonchalamment. Maintenant, je trouve un charme singulier à cette lecture. Quel grand diable de monde était
ce monde antique! Plutarque qui, dans son bavardage,
en montre les petits côtés mieux que qui que ce soit,
fait faire par cela même saillie aux grands. Il anime et
fait mouvoir des personnages qui m'avaient toujours
paru plus ou moins inventés; il en fait des hommes, un
peu plus hauts que nature seulement, et, réduits là, ils
vous frappent bien plus que quand on voyait en eux des
colosses immobiles et des géants imaginaires. Cette lecture a si bien captivé mon imagination, qu'il y a des
moments où je crains de devenir fou à la manière de
don Quichotte. J'ai l'esprit tout bourré d'un héroïsme
qui n'est guère de nos jours; et je tombe bien à plat
quand je sors de ces rêves pour me trouver en face de
la réalité.

AU MÊME

Baugy, 22 avril 1838.

Je suis ici non-seulement absorbé par mon travail,
mais par mille autres idées qui me viennent sans cesse
à l'occasion de mes lectures, ou sans occasion. Car jamais ma tête n'a plus travaillé que dans cette solitude.
Il y a des années que je n'ai autant lu et autant pensé
à ce que je lisais que durant ces quatre mois consacrés

à la *Démocratie*. Je mets dans ce moment la dernière
main au *pénultième* chapitre. Mais quelle sera la taille
du dernier ? en combien de petits chapitres se décom-
posera-t-il ? Je n'en sais rien encore. Tout ce que je
comprends, c'est qu'avant de l'entreprendre, il me faut
rassembler toutes mes forces, afin d'achever par un
dernier effort. Je suis effrayé d'avance de ce chapitre
décisif. Je crois qu'il me faudra plusieurs mois pour le
faire. Je ne l'entreprendrai qu'à Tocqueville.
. . . .

Je ne puis vous dire, mon cher ami, le dégoût que
j'éprouve en voyant comment les hommes publics de
nos jours trafiquent, suivant les plus petits intérêts du
moment, de choses aussi sérieuses et aussi sacrées à
mes yeux que les principes. Ces subites conversions que
nous voyons me blessent peut-être plus intérieurement
que ne le faisait l'opposition violente. Elles m'effrayent
quelquefois, et me font me demander à moi-même s'il
y a dans ce monde autre chose que des intérêts, et si
ce qu'on prend pour des sentiments et des idées ne sont
pas des intérêts qui agissent et qui parlent. Ce qui me
réconcilie cependant un peu avec mon siècle, c'est que
je vois quelque chose d'analogue à ce que nous voyons
jusque dans les plus beaux temps de l'antiquité, grâce
à mon indiscret et bavard Plutarque. Cela rehausse un
peu nos contemporains, mais abaisse l'homme en général. Mais c'est là une dernière idée que je rétracte ; il
ne faut pas mépriser l'homme, si l'on veut obtenir des
autres et de soi de grands efforts. Je faisais l'autre jour

une réflexion : repassant dans ma mémoire le souvenir
des œuvres de l'esprit qui ont le plus saisi l'imagination
de la race humaine, et qui ont eu le plus de durée et
d'éclat, je trouvais que c'étaient, en grande majorité,
les livres où les grands principes du beau et du bon,
les hautes et salutaires théories de l'existence de Dieu
et de l'immortalité de l'âme ont le plus profondément
pénétré, et qui ont le mieux mis en relief ces principes
et ces théories. Là se trouve donc la cause la plus durable et la plus efficace des grands succès littéraires ;
ce qui prouve qu'après tout c'est de ce côté que tend de
la manière la plus énergique et la plus continue le cœur
du genre humain. Privez Platon, par exemple, de cette
aspiration vers l'immortalité et l'infini qui le transporte,
et laissez-le seulement avec ses formes hors d'usage, sa
science incomplète et souvent ridicule, son éloquence
qui nous échappe à une si grande distance, il tombe
dans l'obscurité et devient illisible. Mais Platon s'est
adressé au plus noble et plus persévérant instinct de
notre nature ; et il vivra tant qu'il y aura des hommes ;
il entraînera ceux même qui ne le comprendront qu'à
moitié ; et il fera toujours une énorme figure dans le
monde des intelligences.

Je me reproche de me laisser ainsi aller au courant
de ma plume. Ce que je vous dis là ne vous intéresse
guère : non que vous ne soyez très-capable de vous
intéresser à de pareilles idées dans certains moments ;
mais vous ne pouvez faire deux choses à la fois. Votre
esprit est indivisible. Il ne faut pas trop vous en plain-

dre, car c'est un gage de force. Vous êtes toujours flam-
bant, mais vous ne prenez feu que pour une chose à la
fois, et vous êtes sans curiosité et sans intérêt pour tout
le reste. C'est pour cela qu'au milieu de la plus grande
intimité, nous avons toujours eu des points par lesquels
nous ne nous touchions pas et ne nous saisissions jamais.
J'ai une curiosité insatiable qui m'entraîne sans cesse à
droite et à gauche de mon chemin. La vôtre vous conduit aussi impétueusement, mais toujours vers un seul
objet. J'ai été mille fois tenté de bavarder avec vous de
mille idées étrangères au cours habituel de nos études,
et qui se croisaient dans mon cerveau, et j'ai toujours
été arrêté par la pensée qu'entrant ainsi, momentanément dans un autre courant que le vôtre, je ne pouvais
espérer de vous y attirer avec moi. Qui de nous deux a
raison dans sa manière de conduire son esprit? En vérité, je n'en sais rien. Je crois que le résultat sera toujours que vous saurez mieux que moi et moi plus que
vous. Vous ririez si vous voyiez l'assemblage confus et
bizarre de livres qui sont sur ma table, et que j'ai dévo-
rés presque tout entiers depuis quatre mois : Rabelais,
Plutarque, le Coran, Cervantes, Machiavel, Fontenelle,
Saint-Évremond, etc., etc. Tout cela est entré pêle-mêle,
et tant bien que mal dans ma tête.

Tocqueville, 6 janvier 1839.

. . . . . J'ai terminé à peu près un volume. Ce travail est très-pénible et souvent peu satisfaisant. Ce qui l'entrave surtout, c'est l'état de ma santé, qui, sans être décidément mauvais, est certainement chancelant depuis deux mois. Le travail me fatigue et pourtant il m'est si nécessaire que j'y suis bientôt ramené, pour être obligé de l'interrompre encore. Quand j'ai été à mon bureau cinq ou six heures par jour, je suis incapable d'en faire plus ; la machine refuse son service. J'ai bien besoin de repos et d'un long repos. Joignez à cela toutes les incertitudes qui assiégent l'esprit d'un auteur à la fin de sa composition, et vous aurez l'idée d'une vie fort misérable. Je serais incapable de poursuivre ma tâche, si je ne me retrouvais sans cesse dans les intervalles, à côté de la sérénité d'âme de Marie. On ne saurait voir une nature plus heureusement opposée à la mienne. C'est une vraie providence pour moi au milieu de ce malaise perpétuel du corps et de l'esprit. . . . . .

. . . Adieu, mon cher ami, mille souvenirs du ménage à madame de Beaumont que nous aurons un plaisir infini à revoir. Je vous embrasse de tout mon cœur. Je serai à Paris le 14 au matin.

AU MÊME

. . . .

Je vais toujours de même, c'est-à-dire bien pauvrement. Si cet état continue encore quinze jours, il n'y a plus de possibilité quelconque de terminer pour le printemps, et je renoncerai même à l'essayer.

. . . . . . Avant-hier, j'ai été étonné, confondu, confusionné et je ne sais combien d'autres choses, en voyant arriver M. de Chateaubriand chez moi pour entendre, disait-il, des fragments de mon manuscrit. Il a bien fallu lui en lire. Vous sentez qu'ayant fait, je ne sais par quel motif, une pareille démarche, il ne voulait pas aboutir à des critiques; il m'a donc fait immensément de compliments. J'en ai retranché les trois quarts; et il en est resté assez pour me faire espérer que réellement son impression, bien qu'exagérée singulièrement par ses paroles, était bonne. Je suis donc dans ce moment comme un cheval auquel, après avoir lié les quatre jambes, on donne un coup de fouet. La comparaison est malheureusement exacte en tous points.

AU BARON DE TOCQUEVILLE

Tocqueville, 11 mars 1859.

Je n'ai que cinq minutes pour t'écrire, mon cher ami ; mais je veux en profiter. J'ai besoin de te dire combien je suis heureux du plaisir que t'a fait mon succès[1]. Tu sais que je suis habitué à mettre en commun avec toi toutes choses. C'est une habitude qui m'est bien chère et que je ne veux jamais perdre.

Je ne te dirai rien maintenant de ce qui s'est passé. Tu le sais aussi bien que moi. Le mouvement populaire en ma faveur a été complet, et j'en ai d'autant plus joui que, pour le faire naître, je n'avais fait appel à aucune mauvaise passion, mais qu'au contraire il était le produit des sentiments les plus nobles et les plus désintéressés du cœur humain. J'espère qu'on t'aura fait connaître le peu de mots que l'émotion m'a arrachés dans cette circonstance. Mes amis les ont recueillis et les ont fait imprimer. Mais j'en ai eu si peu d'exemplaires que je n'ai pu en envoyer qu'un à mon père avec prière de vous le communiquer.

Me voilà à Tocqueville où je suis venu chercher un repos que je ne trouve guère ; car les visites affluent ainsi que les lettres auxquelles il faut répondre. J'aurais cependant bon besoin de vivre un peu pour moi, car

---

[1] Voir la Notice, page 57, tome V

ma santé, sans avoir éprouvé de crise, est bien déran-
gée. Je crois que je serais déjà mort sans les soins phy-
siques et moraux de Marie. Je t'avoue que de ce côté
l'avenir me paraît noir. Je ne suis pas assuré de la première condition de tout succès qui est de vivre.

Adieu, je t'embrasse ou plutôt nous t'embrassons du
fond de notre cœur.

A J. J. AMPÈRE

Tocqueville, 17 septembre 1839.

Votre lettre, mon cher ami, nous a fait le plus grand
plaisir. Je dis *nous*, car ma femme désirait aussi vivement que moi que vous vous trouvassiez passablement
au milieu de nos ruines, et elle a vu avec autant de satisfaction que moi-même la manière aimable dont vous
nous assurez avoir été satisfait de nous. Après tout,
mon cher Ampère, vous n'avez pas tort de l'être. On
doit toujours se trouver bien chez des gens qui vous
voient arriver avec un plaisir extrême et partir avec le
plus vif regret. Les bons amis sont plus rares que les
bons gîtes. Voilà ce que, j'espère, vous vous êtes dit
quelquefois en entendant les coups de pioche et de mar-
teau qu'on frappait dans vos oreilles. Quant à nous,
nous conservons le souvenir le plus agréable du monde
de votre passage ; et tout ce que nous vous demandons,

c'est de revenir bientôt. Nous vous en avons déjà prié ;
nous vous en prions encore et très-instamment. Ceci
n'est point un compliment ; mais l'expression d'un désir
très-vif et très-sincère.

Ce que vous me dites de mon livre me rend très-
heureux. Vous ne voudriez pas me cacher la vérité. Je
vous crois donc et je vous relirai toutes les fois que
mes accès de spleen me reprendront. Votre présence
ici m'avait déjà fait grand bien sous ce rapport. Vous
m'aviez paru content de vos lectures, cela m'avait donné
du cœur.

Je n'ai pas oublié la promesse que vous m'avez faite
de revoir mon manuscrit. Dès le lendemain de votre
départ je me suis procuré un copiste. Je ne puis vous
exprimer, mon cher ami, combien je vous suis reconnaissant de la peine que vous consentez à prendre. Vous
ne pouviez me faire une proposition qui me touchât et
me plût davantage.

J'ai eu ce matin de grands embarras. En repassant
un fort grand chapitre sur la façon dont la *démocratie
modifie les rapports du serviteur et du maître*, je suis
tombé sur un long morceau relatif au caractère de la
domesticité dans les siècles aristocratiques. Je crois que
mes idées sur ce point sont exactes ; leur expression me
semble seulement trop théorique. J'aurais besoin d'un
ou deux exemples tirés des auteurs de ces temps-là.
Mais les exemples me manquent, bien que je me rappelle confusément en avoir rencontré un très-grand
nombre depuis Froissart jusqu'à madame de Sévigné.

Si votre mémoire vous en fournit quelques-uns, indi-
quez-les moi donc, je vous prie. Ce que je voudrais
surtout faire bien comprendre, c'est ce qui arrivait souvent dans les temps aristocratiques lorsque les serviteurs
transportaient pour ainsi dire toute leur personnalité
dans leur maître, s'enorgueillissant de ses avantages
plus que des leurs même. Caleb, dans la *Fiancée de
Lammermoor*, est l'idéal de ce caractère : mais je ne
connais pas sa réalité historique.

Pardon, mon cher ami, de vous poursuivre ainsi de
moi. Je ne crains pas de le faire, parce que je sens que
je m'intéresse vivement à tout ce qui vous arrive. Cela
m'enhardit à croire que vous prenez aussi volontiers
part à tout ce qui me préoccupe. Adieu, je vous embrasse de tout mon cœur.

AU MÊME

Tocqueville, 2 novembre 1839.

J'aurais dû vous remercier plus tôt, mon cher ami,
de la bonne et aimable lettre que vous m'avez écrite
il y a quelque temps. Mais la *Démocratie* ne l'a pas
voulu. Vous savez qu'elle n'a jamais passé pour une
maîtresse commode. Mon obéissance m'a porté bonheur ; car je puis enfin déclarer que *j'ai fini* mon livre,
sauf cependant ce que vous m'y ferez changer. Je suis

plus loin que jamais de vous tenir quitte de votre promesse. J'attache un grand prix à ce service, et j'en
demanderai un autre encore qui sera d'être d'une extrême franchise. Vous verrez qu'il n'y a rien en moi de
l'archevêque de Grenade. Je vous aurais envoyé une
portion de mon manuscrit depuis quelques jours si je
ne m'étais senti très-près de pouvoir vous apporter moi-
même le tout, ce qui vaudra beaucoup mieux. Je compte,
à cet effet, quitter Tocqueville dans huit jours. Ainsi
vous ne tarderez pas à me voir paraître dans la rue de
Grenelle et me présenter à votre porte, à laquelle il faut
frapper, et non sonner, si on veut être introduit.

Si je n'avais été sur le point de revenir, j'aurais également écrit à M. de Chateaubriand pour le remercier
de ses bonnes intentions à mon égard. J'en ai été vivement touché, et je lui en conserve une aussi vive reconnaissance que si j'avais eu à en faire usage. C'est ce que
je ne puis faire pour cette fois. Il m'a paru qu'à la distance où je suis il m'était très-difficile, sinon impossible, d'apprécier mes chances. Or, je ne ne veux me présenter qu'avec de belles chances. L'Académie française
est une des choses les plus désirables que je connaisse,
pourvu qu'on l'obtienne sans trop d'efforts et en ne
revenant pas trop souvent à la charge. J'ai donc pris
mon parti de rester tranquille pour cette fois, et crois
que votre sagesse et votre amitié m'approuveront.

Je ne vous en écris pas plus long aujourd'hui parce
que nous pourrons, dans quelques jours, causer tout à
loisir. Mille amitiés des plus vives et des plus sincères.

A JOHN STUART MILL, ESQ.

Paris, 15 novembre 1839.

Voilà bien longtemps, mon cher Mill, que je n'ai entendu parler de vous, et je m'en afflige; car vous êtes un des hommes d'Angleterre dont j'ai gardé le plus agréable souvenir. Beaumont a entendu dire que vous étiez rétabli. Si cette bonne nouvelle est vraie, veuillez, je vous en prie, me la confirmer.

Je remets aujourd'hui à la poste et à votre adresse un exemplaire du rapport que je viens de publier au nom de la commission nommée par la chambre pour l'abolition de l'esclavage dans nos colonies. Vous verrez que, contrairement à la plupart de mes confrères, je n'ai point cherché à faire de l'*éloquence* à propos de cette question. J'ai même évité avec soin d'irriter les passions coloniales, ce qui n'empêche pas les journaux des colonies de me dire beaucoup d'injures. Mais vous connaissez les colons, ils se ressemblent tous, quelle que soit la nation à laquelle ils appartiennent. Ils deviennent fous furieux dès qu'on parle d'être juste avec leurs noirs. Mais ils auront beau faire, ils ne parviendront pas à m'irriter et à me faire apporter de la violence dans une discussion où je crois qu'elle serait dangereuse pour le pays.

Je suis arrivé, il y a deux jours, à Paris, pour faire imprimer l'ouvrage auquel je travaille depuis quatre ans et qui est la suite de l'autre. C'est l'*Influence de l'égalité sur les idées et les sentiments des hommes.* Je vous en enverrai un exemplaire dès qu'il aura paru, c'est-à-dire vers le mois de février prochain. Vous n'oublierez pas, en lisant ce livre, qu'il est écrit dans un pays et pour un pays où l'égalité ayant triomphé sans retour, et l'aristocratie étant entièrement disparue du sol, la grande affaire est désormais de combattre les fâcheuses tendances que ce nouvel état peut produire, et non de faire naître cet état. Je dis donc souvent à la société nouvelle, américaine ou française, des vérités rudes, mais je les lui dis en ami. C'est même parce que je suis ami que j'ose les dire et veux les dire. Chez nous l'égalité a des flatteurs de toute espèce ; mais de fermes et honnêtes conseillers, elle n'en a guère. Vous verrez si j'ai bien rempli la tâche que je m'étais imposée.

Croyez, je vous prie, à ma sincère amitié.

A HENRY REEVE, ESQ.

Paris, 3 février 1840.

Mon cher ami, je suis désespéré, humilié, de la manière dont j'ai agi vis-à-vis de votre ami M. Morley. Il doit me prendre pour un véritable rustre. Il est venu me voir deux fois, il m'a écrit une. Je n'ai point répondu, et hier, quand j'ai été à l'hôtel de Canterbury sur les quatre heures, il venait de quitter l'hôtel pour monter en diligence. Veuillez lui présenter mes excuses et les lui faire accepter. J'espère qu'il ne restera pas sur la mauvaise opinion que ce voyage a dû lui donner de moi.

J'ai ri de votre embarras à propos des idées générales ; je suis sûr que, quoi que vous en disiez, vous vous tirez à merveille des difficultés que vous signalez. Quant au fond même de votre opinion sur le sujet, je crois que vous avez tort. Je suis convaincu que les réalistes se trompent ; mais surtout je suis sûr que la tendance politique de leur philosophie, dangereuse dans tous les temps, est très-pernicieuse dans le temps où nous vivons. Le grand péril des âges démocratiques, soyez-en sûr, c'est la destruction ou l'affaiblissement excessif des *parties* du corps social en présence du *tout*. Tout ce qui relève de nos jours l'idée de l'individu est sain. Tout ce qui donne une existence à part à l'espèce et grandit la notion du genre, est dangereux. L'esprit de nos contemporains court de lui-même de ce côté. La doctrine des réalistes, introduite dans le monde politique, pousse à tous les excès de la démocratie ; c'est elle qui facilite le despotisme, la centralisation, le mépris des droits particuliers, la doctrine de la nécessité, toutes les institutions et toutes les doctrines qui permettent au corps social de fouler aux pieds les hommes, et qui font de la nation tout et des citoyens rien.

C'est là une de mes opinions *centrales*, auxquelles beaucoup de mes idées viennent aboutir. Je suis arrivé

sur ce point à la conviction complète, et le principal
objet de mon livre a été de donner cette conviction au
lecteur.

Adieu, mille amitiés bien sincères.

AU MÊME

Paris, le 12 avril 1840.

Mon cher ami, votre lettre que je reçois à l'instant,
me prouve que mon dernier paquet a été perdu, je ne
sais comment. Heureusement, ainsi que je vous l'ai
mandé hier, que la publication n'a lieu que le 20. Vous
aurez donc le temps de traduire et de faire imprimer
d'ici là ce qui reste.

Si j'étais Anglais, je ne verrais pas sans inquiétude
l'expédition qui se prépare contre la Chine. En ma qualité de spectateur bienveillant, mais désintéressé, je ne
puis que me réjouir beaucoup à la pensée d'une invasion du Céleste Empire par une armée européenne.
Voilà donc aussi la mobilité de l'Europe aux prises avec
l'immobilité chinoise ! C'est un grand événement, surtout si l'on songe qu'il n'est que la suite, le dernier
terme d'une multitude d'événements de même nature
qui tous poussent graduellement la race européenne
hors de chez elle; et soumettent successivement à son
empire ou à son influence, toutes les autres races. I

se fait de nos jours, sans qu'on s'en aperçoive quelque chose de plus vaste, de plus extraordinaire que l'établissement de l'empire romain, c'est l'asservissement des quatre parties du monde par la cinquième. Ne médisons donc pas trop de notre siècle et de nous-mêmes. Les hommes sont petits, mais les événements sont grands.

Mille amitiés bien sincères.

A J. J. AMPÈRE

Paris, 21 avril 1840.

Je ne veux pas, mon cher ami, qu'il soit dit que vous receviez avec le public un livre auquel vous avez mis la main. Les trois premiers exemplaires *avant la lettre* ont été donnés au respect. Il m'en reste un quatrième que je veux réserver pour la bonne et franche amitié. Vous comprenez qu'à ce titre il aille tout droit à votre adresse. Acceptez-le, je vous prie, non pour le livre (vous le savez par cœur), mais comme un gage d'une tendre affection

A HENRY REEVE, ESQ.

Paris, ce 23 mai 1840

Mon cher ami, je vous remercie de tous vos envois. C'est entrer dans ma pensée que de me transmettre *tout* ce qui paraît sur mon livre. Les critiques d'ailleurs ne m'effrayent pas. Je m'y suis grandement attendu. Il n'y a qu'une chose tout à fait fâcheuse pour un auteur, c'est le silence. Continuez donc, je vous en prie, de suivre ce même système et de m'envoyer tout ce qui paraît.

Je vous aurais écrit plus tôt, si je n'avais voulu pouvoir vous parler de votre traduction. Je ne la connais pas encore tout entière, mais j'en sais assez pour pouvoir vous assurer en toute conscience qu'elle m'a extrêmement satisfait. Vous avez rendu mes pensées, jusque dans leurs moindres nuances, avec une fidélité et une clarté qui me paraissent complètes. Quant au mérite même du style, dont je suis moins juge, madame de Tocqueville m'assure qu'il est très-bon, ferme, net dans ses allures, tel, en un mot, qu'il convient à un livre de philosophie et de politique.

Adieu. Croyez toujours, je vous en prie, à ma bien sincère amitié.

A M. DE CORCELLE

Tocqueville, 26 septembre 1840.

Je vois par votre lettre, mon cher ami, et avec une satisfaction extrême, que sans nous être écrit, nous sommes arrivés aux mêmes opinions à peu près sur la situation actuelle. C'est ainsi que dans la chambre nous votons ordinairement de même, sans nous concerter. Vous me demandez si je suis satisfait enfin de la grandeur des événements qui semblent se préparer. Non, parce que je songe à notre pays, pour lequel la grande question de la guerre se pose de la manière la plus défarable qu'on puisse imaginer. Mais si je ne songeais qu'à moi-même, je persisterais à dire que j'aimerais mieux cet avenir orageux que l'espèce de brouillard dans lequel nous vivons depuis notre arrivée à la chambre. Je ne crois pas d'ailleurs à la vitalité ni à la durée de véritables passions révolutionnaires en France. On s'exagère beaucoup ce qui pourrait se faire dans ce sens... Mais nous pouvons voir de grands désordres et l'abaissement de notre patrie... C'est bien assez pour faire réfléchir mûrement avant d'agir...

Je suis porté à croire que dans le principe on s'est exagéré l'importance du nouvel empire égyptien. Ce qui me fait juger ainsi, c'est l'âge du pacha. On ne fonde point d'institutions en Orient; tout tient aux hommes, et un système politique qui n'est appuyé que sur la vie d'un homme de soixante-douze ans n'a pas en lui-même une grande valeur.

J'ai plus d'une fois cherché à travailler depuis que je suis ici et je suis parvenu à bien étudier tous les documents officiels relatifs à l'Algérie. Je vous avoue que cette étude m'a confirmé dans mes opinions, mais en y ajoutant cependant un sentiment plus triste que celui que j'avais déjà. J'aurais un volume sur ce sujet et je veux finir cette longue lettre. Je ne vous donnerai donc que mes conclusions. Je pense que nous ne ferons jamais en Algérie toutes les grandes choses dont on nous avait bercés ; mais, d'une autre part, je demeure plus convaincu que jamais : 1° qu'il n'y pas de milieu entre l'abandon complet et je ne dis pas la conquête, mais la domination entière ; 2° que cette domination, à des conditions analogues à celle des Turcs, est très-praticable et qu'elle aurait lieu si, ce qui est possible, nous arrivons enfin à détruire Abd-el-Kader. Mais vouloir vivre dans une certaine partie du territoire de la régence en laissant derrière nous une grande puissance arabe qui ne peut se maintenir qu'en nous faisant la guerre et que nous séparons de la mer qui lui est nécessaire, voilà, mon cher ami, ce que l'examen des pièces du procès m'a démontré plus infaisable que je ne le croyais.

Nous passons très-agréablement nos soirées à lire votre Burnes[1], qui malheureusement, comme tous les

---

[1] *Voyages de l'embouchure de l'Indus à Lahor, Caboul, Balck et à Boukhara, et retour par la Perse, en 1831, 1832 et 1833,* par sir Alexandre Burnes, lieutenant au service de la Compagnie des Indes.

voyageurs, parle plus de lui que des peuples qu'il visite.
C'est cependant un bon esprit, simple, ferme, net, mais
court. Dites-moi quels sont les livres, voyages ou histoires qui peuvent donner les notions les plus claires sur
l'état des peuples de l'Orient et de l'Inde britannique
entre autres. Je me les procurerai aussitôt, car c'est
une nécessité de notre temps de savoir tout ce qu'on
sait sur cet Orient qui doit désormais jouer un si grand
rôle dans nos destinées. Adieu, je vous embrasse du
fond de mon cœur.

A J. J. AMPÈRE

Tocqueville, 27 septembre 1840.

Je ne puis vous exprimer, mon très-cher ami, combien je viens d'être ému et touché en lisant vos vers[1].
je crois que je les aurais trouvés très-beaux alors même
qu'il n'y eût pas été question de moi et de mes idées.
Cette circonstance n'a fait qu'ajouter un sentiment à
l'admiration, celui d'une vive reconnaissance.

J'ai été plus heureux que je ne saurais dire de voir
mes principales opinions si profondément comprises et
exposées sous un si beau jour. C'est une véritable obli-

---

[1] Il s'agit ici d'une charmante *épître* en vers adressée à Tocqueville
par Ampère, et qui parut à cette époque dans la *Revue de Paris*. Cette
pièce se trouve dans le tome II de l'un des ouvrages d'Ampère, intitulé :
Littérature et Voyages.

gation que je vous ai, et laissez-moi ajouter que je suis heureux de vous avoir ; car vous êtes pour moi du petit nombre des véritables amis, de ceux qu'on aime et qu'on estime également ; et après le plaisir d'obliger ceux-là, il n'en est pas de plus grand que d'en recevoir des services.

J'en reviens à cette profonde et complète entente que vous montrez de mes idées. Assurément cela ne m'étonne pas, mais cela me charme. Vous êtes à coup sûr du nombre de ces dix personnes dont parlait M. Royer-Collard quand il me disait : « Dans votre société démocratique que vous nous vantez, il n'y aura pas dix personnes qui comprendront complétement le sens de votre livre. » Je crois qu'il se trompait très-fort, surtout si je pouvais trouver quelques interprètes comme vous.

Le courrier que je viens de recevoir était bon en tous points ; car, indépendamment de vos vers, il m'a apporté une lettre de vous qui m'annonce votre prochaine arrivée. Vous trouverez ici une maison qui n'est pas encore finie, mais qui contient une certaine chambre placée dans une tourelle et où l'on ne peut entendre de bruit ni par en haut ni par en bas. Ce sera la vôtre, et elle porte déjà votre nom. Venez donc, mon cher ami, venez pour longtemps. Cette dernière condition est de rigueur. Venez non pour vous amuser, mais pour vivre quelque temps tranquille et libre de tout souci au milieu de gens qui seront heureux de vous voir et qui ont déjà l'habitude de vous traiter comme de la famille.

Apportez de quoi travailler. Je vous promets de la liberté et de la paix. Vous savez mieux que moi que ces deux avantages, dont vous montrez souvent que vous savez vous passer, sont cependant d'un grand prix pour l'homme qui veut vivre en dedans.

Je vous demanderai de me rendre un service qui, j'espère, tournera à votre profit indirectement. Nous venons de lire Burnes ; cela nous a donné, à moi surtout, une grande soif de mieux connaître l'Orient. Il doit y avoir d'autres voyages modernes, et non moins instructifs, voyages ou histoires, soit sur la Perse, le Turkestan ou la presqu'île de l'Inde... Est-ce qu'une bonne histoire ou description de l'empire des Anglais dans cette partie du monde n'existe pas traduite? Quant aux voyages, il y a celui d'Elphinston, auquel Burnes renvoie souvent, et qui doit être curieux. Si votre mémoire et vos connaissances vous suggéraient quelques idées sur ce point, vous seriez bien aimable de les communiquer à mon libraire, qui m'achèterait les livres que vous lui auriez indiqués.

Adieu, mon bon et cher ami, je vous embrasse de tout mon cœur en idée, avant de pouvoir le faire en réalité. Je n'ai pas besoin de vous prier de me rappeler bien particulièrement au souvenir de madame Récamier et de M. de Chateaubriand.

Il est inutile aussi de vous dire combien ma femme se joint à moi pour vous prier de nous venir vite et de rester longtemps.

AU BARON DE TOCQUEVILLE (ÉDOUARD)

Tocqueville, 2 novembre 1840.

Je ne saurais trop te remercier, mon bon ami, de la longue lettre que j'ai reçue dernièrement de toi. Elle est véritablement admirable par l'élévation des sentiments et des idées qu'elle renferme. C'est une hygiène très-salutaire pour l'âme que la lecture de pareilles lettres. Malheureusement le mal que tu veux guérir est peu guérissable, parce qu'il tient, en grande partie du moins, à l'organisation même de l'individu. C'est cette organisation qu'il faut modifier, mais qu'on ne peut espérer détruire. Elle fait ma force dans certains cas, ma faiblesse dans une multitude d'autres. C'est cette inquiétude d'esprit, cette impatience dévorante, ce besoin de sensations vives et répétées, que nous avons toujours vus chez notre père. Cette disposition me donne un grand élan dans certains moments. Mais le plus souvent elle tourmente sans cause, agite sans fruit et fait beaucoup souffrir ceux qui la possèdent. C'est bien souvent mon cas, je le reconnais sans peine. Je suis souvent malheureux sans raison, et je donne ainsi une raison trop bonne de l'être à ceux qui m'entourent. De plus, je sens très-bien que cette disposition pourrait me causer un grand préjudice dans l'*action*. Elle m'ôte pour un temps la perspective exacte des objets et me fait paraître les faits extérieurs plus grands ou

plus petits que nature, suivant l'imagination dont elle
me remplit. Je crois avoir naturellement un esprit
juste et ferme ; mais c'est à la condition qu'il soit
calme, ce qu'il n'est pas toujours, surtout au milieu
des petites contrariétés. La grandeur des affaires ou des
sensations me rend en général tranquille ; mais les ti-
raillements journaliers de la vie pratique et le contact
habituel des hommes me mettent aisément hors de moi.

Il est vrai, mon cher ami, que j'ai mille raisons
d'être heureux ; car, indépendamment de toutes les
causes de bonheur que tu énumères, il en est une
qu'il faut ajouter et que tu ne nommes pas : c'est
d'avoir trouvé la femme qui me convenait le mieux.
Quelques biens me manquent dont l'absence fait le
malheur de beaucoup de gens, et que je désire sans ardeur : telle est une grande fortune, et même, je l'avouerai, des enfants. Je désirerais passionnément avoir des
enfants tels que je les conçois ; mais je n'ai pas un
désir très-vif de tirer à la grande loterie de la paternité.
Que me manque-t-il donc ? Tu l'as pensé et dit : le
calme de l'esprit et la modération des désirs. J'ai déjà
assez vécu pour savoir qu'il n'y a pas un seul bien de
ce monde dont la jouissance pût m'attacher et me satisfaire. J'ai atteint un certain point que je ne devais pas
espérer au commencement de ma carrière. Il ne me
donne pas le bonheur complet. Mon imagination monte
aisément jusqu'au sommet des grandeurs humaines,
et lorsqu'elle m'a porté là, l'éblouissement que j'é-
prouve ne m'empêche pas de sentir avec une force

irrésistible qu'élevé à ce point j'éprouverais les mêmes sensations pénibles qu'aujourd'hui ; de même que celles d'aujourd'hui ressemblent à s'y méprendre à celles que j'éprouvais jadis. Ce qui remue l'âme est différent ; mais l'âme est la même, cette âme inquiète et insatiable qui méprise tous les biens du monde et qui, cependant, a besoin incessamment de s'agiter pour les saisir, afin d'échapper à l'engourdissement douloureux qu'elle éprouve aussitôt qu'elle s'appuie un moment sur elle-même. Voilà une triste histoire. C'est un peu celle de tous les hommes, mais de quelques-uns plus que d'autres, et de moi plus que d'aucun que je connaisse.

A JOHN STUART MILL

Paris, 18 décembre 1840.

J'ai bien des reproches à me faire, mon cher ami, de ne vous avoir pas écrit plus tôt. J'espère que vous m'excuserez en songeant à la grande pression des affaires publiques sous laquelle je vis depuis deux mois. Il ne fallait rien moins que cela pour m'empêcher de vous écrire aussitôt après avoir lu l'article que vous avez fait insérer dans la *Revue d'Édimbourg* [1].

Je ne saurais vous exprimer toutes les idées diverses que m'a suggérées ce morceau si remarquable : cela

[1] Numéro d'octobre 1840.

serait trop long pour une lettre, surtout une lettre telle que celle que j'ai le temps d'écrire en ce moment.

Mais il y a des choses que j'aurais dû depuis long-temps trouver le temps de vous dire et entre autres celle-ci : de tous les articles écrits sur mon livre, le vôtre est le seul où l'auteur se soit parfaitement rendu maître de ma pensée et ait su l'exposer aux regards. Je n'ai donc pas besoin de vous dire que j'ai éprouvé un extrême plaisir en le lisant. Je me voyais enfin jugé par un esprit très-élevé qui avait pris la peine de péné-trer dans mes idées et de les soumettre à une analyse vigoureuse. Vous seul, je le répète, m'avez fait ce plaisir. Je fais relier votre article avec un exemplaire de mon livre. Ce sont deux choses qui doivent aller ensem-ble, et que je veux toujours pouvoir me mettre à la fois sous les yeux. Merci donc mille fois, mon cher Mill, de ce que vous avez écrit. Vous m'avez fait éprouver une des plus grandes satisfactions que j'ai eues depuis long-temps.

Le succès de cette seconde partie de la *Démocratie* a été moins populaire en France que celui de la pre-mière. Je ne crois pas beaucoup de notre temps aux erreurs littéraires de l'opinion publique. Je suis donc très-occupé à rechercher avec moi-même dans quel dé-faut je suis tombé : car il y en a un considérable, cela est probable. Je crois que le vice que je cherche se trouve dans la donnée même du livre, qui renferme quelque chose d'obscur et de problématique qui ne saisit pas l'esprit de la foule. Quand je parlais uniquement de la société démocratique des États-Unis, cela se comprenait aussitôt. Si j'avais parlé de notre société démocratique de France, telle qu'elle se produit de nos jours, cela se serait encore bien compris. Mais en partant des notions que me fournissait la société américaine et française, j'ai voulu peindre les traits généraux des sociétés démocratiques, dont aucun complet modèle n'existe encore. C'est ici que l'esprit du lecteur ordinaire m'échappe. Il n'y a que des hommes très-habitués à la recherche des vérités générales et spéculatives qui aiment à me suivre dans une pareille voie. Je crois que c'est à ce péché originel du sujet, bien plus qu'à la manière dont j'en ai traité telle ou telle partie, que je dois attribuer l'effet comparativement moindre produit par ce livre.

Vous avez dû gémir comme moi, comme tout homme sensé, de voir l'alliance intime de nos deux pays se rompre. Personne n'était plus partisan que moi de l'union des deux peuples. Mais ce n'est pas à vous, mon cher Mill, que j'ai besoin de dire que pour maintenir un peuple, et surtout un peuple aussi mobile que le nôtre, dans l'état d'âme qui fait faire les grandes choses, il ne faut pas lui laisser croire qu'il doit aisément prendre son parti qu'on tienne peu de compte de lui. Après la manière dont le gouvernement anglais a agi à notre égard, ne pas montrer le sentiment de la blessure reçue eût été, de la part des hommes politiques, comprimer, au risque de l'éteindre, une passion nationale dont nous aurons besoin quelques jours. L'orgueil national est le plus grand sentiment qui nous reste. Il faut sans doute chercher à le régler et à le modérer dans ses écarts, mais il faut se garder de l'amoindrir. La conduite de votre ministère a été, suivant moi, inexcusable, et j'ai éprouvé une grande douleur en voyant que le peuple anglais laissait tenir une pareille conduite à ses gouvernants. L'irritation commence à gagner les deux nations elles-mêmes, et je m'en afflige, non-seulement pour le bien de ces nations, mais pour le bien de l'Europe entière. Car tout ceci nous pousse uniquement à entrer dans les projets de la plus redoutable de toutes les puissances.

Mais en voilà assez et trop de cette triste politique. Adieu. Ne viendrez-vous jamais en France?

AU BARON DE TOCQUEVILLE (ÉDOUARD)

Philippeville, 30 mai 1841.

Nous sommes arrivés ce matin, mon cher ami, à Philippeville, après la plus belle traversée que nous ayons encore faite. Une mer calme comme un fleuve, un temps magnifique sans être trop chaud, et à demi-portée de canon la côte, une côte comme j'en ai peu vu dans ma vie. Cette partie de l'Afrique est infiniment plus belle que les autres. De hautes montagnes viennent tomber jusque dans la mer. Ces montagnes sont couvertes d'arbres ou de pâturages jusqu'au sommet. A chaque instant, elles s'ouvrent pour faire jour à de charmantes vallées cultivées et couvertes de troupeaux. Tout cet immense groupe de monts et de vallées est essentiellement peuplé de Kabyles. C'est un pays enchanteur cultivé par des barbares. Tant que nous ne mettons pas le pied sur le territoire de ces hommes, ils ne nous disent rien et font le commerce avec nous. Mais malheur à celui qui voudrait se promener dans le beau pays qu'ils habitent! Nous sommes descendus sur deux ou trois points de cette côte, où nous avons des établissements, tels que Bougie et Gigelly. Les Kabyles viennent sur les marchés de ces petites villes vendre leurs œufs et leurs poules. Mais si un Français se montre à cinquante pas des lignes, on lui envoie aussitôt un coup de fusil. Ils se font du reste sans cesse la guerre entre eux, et vivent, dit-on, dans une grande anarchie. Mais, au milieu de tout cela, ils ont de magnifiques cultures, de beaux troupeaux, des fabriques d'étoffe, de poudre et d'armes. On ne saurait bien concevoir que les mêmes hommes puissent être, par de certains côtés, si civilisés, et par certains autres, si sauvages. En approchant de Philippeville, les montagnes s'abaissent, et on entre de nouveau dans la contrée des Arabes.

A la première vue de Philippeville, je me suis cru en Amérique. Il y a deux ans, c'était une plage déserte. Aujourd'hui la ville contient déjà cinq mille habitants civils. Je te laisse à juger du désordre qui accompagne une création si rapide. Tout se fait à la fois ; on trace des rues, on bâtit des maisons; on est au milieu des décombres de toute espèce. Tout a une physionomie d'activité fébrile que je n'avais rencontrée nulle part depuis les États-Unis.

Un de nos principaux objets en venant ici était de gagner Constantine, qui n'est éloigné que de dix-huit lieues; rien n'est plus facile. Trois fois par semaine deux hommes à cheval (deux spahis) font la correspondance entre ces deux points. Mais ils la font en un jour, ce qui nous aurait paru trop fatiguant. Heureusement il part demain un grand convoi qui fait la route en trois jours, et couche toutes les nuits dans un camp. Nous partirons avec lui demain à la pointe du jour. Tu ne devinerais pas quel est notre compagnon de voyage? Le vieux marquis de Talarü... Nous ne courons pas le moindre risque de la part des Arabes; la paix la plus profonde règne dans la province. Quant à la salubrité, le pays ne commence à devenir malsain qu'au mois de juillet. Les hauts plateaux sur lesquels nous allons, ne le sont même jamais, et sur le littoral le danger est bien moindre qu'on ne se l'imagine. Adieu, je te quitte pour faire mes préparatifs de départ. Je t'embrasse de tout mon cœur, ainsi que mon père, Alexandrine et les enfants[1].

---

[1] C'est le lendemain du jour où il écrivait cette lettre, que, parti pour Constantine par un soleil brûlant, Tocqueville tomba malade au camp d'Eddis, à quelques lieues de Philippeville, où il fut ramené le jour suivant dans l'état le plus grave. Il avait été atteint d'une fièvre d'un très-mauvais caractère, dont heureusement on prévint, à force de quinine, le

A J. J. AMPÈRE

Tocqueville, 5 juillet 1841.

Vous avez pris un intérêt si vif et si véritablement
amical à l'état de ma santé, qu'il est de toute justice que
vous soyez un des premiers à recevoir de mes nouvelles.
Je vous dirai donc, mon cher ami, que j'ai fait un
voyage fort inoffensif. Vingt-quatre heures précisément
après vous avoir quitté à Paris, je me mettais à table à
Tocqueville. Gravez, je vous prie, cette circonstance
dans votre mémoire, et remarquez qu'un voyage pareil
est la chose la plus simple du monde. Quand donc vous
vous sentirez quelques jours devant vous, pensez qu'il y
a un lieu où vous êtes sûr de trouver de vrais amis et
une franche satisfaction de vous voir, et n'hésitez pas à
venir. Ne faites pas comme ces gens qui, voulant toujours
trop bien faire, finissent par ne rien faire du tout. Ne
vous réservez pas trop pour le temps où vous pourrez
venir passer des mois avec nous. Donnez-nous, en attendant, les semaines qui se rencontrent sur votre chemin.
En cette matière nous recevons tout avec reconnaissance.
Cette fameuse chambre dont on vous parle toujours et
dans laquelle vous ne devez jamais entendre aucun bruit,
va enfin être prête. Ce sera la *Chambre d'Ampère*,
même quand un autre l'habitera, afin qu'il ne puisse

second accès. On l'embarqua aussitôt pour Alger sur un bateau à vapeur
où il fallut le porter; et bientôt après il put revenir en France.

pas s'établir de prescription, comme disent les légistes.

Je ne puis vous exprimer, mon cher ami, le charme que je trouve en ce moment à la vie que je mène. Je crois que cela tient à une cause générale qui est l'expérience de plus en plus grande des froissements du monde, et à une cause accidentelle qui est la vie agitée et pénible que depuis peu j'ai menée. Ce grand bruit et ce grand mouvement donnent à ce silence et à ce repos un certain air de plaisirs vifs qui ne leur appartient pas. C'est encore avoir l'âme agitée que de jouir passionnément de la paix. Tel est en ce moment mon cas. Le temps et la jouissance de ces biens diminueront cette impression. Mais je crois qu'il restera toujours un sentiment profond de bien-être, tel que je ne le trouve pas ailleurs.

Or, admirez maintenant l'incroyable absurdité de la nature humaine. Demandez à cet homme si content s'il voudrait rester toujours dans cet état qui le transporte. Il répondra que non vraiment, et qu'après avoir dit de si belles choses sur les charmes de la solitude et de la tranquillité, il s'estimerait fort à plaindre de ne plus pouvoir se jeter au milieu de la guerre, du bruit, de la foule, des haines politiques, des rivalités littéraires, des chambres, des académies, de la grande scène du monde enfin dont il se réjouit tant d'être dehors ! Mais voilà que je tombe en philosophie. Je me tire de ce mauvais pas en vous embrassant de tout mon cœur et en vous disant adieu. Je n'ai pas besoin de vous prier de me rappeler particulièrement au souvenir de M. de Chateaubriand, à celui de notre bon ami Ballanche, ni surtout à celui de madame Récamier, à laquelle mon dernier accès de fièvre m'a empêché d'aller dire adieu. Mille amitiés bien tendres.

AU MÊME

Tocqueville, 10 août 1841.

Mon très-cher ami, je reçois à l'instant votre lettre de Marseille, et j'y réponds toute affaire cessante, afin d'être plus sûr que vous ne passerez pas à Ancône sans entendre parler de moi. J'aime mieux vous écrire quelques mots qui vous arriveront que de lancer à votre suite une longue épître qui vraisemblablement ne vous atteindrait pas.

Je répondrai d'abord à vos questions amicales, et je vous dirai que, sans être encore très-bien, je suis cependant, je crois, en voie de l'être. Mon corps et mon esprit subissent de plus en plus la bonne et douce influence de la vie que je mène ici. Vous la connaissez. Je n'ai pas besoin de vous la peindre. Il n'y manque que l'agrément que vous y joignez, et cet agrément était bien grand, je vous jure. Il nous tarde que vous reveniez l'ajouter aux autres et compléter le tableau. Je m'habitue à cette vie, et je m'y complais d'une manière qui m'effraye. Car je sens que j'ai d'autres devoirs à remplir dans ce monde; et je crains qu'ils ne finissent par me paraître pénibles, et que je ne mette plus à les accomplir la passion sans laquelle on ne fait rien.

A mesure que je m'éloigne de la jeunesse, je me trouve plus d'égards, je dirai presque de respect pour les passions. Je les aime quand elles sont bonnes, et je ne suis même pas bien sûr de les détester quand elles sont mauvaises. C'est de la force; et la force, partout où elle se rencontre, paraît à son avantage au milieu de la faiblesse universelle qui nous environne. Je ne vois que poltrons qui tremblent à la moindre agitation du cœur humain et qui ne nous parlent que des périls dont les passions nous menacent. Ce sont, à mon avis, de mauvais bavards. Ce qu'on rencontre le moins de nos jours, ce sont des passions, de vraies et solides passions qui enchaînent et conduisent la vie. Nous ne savons plus ni vouloir, ni aimer, ni haïr. Le doute et la philanthropie nous rendent incapables de toutes choses, du grand mal comme du grand bien, et nous voltigeons pesamment autour d'une multitude de petits objets dont aucun ne nous attire, ni ne nous repousse fortement, ni ne nous fixe.

Me voilà retombant dans mon mal *philosophique*. Mais vous me le pardonnez, car c'est aussi un mal d'amitié. On parle à ses amis comme on parle à soi-même. Les pensées qui m'agitent percent comme d'elles-mêmes quand je vous écris, et remplissent malgré moi ma lettre qui, cependant, a besoin d'être courte. Je finis donc. Vous voilà lancé dans ce grand Orient où notre pensée va vous suivre[1]; donnez-nous souvent et copieusement de vos

---

[1] J. J. Ampère partait pour l'Égypte.

nouvelles. Je vous le demande tant au nom de ma femme qu'au mien ; et si vous n'avez pas le temps de faire de longues lettres, écrivez du moins : *Je me porte bien.* Portez-vous bien, en effet, et ne tardez pas trop à venir nous raconter vos nouveaux pèlerinages.

A GUSTAVE DE BEAUMONT

Tocqueville, 9 octobre 1843.

Nos femmes valent mieux que nous, mon cher ami ; car elles s'écrivent, et nous ne nous écrivons pas. . . . Je sais bien que nous n'avons rien de pressant à nous dire; mais il est bon pourtant de ne pas laisser entièremen rompre le fil de nos impressions quotidiennes. Voici, quant à moi, mon bulletin : depuis mon retour du conseil général, je ne suis, pour ainsi dire, pas sorti de chez moi. J'ai mis le repos à profit pour faire un certain nombre d'articles sur la question de l'esclavage. Je crois qu'ils ne seront pas sans intérêt pour ceux, en petit nombre, qui s'intéressent à cette grande question. Je pense qu'il était difficile d'expliquer plus clairement et en moins de mots ce qui s'est passé dans les colonies anglaises, et ce qu'on peut faire dans les nôtres. Mais j'ai beau faire, ces articles sont des *chapitres.* Je n'ai pas, je crois, les défauts, mais je manque aussi de toutes les qualités des journalistes. Je ne vous recommande ces articles, si Chambolle les insère[1], que comme pouvant vous mettre au courant de la question. Ce travail m'a forcé de parcourir de nouveau le rapport du duc de Broglie. C'est un chef-d'œuvre ; et puis il respire dans toute cette œuvre un sincère amour de l'humanité, cette grande et noble passion que les momeries des philanthropes sont parvenues à rendre presque ridicule. Maintenant je vais m'occuper de l'empire des Anglais dans l'Inde. Ce travail m'intéresse et m'amuse même beaucoup. . . .

A LORD RADNOR

Tocqueville, 5 novembre 1843.

Je vous remercie infiniment, mylord, de l'envoi que vous me faites des premiers numéros du journal *the Economist*. Je viens de les parcourir, et je les crois, comme vous, propres à répandre des vues utiles. L'étude de cette science encore nouvelle n'est malheureusement pas aussi répandue en France qu'elle devrait l'être. Cependant elle y compte déjà de très-nombreux adeptes. Une grande partie de notre presse et plusieurs hommes politiques éminents en professent les principes. Mais elle a pour adversaires, ainsi qu'en Angleterre sans doute, tous ceux qui sont intéressés à combattre la li-

[1] Ces articles, extrêmement remarquables, ont paru à cette époque dans le *Siècle*. C'est, je crois, la seule occasion où Tocqueville ait écrit dans un journal. — On les trouvera réunis dans le tome IX V. p. 265.

berté du commerce; et le nombre chez nous en est d'autant plus grand, que nos principales industries n'ont pris que sous le régime de la protection exagérée de l'empire et de la restauration les développements qu'elles ont déjà atteints. Elles se croient encore inférieures aux vôtres, et elles pensent que la destruction des tarifs serait leur arrêt de mort. Je suis convaincu qu'une grande partie de ces craintes n'est point fondée. Toutefois, je crois moi-même qu'il ne faut procéder que graduellement et avec précaution aux réformes que sollicite avec raison la science. Ses principes sont d'une vérité incontestable. Ils montrent clairement le but vers lequel il faut tendre; mais ce but ne peut être atteint tout à coup, lorsqu'on part d'un état de choses créé par les principes contraires. Vous êtes depuis trop longtemps dans la vie politique, mylord, pour ne pas savoir que ce qu'il y a de plus difficile et de plus long dans la tâche du législateur, c'est de guérir les maux qu'il a faits lui-même. Mais c'est déjà beaucoup pour guérir le mal que de savoir où est sa source. C'est ce que l'étude de l'économie politique apprend. Sous ce rapport, des journaux semblables à celui que vous me recommandez sont très-utiles. Mon intention, à mon retour à Paris, est d'indiquer l'*Economist* aux bibliothécaires de la Chambre, afin qu'ils s'abonnent à ce journal, et qu'ainsi il soit mis sous les yeux des députés.

Nous avons appris avec un grand plaisir, mylord, l'heureux événement qui vous a rendu grand-père. Veuillez, je vous prie, exprimer à M. votre fils la joie que nous en ressentons : veuillez aussi lui rappeler qu'il nous a promis de venir nous revoir ici avec madame Bouverie, et que nous tenons très-particulièrement à l'exécution de cette promesse. Nous serions bien heureux, mylord, si vous vouliez accompagner vos enfants. J'ose dire que vous ne trouveriez nulle part une plus sincère et une plus respectueuse affection.

A M. DE CORCELLE

Tocqueville, 15 novembre 1843.

La question religieuse me préoccupe comme vous, mon cher ami; elle fait plus, elle m'afflige profondément. L'un de mes rêves, le principal en entrant dans la vie politique, était de travailler à concilier l'esprit libéral et l'esprit de religion, la société nouvelle et l'Église. Cette conciliation si nécessaire à la liberté et à la moralité publique est maintenant bien difficile, car les positions qui, au sortir de la révolution de Juillet, étaient indécises, sont maintenant prises de part et d'autre, de telle sorte qu'il faudra des années pour nous replacer au point où nous étions il y a trois ans. Heureux si nous nous y trouvons jamais! Cela, je le répète, me remplit de douleur et aussi d'irritation contre ceux qui ont fait ce grand mal. Je m'irrite contre les amours-propres et les passions qui dominent une partie des adversaires du clergé dans cette lutte ; mais j'avoue que je m'irrite aussi contre leurs adversaires.

Quand je pense à l'état où se trouvait l'opinion publique et la presse, il y a à peine trois ans, à l'égard de la religion, et à ce qui existe aujourd'hui, je ne puis m'empêcher de voir qu'il faut qu'on ait commis, dans le clergé, des fautes énormes pour en arriver où nous sommes. La violence des injures à l'égard des personnes, l'exagération des accusations, sont parvenues à gâter une excellente cause. Au lieu de se rattacher au droit commun et de se borner à en réclamer l'exercice, on a montré la pensée de dominer l'éducation tout entière, sinon de la diriger.

Je n'en trouve pas moins quelques-unes de vos réflexions parfaitement justes et je les approuve. Comme vous, je crois que les fautes du clergé seront toujours infiniment moins dangereuses à la liberté que son asservissement. Je pense aussi que l'animosité du clergé contre le pouvoir est l'état exceptionnel et passager ; que l'état habituel et permanent qui est à craindre est un partage inégal des pouvoirs ; une sorte d'arrangement qui ferait du gouvernement et de l'Église deux associés aux dépens de la liberté.

J'agirai et je parlerai certainement dans le sens de cette opinion, et les colères des journaux ne m'empêcheront pas de dire ce que je pense d'une *papauté administrative*. Je suis également décidé à tenir ferme dans la question de la liberté d'enseignement ; mais je désire que le gouvernement ait la prudence de ne pas présenter la loi avant que cet orage soit calmé; car la question serait décidée contre nous en ce moment.

Après m'être porté comme un valet de ferme pendant tout l'été, je me suis mis depuis un mois à être tout malingre. J'espère que cet état n'aura pas de durée. Le commencement d'une session, comme le commencement d'une bataille, n'est pas un moment où il soit commode d'être malade. J'ai trop travaillé cet été. Pendant que vous vous enfonciez dans l'Afrique, je parcourais l'Inde en tout sens. Je me flatte d'être maintenant maître du sujet et en état de comprendre non-seulement ce qui arrive là, mais dans toute l'Asie. Mais encore, pour profiter de toutes ces belles connaissances, faut-il vivre! Croyez à mon bien tendre attachement.

AU MÊME

Tocqueville, 17 septembre 1844.

Le temps me manque aujourd'hui, mon cher ami, pour vous écrire une longue lettre. D'ailleurs pourquoi traiter péniblement par écrit des sujets sur lesquels on doit causer intimement et longuement? Je ne vous exprimerai donc que deux ou trois idées générales relativement à nos grandes affaires.

Je crois qu'il ne faut ni exagérer ni amoindrir ce qui se passe à propos de la question religieuse; croyez que toute la situation peut se résumer ainsi : un sentiment réel exploité par des passions factices.

Rien ne peut en ce moment agiter profondément et passionnément les âmes, et la question universitaire n'a pas plus cet effet qu'aucune autre. Mais elle est toutefois la seule qui produise un certain ébranlement dans l'opinion publique et qui ait ses racines dans des idées et des passions qui ne sont pas de circonstance. C'est une question qui n'est au reste très-commode pour personne.

Quant au journal *le Commerce*, ne perdons jamais de vue, je vous en supplie, le but que nous nous sommes proposé. Ce but est d'avoir à nous, dans la presse opposante, une feuille complétement indépendante dans toutes les questions de politique intérieure et extérieure, et d'y pouvoir défendre, du point de vue libéral, la liberté d'enseignement, sans s'associer à la guerre déclarée au clergé.

Quant au ton de la polémique dans ce journal, je suis de votre avis, qu'il ne doit pas être violent. Mais vous voulez faire d'un journal un parfait *gentleman*, et c'est ici, si je ne me trompe, une erreur féconde en agitations et en troubles pour vous.

Il n'y a rien qui ait une valeur plus relative et qui soit soumis à des vérités moins absolues que le *ton ;* je vous supplie d'y réfléchir. Le même homme parle autrement dans un salon, dans un livre, à la tribune, à un ami et à mille auditeurs, à un public académique et aux passants de la rue. Le fond des sentiments et des idées

est le même ; la manière de les produire, l'animation de
la parole, le choix des expressions et des tours, diffèrent. Devant ceux-ci, il faut tout dire, et devant ceux-là,
laisser comprendre la moitié des choses.

Un journal est un discours qu'on fait par la fenêtre à
des gens d'éducation très-mêlée qui passent dans la rue.

Pour faire arriver les idées qu'on veut donner, les
impressions qu'on veut produire, il faut un certain degré d'animation, de certains arguments faciles à saisir
en courant, un certain mélange de vérités rares et de
lieux communs, un certain relief un peu grossier
donné à la pensée pour qu'elle s'aperçoive aisément et
de loin.

Que voulez-vous ? C'est le ton du genre. Chacun de
ces discours-là n'est pas destiné assurément à prendre
place dans des œuvres que la postérité lira, mais à produire, en se répétant sans cesse, un effet actuel qu'on
a en vue. Je crains que vous n'ayez pour le ton du journal un idéal qu'il ne soit pas dans la nature des choses
d'atteindre. Du moins, je n'en vois dans aucun parti,
dans aucun pays, ni même dans aucun temps, un
exemple.

Vous vous exagérez, d'ailleurs, prodigieusement,
selon moi, la responsabilité qu'on apporte en pareille
affaire. Des hommes politiques, surtout absents, ne
sont responsables que de la direction générale d'une
feuille qui est sous leur patronage ; mais jamais on n'a
imaginé de s'en prendre à tels ou tels articles. Croyez-
vous que je ne souffre pas autant que vous de certains

numéros sur nos rapports avec l'Angleterre, où j'ai des amis très-respectables qui peuvent voir là l'expression de ma pensée personnelle?

Ce n'est pas le moment, en effet, de rappeler les anciens griefs que nous pouvons avoir contre les Anglais, lorsque les passions sont déjà, de part et d'autre, si excitées. Notre devoir est de nous tenir au niveau de ce qu'il y a de juste et de légitime dans le sentiment national. Mais dépasser cette limite et jeter de l'huile sur le feu en rappelant de vieilles querelles, me paraît presque coupable dans les circonstances si critiques où nous sommes.

Nous ne faisons pas tout ce que nous voulons, d'accord; mais il faut traiter les affaires politiques avec un esprit politique, et n'y pas apporter toutes les susceptibilités délicates de la vie privée. Quelle est l'action commune dont le résultat remplit précisément tout l'objet qu'individuellement on se serait proposé, et dans laquelle on ne fait pas un peu plus, un peu moins, un peu autrement qu'on ne ferait si on était seul? C'est la condition nécessaire de l'association.

Si on ne veut pas la subir, on reste sans doute plus complétement soi-même, mais on ne peut faire aux autres aucune portion du bien qu'on leur désire, et en définitive on travaille plus pour soi que pour son pays.

Adieu. Je ne saurais vous dire combien je me réjouis de l'idée de passer huit bons jours avec vous dans la solitude de la campagne avant de rentrer au milieu du tumulte de la bataille. Il me semble que je partirai de

chez vous plus tranquille et plus fort. Croyez à ma tendre et vive amitié.

AU MÊME

Marseille, 11 octobre 1846.

Je ne vais point, mon cher ami, faire une exploration
de l'Algérie, je vous l'ai déjà mandé. Je vais seulement
employer un ou deux mois à vivre dans l'atmosphère de
cette grande affaire. Je n'ai nulle envie d'aller en Afrique pour y être malade, et je suis très-résolu à subor-
donner chaque jour ma curiosité à ma santé. C'est pour
cela que, jusqu'à présent, je suis déterminé à prendre
Alger pour but exclusif de mon séjour. Je sais que de
cette manière ce voyage sera incomplet, mais il sera
encore plus intéressant et plus productif que le voyage
d'Italie dont j'avais antérieurement l'idée.

Ainsi limité par la prudence et par ma volonté, je ne
sais quel champ d'observation je pourrai parcourir. Je
pense comme vous que les côtés les plus politiques de
la question, en ce moment, sont nos rapports avec le
Maroc, et en général l'état de toute cette frontière. J'aurais un grand désir de me rendre à Oran, et même à
Djemma-Gazouat ; mais je crains de ne pouvoir le faire.
Vous savez sans doute que le maréchal Bugeaud pousse
vivement sinon à la guerre, au moins à l'expédition qui
l'amènera.

La question d'Afrique, dans toute sa variété et dans sa grandeur, se résume ainsi : Comment arriver à créer une population française ayant nos lois, nos mœurs, notre civilisation, tout en gardant vis-à-vis des indigènes les égards que la justice, l'humanité, notre intérêt bien entendu, et, comme vous l'avez dit, notre honneur nous obligent étroitement à conserver? La question a ses deux faces. On ne saurait envisager l'une sans voir l'autre. Je l'ai toujours compris ainsi, et si je me suis attaché à l'une plutôt qu'à l'autre en parlant à la Chambre, c'est qu'on ne peut tout dire à la fois, ni traiter d'un seul coup un si grand ensemble.

Je vous assure que je vais à Alger avec une liberté d'esprit complète sur les choses et les hommes. L'expérience m'a appris qu'on ne savait jamais bien ce qu'on n'avait pas étudié par soi-même. Je laisse donc en France toutes les idées qui m'étaient venues par ouï-dire, bien décidé à considérer chaque affaire comme si j'en entendais parler pour la première fois. Je suis également décidé à ne tomber aveuglément dans aucune des écoles qui peuvent diviser les généraux.

J'ai vu M. Dufaure à mon passage à Paris. J'en ai été de plus en plus content. Je ne l'ai jamais trouvé si résolu et résolu par des motifs nobles et désintéressés qui l'honorent. Jamais, à ce qu'il me semble, nous n'avons eu une espérance plus légitime de faire quelque chose d'utile à notre pays. Vous me peignez, cependant, de manière à faire venir l'eau à la bouche, la satisfaction qu'on doit éprouver en dehors de l'arène politique, sans colères, sans entraînements, jugeant chaque chose du milieu d'une atmosphère de sérénité et d'impartialité éternelles. Je vous avoue qu'il me prend des envies de vous battre quand je vous entends dire de ces choses. Morbleu! mon cher ami, ce n'est pas là de la politique. Nous avons un but honnête et grand ; et comment y tendre, sinon par un effort passionné de ses amis et de soi-même? Sans doute tous les amis ne sont pas parfaits ; ils sont souvent fort différents de ce qu'on désirerait qu'ils fussent ; ils font rarement tout ce qu'on veut et vous entraînent quelquefois à des fautes qu'on ne voudrait pas. Mais cela vaut encore mieux, je ne dis pas pour soi-même, mais pour le bien qu'on se propose, que de vivre seul. Pour moi, je suis décidé à combattre de toutes mes forces les adversaires de mes opinions, de même que je veux, dussiez-vous me blâmer, garder la faiblesse d'aimer, sans aucune impartialité, mes amis et vous surtout, malgré votre philosophie.

Je vous quitte en vous embrassant de tout mon cœur. Je vous écrirai d'Afrique à mesure que j'aurai des impressions nettes.

A M. DUFAURE

Paris, 29 juillet 1847.

Mon cher collègue et ami, notre ami commun Rivet m'a parlé ainsi qu'il l'a fait avec vous d'un projet de

travail commun sur les finances. J'ai beaucoup approuvé
pour mon compte l'idée de cette œuvre et je suis prêt à
y concourir si vous le jugez utile.

J'ai toujours pensé, et je crois même vous l'avoir dit
plusieurs fois, qu'au milieu de beaucoup de réformes
plus ou moins vagues auxquelles l'esprit public est
plus ou moins indifférent, il y en a une qui préoccupe
vivement le pays et mérite l'attention la plus sérieuse
des hommes d'État ; c'est la réforme de notre système
financier.

Ici on peut non-seulement montrer une tendance,
mais indiquer un programme précis qui consisterait
non plus à prendre une à une toutes les sources de l'impôt et à les tarir sans en ouvrir d'autres, mais à rema-
nier tout le système de façon à diminuer les charges des
pauvres, en augmentant un peu celles des riches, de
telle sorte qu'on arrivât en même temps à remettre de
l'ordre dans les finances et à exonérer le travail. Il suffit
d'énoncer une pareille proposition pour montrer tout ce
qu'elle contient de questions à méditer. Je confesse mon
impuissance actuelle à indiquer les détails et les moyens
d'exécution d'une pareille idée. Mais de plus habiles
que moi la croient très-praticable. Quant à moi, je suis
sûr que c'est une grande idée, et qui, comme toutes les
grandes idées, répond à plusieurs besoins à la fois. Elle
touche en même temps à ce qu'il y a de plus élevé dans
le gouvernement des finances et dans celui des hommes.
Elle est économique et politique. Son application sage
suffirait seule pour illustrer soit un parti, soit une ad-

ministration. Il y a plusieurs autres avantages très-
grands à la traiter. Elle mène à une réforme très-popu-
laire, et qui cependant n'a rien de révolutionnaire.
Elle dispense de s'attacher à plusieurs autres réformes
qui pourraient être ou inopportunes ou peu désirées par
la nation, et sur lesquelles, quoi qu'on fasse, on ne
parviendra pas à échauffer celle-ci. Elle répond, au
contraire, à un besoin senti par le pays, qui s'occupe
plus aujourd'hui des questions qui ont un caractère social que de celles qui sont purement politiques. Quoi de
plus conforme à cette tendance qu'une réforme finan-
cière dont le résultat serait de modifier la répartition
des charges publiques entre les différentes classes de
la nation?

Je ne saurais trop vous prier de prendre cette grande
réforme dans vos mains. Croyez que le temps est mûr
pour le faire. Le moment est arrivé. Si des mains puissantes ne s'emparent pas de la question, elle tombera
dans des mains faibles ou indignes; mais elle sera prise
par quelqu'un. Elle est dans l'air comme toutes les idées
qui sortent naturellement du besoin d'une époque.

Pour moi, je prendrai dans cette œuvre la part qu'on
voudra, ou même aucune part si l'on veut. Rivet pense
que la partie du sujet qui pourrait le mieux me con-
venir serait une sorte d'introduction faisant connaître
l'état actuel de notre système d'impôt, son histoire, ses
principaux vices, le but général qu'on devrait se proposer en le retouchant, et enfin ce qu'ont fait les Anglais
depuis trente ans dans le même sens. Faut-il entre-

prendre cela? Dans le cas de l'affirmative, donnez-moi votre opinion sur la manière de diriger ce travail. Mais surtout dites-moi (je désire ardemment que vous puissiez le faire) que vous embrassez vous-même fortement la pensée de cette entreprise. Vous seul pouvez faire arriver à bien le travail collectif que nous entreprendrions; vous seul pouvez donner à tous ceux qui s'en occuperaient le courage, l'entrain, l'activité qui fait réussir. Pour cela, il faut vous mettre à leur tête et les diriger; et quand ils auront travaillé, c'est encore vous seul qui pouvez résumer les travaux et présenter enfin au public les conséquences nettes, précises et pratiques qui en découlent. Adieu, croyez à tous mes sentiments de sincère et vive amitié.

A M DE CORCELLE.

Tocqueville, 27 août 1847.

. . . .

J'ai trouvé ce pays-ci sans passion politique, mais dans un bien redoutable état moral. Nous ne sommes pas près peut-être d'une révolution; mais c'est assurément ainsi que les révolutions se préparent. L'effet produit par le procès Cubières a été immense. L'horrible histoire aussi dont on s'occupe depuis huit jours, est de nature à jeter une terreur vague et un malaise pro-

fond dans les âmes. Elle produit cet effet, je le confesse,
sur la mienne. Je n'ai jamais entendu parler d'un
crime qui m'ait fait faire un retour plus pénible sur
l'homme en général et sur l'humanité de mon temps.
Quelle perturbation dans les consciences un pareil acte
annonce! Comme il fait voir toutes les ruines que les
révolutions successives ont produites! Je vous embrasse
bien tendrement et vous aime d'autant plus que vous
êtes malheureux. Donnez-moi de vos nouvelles.

A MADEMOISELLE DENISE DE TOCQUEVILLE[1].

6 janvier 1848.

J'ai reçu avec grand plaisir, chère Denise, ta petite
lettre et celle de ton frère. Je ne réponds pas à celui-ci
parce que je sais qu'il n'est plus à Baugy. Mais je
veux causer un moment avec toi. Je n'ai que peu de
minutes pour cela, et j'aime à les employer de cette
manière. Tu dis que tu as de l'affection pour moi. Ce
ne peut être encore un sentiment bien développé, car
vous ne me connaissez encore guère; mais j'espère que
tu m'aimeras réellement à la longue, quand tu te seras
aperçue que tu trouves en moi un désir bien profond et
bien vif de te voir heureuse, un grand goût pour y con-

---

[1] Sa nièce, fille d'Édouard, vicomte de Tocqueville, et devenue madame
de Blic.

tribuer, si cela est possible, et un penchant bien décidé à t'aimer plutôt en fille qu'en nièce. Voilà, chère Denise, le mérite des oncles qui n'ont pas d'enfants et qui commencent à prendre des années. L'ennui des agitations du monde commence à les saisir, et ne trouvant pas à côté d'eux, pour s'en consoler, ces douces affections paternelles qui leur manquent, ils se prêtent mieux que d'autres à l'illusion que leur donnent des neveux et des nièces qui prétendent les aimer, et en attendant que cela se vérifie, ils les aiment tout de bon. C'est mon cas, je me suis attaché de tout mon cœur à toi et à ta sœur, durant le court séjour que j'ai fait à Baugy, et il ne tiendra qu'à vous que cela soit de plus en plus vrai à mesure que nous nous verrons davantage. Je vous ai trouvées toutes deux aimables en général pour tout le monde et en particulier aimables pour votre tante et pour moi ; aussi me bornerai-je à vous souhaiter pour l'année 1848 de marcher dans la bonne voie où vous êtes. Continuez à penser aux autres plus qu'à vous-mêmes ; songez à être aimables et bienveillantes plus encore qu'à le paraître ; surtout et avant tout, restez simples, franches, spontanées et naturelles (notez tous ces points-ci) ; soyez ainsi parce que vous jugez que cela est bien, et quand vous aurez acquis l'expérience qui vous manque encore, vous découvrirez que cela était en même temps très-utile ; vous vous apercevrez avec plaisir que vous êtes devenues presque sans le savoir des femmes plus distinguées que la plupart de celles qu'on rencontre dans le monde, non-seulement plus respectées, mais plus

prisées, mieux aimées, plus recherchées, par la raison,
chère Denise, que la véritable amabilité n'est pas dans
les manières, mais dans l'esprit et surtout dans le cœur.
Voilà ce que je vous souhaite à l'une et à l'autre pour
l'année 1848 et pour toutes celles que vous verrez
après celle-là. Ce souhait en vaut bien un autre, et après
l'avoir fait je vous embrasse toutes deux très-tendre-
ment.

<hr />

A M. W. SENIOR, ESQ.

Paris, 10 avril 1848

Mon cher monsieur Senior, j'étais absent lorsque votre
lettre m'est arrivée, je l'ai trouvée à mon retour qui a
eu lieu seulement il y a trois jours. Je me suis aussitôt
rendu chez M. Austin pour savoir ce qui vous avait empêché de venir à Paris. J'ai appris avec peine que votre
santé était la raison qui vous avait fait renoncer à vos
projets. Je regrette doublement votre absence, puisqu'elle
tient à cette cause; j'aurais été d'autant plus satisfait de
vous voir que j'aurais puisé dans votre conversation des
lumières particulièrement utiles à la circonstance dans
laquelle nous nous trouvons.

Il ne vous a pas échappé que notre plus grand mal ne
vient pas des passions politiques violentes, mais de la
prodigieuse ignorance dans laquelle la masse de la nation

est plongée quant aux conditions-véritables de la production et de la prospérité sociale. C'est bien moins de fausses notions en politique proprement dite qu'en économie politique qui nous rendent si malades.

Je ne crois pas que la loi sur les pauvres dont vous me parlez soit le remède qui convienne, quant à présent du moins, au mal. La révolution n'a point été amenée par la misère des classes ouvrières. Cette misère existait bien sur certains points, mais en général on peut dire que dans aucun pays, ni dans aucun temps, les classes ouvrières n'avaient été dans une meilleure condition qu'en France. Cela était surtout vrai de la classe ouvrière agricole. Là, ce n'était pas le travail qui manquait à l'ouvrier, c'était partout l'ouvrier qui manquait au travail. Par suite de la division de la propriété foncière, le nombre des bras à louer était à peine suffisant. La crise qui tourmentait les ouvriers des grandes manufactures était passagère, et, quoique assez intense, ne dépassait pas les bornes connues. Ce ne sont pas des besoins, ce sont des idées qui ont amené ce grand bouleversement : des idées chimériques sur la condition relative de l'ouvrier et du capital, des théories exagérées sur le rôle que pouvait remplir le pouvoir social dans les rapports de l'ouvrier et du maître, des doctrines ultra-centralisantes qui avaient fini par persuader à des multitudes d'hommes qu'il ne dépendait que de l'État non-seulement de les sauver de la misère, mais de leur donner l'aisance et le bien-être. Vous comprenez qu'à cette maladie des esprits une loi des pauvres ne serait pas un remède très-efficace ; je suis loin de dire qu'il ne faille pas y avoir recours. Je crois même qu'on aurait dû donner il y a longtemps cette satisfaction légitime au peuple ; mais ce n'est pas à l'aide de cette loi que nous pouvons nous tirer d'affaire aujourd'hui, car, je vous le répète, nous avons en face de nous des idées plus encore que des besoins.

J'ai prononcé trois semaines avant la révolution un discours qui, reproduit par les sténographes, a été inséré au *Moniteur*. Je viens de le faire réimprimer textuellement tel qu'il se trouve au *Moniteur*. Je vous en envoie un exemplaire ; lisez-le, je vous prie ; vous y verrez que, quoique la forme et le moment d'une révolution me fussent inconnus, j'appréciais avec une grande clarté qu'une révolution allait avoir lieu. Ce discours, qui fit alors murmurer violemment la chambre, m'a été rappelé bien des fois depuis par des gens qui reconnaissent que c'est eux qui avaient tort et moi qui avais raison. Je crois qu'en prononçant ce discours j'étais sur la voie qui ferait trouver les causes premières et profondes de la révolution. Ce qui l'a fait éclater ce ne sont que des accidents, des accidents bien singuliers et bien impérieux, je le confesse, mais enfin des accidents qui seuls n'auraient rien produit. Imaginez-vous d'une part les causes que j'ai indiquées, de l'autre notre centralisation qui fait dépendre la France d'un coup de main opéré dans Paris, et vous aurez toute l'explication de la révolution de 1848, telle assurément que l'histoire la donnera un jour et que je la développerai moi-même, si Dieu me prête vie. Veuillez, je vous prie, offrir un exemplaire de mon discours au marquis de Lansdowne en me rappelant particulièrement à son souvenir. Je ne vous ai parlé que du passé dans cette lettre ; pour traiter l'*avenir*, il faudrait plus qu'une lettre.

Nous sommes dans la situation la plus extraordinaire où jamais une grande nation ait été jetée tout à coup. Nous sommes témoins de grands malheurs et environnés de grands périls. Ma principale espérance vient du spectacle que me donne le peuple proprement dit. Il manque de lumières, mais il a des instincts que je trouve dignes d'admiration ; on y rencontre, à un degré qui m'étonne et qui serait de nature à surprendre les étrangers, le sentiment de l'ordre, l'amour vrai du pays, et un très-grand sens dans les choses dont il peut juger par lui-même et dans les matières où les rêveurs ambitieux auxquels on l'avait laissé livré ne l'ont pas trompé.

Adieu, mon cher Senior, etc.

A MADAME LA COMTESSE LOUIS DE KERGORLAY.

Paris, mai 1848.

Presqu'au moment où je recevais la lettre où vous m'exprimiez, ma chère cousine, le plaisir que vous donnaient les bonnes nouvelles qu'on vous faisait parvenir de Louis, j'en recevais une de Louis lui-même dans laquelle il me parlait un peu de l'Allemagne et beaucoup de vous. Il me disait combien le temps lui semblait long durant votre absence, comment vous étiez devenue nécessaire à son existence, le bonheur en un mot chaque jour plus sérieusement, plus profondément senti que lui donne votre union. Je ne puis vous dire, chère cousine, tout le plaisir que j'éprouvais en lisant à la fois ces témoignages de sentiments semblables. J'étais heureux de vous les voir donner à tous deux, heureux aussi de les recevoir de chacun de vous. Je mérite l'amitié que vous me montrez par l'amitié que j'ai pour vous deux.

Si les journaux que vous lisez, ma chère cousine, vous disent que nous allons de mal en pis, que la confiance publique achève de s'éteindre, que l'embarras des finances s'accroît, que la misère augmente, et que la confusion devient tous les jours plus grande en toutes choses, je vous avoue qu'ils me paraissent vous donner une idée fort juste de la situation. Tel est en effet pour le moment l'aspect de nos affaires, et si quelque grand homme ne nous tombe pas du ciel d'ici à peu de mois pour nous tirer du péril où nous sommes, j'ai bien peur qu'il n'y ait plus que la dure expérience de l'anarchie, de la guerre civile et de la ruine qui y parvienne. Or, comme le grand homme me paraît totalement absent, que je ne crois guère que les grands hommes s'improvisent et que, d'autre part, les petits hommes malfaisants abondent et pullulent de tous côtés, je me sens fort inquiet et n'envisage l'avenir qu'avec de grandes

appréhensions pour mon pays. Si je n'avais tant de parents et d'amis au milieu de cette tempête, la curiosité
et l'intérêt qu'excitent en moi la singularité et quelquefois la grandeur du spectacle que j'ai sous les yeux me
feraient peut-être prendre mon parti. Je me suis tant
ennuyé au milieu de la monotonie de nos derniers temps,
que je devrais ne pas trop me plaindre de la diversité
orageuse de ceux-ci. Mais pour penser ainsi, il faudrait
ne voir dans les affaires humaines qu'un spectacle, et
j'y vois plus. . . . .

Ne soyez pas trop longtemps sans nous donner de vos
nouvelles. Embrassez Louis pour moi, je vous prie, s'il
a eu le bon esprit de revenir près de vous, et croyez à
tous mes souhaits affectueux.

A LORD RADNOR.

Paris, 26 mai 1848.

Mylord, je ne veux point laisser partir notre ami,
M. Senior, sans le charger de vous porter une lettre. La
vôtre m'a causé beaucoup de joie et de reconnaissance.
Vous savez quels sont les sentiments de respect et d'attachement que je professe pour vous, et vous pouvez
comprendre que ce n'est jamais avec indifférence que je
reçois une marque de votre souvenir et un témoignage
de votre amitié.

M. Senior vous en dira sur l'état présent de la France

plus que je ne pourrais le faire moi-même en ce moment, pressé comme je le suis par les nécessités et les travaux de la vie publique. Notre situation est assurément très-grave; toutefois l'honnêteté et le bon sens de la masse du peuple me rassurent. La conduite de cette partie de la nation a été jusqu'à présent au-dessus de tout éloge, et s'il se trouvait des chefs en état d'utiliser ses bonnes dispositions et de la conduire, nous sortirions bientôt de toutes les théories dangereuses et impraticables pour asseoir la république sur les seules bases durables, celles de la liberté et du droit. Notre plus grand péril vient de l'absence de chefs. Les anciens hommes parlementaires qui ont paru sous la monarchie ne peuvent en ce moment prendre les affaires. Ils seraient suspects; et ceux-là écartés, une grande pénurie se fait sentir; on ne sait à qui confier les hautes fonctions politiques.

L'Angleterre me semble le seul pays d'Europe où le sol en ce moment ne tremble pas. Je crois cependant, si je puis me permettre d'exprimer une opinion sur un pays étranger, que les hautes classes d'Angleterre auraient bien tort de s'endormir dans une sécurité absolue. Nous sommes au milieu d'une révolution générale des peuples civilisés, et je crois qu'aucun d'entre eux à la longue n'y échappera. Il n'y a qu'un moyen d'éloigner et d'atténuer cette révolution, c'est de faire avant d'y être forcés tout ce qui est possible pour améliorer le sort du peuple.

Madame de Tocqueville vous remercie, mylord, de

votre souvenir. Elle vous prie ainsi que moi de ne pas l'oublier auprès de lady Jane Ellice. Faites aussi mes amitiés, je vous prie, à M. Édouard, et croyez à tous mes sentiments de respectueuse affection.

A GUSTAVE DE BEAUMONT, A LONDRES.

Paris, août 1848.

Mon cher ami, comme vous me l'avez demandé, je vous fais part de ce qu'il me paraît utile que vous sachiez. Le gouvernement vous apprend les faits. Ma tâche à moi est de vous dire autant que possible le mouvement des esprits qu'on ne voit bien que hors du pouvoir . . . .

. . . .

Ce qu'il me paraît essentiel avant tout de vous faire connaître c'est la disposition de la grande majorité de l'assemblée à l'endroit des affaires d'Italie. . . . . . .

. . . .

Si la résistance de Venise n'amène pas immédiatement la guerre, elle facilitera singulièrement la négociation, ce me semble, l'Autriche ne pouvant plus vous opposer que tout est fini. Je ne sais sur quelles bases vous négociez, ni même si vous en êtes déjà à avoir des bases. Je me rappelle seulement avoir vu quelque part, dans ce que nous a laissé Napoléon, soit à l'occasion du

traité de Campo-Formio, soit dans une autre partie de
ses Mémoires, cette idée-ci : c'est que la ligne de l'Adige
dans les mains des Autrichiens est une défense pour
l'Allemagne ; mais que la ligne du Mincio dans les
mêmes mains, c'est une attaque contre l'Italie ; que
l'une ferme l'Autriche, et l'autre ouvre la Péninsule.
Je finis sur la politique extérieure par cet axiome na-
poléonien. . . . .

. . . .

AU MÊME.

Paris, novembre 1848.

Votre première lettre m'avait déterminé à accepter
la mission qui m'était offerte[1]. Je n'ai voulu cependant
le faire qu'après avoir eu une conversation avec le
général Cavaignac. Cette conversation a eu lieu avant-
hier. . . . .

Mais d'abord y aura-t-il lieu à une médiation et à
une conférence? Si la monarchie autrichienne tombe
en dissolution, où et comment traiter? Si, ce qui est
plus probable, Vienne est repris, et qu'une réaction
monarchique ait lieu, voudra-t-elle, au milieu de ce

[1] De représenter la France à la conférence de Bruxelles, pour régler
les affaires d'Italie, par suite de la médiation acceptée par l'Autriche de
la France et de l'Angleterre.

triomphe, traiter? Si la guerre se ranimait en Italie, pourrait-on traiter? Je pourrais faire plusieurs autres hypothèses, à la tête desquelles je placerais en première ligne celle de voir, avant même que la négociation soit commencée, un autre homme au pouvoir que le général Cavaignac. . . . .

Nous venons d'apprendre qu'une insurrection formidable ensanglante en ce moment Berlin. L'Allemagne est donc sens dessus dessous d'un bout à l'autre. Qu'en résultera-t-il pour nous? Je crains que ce ne soit rien de bon. Après ces violentes crises, j'appréhende une réaction passagère mais redoutable de l'ancienne société. . . . .

J'accepte avec grand plaisir votre invitation d'aller à Londres... Les affaires gagneront à l'intimité des négociateurs... Mais plus j'y pense, plus je doute que la conférence de Bruxelles se réunisse jamais.

. . . .

A M. GROTE, ESQ.

Paris, 27 février 1849.

Mon cher monsieur Grote, j'ai reçu les livres que vous avez bien voulu m'envoyer. Je ne vous ai pas écrit aussitôt, parce que je ne voulais vous écrire qu'après vous avoir lu. C'est ce que je n'ai pu faire que très-

lentement, ayant été malade pendant près d'un mois, et
très-occupé tout le reste du temps. J'ai pu cependant
trouver le loisir de lire votre cinquième volume qui me
paraît digne de ceux qui l'ont précédé. C'est assez vous
dire que sa lecture m'a vivement intéressé, et je dirais
même amusé, si ce mot convenait à une œuvre si grave
et si travaillée. En fait, l'impression que me cause votre
livre est toujours la même. J'éprouve en le lisant un
plaisir sérieux et savant que me cause le tableau de
cette illustre et antique société grecque vue à la lueur
de l'esprit et de l'expérience modernes. Je connaissais
le monument, et pourtant je suis frappé de son nouvel
aspect. Il me semble revoir en plein jour un objet que
je n'avais aperçu que la nuit. Recevez donc de nouveau
non-seulement mes remercîments, mais mes sincères
félicitations.

Je vois que nos affaires vous préoccupent. Ce qui
s'est passé en France depuis un an mérite, en effet, au
plus haut point d'attirer l'attention d'un esprit aussi
élevé et aussi méditatif que le vôtre. Rien ne doit paraître plus singulier à l'étranger qui voit les effets sans
pouvoir découvrir les causes. Rien de plus simple et de
plus naturel cependant pour celui qui est sur les lieux
et qui a suivi l'enchaînement nécessaire des faits. . . .

. . . .

. . . . . Quoi qu'il en soit, la nation ne voulait point
de révolution. Elle voulait encore moins la république;
car bien qu'il n'y ait pas en France le moindre attachement pour une race royale, il s'y est établi une opinion

presque universelle que la royauté est une institution nécessaire. La nation ne voulait donc ni la révolution ni la république. Si elle s'est laissé imposer l'une et l'autre, cela est venu de deux causes : du fait que Paris, devenu depuis cinquante ans la première ville manufacturière de France, a pu fournir à un jour donné une armée d'ouvriers au parti républicain, et de cet autre fait né de la centralisation administrative, que Paris, quel que soit celui qui parle en son nom, exerce une sorte de dictature sur le reste du pays. Ces deux faits rapprochés l'un de l'autre expliquent la catastrophe de février 1848.

Toute l'année qui vient de s'écouler n'a été qu'un long et laborieux effort de la nation pour se remettre en possession d'elle-même, et reprendre, par les armes pacifiques et légales que le suffrage universel lui livrait, ce qui lui avait été enlevé par le coup de main de février. On parle de la mobilité du peuple français. Il est très-mobile, sans doute; mais à mon avis il ne l'a jamais été moins que depuis un an. Il y a au contraire, jusqu'à présent, une suite singulière dans ses actes. Au mois de mars dernier, il s'est levé en masse pour aller aux élections, et il a nommé, malgré toutes les tentatives d'intimidation qu'on faisait alors, une assemblée qui, tout en voulant la république, était très-antianarchique et antirévolutionnaire. Au mois de juin, il a pris les armes pour accourir sur Paris et y empêcher une révolution nouvelle plus terrible que la première. En décembre enfin, il a choisi comme symbole un nom qui signifiait retour à la forme monarchique ou du moins à un gouvernement régulier et fort. J'ai vivement, pour ma part, regretté ce dernier acte qui faisait dépasser le but raisonnable : je ne m'y suis pas associé. J'ai refusé de conserver la mission diplomatique de Bruxelles. Mais je dois reconnaître que la nation, en agissant comme elle l'a fait le 10 décembre, n'était point inconséquente avec elle-même. Elle a agi avec un emportement dangereux, mais dans le même sens qu'elle avait agi en mars et en juin, et de plus, chaque jour dans les actes de détail. . . . .

Maintenant que va-t-il arriver? Je serais bien fou de vouloir le prédire.

Quoi qu'il arrive, on ne saurait faire désormais que nous soyons replacés dans la situation où nous nous trouvions avant février. Beaucoup le rêvent. Mais ce sont des insensés. Ils croient qu'il suffira d'arracher en quelque sorte une page de notre histoire, pour continuer la lecture du livre commencé. Je n'en crois rien. Cette révolution a laissé, de plusieurs côtés différents, de profondes traces qui ne seront pas effacées. . . . .

. . . .

Je finis en vous priant de faire agréer à madame Grote les témoignages de notre vive et sincère amitié, et de vouloir bien les recevoir pour vous-même.

A LORD RADNOR.

Paris (cabinet du ministre), 7 juin 1840.

Je ne saurais vous exprimer, mylord, combien j'ai
été touché de votre lettre. Un souvenir de vous m'a toujours été précieux. Mais il en est surtout ainsi dans ce
moment solennel pour moi, où, je suis appelé, sans
l'avoir désiré ni demandé, à assumer sur ma tête une
responsabilité si grande. Je sens combien le poids excède
mes forces. J'espère du moins qu'il ne sera pas trop
lourd pour mon courage. Je suis soutenu dans cette
grave entreprise par la pensée que j'apporte dans la
politique extérieure de mon pays le désir ardent de
maintenir la paix du monde. Il ne tiendra pas à moi,
croyez-le, qu'elle ne soit en effet maintenue. J'y mettrai
ma conscience et mon honneur.

Adieu, mylord, que Dieu vous accorde les longs jours
et toutes les joies que vous méritez si bien. Rappelez-
moi particulièrement au souvenir de M. votre fils, et
veuillez présenter mes respectueux hommages et les
affections sincères de madame de Tocqueville à lady
Jane Ellice.

A MADAME LA COMTESSE DE CIRCOURT.

Tocqueville, 19 juin 1850.

J'ai appris, madame, la mort bien regrettable de mon confrère à l'Académie, M. de Villeneuve. Cette mort fait une vacance à l'Institut, et j'ai déjà reçu des lettres de solliciteurs. Je voudrais bien, avant de répondre, savoir dans quelle disposition se trouve M***, auquel je sais que vous vous intéressez.

Notre voyage a été fort heureux... Le lieu que nous habitons continue à me plaire, et je serais bien fâché que nous fussions obligés de le quitter. Il n'a cependant rien absolument de remarquable, mais il s'y rattache beaucoup d'impressions et de souvenirs qui lui donnent à mes yeux une douce et agréable physionomie qu'un autre n'apercevrait point. Nous y vivons dans une grande solitude ; les bruits mêmes de la politique y arrivent à peine, et je m'étonne du peu d'émotion que me causent ceux qui par hasard y pénètrent. Je traite les journaux conformément à leur valeur présente, c'est-à-dire avec très-peu de respect, et je vous avoue que je ne es lis guère.

Serait-ce, madame, que je deviens un mauvais citoyen? J'en ai peur quelquefois; mais je me rassure en pensant que je suis devenu un Français très-découragé. Je confesse humblement (cela peut paraître en effet humiliant pour un homme qui s'est mêlé parfois de faire

le prophète) que je ne vois absolument goutte dans la
nuit où nous sommes. Je ne comprends ni comment ceci
peut durer ni comment ceci peut finir. Je me vois sans
boussole, sans voiles et sans rames sur une mer dont je
n'aperçois nulle part le rivage; et, fatigué de m'agiter
en vain, je me couche au fond du bateau et j'attends
l'avenir.

Veuillez, madame, me rappeler particulièrement au
souvenir de M. de Circourt, et agréez l'hommage de
mon sincère et respectueux dévouement.

A MADAME GROTE.

Tocqueville, 24 juillet 1850.

Je pourrais, madame, si j'avais le caractère mal fait,
me plaindre de ce que, me connaissant pour un des
admirateurs les plus déclarés de votre esprit, vous
n'ayez pas songé de vous-même à m'envoyer votre opus-
cule sur le paupérisme[1], et m'ayez laissé vous le demander par l'entremise de notre ami M. Senior. Mais
j'aime bien mieux, au lieu de vous chercher querelle,
vous remercier du plaisir que vient de me causer ce
petit écrit. Je l'ai reçu en quittant Paris, et je l'ai lu
en arrivant ici : je ne pouvais mieux employer les loi-

---

[1] *Case of the Poor against the Rich, fairly stated by a mutual
friend.*

sirs que la maladie m'a faits. Je rencontre dans votre
ouvrage le bon sens des économistes anglais, aiguisé
seulement et coloré par l'intelligence et l'imagination
d'une femme, ce dont il a souvent fort grand besoin.
Vous défendez les principes constitutifs sur lesquels
repose notre vieille société européenne, la liberté et la
responsabilité individuelle qui en est la conséquence,
surtout la propriété. Vous avez bien raison, vous ne
sauriez concevoir les hommes vivant en dehors de ces
lois primordiales, ni moi non plus. Cependant, je vous
l'avoue, souvent je trouve que ce vieux monde, au delà
duquel nous ne voyons rien ni l'un ni l'autre, semble
bien usé; que cette grande et respectable machine se
détraque un peu tous les jours, et, sans comprendre ce
qui pourrait être, ma confiance en la durée de ce qui est
s'ébranle. L'histoire m'apprend que pas un des hommes qui ont assisté à la destruction des organisations
religieuses ou sociales qu'a déjà vues le monde, n'a pu
deviner ni même imaginer ce qui devait suivre : ce qui
n'a pas empêché le christianisme de succéder à l'idolâtrie, la domesticité à l'esclavage, les barbares à la
civilisation romaine, et la hiérarchie féodale à la barbarie. Chacun de ces changements s'est opéré sans avoir
été prévu le moins du monde par aucun des écrivains
(vous savez, madame, que les Français ont eu l'impertinence de ne point faire de féminin à auteur) qui ont
vécu dans le temps qui a immédiatement précédé, et
avant les révolutions fondamentales. Qui peut donc affirmer qu'une forme de société soit nécessaire et qu'une

autre ne puisse pas existe ? Mais le devoir des honnêtes gens n'est pas moins de défendre la seule qu'ils
comprennent, et même de se faire tuer pour elle, en
attendant qu'on leur en ait démontré une meilleure.

M. Grote a continué à me faire l'envoi de son excellente et si curieuse histoire de la Grèce ; je regretterais
de ne l'avoir pas déjà remercié des derniers volumes
que j'ai reçus, si je n'avais l'occasion de vous rendre
l'interprète de ma reconnaissance. Je viens de lire son
huitième volume (le dernier de ceux que je possède) ;
j'y trouve, comme dans les précédents, une foule de
faits inconnus ou d'aperçus nouveaux pour moi, qui me
donnent des Grecs une idée différente de celle que j'a-
vais, et souvent contraire. Je n'avais jamais connu notamment Socrate et les sophistes de l'antiquité avant ce
jour. Je suis effrayé de l'érudition et étonné de la liberté
d'esprit que suppose une pareille œuvre ; deux qualités
si rarement jointes. Veuillez, madame, lui parler avec
beaucoup d'amitié en mon nom, et agréez pour vous
l'hommage de mon respectueux dévouement. Madame
de Tocqueville se rappelle affectueusement à votre souvenir ; nous ne sommes encore, ni l'un ni l'autre, bien
portants, quoique nous ne soyons plus précisément malades, etc., etc.

A M. DE CORCELLE.

Tocqueville, 1er août 1850.

Cher ami, je ne puis comprendre que depuis le 6 juillet je ne vous aie pas encore écrit. Votre lettre m'a cependant causé un grand plaisir, et ne fût-ce que pour en faire arriver une autre, j'aurais dû vous répondre. Je ne l'ai pas fait pourtant, parce que je vis dans un repos apathique où le moindre effort coûte, même quand le résultat doit plaire. Je n'aurais jamais cru qu'on pût devenir, je ne dis pas indifférent, tant s'en faut, mais aussi peu tourmenté du présent et de l'avenir dans un pays où le présent est si troublé et l'avenir si obscur. Je crois, du reste, que quand les révolutions se prolongent, elles produisent plus ou moins sur tout le monde quelque chose de cet effet ; elles donnent l'esprit *marin*, et font qu'à force d'être exposé tous les jours à se noyer, on ne pense même plus qu'on est sur l'eau. Dieu merci, je ne suis pas en ce moment de ceux qui tiennent le gouvernail ; je ne suis qu'un passager, et voudrais bien d'ici à quelque temps, du moins, continuer à l'être. Mais je crois que le rétablissement de ma santé, ou de ce que j'appelais ma santé, ce qui serait la maladie de beaucoup d'autres, me forcera de reprendre la politique active lorsque l'assemblée se réunira de nouveau.

Les nouvelles des *** nous affligent toujours beaucoup. Ce que *** me témoigne m'inquiète et me désole, et un si grand malheur me ramène à penser au vôtre, comme il vous y ramène vous-même. Ce que vous m'en dites m'a fort ému. Je n'ai jamais connu ces douleurs ; mais je sais néanmoins les comprendre et y compatir. Je comprends surtout qu'elles doivent être au-dessus de toutes les autres.

Je ne sais d'ailleurs si les dernières circonstances dans lesquelles je me suis trouvé, la gravité plus grande que l'âge donne à la pensée, la solitude dans laquelle je vis, ou toute autre cause que je ne sais pas, agissent sur mon âme et y produisent un travail intérieur ; la vérité est que je n'ai jamais plus senti le besoin de la base éternelle, du terrain solide sur lequel la vie doit être bâtie.

Le doute m'a toujours paru le plus insupportable des maux de ce monde, et je l'ai constamment jugé pire que la mort.

Je vous dirai, pour parler d'autres choses, que je ne vois pas sans quelques appréhensions la manière dont fonctionne la nouvelle loi électorale dans le pays que j'habite. Elle frappe très-fort, mais fort à l'aveugle. Je crains aussi qu'on n'obtienne rien de bon de plusieurs efforts qu'on fait ou qu'on rêve pour remettre la société dans son assiette. Je crains que de remède en remède on ne finisse par attaquer les organes vitaux de la liberté. Je sais que celle-ci n'est pas en faveur par le temps qui court, mais je lui reste et je lui resterai fidèle, quoi qu'il arrive Je ne crois pas que nos sociétés modernes puissent longtemps se passer d'elle. Les excès commis en son nom, dans ces derniers temps, peuvent la rendre odieuse, mais n'empêchent pas qu'elle ne soit belle et nécessaire. Et puis, je trouve qu'il faut traiter les principes qu'on a longtemps professés, quand ils deviennent momentanément moins praticables, comme ces anciens amis qui ont eu des torts et qu'on se doit à soi-même de ne point injurier et de ne pas attaquer.

Pardon de ce long bavardage qu'excusera, j'espère, à vos yeux le plaisir extrême que j'ai à causer avec vous et la confiance sans bornes avec laquelle je le fais. Pensez à moi et écrivez-moi. Je vous embrasse.

A M. DUFAURE.

Paris, 12 octobre 1850.

Il y a bien longtemps, mon cher ami, que je veux vous écrire; et je suis retenu pour le faire par l'ignorance où j'étais de votre résidence actuelle et de votre adresse. Rivet vient de me faire connaître l'une et l'autre. Il m'a dit que votre intention était de revenir à Paris vers le 25 du mois. Cette nouvelle m'aurait causé une véritable joie si j'avais été sûr de me trouver moi-même ici à cette époque; mais rien n'est moins certain.

Vous avez sans doute appris par quelqu'un de nos amis communs que ma santé me forçait de prendre le parti d'aller passer avec madame de Tocqueville les mois les plus froids de l'hiver en Italie. Le séjour de la campagne, qui m'a complétement rétabli, sauf sur un point, m'a laissé les bronches et le larynx assez faibles et assez malades pour que les médecins craignissent pour moi l'hiver prochain et surtout les agitations et le mouvement de la vie politique. Ils m'ont laissé le choix ou de rester chez moi sans prendre part aux affaires et avec la chance de ne pas me guérir, ou de m'éloigner pendant quelques mois et, après m'être livré à un repos complet et à un silence presque continuel, de revenir guéri suivant toute apparence, et en état de vivre comme auparavant. J'ai cru sage et utile d'opter pour ce dernier moyen, et je crois que vous m'approuverez.

J'ai surtout hésité à le faire par des considérations politiques. Je vous avoue que je ne regrette pas beaucoup de ne pas être à l'assemblée, si on continue à y faire ce qu'on y fait depuis un an. Mais si pendant mon absence il arrivait une crise décisive, j'en éprouverais un grand chagrin et un trouble profond. Je ne crois pas à la probabilité de cette crise. Pour qui ne raisonnerait que suivant la logique générale des faits, elle paraîtrait vraisemblable et immédiate; mais je connais trop bien la nature particulière des hommes de qui elle dépend pour la croire si proche. . . . .

Je n'ai pas besoin de vous dire combien j'ai regretté que vous n'ayez pu venir à Cherbourg, et accompagner

Lanjuinais à Tocqueville, où on aurait été si heureux de vous recevoir. . . . .

Veuillez présenter mes hommages à madame Dufaure et croire à ma bien vive amitié.

A M. DE CORCELLE.

Dijon, 1ᵉʳ novembre 1850.

Vous avez su que le docteur Andral voulait que je passasse l'hiver dans le midi. C'est de la première étape que je vous écris. Quoique j'aie un goût très-prononcé et même assez passionné pour les voyages, je ne commence celui-ci qu'avec un certain malaise et une pesanteur de cœur qui m'auraient paru de mauvais augure si j'avais cru aux augures; mais je cherche et trouve l'explication de ce qui m'arrive dans la situation des affaires publiques. Celle-ci est bien de nature, en effet, à préoccuper. Je crois qu'il n'arrivera rien de considérable pendant mon absence, et que d'ici à mon retour les rapports deviendront de plus en plus fâcheux entre le président et l'assemblée, sans que cela aboutisse à une rupture ouverte. Voilà ma prévision; et, si elle se réalisait, j'avoue que non-seulement je ne regretterais pas mon absence, mais que même j'en serais soulagé; car je ne connais rien de plus fatigant, de plus énervant et de plus triste que ce que nous faisons depuis un an, flottant sur une mer houleuse, sans vent, sans courant et sans rivages. Dans cette navigation tout s'use, et le bâtiment et l'équipage, et si on doit la continuer encore quelque temps, ainsi que je le crois, je confesse que je préfère rester à terre.

Cependant en sera-t-il ainsi encore six mois? Voilà ce qui me trouble l'esprit. Si l'on réglait son jugement par la logique des faits, l'état actuel ne pourrait pas avoir même la durée restreinte que je suppose; car on agit comme à la veille d'un conflit. Mais l'opinion publique peut envelopper dans sa langueur et immobiliser les plus ardents. Il n'est pas aussi facile qu'on le suppose de faire des actions violentes dans un temps calme, de même qu'il est bien difficile aux plus modérés d'en faire de prudentes dans un temps violent.

J'espère donc, je le répète, que pendant les six mois qui vont s'écouler, et peut-être au delà, les deux pouvoirs que la constitution a si maladroitement placés dans un continuel tête-à-tête se querelleront, mais ne se battront pas. Pourtant cette métaphysique politique ne suffit pas pour me tranquilliser. Vous avouerez, mon cher ami, que l'ensemble de notre situation politique est bien de nature à assombrir un homme qui s'en va, et aussi suis-je d'humeur assez sombre; car si je ne tiens pas à jouir par moi-même du *statu quo*, je ne me consolerais pas d'être absent un jour de crise, de quelque côté qu'elle tournât. Je n'ai pas besoin de vous développer cette idée que vous comprenez sans peine en pensant à ce que vous ressentiriez vous-même dans ma situation. Cette situation est si pleine d'anxiété que ce sera non pas seulement un acte d'amitié, mais de charité que de m'écrire souvent et longuement. Je vous demande, mon cher Corcelle, de le faire; je vous le demande comme un grand service, le plus grand que vous puissiez me rendre en ce moment.

Vous savez qu'il y a des moments dans la vie où toutes les considérations de santé doivent céder devant un devoir ou une obligation d'honneur. Le cas peut arriver où mon retour serait, moralement parlant, nécessaire. Si cela arrivait, n'oubliez pas que je compte sur vous pour m'avertir sans perdre une minute.

Je ne suis pas encore fixé sur le lieu de mon séjour. Notre intention est de choisir le lieu le plus renommé pour son climat, qui est Palerme, mais rien n'est encore fixé.

Vous savez quelle est ma vive amitié pour vous. Je vous embrasse de tout mon cœur.

A GUSTAVE DE BEAUMONT.

Naples, 24 novembre 1850.

Notre voyage depuis Marseille jusqu'en Italie, mon cher ami, a été semé d'incidents fâcheux comme le voyage de Paris à Marseille. D'abord nous avons été retenus un jour de plus qu'on ne devait à Gênes, ce qui

nous a fait perdre la veine de beau temps que nous
avions eue jusque-là. On venait précisément de recevoir
à Gênes et sur tout le littoral la nouvelle de la levée de
la quarantaine de Naples, de sorte qu'une multitude de
familles anglaises qui suivaient avec regret la voie de
terre, sont accourues pour prendre place sur le bateau
qui nous portait, bateau du commerce qui était bon,
mais fort petit. On ne peut se faire une idée d'une foule
pareille; l'avant du vaisseau était couvert de voitures,
et à l'arrière, le pont et la cabine étaient remplis à ne
pouvoir pas s'y remuer. C'est dans cet état et de nuit
que nous avons reçu entre Livourne et Civita-Vecchia un
des plus furieux coups de vent que j'aie jamais éprouvés
en mer. Le pont devint bientôt inhabitable; la mer le
couvrait entièrement à chaque minute. Hommes, femmes et enfants se réfugièrent alors pêle-mêle dans la
cabine, et s'y pressèrent comme des esclaves dans un
vaisseau négrier. Une fois entré là, personne ne put
plus sortir, car l'escalier se remplit tellement de gens
entassés les uns sur les autres qu'il devint bientôt impossible d'y monter et d'y descendre. Ajoutez à cela un
mal de mer universel, et vous pouvez juger de l'abomi-
nation de la désolation d'un pareil lieu. Mais le pire est
que l'air y manqua bientôt de telle façon que je crus
réellement que j'allais être suffoqué. Mes poumons n'ont
pas encore repris toute l'élasticité qu'ils avaient avant
ma maladie, et je sentais à chaque instant la respiration prête à me manquer. Heureusement j'avais près
de moi une petite lucarne que je parvins à entr'ouvrir,

ce qui me fit recevoir quelques lames dans la figure, mais enfin ce qui me permit de vivre : c'était la grande affaire du moment. Au jour l'orage s'est calmé, et nous sommes arrivés à Civita-Vecchia avec des figures de l'autre monde. . . . . . Là nos malheurs ont fini. Après nous être reposés un jour, nous avons gagné Rome où je ne suis resté qu'une nuit. . . . .

. . . En arrivant ici, il y a trois jours, j'ai lu le message du président. . . . .

J'ai trouvé ici toutes sortes de temps : du vent, de la pluie, de la grêle, du tonnerre, mais point de froid. J'y ai toujours respiré un air très-doux dont je me trouve à merveille; *l'homme-machine* ne s'est jamais mieux porté, mais l'intelligence manque d'aliment. Ce pays est incomparablement beau ; mais quel peuple! que de cris! quelle inconcevable saleté! quels haillons! quelle vermine! Il faut aller dans les plus affreuses rues d'Alger pour trouver quelque chose d'aussi abominable que ce que l'on rencontre à chaque pas dans les rues de Naples. Il paraît, d'après ce que j'entends dire, que ce peuple si déguenillé n'en est pas moins fort ami de son gouvernement et fort ennemi des révolutions. Ce sont ces classes-là qui forment ce que l'on appellerait chez nous le grand parti de l'ordre.

Je ne sais encore quand nous quitterons Naples, ou même si nous irons plus loin que son voisinage. . . Pour mon compte, j'aimerais mieux être en Sicile qu'ici... Nous attendons d'ici à quelques jours Ampère, pour prendre un parti. . . . .

Quant à l'affaire de mon congé, réglez-la, je vous prie, mon cher ami, comme vous jugerez convenable. Je m'en rapporte à vous pour cela comme pour toutes choses. . . . .

C'est un grand et précieux bien qu'une amitié véritable comme la nôtre et une confiance si bien établie sur l'expérience. Presque tous les autres biens de ce monde perdent de leur valeur à mesure que la vie s'avance ; mais le prix de celui-là s'accroît sans cesse en raison de la connaissance plus grande qu'on acquiert des hommes, et de la défiance plus irremédiable et plus profonde que la plupart d'entre eux vous inspirent.

———

A M. DUFAURE.

Sorrente, 22 décembre 1850.

Quoique je reçoive indirectement de vos nouvelles, mon cher ami, dans presque toutes les lettres qu'on m'adresse, je veux en tenir de vous sans intermédiaire. Aussi bien il m'est agréable, au milieu de la profonde solitude dans laquelle je vis, de me rappeler mes meilleurs amis ; et quel moyen plus naturel de le faire que de causer avec eux ? Je voudrais seulement avoir un sujet de conversation digne de vous. Mais ce sujet manque. Car, que dire de la France que je n'aperçois plus qu'à travers un nuage ? et quant à ce pays-ci, je le vois

de trop près et trop bien pour aimer à en parler. C'est
une triste chose que d'y vivre, je vous jure, pour qui
y chercherait autre chose que la santé; et même pour
ceux qui, comme moi, se réduisent à n'y chercher que
cela, la satisfaction est encore troublée et incomplète,
et le plaisir de se bien porter y est gâté par la vue de
toutes les maladies morales qu'on aperçoit. J'ai pris
d'ailleurs, comme tous mes contemporains, non-seulement le goût de la liberté, mais l'habitude d'en jouir,
cette habitude qui, chez tant de gens, survit au goût
lui-même. Je ne saurais me faire à vivre dans un pays,
même étranger, où toutes les libertés imaginables sont
comprimées ou détruites. Vous autres, qui avez toujours
vécu au milieu du mouvement, de l'indépendance et du
bruit de nos sociétés, vous ne pouvez comprendre l'espèce de malaise moral, l'angoisse de l'intelligence qu'on
éprouve dans un pays où toutes les actions des hommes
sont gênées et contraintes; où non-seulement on se tait,
mais où le mouvement de la pensée est comme paralysé.
Il me semble que je ressens dans mon esprit une souffrance analogue à celle que j'éprouvais, il y a dix mois,
lorsque l'air me manquait et que je ne pouvais jamais
arriver à une respiration complète. Et puis, après tout,
ce pays-ci n'est pas la Chine; il nous touche; et s'il n'a
pas une grande influence sur le nôtre, le nôtre en exerce
une prodigieuse sur lui : de telle sorte que je ne saurais
voir la triste condition dans laquelle il se trouve sans
songer assez tristement à l'action si souvent funeste que
nous exerçons sur tout ce qui nous environne. Quand

les Français font une révolution chez eux, ils suscitent aussitôt l'anarchie dans toute l'Europe ; et quand on rétablit l'ordre en France, tous les vieux abus renaissent aussitôt ailleurs. Aussi les peuples, il faut le reconnaître, ne nous aiment-ils guère plus que les princes. La révolution de février a fait un mal irréparable à l'Italie. Elle a précipité un mouvement politique qui n'avait de chances d'aboutir à un bon résultat qu'en étant très-lent ; et elle a retiré le sort du pays des mains des libéraux pour le livrer aux révolutionnaires. Il est effrayant et attristant de voir combien de germes de liberté ont été gaspillés misérablement, foulés aux pieds, détruits dans ce malheureux pays depuis trois ans, par ceux qui n'avaient que la liberté dans la bouche. Je ne crois pas que la perversité et l'étourderie humaines se soient jamais mises dans un plus grand jour. Comme ce sont là des objets qui ne gagnent pas à être bien vus, j'en détourne le plus que je peux les yeux et je cherche à me faire un monde à part dans lequel je ne voudrais faire entrer que les admirables rivages de ce pays et son beau ciel. Nous nous sommes créé ici, sous ce rapport, une résidence vraiment charmante. Nous avons trouvé dans ce petit coin du monde une maison meublée commodément, chaude, ouverte au soleil et abritée des vents froids, un belvédère au milieu d'une forêt d'orangers, avec la baie de Naples sous nos fenêtres. J'ai apporté quelques livres avec lesquels je cherche à oublier tout ce qui se passe sur la terre, en dehors de mon horizon. Je n'y réussis pas toujours, et quelquefois les bruits de la politique viennent un peu me faire tressaillir. Je les crains et cependant je m'agite quand je suis trop long-temps sans les entendre. La situation de la France est trop critique et son avenir trop douteux pour qu'il soit possible de goûter une véritable paix sans savoir ce qui s'y passe. Je suis donc très-reconnaissant toutes les fois que mes amis veulent bien me mettre au courant des affaires, autant du moins qu'ils peuvent le faire; car notre politique est un labyrinthe de petits chemins in-terrompus et tortueux, au milieu desquels ceux qui les connaissent le mieux ignorent souvent la vraie direction dans laquelle marche le pays et souvent celle qu'ils suivent eux-mêmes. Au milieu de tous les renseignements qui me parviennent, ce qui me semble du moins assez clair, c'est que rien de décisif ne se fera d'ici au printemps. Cette quasi-certitude est une grande consolation pour moi et même une grande cause de bien-être. J'espère, avant que des événements considérables ne surviennent, être de retour et pouvoir partager avec mes amis les chances de la fortune commune.

Adieu, mon cher ami, croyez à ma vive et bien sin-cère amitié.

A MADAME LA COMTESSE DE CIRCOURT.

Sorrente, 30 décembre 1850.

J'attendais, madame, pour vous écrire, que j'eusse fait connaissance avec le général Filangieri dont je suis sûr que j'aurais été très-bien reçu, lui apportant une lettre de vous. Il me faut, au contraire, vous dire qu'à mon très-grand regret, je suis obligé de renoncer à faire usage de votre lettre. Le très-fâcheux effet produit par notre première navigation sur la santé de madame de Tocqueville et la crainte bien fondée, je crois, que nous avions conçue de ne pouvoir trouver à nous loger à Palerme ailleurs qu'à l'auberge, nous ont déterminés à venir à Sorrente, d'où je vous écris.

Vous connaissez sans doute ce lieu charmant. Ainsi je n'ai pas à vous le décrire et vous n'aurez pas de peine à croire que je m'y plais beaucoup, autant du moins qu'on peut se plaire loin de son pays et de ses amis. Je donne de temps en temps, ainsi que je vous le disais, des regrets à la Sicile. Je suis fâché surtout de n'avoir pu causer avec le général Filangieri, que tout le monde m'assure être l'homme le plus distingué de ce pays.

Je pense ici le moins possible aux affaires publiques et m'efforce de ne pas m'en laisser troubler. Ce régime et surtout cet admirable climat me ravissent, jusqu'à présent, plus que je n'aurais osé le croire. J'espère réellement rapporter à Paris une santé très-bonne. C'est un trésor que je ne manquerai pas sans doute de dépenser et peut-être même, comme tant d'autres, de gaspiller dans ce qu'on appelle les grandes affaires; comme si la plus grande affaire de chacun n'était pas d'avoir le corps sain et l'esprit tranquille.

Quoique je vive comme un ermite, madame, et peut-être parce que je vis comme un ermite, je suis très-curieux de savoir ce qui se passe dans le monde, ou, comme disent les saints personnages, dans le siècle. Vous seriez bien charitable et bien aimable de me dire un peu, en me répondant, si vous consentez à vous donner cette peine, des nouvelles et surtout de vos nouvelles. Vous ne sauriez envoyer ces dernières à un homme qui attache plus de prix à les connaître.

Tout solitaire que je sois, ne croyez pas que je vive absolument sans ressources. J'ai apporté un petit nombre de livres excellents qui me tiennent compagnie. Il me vient souvent dans l'esprit, je vous dis ceci en confidence, la pensée qu'à tout prendre j'aime encore mieux vivre avec les livres qu'avec leurs auteurs. Je me défie un peu de ceux-ci pour l'agrément de la vie, tandis que des livres sont des gens de beaucoup d'esprit qui n'ont pas de vanité, qui n'ont pas d'humeur, pas de caprice, nul besoin de parler d'eux-mêmes, pas le moindre regret d'entendre dire du bien des autres, des gens d'esprit enfin qu'on peut quitter et reprendre à sa volonté : point capital! car quoique l'esprit soit la plus charmante chose de ce monde, il partage, à mon sens, le sort de toutes les autres qui, pour être goûtées, demandent à être prises librement et à ses heures et à son choix.

Ma défiance, quant· au commun des auteurs, ne s'étend pas, je n'ai pas besoin de le dire, jusqu'à mon ami Ampère que j'attends demain ou après-demain avec la plus vive impatience. Le moindre mérite de cet auteur-là est d'écrire ; et j'ai déjà éprouvé par expérience qu'il n'y a pas de plus agréable et de plus douce compagnie que la sienne dans la solitude. Comme je veux le retenir le plus longtemps possible dans notre désert, je lui ai réservé une chambre au soleil avec un bois .d'orangers sous ses fenêtres, et la mer dans un coin du tableau. Je lui ai fait placer une cheminée et un tapis, choses parfois nécessaires, et cependant rares dans cet heureux climat, qui rend les hommes si imprévoyants pour l'hiver. J'espère qu'il se trouvera bien dans sa cellule, qu'il restera autant que nous à Sorrente, que nous causerons beaucoup et travaillerons même un peu ; car l'oisiveté complète n'est bonne à rien et n'a jamais engraissé, dit-on, que les sots; encore j'en doute.

Adieu, madame, pardonnez-moi mon bavardage en faveur du plaisir que je trouve à vous écrire et veuillez croire à mon respectueux dévouement.

A GUSTAVE DE BEAUMONT.

Sorrente, 5 janvier 1851.

. . . . Nous continuons à être enchantés de notre séjour à Sorrente. Je n'ai cessé de m'y bien porter... Ce
qu'on vous a dit de la fraîcheur de Sorrente est exagéré.
Jamais je n'ai vu en France un mois de mai aussi continuellement chaud et beau que le mois de décembre
qui vient de finir. Jamais le thermomètre n'est descendu la nuit au-dessous de six et le plus souvent de
huit degrés centigrades, et il s'est, en général, élevé le
jour à douze ou quinze. Ajoutez à cela un air très-calme
et un soleil très-chaud, et vous aurez ce que nous nom-
mons en France un magnifique mois de mai, moins
toutefois ce qu'on pourrait appeler la poésie de mai, ce
retour énergique de tous les êtres vers la vie et ce réveil universel de la nature. Nous avons, du reste, vécu
dans une solitude complète. Ampère n'est pas encore
arrivé; ce sont ses hiéroglyphes qui le retiennent à
Rome. Du reste, quoique nous désirions vivement sa
compagnie, notre isolement ne nous pèse pas. Je tâche,
comme je vous l'ai écrit, d'occuper mon esprit, mais
sans fatigue, et j'y parviens. Si je fais quelque chose qui
me contente, je vous le lirai à mon retour. C'est une
chose délicieuse que de travailler quand on peut le faire
à son aise et qu'on veut se contenter soi-même, et non
écrire en vue du public. Cette perspective du jugement

du public gâte tout le plaisir que donnent les œuvres
de l'intelligence. . . . .
Le mauvais côté de ma résidence actuelle, c'est qu'on
y peut étudier toutes sortes de choses, excepté l'Italie.
Je voudrais au moins m'instruire de ce qui se passe
dans ce petit coin de la terre que j'habite, mais j'ai
bien de la peine à y parvenir. La peur, l'ignorance,
l'indifférence profonde pour toutes choses dans lesquelles on vit ici ferment toutes les bouches. J'ai d'ailleurs la plus grande peine à faire des connaissances. Je
ne suis cependant pas difficile sur l'espèce. Les Italiens
de la classe moyenne, la seule à peu près qu'on rencontre à Sorrente, ne se soucient pas d'aller chez vous,
parce qu'ils ne se soucient pas qu'on aille chez eux, et ils
ne se soucient pas qu'on aille chez eux, parce qu'ils y
vivent dans des galetas dont ils ont honte et qu'ils ne
veulent pourtant pas transformer en appartements pro-
près et commodes. Et puis vous savez aussi bien que
moi que la conversation, surtout en voyage, est un commerce, et qu'il n'y a moyen de rien apprendre avec des
gens qui ne désirent rien savoir. Que je dispenserais
volontiers ces gens-ci de leurs grands coups de chapeau
et de leurs superlatifs, s'ils voulaient acquérir la curiosité et les connaissances exactes de ces gros Américains
qui, tout en nous parlant, continuaient de mâcher leur
tabac, mais qui nous apprenaient tous les jours quelque chose de neuf ou d'utile !

Je n'apprends donc que ce qui me tombe sous les
yeux. C'est ainsi que je vois tous les jours, par une

pratique continuelle, que la population au milieu de
laquelle je me trouve est très-civile, très-douce, très-
docile, point voleuse, très-ignorante, fort superstitieuse,
et en quelque sorte arrêtée à l'état d'enfance ; des enfants
heureusement nés, mais mal élevés. C'est avec des
sujets ainsi faits qu'un gouvernement comme celui-ci
peut subsister. On ne comprend bien cela qu'en le
voyant de près. Mais quelle triste chose que sur toute la
terre les gouvernements soient toujours précisément
aussi coquins que les peuples leur permettent de l'être !
leurs vices n'ont jamais trouvé que cette limite-là. . . .

. . . .

AU MÊME.

Sorrente, 10 janvier 1851.

(Voir cette lettre dans la *Notice*, page 81, tome V.)

AU MÊME.

Sorrente, 29 janvier 1851.

. . . Les derniers journaux que j'ai reçus sont ceux
du 19 ; ils m'ont fait connaître le vote de l'assemblée

du 18, qui a admis l'amendement Sainte-Beuve et
déclaré officiellement la défiance[1]. . . . .

. . . Quelle sera la conséquence de ce vote? je l'i-
gnore : mais quoi qu'il arrive, je suis bien aise qu'il
ait eu lieu. . . . .

. . . En somme, et toujours dans l'hypothèse que
le triomphe actuel de l'assemblée soit complet et que
le président accepte son échec, je n'en persiste pas
moins à croire, comme je ne cesse de le faire depuis
longtemps, que les chances de l'avenir sont pour lui,
et qu'une sagesse ordinaire les lui assurerait. J'attache
plus d'importance aux phénomènes que présente l'état
général du pays, qu'aux accidents particuliers quelque
considérables qu'ils soient. Le phénomène général me
paraît être un mouvement de la nation en dehors de la
liberté et vers la concentration et la permanence du
pouvoir. La circonstance que les hommes parlementaires les plus éminents et les hommes de guerre les
plus connus sont opposés presque tous à ce mouvement
ne me rassure pas ; car nous vivons dans un temps et
dans une société démocratiques, où les individus, même
les plus grands, sont bien peu de chose. Pour me former
une opinion, je n'écoute ni ceux qui exaltent ni ceux
qui contestent le génie des prétendants. Dans de tels
temps, ce n'est point l'homme qu'il faut considérer,
mais ce qui le soulève et le porte au pouvoir. Un nain
sur le sommet d'une grande vague peut atteindre le

---

[1] L'amendement était ainsi conçu : « *L'Assemblée déclare qu'elle n'a
pas confiance dans le ministère et passe à l'ordre du jour.* »

haut d'une falaise, qu'un géant placé à pied sec au bas
ne pourrait pas escalader. . . . .

Vous savez qu'Ampère est avec nous depuis quelques
jours ; nous avons aussi les Senior, dont la société nous
est très-agréable. . . . .

A MADAME LA COMTESSE DE CIRCOURT.

Sorrente, 14 février 1851.

J'ai envoyé, il y a trois semaines environ, madame,
suivant les instructions que m'avait transmises M. de
Circourt, la lettre d'introduction que vous aviez bien
voulu me confier. Le général Filangieri vient de m'a-
dresser une réponse très-obligeante dont je vous reporte
toute la reconnaissance. Il y a joint un paquet que je
m'empresse de vous faire passer.

Je saisis cette occasion pour vous remercier de la
lettre très-aimable et très-intéressante que j'ai reçue de
vous il y a peu de temps. Que j'envierais, madame,
ceux qui vivent dans les salons dont vous me parlez si
bien et surtout dans le vôtre, si on pouvait y pénétrer
sans y rencontrer la politique ! Mais l'idée de celle-ci
empoisonne tout, jusqu'au plaisir de revoir la France.
Ce qui se passe dans notre pays, depuis un mois surtout,
m'a mis, je vous l'avouerai, en humeur fort chagrine
et fort sauvage. Je voudrais pouvoir trouver loin des

affaires publiques, une occupation de mon esprit ; mais cela est plus facile à désirer qu'à faire. La politique est comme certaines femmes, qui ont, dit-on, le pouvoir de vous agiter et de vous troubler longtemps après qu'on ne les aime plus.

Comment vous parler, madame, de ce petit monde de Sorrente dont vous voulez bien me demander des nouvelles? Il est aussi tranquille et aussi uniforme que le vôtre est varié et tumultueux. Vous savez qu'il n'y a rien de si ennuyeux que l'histoire des sociétés paisibles. D'ailleurs, ainsi que je vous le disais plus haut, les misères de notre politique m'ont un peu gâté ma solitude et l'ont attristée.

Voltaire disait que quand il avait du chagrin, il écrivait des contes. Moi qui n'ai ni ce goût ni ce talent-là, j'ai imaginé d'aller me promener dans tous les environs pour me distraire.

J'ai revu Pompéi, et j'ai été voir Amalfi et Pœstum que je ne connaissais pas. Pœstum m'a touché et frappé par sa grandeur simple et triste. Mais pourquoi dire que ces ruines sont au milieu d'un désert, tandis qu'elles s'élèvent seulement au milieu d'un pays misérable, mal cultivé, mal peuplé, en décadence comme elles? Les hommes ont la rage de vouloir orner le vrai au lieu de chercher seulement à le bien peindre. Les plus grands écrivains ont donné quelquefois dans ce travers-là M. de Chateaubriand lui-même a peint le véritable désert, celui du moins que je connais, avec des couleurs fausses. Il semble avoir, en Amérique, traversé sans la voir cette forêt éternelle, humide, froide, morne, sombre et muette, qui vous suit sur le haut des montagnes, descend avec vous au fond des vallées, et qui donne plus que l'Océan lui-même l'idée de l'immensité de la nature et de la petitesse ridicule de l'homme.

On dit ici que l'hiver est passé ; la vérité est qu'il n'est pas venu, à peine avons-nous été en automne. Quel admirable pays, madame, et qu'il serait dur de le quitter, si ce n'était pour revoir ses amis ! J'espère y avoir retrouvé la santé, quoique je n'ose pas encore m'en vanter.

Veuillez me rappeler au souvenir de toutes les personnes qui ont la bonté de me porter quelque intérêt et dont vous me parlez. Ne m'oubliez pas surtout auprès de madame Le Tissier, de madame la duchesse de Rauzan et de madame la duchesse de Luynes.

Remerciez très-particulièrement de ma part M. de Circourt pour deux lettres que j'ai reçues de lui. L'une m'a été apportée par un Américain dont j'ai été charmé de refaire la connaissance ; la seconde était jointe à la vôtre ; toutes deux m'ont extrêmement intéressé et instruit.

Adieu, madame ; veuillez, je vous prie, penser quelquefois à moi et croire à mon dévouement.

A M. DUFAURE.

Sorrente, 12 mars 1851.

J'aurais répondu plus tôt à votre dernière lettre, mon cher ami, si j'avais pu le faire avec un peu de liberté et d'abandon ; mais la poste de ce pays, dont l'infidélité est notoire, rend presque impossibles les correspondances politiques, et pénibles jusqu'aux épanchements de l'intimité entre amis. Il faut avouer que les gouvernements ont un grand art pour gâter tout le bien que la civilisation procure : ils placent une gêne à côté de toutes les facilités qu'elle procure.

Ce qui me console, du reste, de ne point vous écrire aussi librement que je le voudrais sur la politique, c'est de voir arriver le moment où je pourrai en causer avec vous. Je prends mes mesures pour être à Paris dans les derniers jours d'avril. Cinq semaines au plus nous séparent encore. Je ne puis vous dire avec quelle impatience j'attends l'époque du retour ; combien j'ai souffert de me trouver loin de mes amis dans les circonstances difficiles qu'ils viennent de traverser, et avec la prévision de toutes celles qui pourraient se présenter dans plusieurs hypothèses faciles à concevoir ! Ce n'est pas que le rôle de représentant du peuple me paraisse fort agréable à remplir dans ce moment ; je n'en connais guère de plus ingrat. Mais enfin c'est le mien, et tant que j'en serai chargé, je ne saurais souffrir tran-

quillement mon éloignement du théâtre où il se joue.
La responsabilité d'être absent dans des temps critiques
me paraît bien plus difficile à supporter que la responsabilité des actes que je ferais si j'étais présent. Dieu
merci ! j'arrive au terme de mon absence, et j'aurai
bientôt repris ma place au milieu de vous. J'espère que
d'ici là rien ne surviendra de grave. Les positions me
paraissent prises de part et d'autre de manière à ne pas
changer d'ici à quelques semaines. Il me semble, d'ailleurs, que tous les différents partis se donnent rendez-vous, ou plutôt, pour parler mieux, que l'opinion
publique leur donne rendez-vous sur le terrain de la constitution, c'est-à-dire vers le milieu de mai. Cette pensée
m'aide à passer paisiblement le reste du temps que je
dois demeurer ici...

Adieu, mon cher ami, ma femme se rappelle très-
particulièrement au souvenir de madame Dufaure, et
moi je vous embrasse. Mille bons souvenirs à tous nos
amis.

A GUSTAVE DE BEAUMONT.

Versailles, grille du Grand-Montreuil, 14 septembre 1851[1].

. . . . Mon conseil - général a duré deux semaines
pleines, et n'a fini que dans la nuit du 7 au 8... Les

[1] A son retour de Sorrente, M. de Tocqueville vint passer plusieurs
mois dans une maison de campagne dépendante de la belle habitation qui

choses se sont passées aussi bien que je pouvais le désirer. La révision légale telle que la commission de
l'assemblée l'a proposée a été votée après un discours
de moi. . . . .

. . . . Il est assez difficile de dire quelle est au fond
l'opinion publique dans mon département; tant la réserve de chacun à exprimer ses idées est grande, moitié
par prudence, moitié pour ne savoir que penser. La vérité est que le silence est le fait presque universel, et
que jamais population n'a eu l'esprit plus préoccupé des
affaires publiques et la bouche plus close. Je crois pourtant avoir fini par discerner ceci : point de passion pour
le président de la république; grande tolérance pour
ceux qui ne l'aiment point, mais entraînement général à
le renommer, *parce qu'il y est.* Un autre qui serait à sa
place aurait des chances presque semblables, tant la
répugnance à remuer et l'horreur de l'inconnu sont
fortes. . . . .

. . . . Je persiste donc dans l'opinion que j'ai toujours eue, comme vous savez, que la réélection du président est un fait inévitable, et que la seule question est
de savoir quel sera le chiffre de la majorité. . . . . . .

L'espèce de lumière qui me semble éclaircir ce point
particulier de notre avenir ne me rend pas plus visible
le reste du tableau.

Qu'arrivera-t-il par suite de ce coup d'État populaire?
Je l'ignore. Il me paraît bien difficile d'échapper à une

_____

appartient à son ami M. Rivet, et qui est située dans la commune de Vi-
roflay, près Versailles.

crise quelconque, et à un moment peut-être bien cruel
à passer. Je pense, comme vous, qu'il est à désirer que
d'ici là nous puissions nous tenir non en neutralité,
mais en réserve, et surtout, comme vous le dites, sans
engagement de guerre civile, dans l'espérance de pouvoir, en ce dernier moment, nous interposer, et si le
président triomphe, tenir ferme sur le terrain de la liberté constitutionnelle. Mais qu'on se sent peu maître
des événements dans des temps pareils ! Il n'y a qu'une
seule détermination que je suis toujours sûr de suivre :
faire triompher à travers cette crise nos libertés, ou
succomber avec elles; tout le reste est secondaire. Mais
ceci est une question de vie ou de mort. . . ׳ . . . . .
. . . .

 - En général, les illusions qu'on me paraît se faire en
ce moment sont étranges. Quand je cause avec certaines
gens, il me semble que je me promène dans une maison
de fous. Il est vrai que je n'ai pas la mère des illusions,
qui est la passion. Je n'ai pas de passion ; et comment
en aurais-je? De toutes les solutions qui peuvent se
présenter, il n'y en a pas une seule qui soit de mon
goût, et je n'ai à choisir qu'entre de méchantes affaires.
On vit d'illusions sur l'état vrai du pays ; d'illusions
sur l'armée... Quant à cette dernière, un général, dont
je ne veux pas dire le nom, définissait assez bien hier
son esprit en disant : L'armée est un jeune fille bien
élevée qui ne demande pas mieux que de se donner,
mais qui ne souffrira pas qu'on lui fasse violence, et
ne consentira à se livrer qu'avec la permission des

grands parents. Il entendait par là le président et l'Assemblée. . . . .

. . . .

A M. DE CORCELLE

Versailles, grille du Grand-Montreuil, 13 septembre 1851.

. . . Vous savez si au milieu de tant de sujets d'a-
gitation et de trouble, je désire sauvegarder l'intérêt
dont vous m'entretenez, celui de la religion et des mœurs
religieuses.

Le retour vers les croyances et vers ceux qui les professent dont nous avons été témoins depuis la république
et qui n'a pu surprendre que ceux qui ne réfléchissent
pas, n'a pas dépendu et ne dépendra pas de l'influence
de tel ou tel homme, de tel ou tel gouvernement même ;
car le caractère le plus saillant du temps est l'impuissance des hommes et des gouvernements sur le mouvement général des esprits et des affaires. Ce retour tient
à deux causes générales : 1° à la crainte du socialisme
qui a produit momentanément sur les classes moyennes
un effet analogue à celui que la révolution française
avait produit jadis sur les hautes ; 2° au gouvernement
des masses, qui, quant à présent, du moins, a redonné
à l'Église et aux propriétaires une influence qu'ils n'a-
vaient pas eue depuis soixante ans, et que même, à vrai

dire, ils ne possédaient déjà plus il y a soixante ans ; car alors leur influence était un reflet du pouvoir, tandis qu'aujourd'hui elle sort des entrailles mêmes du peuple.

Tant que ces deux grandes causes continueront à se faire sentir, l'effet dont nous nous réjouissons ne cessera pas (à moins de fautes énormes commises par le clergé et surtout ses amis) de se faire voir.

Ceci me ramène à une idée que vous partagez, je pense, mais qui malheureusement n'est pas celle de la plupart des hommes religieux parmi nous : ce n'est jamais par l'action du gouvernement, quel qu'il soit, qu'on propage, en France, les croyances. Les hommes qui, dans ce but, appellent à grands cris le pouvoir absolu ou même un pouvoir fort, commettent une erreur profonde. Le pouvoir absolu, le pouvoir fort peuvent servir à autre chose, mais non à cela. J'en suis aussi convaincu qu'on puisse l'être. Non que je nie que, dans certains temps et dans certaines sociétés, l'action du pouvoir sur l'état religieux du pays n'ait pu exercer une grande influence, sinon une durable ; mais le pouvoir marchait alors dans le sens des masses ; il ne faisait que les aider.

Chez nous, le retour sérieux et durable ne sortira, quel que soit le président nommé, que de l'effort intérieur de la société sur elle-même. Il naîtra de l'expérience qui fera sentir à chacun l'indispensable nécessité des croyances, du besoin journalier que chacun aura d'elles et de ceux qui les représentent plus spé-

cialement, soit pour lutter contre les grandes maladies
du temps, soit pour s'aider dans la vie publique. L'action directe du gouvernement ne peut que troubler ce
mouvement au lieu de l'étendre ; et si vous voulez que
je vous dise le fond de ma pensée, la seule chance qu'il
s'arrête me paraît être dans les efforts exagérés qu'on
peut faire pour l'accélérer. Je me permets d'appeler
sur ce dernier point vos méditations les plus profondes,
et je vous prie instamment de ne pas oublier que je mets
à désirer le raffermissement des croyances dans notre
pays l'ardeur que vous ressentez vous-même.

Engagez donc sans cesse ceux que préoccupe particulièrement ce grand objet, à ne jamais perdre de vue
l'état moral et intellectuel de la nation. Rappelez-vous
qu'elle est pressée, en cette matière, entre d'anciens préjugés et un esprit nouveau ; qu'elle n'entre dans la voie
que vous souhaitez lui voir parcourir qu'avec hésitation,
marchant toujours entre deux peurs, celle des socialistes
et celle des prêtres ; toujours prête à faire un pas en
arrière après en avoir fait un en avant, et que cependant, je le répète, la nation ici est tout ; on ne saurait
rien faire d'efficace et de durable que par l'action libre
de sa volonté. Il faut donc n'opérer qu'avec une prudence infinie, des ménagements, une circonspection
incessante, et se dire tous les jours que le point capital
n'est pas d'aller vite, mais de ne couvrir que le terrain
qu'on est sûr de garder, et que ce qu'on gagne en apparence est en réalité une perte, et une perte immense,
s'il s'ensuit un effarouchement de l'esprit public et un

ravivement des anciens préjugés. Mille faits me remplissent l'esprit d'inquiétude et de pressentiments funestes. Je ne conteste ni le droit ni les bonnes intentions de ceux qui poursuivent un but si nécessaire, mais leur prudence, leur savoir-faire dans le sens profond et honnête de ce mot ; et je désire bien me tromper en pensant que leur impétuosité et leur excessive confiance dans les moyens temporels finiront par amener une réaction et par rejeter la nation dans les bras de la philosophie, pour lui avoir fait peur en voulant l'en arracher de cette façon. Je m'arrête, parce que ma main est fatiguée. Je voulais vous envoyer deux pages, et voici un volume. Voyez-y du moins une nouvelle preuve du plaisir que j'ai à causer avec vous et de m'ouvrir à vous sans réserve. Je vous embrasse de tout mon cœur.

A N. W. SENIOR, ESQ.

Paris, 28 novembre 1851.

Je commençais, mon cher ami, à me plaindre de votre silence quand votre lettre m'est parvenue. Je vous ai lu avec plaisir ; et avec plus de plaisir encore, j'ai causé de vous avec notre amie madame Grote, qui est aussi spirituelle qu'à son ordinaire, mais qui me paraît moins bien portante que la dernière fois qu'elle est venue à Paris.

Je savais déjà, mais madame Grote, que j'ai questionnée à ce sujet, m'a confirmé qu'il avait été question de vous envoyer remplir un poste élevé dans l'Inde. Il n'est pas bien à vous de ne m'en avoir pas parlé ; car vous devez savoir le vif intérêt que je porte à tout ce qui vous concerne. Il paraît, du reste, que ce bruit n'a jamais eu un fondement bien solide. Je m'en suis réjoui. Je voudrais, je l'avoue, vous voir quitter l'Angleterre, mais non pour aller si loin, ni pour changer si complétement de climat. Vos amis et peut-être votre santé s'en seraient mal trouvés. Ce que je désirerais pour vous, ce serait quelque belle position dans la Méditerranée, qui vous assurerait de vous bien porter et permettrait aussi aux gens qui, comme moi, trouvent un grand plaisir à causer avec vous, de se le procurer quelquefois.

Permettez-moi de ne pas vous parler de nos affaires publiques, malgré la gravité des circonstances, ou plutôt à cause de cette gravité. Ce n'est pas qu'il y ait lieu de se gêner pour dire tout ce qu'on pense. Mais ce qu'on pense est si cruellement triste, que le mieux est de n'en pas parler et d'essayer de n'y pas penser (chose impossible, il est vrai). Il y a des choses qu'on ne peut regarder tranquillemet de près lors même qu'on les a vues de loin. Notre état actuel est du nombre de ces choses. Il ne peut plus aboutir qu'à de grandes catastrophes. Cette prévision si claire et si prochaine me remplit le cœur d'une douleur si profonde et si amère, que je cherche, autant que je le puis, à en détourner ma pensée.

Madame Grote m'a fait remettre les deux précieux vo-

lumes qui contiennent vos souvenirs de Paris et de Sorrente[1]. Je n'ai pu encore y jeter les yeux, au milieu de
l'agitation stérile qui nous dévore. Mais je le ferai un de
ces jours. Je relirai surtout avec bonheur ce qui me rappellera Sorrente, et les mois occupés et paisibles que
j'ai passés dans la baie de Naples. Ces lieux et ces circonstances se représentent souvent à mon esprit avec
une grande douceur ! Cet asile tranquille et charmant,
qui se place dans ma vie entre la révolution de février
et ce qui va suivre, me semble comme un séjour dans
une île de la mer du Sud entre deux naufrages.

Écrivez-moi quelquefois, ne fût-ce que pour me donner des nouvelles de votre santé.

A GUSTAVE DE BEAUMONT

Paris, 1ᵉʳ mai 1852.

... Tout travail m'est quant à présent impossible.
J'attribue cette incapacité pénible aux faits et aux conversations *pertubatrices* qu'on rencontre à chaque moment
à Paris. Si j'étais à la campagne, je l'attribuerais à la solitude. La vérité est qu'elle naît d'une maladie de l'âme,
et ne cessera que quand celle-ci se portera mieux, ce
qui ne peut venir que du temps. C'est le grand médecin
de la douleur, comme chacun sait; il faut attendre le

------

[1] Voir la Notice, page 105, tome V.

plus patiemment possible qu'il ait fait son œuvre. Du
reste cette douleur, comme toutes les douleurs vraies et
légitimes, m'est chère en même temps qu'elle m'est
cruelle. La vue de ce qui se fait et surtout de la manière
dont on le juge, froisse tout ce qui se rencontre en moi
de fier, d'honnête et de délicat. Je serais bien fâché
d'être moins triste. Sous ce rapport j'ai pleine satisfaction, car, en vérité, je suis triste à mourir. Je suis arrivé à l'âge où je suis, à travers bien des événements
différents, mais avec une seule cause, celle de la liberté
régulière. Cette cause serait-elle perdue sans ressource?
Je le craignais déjà en 1848; je le crains encore plus
aujourd'hui, non que je sois convaincu que ce pays soit
destiné à ne plus revoir les institutions constitution-
nelles; mais les verra-t-il durer, elles ou tout autres?
C'est du sable : et il ne faut pas se demander s'il restera
fixe, mais quels sont les vents qui le remueront.   .   .

.   . .   .

J'essaye cependant de travailler. Je passe tous les
jours trois ou quatre heures à la bibliothèque de la rue
de Richelieu. Malgré tout cet effort pour me distraire,
je sens sans cesse une amère tristesse qui me gagne, et
si je me laisse surprendre par elle, me voilà perdu pour
le reste du jour. La vie que je mène pourrait être douce;
mais la vue de ce pays que j'aperçois au-dessus de mes
livres me navre.

Vous trouverez ci-jointe la lettre adressée aux électeurs de mon canton, dans laquelle je donne ma démission de membre de mon conseil général...; je ne pou-

vais consentir à prêter le serment demandé... Toute
cette suite du 2 décembre est peut-être la partie de l'é-
vénement qui m'a atteint personnellement de la manière la plus sensible. J'occupais dans mon département une position qui n'avait que des agréments sans
trouble ; c'était la direction morale de toutes les grandes
affaires du pays, une sorte de gouvernement des esprits
fondé sur la considération personnelle, indépendamment des opinions politiques. Il sortait de ce côté de la
vie publique un certain reflet sur la vie privée qui
rendait celle-ci plus agréable. Mais ce sont là de bien
petites misères. . . . .
. . . .

A M. LE COMTE DE CIRCOURT.

Tocqueville, 14 juin 1852.

Cher monsieur de Circourt, j'ai reçu la lettre si instructive et si intéressante que vous m'avez écrite le
21 du mois dernier, et je vous en aurais remercié plus
tôt si vous ne m'aviez indiqué vous-même qu'il ne fallait pas songer à vous répondre avant le 15 juin. Voici
le moment arrivé de le faire, et je ne veux point le laisser passer.

Je connais l'ouvrage de l'abbé Barruel dont vous me
parlez[1]. Je ne l'ai point lu pourtant ; mais j'en ai sou-

------

[1] *Mémoires sur le jacobinisme.*

vent entendu parler et ai plusieurs fois conçu le dessein
de le lire. J'en ai toujours été détourné par l'idée que
celui-ci avait un point de départ essentiellement faux. Sa
donnée première est que la révolution française (il est
permis de dire aujourd'hui européenne) a été produite
par une conspiration. Rien ne me paraît plus erroné.
Je ne dis pas qu'il n'y eût pas dans tout le cours du dix-
huitième siècle des sociétés secrètes et des machinations
souterraines tendant au renversement de l'ancien ordre
social. Au-dessous de tous les grands mouvements qui
agitent les esprits se trouvent toujours des menées ca-
chées. C'est comme le sous-sol des révolutions. Mais ce
dont je suis convaincu, c'est que les sociétés secrètes
dont on parle ont été les symptômes de la maladie et non
la maladie elle-même, ses effets et non ses causes. Le
changement des idées qui a fini par amener le changement dans les faits s'est opéré au grand jour par l'effort
combiné de tout le monde, écrivains, nobles et princes,
tous se poussant hors de la vieille société sans savoir
dans quelle autre ils allaient entrer.

Du reste, quoique l'idée première et mère soit fausse,
elle peut avoir conduit l'auteur à des découvertes utiles,
de même que la recherche de la pierre philosophale a
fait faire de grands progrès aux sciences naturelles.

Il y a une partie de l'histoire philosophique et politique de l'Allemagne que je ne comprends pas, probablement à cause de ma déplorable ignorance des choses
allemandes. En France, durant tout le dix-huitième
siècle, la philosophie proprement dite, la science théo-

rique,.a marché dans le même sens que les idées pratiques et les mœurs. Celles-ci tendaient à faire du nouveau. La théorie enseignait que la tradition n'avait nulle
valeur, et que les choses anciennes étaient des vieille-
ries inutiles. En Allemagne, au contraire, si je ne me
trompe, les théories philosophiques et sociales mar-
chaient au rebours des actes et des mœurs ; elles se
rattachaient à la tradition, et cherchaient dans le passé
la raison du présent et la règle de l'avenir. Il me semble
que jusqu'à nos jours le mouvement des penseurs et des
philosophes de race germanique a été dans ce sens. Or,
cela pour moi est inconcevable. Je ne puis imaginer que
les théories savantes d'un peuple soient à ce point différentes des pensées qui dirigent chaque jour sa conduite, surtout dans un pays comme l'Allemagne, où la
théorie joue d'habitude un si grand rôle dans la production des faits. L'esprit révolutionnaire allemand a
donc suivi une. autre voie que le nôtre ? Mais laquelle ?
Je voudrais bien qu'on pût m'éclairer sur ce point. Ne
serait-ce pas que la seule différence entre les philosophes
allemands et les nôtres a été celle-ci : des deux côtés on
condamnait le présent ; mais les uns voulaient l'abolir
pour adopter un plan nouveau ; les autres pour rebâtir
sur d'anciens fondements ?

Vous avez mieux à faire en ce moment que de penser
à la philosophie et à vivre dans les siècles passés. Vous
êtes dans le lieu du monde d'où l'on peut le mieux apercevoir et juger, non-seulement les affaires de l'Allemagne, mais le mouvement général des affaires de l'Eu-

rope[1]. Je suis bien curieux de savoir ce qu'il vous en semble. J'imagine que le tableau qui vous est ainsi offert ne diffère point de celui que vous présentait la France, ou n'en diffère que par des détails : une énervation à peu près complète de l'esprit public, une énergie nouvelle dans tous les gouvernements, beaucoup de prudence pourtant, une grande crainte de la guerre et un grand désir de s'accommoder de tout ce qui se fera en France, pourvu que cela soit possible.

J'ai quitté Paris il y a quinze jours, et j'habite depuis ce temps le fond de cette province, où j'espère bien vous voir avant que l'été ne soit fini. Je jouis beaucoup de ma solitude, et n'y désire guère que le soleil qui, il est vrai, en est fort absent. Quoique j'eusse soin à Paris de ne voir que les gens qui pensaient à peu près comme moi sur nos affaires, cependant je finissais par éprouver le besoin de vivre un peu seul. Pour les hommes qui ainsi que moi ont vécu longtemps dans l'action, il y a une sorte de sensation douloureuse à parler, même à l'unisson, lorsque la parole ne mène et ne peut mener à aucun acte. Le silence devient, au bout d'un certain temps, un soulagement nécessaire. Je voudrais faire mieux encore et pratiquer l'oubli; mais. . . . . . .

Adieu, monsieur, écrivez-moi, je vous prie; venez me voir si vous avez quelques jours de liberté, et croyez aux sentiments de parfaite estime et de sincère affection que j'ai pour vous.

---

[1] M. de Circourt était alors à Hombourg.

A M. DUFAURE.

Tocqueville, 4 juillet 1852.

Il me semble, mon cher ami, que nous sommes morts tous les deux, tant nous sommes muets. Votre silence vient, je pense, de ce que, du fond d'une province où vous ne voyez presque personne et n'entendez aucun bruit du monde extérieur, vous ne vous trouvez rien à dire. Je suis dans une situation toute semblable. Cependant je veux vous écrire, ne fût-ce que pour vous dire que je pense toujours à vous avec une tendre amitié, et que je m'honorerai toujours des choses que nous avons faites ensemble dans la vie politique. Vous savez cela ; mais ce sont des choses qui, pour être connues, ne sont pas désagréables à entendre.

Je suis arrivé ici il y a près d'un mois ; et quoique j'y aie vu le même monde qu'à l'ordinaire, je ne sais guère plus que vous, qui êtes à deux cents lieues, ce qui se passe au fond des cœurs. Je commence à croire qu'il ne s'y passe rien du tout, et que la vie politique et même toute vie intellectuelle y est pour le moment suspendue. Ce sont des esprits qui me paraissent se reposer dans le néant et qui s'y trouvent assez bien.

Ceux d'entre nous qui ne savent pas vivre seuls et tirer parti d'eux-mêmes sont bien à plaindre. Car pour des *out-laws* comme nous, chercher la distraction et surtout son plaisir hors de soi est bien inutile. Je n'ai pas heureusement cette tentation; et grâce au travail dont je vous ai confié le dessein et auquel je me suis mis avec une grande ardeur, je passe, au milieu de ma solitude, des jours heureux. Je n'aurais presque rien à désirer si de temps à autre j'y étais visité par des amis avec qui je pusse parler à cœur ouvert et me décharger, en le partageant, du poids des tristes pensées qui arrivent souvent, quoi que je fasse. Rivet, Vivien, Lanjuinais, Freslon, Beaumont et Corcelle m'ont promis de venir avant la fin de l'automne. Ils espèrent pouvoir le faire en septembre prochain. Combien vous me feriez plaisir, mon cher ami, si vous vouliez les imiter! quels bons jours nous passerions ensemble!!! comme nous nous retremperions dans ce commerce d'amitié! Est-ce que le cœur ne vous en dit pas? Dites-moi que vous acceptez et en tout cas écrivez-moi pour me donner de vos nouvelles, de celles de madame Dufaure et de celles de vos enfants. Ma femme veut que je la rappelle au souvenir de votre ménage, et moi je vous prie de compter toujours sur mes sentiments de vive amitié.

A MADAME LA COMTESSE DE CIRCOURT.

Tocqueville, 5 juillet 1852.

Je vous écris, madame, sans avoir aucune nouvelle quelconque à vous apprendre. Je vous écris uniquement pour obtenir une réponse et savoir ainsi de vous-même comment vous vous portez, et, si la chose ne vous paraît pas trop indiscrète, ce que vous pensez. Quant à ce que vous faites en ce moment, je le sais sans que vous m'en disiez rien. Vous employez le meilleur goût du monde à orner encore un lieu que la nature a déjà fait charmant, et vous y réussissez merveilleusement; car à tant de mérites solides que vos amis vous connaissent, vous joignez une qualité dont tout le monde peut juger à la première vue, l'art de répandre une grâce particulière sur tous les objets qui vous environnent et de transformer en une retraite délicieuse une maison de paysan, comme vous fîtes l'an dernier. Cette fois, vous avez un petit château à embellir, et je suppose que vous en ferez une habitation si agréable, que le voisin finira lui-même par avouer qu'il vaut mieux vivre là que dans un palais et au milieu des plantes qu'il fait venir des antipodes. Ce qui est non moins certain, c'est qu'il me tarde de vous y voir et d'aller jouir de vos travaux, de votre belle vue, et surtout de votre conversation, qui, ne vous en déplaise, vaut encore mieux que toutes les merveilles que vous avez créées ou que vous avez trouvées aux Bruyères.

J'ai reçu, avant de quitter Paris, une lettre très-intéressante que m'a écrite d'Allemagne M. de Circourt. Il me disait de lui répondre à Hombourg vers le 20 juin. Je l'ai fait. Je n'ai plus depuis entendu parler de lui; j'espère qu'il se porte bien.

Que vous dirai-je encore, madame? Je n'ai pas assez de vanité pour me figurer que ce que je pourrais vous

dire de moi-même vous intéresserait, et je suis positive-
ment sûr que tout ce que je pourrais vous raconter de
mes voisins vous ennuierait. Vous êtes dans une position
bien différente. Vous êtes toujours assurée de me faire
plaisir en me parlant de vous, et vous habitez auprès du
grand foyer des nouvelles. Je suis sûr que malgré la
chaleur il y a encore beaucoup de gens d'esprit à Paris,
et que votre séjour à la campagne ne les empêche pas
de vous aller voir. Faites-moi un peu, je vous prie, madame, la grâce de me dire ce qui se passe dans le monde
et surtout ce qu'on y dit; songez que l'absence de passion politique et de liberté de presse a fait de la province un lieu où ne pénètre plus ni l'air, ni la lumière.
C'était déjà une espèce de caveau; on vient d'en boucher
la dernière lucarne. Ayez donc la charité de venir à mon
secours.

Adieu, madame, croyez à mon vif et respectueux attachement.

A HENRY REEVE, ESQ.

Tocqueville, 8 août 1852.

J'ai reçu votre lettre, mon cher ami, au moment où
j'attendais votre personne. Malgré le mérite de votre
style, j'ai trouvé que l'un ne valait pas l'autre. Nous
nous faisions un véritable plaisir de vous recevoir et
nous avions poussé la plus grande partie de nos travaux

et ajourné quelques autres, de manière à ce que vous eussiez été moins *inconfortablement* que je ne l'avais cru dans le principe. Ma bibliothèque, transformée en salon, n'aurait déplu ni à madame Reeve, ni à vous; car l'un et l'autre vous aimez les choses de l'esprit, et vous vous y connaissez. Pour augmenter vos regrets, je vous dirai que vous seriez tombés ici au milieu d'un atelier littéraire en pleine activité. M. Ampère, que vous connaissez au moins de nom, travaille à rédiger le voyage qu'il vient de faire aux États-Unis; il occupe le haut d'une tour, et moi de mon côté je griffonne au-dessous de lui, au premier étage. De temps en temps on se réunit dans la bibliothèque, et en présence de madame de Tocqueville, qui fait seule l'assemblée, on se lit mutuellement ce qu'on a fait, on commente, on critique, on loue, et le temps passe agréablement. Peut-être quelques jours de cette vie ne vous auraient-ils pas fait peur. Je crois que les récits vifs, simples et spirituels d'Ampère vous auraient amusé.

Nous venons d'avoir l'élection de nos conseillers-généraux. J'ai refusé d'être élu dans le canton que je représentais précédemment. J'ai du reste eu plus de peine et fait plus d'efforts et plus de démarches pour m'empêcher d'être élu, que je n'en fis jamais pour me faire élire. Mon voisin Daru a agi de même.

Adieu, donnez-moi de vos nouvelles, assurez madame Reeve de tous nos regrets, et portez-lui nos instances pour l'an prochain. Vous retrouverez alors Tocqueville, mais peut-être pas Ampère. Mille amitiés de cœur.

A MADAME LA COMTESSE DE CIRCOURT.

Tocqueville, 18 septembre 1852.

Je ne sais, madame, comment j'ai pu faire pour rester deux mois sans vous écrire après la lettre si aimable que vous avez bien voulu m'adresser, et qui m'a causé autant de plaisir qu'elle m'a fait naître de reconnaissance. Je ne puis vous donner pour excuse mes paperasses, car j'ai aussi peu écrit que lu depuis plusieurs semaines; mon temps s'est dépensé en si petite monnaie qu'on peut dire que c'est argent perdu. Vous devez déjà savoir par votre propre expérience, et vous saurez mieux encore avec le temps, que la seule manière de vivre avec liberté et loisir à la campagne est de n'y pas vivre chez soi. Là, les soins domestiques, les affaires locales, suffisent seuls pour remplir la journée; on arrive au soir sans s'être reposé et sans avoir rien fait. C'est ce qui autrefois m'avait fait adopter cette maxime assez peu admise que le seul temps où il soit parfaitement agréable d'habiter la campagne est le cœur de l'hiver. Alors les travaux cessent, les petites affaires s'arrêtent, on rentre en possession de soi-même. Triste possession, dites-vous? Ceci est affaire de comparaison. Il y a des compagnies que j'aime bien mieux que la solitude, mais je ne dirai pas qu'il y en ait beaucoup; et leur nombre me semble diminuer, au lieu d'augmenter tous les jours.

Vous me demandez, madame, d'une manière si aima-

ble, et je me permettrai même de dire si amicale, compte
de mes travaux, que je voudrais bien pouvoir vous faire
une réponse catégorique. Malheureusement, pour pouvoir
vous dire précisément ce que je fais, il faudrait le savoir
moi-même et je l'ignore aussi. Je cherche ma voie sans
l'avoir encore trouvée. Je crois qu'il y aura beaucoup à
dire sur le grand mouvement de la révolution française,
ce qui l'a produit, sur quelle pente il a eu lieu, où il
nous conduit. Je pense qu'on est mieux placé aujourd'hui
qu'il y a vingt ans pour apprécier dans son ensemble
ce vaste objet, le mesurer, le juger. Nous sommes assez
près de lui pour le bien voir et pour comprendre, par une
sorte de contre-coup intérieur qui se fait sentir encore
dans nos esprits et dans nos cœurs, les pensées et les
sentiments qui ont rempli le cœur et l'esprit de ceux qui
ont jeté le monde dans cette terrible aventure; assez loin
d'eux cependant pour qu'il ne soit pas impossible d'apprécier leurs actes et de découvrir la réalité de leur œuvre. C'est à ce travail que je voudrais me livrer : mais
je ne sais encore par quel côté le prendre, ni comment
me diriger dans cet océan de la révolution française. J'étudie, j'essaye, je tâche de serrer les faits de plus près
qu'on ne me semble l'avoir entrepris jusqu'ici, afin d'en
extraire les vérités générales qu'ils contiennent. Je ne
me suis pas encore arrêté à un plan, et n'ai encore rien
écrit que je puisse appeler le commencement d'un livre.
Les distractions dont je me plaignais tout à l'heure y sont
pour quelque chose; le manque de livres et de documents
en est la principale cause. Aussi vais-je d'ici à quinze

jours revenir à Paris et me rapprocher des archives et
des bibliothèques. Je compte plus que jamais réaliser
mon plan d'habiter, non Paris, mais ses environs. C'est
là que ma théorie des avantages de la campagne quand
on n'est pas chez soi, et de la supériorité de l'hiver sur
l'été, se réalisera pleinement. Je compte durant les six
mois qui vont s'écouler, faire un très-grand effort et voir
ainsi si je puis tirer quelque chose de moi-même.

Le mois prochain ne se passera pas, madame, sans que
j'aille vous chercher, si vous le permettez, aux Bruyères.
Je n'ai pas besoin de vous dire tout le plaisir que j'aurai
à vous revoir et à causer avec vous. Croyez, je vous prie,
à mon impatience d'en être là et agréez de nouveau la
vive expression de mon respectueux attachement.

Ne m'oubliez pas près de M. de Circourt.

A M. LE BARON DE BUNSEN[1].

Paris, 2 janvier 1853.

Je n'ai pas l'honneur d'être personnellement connu de
vous, monsieur, et cependant je vous écris. Je n'ai aucune espèce de droits pour demander vos avis et je me
permets pourtant de les réclamer. Voilà une manière
d'agir singulière que je vous prie néanmoins d'excuser

---

[1] Alors ambassadeur de Prusse à Londres, précédemment ambassadeur
à Rome, auteur de plusieurs ouvrages très-remarquables, entre autres :
Hippolytus, les Signes du temps, etc.

en pensant que je ne l'ai adoptée que par l'idée qu'on
m'a donnée de votre bienveillance et par suite de la haute
opinion que j'ai conçue de votre mérite.

Devenu complétement étranger aux affaires publiques
dans mon pays et très-résolu d'y rester étranger, j'ai repris des travaux qui me procurent plus de satisfaction
que ne m'en a jamais donné la politique. Je m'applique
en ce moment à étudier les circonstances qui ont accompagné les débuts de nos révolutions, ou plutôt de notre
révolution, car il n'y en a qu'une, qui dure encore et
n'est pas près de finir. Je cherche à me replacer à l'époque de sa naissance et à me faire une idée claire des premières impressions, des premières pensées, suggérées
aux étrangers par la vue encore indistincte de ce grand
mouvement. Je voudrais retrouver la trace des différents
jugements qu'en portèrent au dehors, durant les années
1787, 88, 89, 90, 91 et 92, les hommes considérables
du temps, les écrivains, les hommes d'État, les princes;
ce qu'ils en imaginèrent d'avance, ce qu'ils en conclu-
rent ou crurent pouvoir en conclure pour leur propre
pays; l'influence qu'ils lui supposèrent sur la marche
générale des affaires de l'Europe, le parti qu'ils crurent
qu'on pouvait en tirer. Malheureusement, et à mon grand
regret, je ne connais pas l'Allemagne. J'ai vécu jusqu'ici presque exclusivement dans le monde anglais.
J'imagine que depuis soixante ans on doit avoir publié,
parmi les Allemands, des Mémoires, des recueils de lettres ou de pièces diplomatiques, qui mettent ce que je
cherche au grand jour. Je ne les connais pas, et ne puis

par conséquent me les procurer. La révolution française
a dû d'ailleurs donner naissance, à son début, soit directement, soit occasionnellement, à des écrits où se re-
flètent naturellement les impressions de tous. Ma demi-
ignorance de l'allemand et mon ignorance presque complète (mais heureusement non incurable) de l'Allemagne
me privent de ces notions nécessaires. Dans cette extrémité, j'ai songé à m'adresser à vous, monsieur; j'ai
pensé que nul ne serait plus en état que vous de m'éclairer, et mieux disposé par une naturelle bienveillance à
le faire. Je me suis donc décidé à vous écrire ; si les documents dont je parle n'existent pas, j'aurai du moins
tiré de la tentative que je fais en ce moment l'avantage
d'entrer en rapport avec vous, ce que je souhaitais depuis longtemps.

Veuillez agréer, monsieur, avec mes excuses, l'assurance de ma considération la plus distinguée.

A HENRY REEVE, ESQ.

Tocqueville, mars 1853.

J'ai reçu, mon cher ami, votre intéressante lettre. Je
ne reprendrai pas au long le sujet que vous traitez. Je
reconnais qu'on est toujours mal placé pour juger ce
qui convient à l'intérêt et à l'honneur d'un peuple étranger ; que ce sont là des questions dont le peuple lui-même

est le seul juge ; qu'il y a toujours quelque ridicule en matière de vie publique, comme de vie privée, à vouloir conseiller le voisin, et qu'il en est ainsi surtout pour nous autres Français, auxquels on peut toujours si facilement répondre, quand ils s'occupent des infirmités des autres : Médecin, guéris-toi toi-même. Je ne ferai donc que quelques observations explicatives :

1° Je n'ai jamais dit, ni voulu dire, que l'Angleterre eût abandonné le grand rôle de principal représentant de la liberté régulière en Europe. J'ai recherché seulement ce qui me paraissait devoir lui arriver, si elle l'abandonnait. Non-seulement je ne pense pas qu'elle l'abandonne entièrement, mais je ne crois pas qu'elle pût l'abandonner. Ses lois, ses mœurs, ses idées seront toujours plus fortes en cette matière que sa politique, et si jamais elle voulait oublier qu'elle est le champion de la cause libérale, les rancunes et les craintes de tous les despotes du continent la forceraient bien à s'en souvenir.

2° J'ai dit que si l'Angleterre abandonnait ce grand rôle, elle se retirerait, par le fait, des affaires du continent ; je n'ai pas dit des affaires du monde. Ainsi restreinte, je crois ma pensée juste, et la comparaison que j'ai faite de l'époque actuelle avec celle de la réforme, très-exacte. Aujourd'hui, comme alors, l'Europe est divisée, plus encore par des principes que par des intérêts. Devenue neutre et indifférente dans les questions de principes, l'Angleterre se retire des luttes intérieures du continent et se répand au loin, comme vous le dites vous-même. C'est ce que j'appelais quitter le plus grand théâtre des affaires humaines ; car, après tout, ce théâtre n'est point à Sydney, il n'est pas même à Washington, il est encore dans notre vieille Europe. Remarquez que je n'ai parlé que de l'Angleterre et non de la race anglaise. Qui ne sait aujourd'hui que la Providence a prononcé, et que l'avenir du monde n'appartient qu'à deux races, la race slave et la race anglaise !

3° Aussi je n'ai point dit qu'à mon sens l'Angleterre dût prendre le rôle de principal représentant des idées libérales en Europe. J'ai seulement dit qu'à mon avis elle ne devait pas le quitter, ce qui me paraît très-différent. Les peuples, comme les individus qui se respectent, engagent l'avenir par le passé. Vous avez été pendant un grand nombre d'années les champions de la liberté ; vous avez embrassé sa cause quand elle était forte ; je crois qu'il y aurait quelque diminution pour vous à l'abandonner quand elle est faible. Il aurait mieux valu ne jamais vous occuper d'elle.

Ceci dit, permettez-moi, mon cher ami, de laisser le sujet *drop*[1]. Comme je l'ai dit en commençant, on ne connaît jamais complétement que son pays, et surtout on n'a le droit d'exprimer une opinion sur ce qui convient à l'intérêt ou à l'honneur national, que quand on parle de son pays. Aussi ce que j'ai dit du vôtre n'a été qu'en passant et dans la liberté d'une conversation intime.

Adieu ; mes souvenirs à madame Reeve, et à vous mille amitiés.

[1] *De quitter ce sujet.*

A GUSTAVE DE BEAUMONT.

Paris, 3 mars 1853.

. . . . . Ce qui se passe en Orient est une nouvelle et probablement une des dernières phases de la vie de l'empire turc... Ce que cette affaire et bien d'autres mettent en relief, c'est le changement graduel mais continu du tempérament anglais, devenant chaque jour plus pacifique, moins irritable, moins fier qu'il ne s'est montré à aucune époque de l'histoire moderne. Ceci, à bien voir, n'est que l'appendice de la grande révolution qui s'opère là lentement, mais aussi irrésistiblement qu'ailleurs : la prédominance des classes bourgeoises et de l'élément industriel sur les classes aristocratiques et sur la propriété foncière. Est-ce un bien ? est-ce un mal ? Vos petits-enfants discuteront cette question. Une société plus calme et plus terne, plus tranquille et moins héroïque : tel sera sans doute le spectacle que ceux qui nous suivront auront sous les yeux, sans être peut-être capables de remarquer ce qu'il a de nouveau. Car il faut se trouver au point de partage comme nous le sommes pour apercevoir distinctement les deux routes.

Ma santé semble graduellement se raffermir ; je recommence à travailler très-activement, mais sans rien produire encore. Je suis perdu dans un océan de recherches, au milieu desquelles la fatigue et le découragement viennent parfois me saisir. Ce n'est pas seulement le découragement de moi-même, mais des hommes, à la vue chaque jour plus claire, du petit nombre de choses que nous savons, de leur incertitude, de leur répétition incessante dans des mots nouveaux depuis trois mille ans, enfin de l'insignifiance de notre espèce, de notre monde, de notre destinée, de ce que nous appelons nos grandes révolutions, et de nos *grandes* affaires... Il faut travailler pourtant ; car c'est la seule ressource qui nous reste pour oublier ce qu'il y a de triste à survivre à l'empire de ses idées, et à se trouver plus dépaysé dans son propre pays qu'on ne le serait chez les étrangers. . . . .

. . . .

A M. LE BARON DE BUNSEN.

Paris, 23 mai 1853.

Monsieur, j'aurais dû répondre sur-le-champ, et par l'entremise de notre ami commun Reeve, à la lettre que vous m'avez écrite ce mois dernier, et je voulais le faire ; mais ma santé, qui était fort mauvaise alors, m'en a empêché. Depuis j'ai attendu une occasion, et je profite aujourd'hui de celle que m'offre M. Senior. Il me tardait de pouvoir vous remercier du livre que vous avez bien voulu m'envoyer. Je n'ai pas encore pu le lire, désirant faire auparavant en allemand les progrès qui me permettraient de goûter cette lecture comme elle mérite de l'être. J'avais hâte également de vous témoigner combien je vous dois de reconnaissance pour la lettre si intéressante que vous m'avez écrite. Le jugement que vous portez sur mes écrits a un prix infini à mes yeux. Je le regarde comme une des plus grandes récompenses que je puisse recevoir pour les efforts suivis que j'ai faits dans l'intérêt de la vérité. J'ai été touché aussi du désir que vous voulez bien m'exprimer, de me voir. Il y a bien longtemps que j'ai moi-même la grande envie de vous rencontrer. J'ignore quand je pourrai me procurer ce plaisir, car vous ne quittez pas l'Angleterre, et il n'y a pas d'apparence que je fasse aucun voyage cette année ; ma santé et mon esprit ont également besoin de repos et même de solitude. Treize années de vie publique, quatre ans de révolutions, et, plus que tout cela, la tristesse que me causent la vue de mon pays et les prévisions de son avenir, ont ébranlé ma constitution. Le travail dans la retraite peut seul remettre mon corps et mon âme dans l'état d'équilibre que je souhaite ; aussi est-ce avec bonheur que je quitte Paris dans quelques jours pour me retirer à la campagne. Parmi les études que je vais y poursuivre se trouve celle de la langue allemande. Je veux, dans un an, être en état de bien comprendre cette langue et de pouvoir aller parcourir avec fruit l'Allemagne. S'il était sage de parler de ses projets à un an de distance, je dirais que mon dessein très-arrêté est de me rendre l'année prochaine dans cette Allemagne qui m'a tou-

jours intéressé, mais que je n'ai jamais voulu jusqu'ici
visiter, convaincu qu'on ne voit avec agrément et avec
fruit que les peuples dont on connaît l'idiome. Je tâcherai de vous voir et de causer avec vous avant d'entreprendre ce voyage, et, si je puis le faire, j'espère que
vous me permettrez au moins de vous écrire et de ne
point terminer ici une correspondance à laquelle j'attache beaucoup de prix.

Veuillez, monsieur, agréer avec mes remercîments
l'expression de tous mes sentiments de haute considération et d'amitié.

A W. R. GREG, ESQ.[1]

Paris, 23 mai 1853.

Je ne veux pas attendre, monsieur, l'arrivée du livre
que vous promettez[2], pour vous remercier d'avoir pensé
à moi en me l'envoyant. Je ne doute point que sa lecture
ne m'instruise et ne m'intéresse. Je n'ai jamais rien lu
de vous, mais j'ai souvent entendu parler de ce que vous
avez écrit, et ce qu'on m'en a dit donne d'avance beaucoup de prix à mes yeux à l'ouvrage que j'attends.

[1] Voir la Notice, page 103, tome V.
[2] Intitulé : *Essays on political and social Science*, 2 vol. M. W. R.
Greg avait déjà publié, en 1851, un livre ayant pour titre : *The creed of
Christendom*. Depuis, il a fait paraître, en 1855, je crois, deux ou trois
brochures remarquables sur la forme administrative. On assure qu'il est
le principal rédacteur du *National Review*.

Je me plains, monsieur, de vous avoir si peu vu, et de m'être trouvé dans un état de santé qui ne m'a pas permis de vous recevoir comme je l'aurais voulu. J'aurais un véritable plaisir, d'après ce que j'ai vu de vous, d'en voir davantage. J'espère être plus heureux au premier voyage que vous ferez ici. Nous causerons un peu plus longuement, si cela vous est agréable. Vous m'apprendrez beaucoup de choses que j'ignore encore sur votre pays, et je vous parlerai du mien avec plus de détails et d'ordre que je n'ai pu le faire. La seule chose que je veux vous en dire aujourd'hui, c'est que, de tous les pays du monde, c'est celui où il est le plus dangereux de porter un jugement en se fondant sur ce qui arrive ailleurs et même sur les notions générales qu'on a des hommes. Il y a dans nos qualités et nos défauts quelque chose de si particulier, de si singulier, de si inattendu, que les Français y sont sans cesse surpris eux-mêmes, et que les étrangers ont une peine infinie à y rien comprendre.

Adieu, monsieur, ne m'oubliez pas à votre premier voyage et croyez que quand je dis que je souhaite vous revoir, ce n'est point un vain compliment, mais l'expression d'un désir sincère.

A M. FRESLON

ANCIEN MINISTRE DE L'INSTRUCTION PUBLIQUE

Saint-Cyr, près Tours, 9 juin 1855.

Je vous aurais remercié plus tôt, mon cher ami, du plaisir que me procure votre correspondance et de la preuve d'amitié que vous me donnez en la continuant, si d'une part j'avais eu de mon côté quelque chose à vous dire qui méritât d'être dit, et si de l'autre le temps ne m'avait manqué. Ce mot vous étonne. Il n'y en a pas de plus juste cependant. Apprenez que le temps me manque. Je combine, comme à l'époque où j'étais ministre, l'emploi de ma journée de manière à pouvoir y faire entrer tout ce que j'ai à faire, et j'y réussis à grand' peine. J'ai trouvé à Tours non pas un rare trésor, mais un dépôt précieux pour ce que j'ai entrepris de faire (je crois du reste qu'on ferait la même découverte dans toutes les archives des préfectures qui ont été le siége des anciennes généralités). C'est un ensemble de pièces qui donnent à celui qui s'y applique une notion fort claire de la manière dont se conduisaient les différents genres d'affaires dont la réunion formait l'administration publique, et même de ceux qui les conduisaient et de ceux qui y étaient intéressés. Cette étude est très-curieuse. Moi seul, je crois, aurai eu le courage de l'entreprendre et la patience de la mener à fin. Il y a énor-

mément de poussière inutile à avaler. Ce qui peut se
digérer n'est pas même de nature à paraître avec quelque
étendue dans l'ouvrage que je médite; car la composition d'un livre est comme celle d'un tableau. L'important n'est pas la perfection qu'on pourrait donner à une
partie, mais le rapport exact de toutes les parties, d'où
naît l'effet général. Ce serait une grande faute que de
m'attacher à peindre l'ancien régime. Mais je suis obligé
de le connaître à fond, pour reproduire, sans dessiner
au hasard, ses traits principaux; surtout pour être en
état de juger et d'indiquer en quoi il a influé sur la révolution même qui l'a détruit. Je crois donc que ce que
je fais ne sera pas du temps perdu, ce que je suis quelquefois tenté de penser en voyant les jours qui se succè-
dent, et le temps qui s'écoule sans produire autre chose
qu'une montagne de notes, d'où il ne sortira finalement
qu'un petit chapitre de trente pages.

En tous cas cette étude a, pour le moment, l'immense avantage de m'absorber presque entièrement.
J'y ai joint, pour mieux atteindre ce résultat, l'étude de
l'allemand et beaucoup de lectures qui se rapportent
de loin à mon sujet. Je suis parvenu ainsi à me sortir
de moi-même, qui étais un bien mauvais gîte. Mais j'ai
beau faire, je ne puis m'empêcher d'entendre, même
au milieu de mes travaux, le retentissement sourd
des événements contemporains. J'arrive à être tranquille, mais non pas gai. Je vois que c'est là le maxi-
mum de ce à quoi je puis prétendre, et qu'il faut m'en
contenter.

Saint-Cyr, près Tours, 2 juillet 1853.

J'ai, suivant votre conseil, mon cher Senior, lu ou plutôt relu Blackstone. (Je l'avais déjà étudié il y a vingt ans.) Quant à l'impression qu'il m'a laissée, elle a été la même aux deux époques. Aujourd'hui, comme alors, je me suis permis de le juger (si on peut dire cela sans blasphème) un assez pauvre génie, sans liberté d'esprit, sans véritable étendue de jugement ; un *commentateur* et un *légiste* en un mot, et non ce que nous entendons par les mots *jurisconsulte* et *publiciste*. Il a, de plus, à un degré quelquefois plaisant, la manie de trouver tout admirable dans l'antiquité et d'en faire venir tout ce qu'il trouve bon de son temps. Je suis porté à croire que s'il avait eu à écrire sur les productions agricoles de l'Angleterre, au lieu de s'occuper des institutions de celle-ci, il aurait trouvé que la bière pouvait bien dans l'origine être provenue du raisin, et qu'en remontant aux sources vénérables de l'antiquité, on découvre que le houblon vient de la vigne ; produit un peu dégénéré, il est vrai, de la sagesse des ancêtres, mais encore respectable. On ne saurait voir un excès plus opposé à celui dans lequel tombaient à la même époque ses contemporains de France, auxquels il suffisait qu'une chose fût ancienne pour qu'elle parût mauvaise. Mais laissons

là Blackstone; venons, enfin, à ce que je veux vous
dire :

En comparant les institutions féodales de l'Angleterre
dans les temps qui ont immédiatement suivi la conquête
avec les institutions féodales de France, on ne trouve
pas seulement de l'analogie, mais une parfaite ressem-
blance, beaucoup plus grande même que ne semble le
croire ou que ne trouve bon de le dire Blackstone. En
réalité, le système dans les deux pays est identique.
Maintenant, en France et sur tout le continent de l'Europe, il est sorti de ce système une *caste*. En Angleterre,
il en est sorti une aristocratie. Pourquoi le *gentleman*,
qui était et qui reste chez nous un produit du sang seulement, est-il devenu chez vous un produit de l'éducation et de la situation sociale, indépendamment de sa
naissance ; à ce point que, dans les deux pays, le même
mot sans changer d'aspect a changé entièrement de
sens ? A quel moment cette révolution s'est-elle opérée?
comment? par quelles transitions? est-ce qu'on n'a jamais publié en Angleterre de livres sur ce sujet? est-ce
que vos grands écrivains, soit philosophes, soit politiques, soit historiens, ne se sont pas occupés de ce fait
si caractéristique et si fécond, pour tâcher de s'en rendre
compte et de découvrir comment il s'était produit? Si
j'avais l'honneur de connaître personnellement M. Macaulay, je me permettrais de lui écrire pour lui poser
ces questions. Dans l'admirable Histoire qu'il publie en
ce moment, il fait allusion au fait dont je parle, mais il
ne cherche pas à l'expliquer. Il n'y en a cependant pas,

ainsi que je le disais tout à l'heure, de plus féconds, ni qui expliquent mieux tout à la fois ce qui est arrivé aux Anglais et ce qui n'est pas arrivé aux autres nations féodales de l'Europe. Si vous rencontrez par hasard M. Macaulay, veuillez, je vous prie, lui poser respectueusement de ma part ces questions. Mais dites-moi ce que vous pensez vous-même sur ce sujet et si vous connaissez des auteurs éminents qui l'aient traité.

Ce qui se remarque pour les personnes des deux côtés de la Manche, se fait voir aussi pour les biens. En France, la *tenure roturière* est restée jusqu'en 1789 dans un grand état d'infériorité vis-à-vis le fief proprement dit. En Angleterre, la tenure *in free sockage* (qui était exactement la même chose dans l'origine que notre tenure en roture, comme le remarquent avec raison vos plus anciens auteurs), s'est rapidement élevée dans l'opinion au même niveau que le fief militaire ; à ce point que, comme vous le savez, dans le milieu du dix-septième siècle, sous Charles II, on a pu abolir le fief militaire et le confondre avec la tenure *in free sockage*. Si dans le même temps, en France, on avait voulu faire une loi semblable, on aurait bouleversé tout l'ordre social d'alors. Louis XIV lui-même n'eût osé le tenter, s'il en avait eu l'idée. Il serait bien curieux de savoir comment il est arrivé que chez vous une révolution semblable à celle qui avait lieu pour les personnes, s'est produite pour les héritages, de telle sorte que des deux parts, l'inégalité naissant de l'origine a à peu près disparu pour faire place à des inégalités d'autre espèce.

Mais vraisemblablement ce travail du temps est enveloppé pour vous dans l'obscurité des âges, et vous n'en savez sans doute pas plus que nous sur ce curieux problème de votre histoire.

Encore une question et je finis : celle-ci peut facilement obtenir une réponse. Le caractère des redevances féodales dans les deux pays était la perpétuité, soit qu'il s'agît de services ou d'argent. Il en était de même pour la dîme. Toutes ces servitudes des fonds de terre ne pouvaient se racheter. Le débiteur ne pouvait se libérer en offrant un capital en argent ou une compensation quelconque. Je crois même que le possesseur du fond *dominant* (qui dans le système féodal n'était qu'une sorte d'usufruitier), n'aurait pu accepter une compensation semblable. Ces lois existent-elles encore aujourd'hui en Angleterre? le débiteur de rentes féodales ou de services peut-il obliger celui auquel il doit cette rente ou ces services de le libérer moyennant un certain prix? la libération peut-elle même avoir lieu par l'accord de ces deux hommes? la législation a-t-elle varié sur ce point et quel est l'historique de ses variations? Je crois que ce renseignement peut m'être très-aisément donné. Remarquez que j'entends par rente ayant une origine ou un caractère féodal, celle qui est fondée à perpétuité et n'admet pas le rachat, qu'elle ait été fondée ou non du temps de la féodalité, qu'elle porte ou ne porte pas le titre de féodal.

Vous allez, mon cher ami, me trouver bien ennuyeux avec mes questions et dissertations. Mais de quoi voulez-

vous que je vous parle, si ce n'est de ce qui m'occupe ?
Je mène une vie de bénédictin, ne voyant absolument
personne et travaillant tout le temps que je ne me promène pas. J'attends beaucoup de bien, et pour mon
corps et pour mon esprit, de cette retraite claustrale.
Ne croyez pas pourtant qu'au fond de mon couvent
j'oublie mes amis. Nous parlons souvent d'eux, ma
femme et moi, particulièrement de vous et de notre
chère madame Grote. Je suis en train de lire vos ma-
nuscrits qui m'intéressent et m'amusent infiniment.
C'est mon délassement. J'ai promis à Beaumont de les
lui porter dès que j'aurai fini.

A W. R. GREG, ESQ.

Saint-Cyr, 27 juillet 1855.

Il y a plus d'un mois, monsieur, que j'avais envie de
vous écrire, et que j'en étais empêché par la crainte que
ma lettre ne vous parvînt pas. Je ne connaissais qu'imparfaitement votre adresse, et aujourd'hui encore je ne
suis pas bien sûr de pouvoir l'indiquer avec exactitude.
Je voulais vous exprimer très-sincèrement mon opinion
sur les deux volumes que vous avez bien voulu m'envoyer, et vous dire tout le plaisir que m'avait causé
leur lecture. Je me serais permis de vous soumettre
quelques critiques au milieu de beaucoup d'éloges mé-

rités. Mais je remets ceci à un autre temps. Je crois vous être plus agréable en me bornant aujourd'hui à répondre aux questions que vous m'adressez.

Il est bien entendu que nous ne parlons pas du système électoral actuel. . . . . mais seulement du système électoral de la monarchie constitutionnelle et de celui de la république.

Ne perdez jamais de vue, je vous prie, en lisant ce qui va suivre, ce que j'ai déjà eu l'honneur de vous écrire précédemment, à savoir que la France doit toujours être considérée en elle-même; que, dans la matière qui m'occupe en ce moment surtout, elle est incomparable avec l'Angleterre : ce dont vous demeurerez convaincu en songeant qu'en Angleterre vous avez une aristocratie et de puissantes influences locales, tandis qu'en France nous n'avons rien de semblable. Vous n'avez pas de centralisation, tandis que nous ayons centralisé l'administration publique plus qu'on ne l'a jamais fait peut-être dans aucun grand pays. D'où il résulte qu'en Angleterre, c'est principalement des grands propriétaires, et en général des riches que peuvent venir la corruption et l'intimidation; tandis que chez nous la corruption et l'intimidation ne peuvent venir que des agents du gouvernement. Vous comprenez que, dans des conditions si différentes, les institutions électorales des deux pays ne peuvent guère se comparer. Ceci dit, j'entre en matière. Je réponds à vos questions dans l'ordre où elles sont posées.

Le système électoral de la monarchie constitutionnelle

avait un vice énorme qui, à mon sens, a été la cause
première de la chute de cette monarchie. Il reposait sur
un trop petit nombre d'électeurs. Il résultait de ceci que
le corps électoral finit bientôt par ne former qu'une petite oligarchie bourgeoise, préoccupée de ses intérêts
particuliers, séparée du peuple, dont elle ne s'occupait
pas, et qui ne s'occupait pas d'elle. Celui-ci cessa d'avoir
la moindre sympathie pour ses actes, tandis que les anciennes classes supérieures, qu'elle écartait avec jalousie
du gouvernement, la méprisaient et supportaient impatiemment sa suprématie exclusive. Presque toute la nation fut ainsi amenée à croire que le système représentatif n'était autre chose qu'une machine politique propre
à faire dominer certains intérêts particuliers, et à faire
arriver toutes les places dans les mains d'un certain
nombre de familles : opinion très-fausse, même alors,
mais qui a plus favorisé que tout le reste l'établissement
d'un nouveau gouvernement.

Quant à l'intimidation ou à la corruption de ces électeurs par des particuliers puissants, elle a toujours été
très-rare; on peut même dire qu'elle a toujours été inconnue. Le gouvernement lui-même n'a jamais cor-
rompu les électeurs, dans le sens le plus grossier du
mot, en donnant de l'argent. Mais il n'a presque jamais
cessé d'exercer sur eux une influence très-corruptrice
sous une autre forme. Aux électeurs les moins honnêtes,
il faisait espérer des places ou de l'avancement. Aux plus
honnêtes, il promettait que la commune dans laquelle
ils habitaient, recevrait l'une de ces mille faveurs dont

parmi nous le gouvernement dispose: tels que secours pour réparer les églises, les écoles, les ponts, etc., etc.

Quoi qu'il en soit, cette influence du gouvernement étant contre-balancée par l'influence des journaux très-puissants sur l'esprit de la classe moyenne, les choses auraient pu marcher longtemps ainsi sans le vice capital que j'ai signalé plus haut : le petit nombre des élec-teurs, et la prépondérance exclusive d'une seule classe dans le gouvernement.

1848 nous jeta dans l'extrême opposé. Il nous donna le vote universel.

Il faut reconnaître que les deux élections faites sui-vant ce système sous la république furent les plus libres et les plus sincères qu'on ait vues en France depuis l'é-lection générale de 1789. Il n'y eut aucune corruption ni intimidation d'aucune espèce. L'intimidation fut ten-tée par le gouvernement et les partis, mais sans succès. Le grand nombre des électeurs, et surtout leur réunion en grandes masses dans les collèges électoraux de can-ton, rendit l'action du gouvernement absolument insen-sible. Ce système redonna, au contraire, dans la plupart des provinces, aux riches propriétaires et au clergé, plus d'influence politique qu'ils n'en avaient eu depuis soixante ans; mais ils n'en abusèrent point d'une ma-nière sensible. Cela apparut clairement quand on vint à discuter au sein de l'Assemblée nationale les élections contestées. On reconnut unanimement que l'influence du clergé et des grands propriétaires avait été considé-rable. Mais il n'arriva presque point qu'on se plaignît que les paysans eussent été intimidés (dans le sens ordinaire qu'on attache à ce mot) ou payés ; et la vérité est que l'intimidation et la corruption des électeurs *par des particuliers*, dans un pays où la richesse est aussi divisée qu'en France, sont très-difficiles et ne peuvent jamais s'étendre bien loin, quel que soit le système électoral en vigueur. Les riches propriétaires n'exercèrent donc sur l'esprit du cultivateur qu'une influence toute morale. Le paysan, presque partout propriétaire lui-même, et effrayé pour sa propre propriété des doctrines communistes, se laissa guider par les hommes chez lesquels il trouvait plus de lumières ou des intérêts de propriété plus grands. Les choses se seraient-elles toujours passées ainsi ? Je l'ignore. Je constate seulement les faits dont j'ai été témoin, et j'affirme que la majorité conservatrice qui domina successivement dans l'Assemblée constituante et dans la Législative contenait plus de riches propriétaires fonciers, indépendants par leur fortune et par leur manière de vivre, de ce que vous appelleriez en Angleterre *country-gentlemen*, que je n'en avais jamais vu dans aucune des assemblées dont j'ai fait partie pendant treize ans.

Mais ici je ne saurais trop vous faire remarquer l'influence qu'a exercée chez nous et que doit exercer partout, je pense, sur les résultats du vote universel, la manière dont on forme les colléges ou réunions électorales.

Quand les électeurs sont tirés de leurs villages et réunis par masses de un, deux ou trois mille au chef-

lieu du canton, comme cela avait lieu sous le régime
de la première loi de 1848, ou même par fractions plus
petites, mais encore considérables, ainsi que le voulait
la seconde, l'influence que peuvent exercer les prêtres et
les riches propriétaires sur l'esprit des électeurs est
moins grande et celle du gouvernement est presque
nulle. Au contraire, quand l'élection a lieu par villages,
c'est-à-dire par petits corps électoraux de cinquante,
soixante, cent électeurs, le curé ou le riche propriétaire
(là où il y a encore un riche propriétaire) peuvent exercer une action plus grande, et l'influence du gouvernement redevient surtout tout à coup très-considérable.   .

. . . . : . , ...

Quant à la question que vous me faites sur les opinions qui règnent chez nous parmi le peuple en matière
de corruption électorale, je répondrai que la corruption,
et surtout la corruption d'argent, lui a toujours paru
déshonorante; qu'un électeur qui se ferait payer pour
donner un vote serait vu du même œil qu'un témoin
qui vendrait sa déposition. Dans une lutte électorale dont
j'ai eu personnellement connaissance, un candidat opposé à un de mes amis ayant été accusé fort à tort d'offrir de l'argent aux électeurs, cela lui fit un tort irréparable. Ses amis n'osaient plus voter pour lui de peur
de passer pour avoir été payés. Le fait est qu'en matière
électorale le peuple a encore, en France, les avantages et
les inconvénients de la jeunesse politique. Il est inexpé-
rimenté, faible, quelquefois passionné, mais honnête.
C'est en lui prêchant de fausses doctrines, en lui faisant

croire à des progrès sociaux imaginaires, en flattant ses jalousies, ses haines et non en lui donnant de l'argent, qu'on l'entraîne.

Quels que fussent les systèmes électoraux qui se sont succédé en France depuis soixante ans, l'élection n'a jamais *rien* coûté aux candidats. C'est encore un trait à noter. J'ai été pour ma part élu cinq fois, et il ne m'en a jamais coûté un centime. Ce n'est pas cependant que sous la monarchie constitutionnelle et sous la république les fonctions de député ne fussent très-enviées. Elles l'étaient peut-être plus qu'en aucun autre pays du monde. Car la députation ne menait pas seulement alors à toutes les grandes fonctions de gouvernement, mais aussi à toutes les places secondaires de l'administration, ce qui était un grand mal. Malgré cela, l'élection ne coûtait rien, les choses étaient ainsi montées.

Vous voulez savoir mon opinion sur le scrutin de liste, la voici : l'avantage principal du scrutin de liste (je parle toujours d'un pays où la liberté politique est réelle) n'est pas d'empêcher *the canvassing*[1] ; car il se fait toujours d'une manière plus ou moins régulière un travail préparatoire pour former la liste générale des candidats et préparer l'élection. Les notables de chaque parti s'assemblent ou correspondent ; et de part et d'autre on arrête des listes qui sont ensuite distribuées à profusion aux électeurs. Il se fait là, en petit, un travail politique analogue à celui qui, aux États-Unis, précède l'élection du président. Les véritables avantages du

---

[1] La brigue.

scrutin de liste ont été pour nous : 1° de rendre le député plus indépendant de telle ou telle fraction du corps électoral. Élu par scrutin de liste, il n'a plus eu affaire qu'à l'opinion générale du département, et a pu, sans péril, négliger les intérêts particuliers d'un canton ou de quelques familles ; 2° le scrutin de liste a eu pour tendance d'élever le niveau des choix. Il est difficile de faire voter cent ou cent cinquante mille électeurs pour un homme qui ne soit pas très en vue. Il faut ou une grande notoriété nationale, ou du moins une grande notoriété départementale pour fixer aisément les voix d'un si grand nombre de votants. Les célébrités cantonales, les *illustrations* de *clocher*, comme nous disons en France, ont moins de chance pour se produire dans ce système que dans aucun autre.

Mais remarquez encore, je vous prie, que l'utilité plus ou moins grande du scrutin de liste dépend des circonstances. Quand les électeurs sont en très-petit nombre et qu'ils sont pris dans une seule classe, le scrutin de liste est particulièrement nécessaire pour empêcher que les députés ne finissent par être les représentants obscurs de petites coteries. Je ne doute pas que le scrutin de liste n'eût beaucoup diminué les inconvénients du système électoral en vigueur avant 1848.

Reste, je crois, la question que vous m'adressez relativement à l'efficacité du vote secret. On peut contester que le *ballot*[1] soit une garantie absolue du secret des votes. Mais qu'il ne facilite pas beaucoup ce secret, c'est

---

[1] Le scrutin secret.

ce que personne n'a jamais imaginé de nier en France. Depuis soixante ans, toutes les minorités et même tous les partis l'ont réclamé quand il n'existait pas, ou l'ont énergiquement défendu quand il était établi. Les électeurs ont toujours considéré sa conservation comme une garantie de la première importance. Comment un pareil accord se serait-il rencontré sur une institution inutile? En fait, personne parmi nous ne l'attaque et ne l'a attaqué si ce n'est le gouvernement, c'est-à-dire le seul pouvoir qui occupe chez nous vis-à-vis des électeurs une position analogue à celle de votre aristocratie, et qui soit en mesure d'abuser, par l'intimidation ou la corruption, de la publicité du vote. J'ajoute que le gouvernement actuel ne l'a point aboli, du moins directement. . . .

Je finis là, monsieur, ma main est fatiguée et je suppose que votre attention doit l'être. La nécessité seule de lire ma mauvaise écriture suffirait pour vous faire de la lecture de cette lettre un travail. J'ai voulu, du moins, vous donner, en l'écrivant, une preuve du désir que j'avais de répondre à votre confiance, et vous témoigner en même temps ma reconnaissance pour le plaisir que m'a procuré la lecture de vos volumes. Je les ai reçus la veille même de mon départ de Paris; c'est ce qui m'a empêché de m'enquérir de la demeure de lady Stanhope, et de l'aller remercier de la peine qu'elle a bien voulu prendre de me les faire parvenir.

Adieu, monsieur, croyez à tous mes sentiments de haute considération.

A M. FRESLON.

Saint-Cyr, 19 août 1853.

Merci de nouveau, mon cher ami, et de vos renseignements et de vos nouvelles. Les premiers m'ont fort servi et les secondes m'ont très-intéressé.

J'ai trouvé à la bibliothèque de Tours la plupart des livres que vous m'indiquez. . . . .

L'étude que j'ai faite des documents administratifs m'a déjà fort éclairé sur le sujet des attributions administratives des tribunaux avant 1789. Elle m'a notamment fait voir ces deux choses-ci : la première, que ces attributions allaient se resserrant de plus en plus, à mesure que le pouvoir administratif, proprement dit, devenait plus actif et plus éclairé.

Les tribunaux n'ayant point, en cette matière, de droit exclusif, et étant toujours subordonnés à l'administration, représentée par le conseil d'État, ne pouvaient agir qu'à la condition que celui-ci n'eût pas agi déjà. A mesure que l'administration voulait s'étendre dans sa sphère naturelle, la justice était insensiblement refoulée dans la sienne.

Ce qui apparaît, en second lieu, quand on étudie les paperasses administratives, c'est l'intervention continuelle du pouvoir administratif dans la sphère judiciaire. Les légistes administratifs nous disent sans cesse que le plus grand vice du gouvernement intérieur de l'ancien régime était que les juges administraient. On pourrait se plaindre avec autant de raison de ce que les administrateurs jugeaient. La seule différence est que nous avons corrigé l'ancien régime sur le premier point, et l'avons imité sur le second. J'avais eu jusqu'à présent la simplicité de croire que ce que nous appelons la justice administrative était une création de Napoléon. C'est du *pur ancien régime conservé;* et le principe que, lors même qu'il s'agit de *contrat,* c'est-à-dire d'un engagement formel et régulièrement pris entre un particulier et l'État, c'est à l'État à juger la cause; cet axiome, inconnu chez la plupart des nations modernes, était tenu pour aussi sacré par un intendant de l'ancien régime, qu'il pourrait l'être de nos jours par le personnage qui ressemble le plus à celui-là, je veux dire un préfet.

En lisant les correspondances des ministres de Louis XV, et de leurs subordonnés, il semble voir s'agiter une foule de petits embryons destinés à devenir les professeurs du droit administratif impérial. Tant il est vrai que si on connaissait mieux l'ancien régime, on trouverait que la révolution a été bien loin de faire tout le bien et tout le mal qu'on dit, et qu'elle a encore plus remué la société qu'elle ne l'a changée. Cette vérité sort de terre de tous côtés, dès qu'on creuse l'ancien sol.

Nous avons ici en ce moment Ampère et Corcelle; je n'ai pas besoin de vous dire avec quelle amitié on parle de vous dans cette petite société. Rivet est venu, comme je vous l'ai mandé, il y a trois semaines. Adieu, mille amitiés de cœur.

A M. LE COMTE DE CIRCOURT.

Saint-Cyr, 15 août 1853.

Je me reproche, cher monsieur de Circourt, de n'avoir pas encore répondu à votre lettre. Je l'aurais fait dès le lendemain du jour où je l'ai reçue, si j'avais suivi mon goût. Il me tardait de vous remercier de cette longue et si intéressante lettre, dont je n'ai pu m'empêcher de lire les principaux endroits à madame de Tocqueville et à Ampère qui habite en ce moment avec nous. Il a été décidé que je vous adresserais un remercîment collectif. Permettez-moi d'espérer que vous n'en resterez pas là de la correspondance, et que vous ne refuserez pas de me dire quelquefois ce qui se passe sur la terre; ce que je ne sais guère plus maintenant que si je vivais dans une île déserte ou au fond de cette citerne où M. Jaubert a passé six mois.

Je ne me plains pas trop cependant de cet isolement; je le trouve plus sain pour l'esprit que la petite agitation stérile des salons de Paris, où l'on n'entend plus que le bruit lointain et souvent mensonger de ce qui se passe dans le monde politique. J'ai vécu trop longtemps au centre des affaires pour ne pas me fatiguer vite des *on dit*. Mais ce dont je ne me fatiguerai jamais, c'est de connaître les appréciations des événements accomplis et les conjectures sur ce qu'on ignore encore, quand ces appréciations et ces conjectures viennent d'un esprit très-éclairé et dans les opérations duquel j'ai confiance.

Nous avons fini par nous établir très-bien ici. Nous avons une maison commode, très-bien située, point exposée au vent ni à l'humidité ; en un mot, une demeure de malade. J'espère que j'achèverai d'y rétablir ma santé ; je travaille assez pour occuper mon esprit, pas assez pour me fatiguer. Je chemine ainsi bien lentement vers le but que je me suis proposé, mais le premier besoin était de reprendre mes forces ; et d'ailleurs qui me presse ? la vie publique n'est assurément pas prête à se rouvrir pour moi ; et dans l'existence nouvelle que l'événement du 2 décembre m'a faite, je dois plutôt craindre de voir la fin du travail que j'ai entrepris que la désirer.

Votre lettre, que je louais en commençant, a cependant un grand défaut à mes yeux. Vous ne m'y dites point assez de nouvelles de madame de Circourt, ce qu'elle est devenue depuis que je n'ai eu le plaisir de la voir, comment elle passe son temps dans sa retraite ; tous ces détails m'eussent intéressé. Ampère est très-touché de l'invitation que vous lui adressez ; il me charge de vous le dire. Je crois qu'il ne demanderait pas mieux que de s'y rendre ; mais je vous avoue que je plaide fortement contre vous. J'espère que nous le garderons jusqu'à la fin de septembre. Veuillez me pardonner cette mauvaise action, mon excuse est dans la perspective que j'aperçois d'une séparation de cet excellent ami. Ampère qui, comme vous savez, a l'humeur voyageuse de l'hirondelle, ira, je pense, cet automne en Italie et y passera probablement l'hiver.

Madame la duchesse de Rauzan est sans doute aux eaux; quand vous la reverrez, rappelez-moi particulière-ment à son souvenir.

A MADAME LA COMTESSE DE CIRCOURT.

Saint-Cyr, ce 2 septembre 1853.

Je ne puis répondre aujourd'hui, madame, à la longue et intéressante lettre que m'a écrite M. de Circourt, mais je ne veux pas rester plus longtemps sans vous remer-cier du si aimable souvenir que vous m'avez accordé. J'en ai été très-touché; il n'y a rien à quoi je mette plus de prix qu'à la petite place que j'occupe dans votre bien-veillance. Je m'y attache davantage, à mesure que j'ai plus d'occasions de vous connaître, et je voudrais que de plus fréquents rapports me laissassent l'espérance de l'agrandir un peu avec le temps. Je ne vois pas trop, malheureusement, comment il en pourra, de sitôt, être ainsi; car Paris est le centre naturel de votre vie, et je vous avoue que mon intention est d'en faire, de moins en moins, le centre de la mienne. Je veux sans doute y revenir tous les ans, de peur de me *figer* en province, mais pour peu de temps, le temps nécessaire à bien ré-tablir la circulation de l'esprit. Quelques mois suffisent pour atteindre ce résultat. Cette année, notamment, je ne compte pas être de retour avant le printemps. J'ai fait certes un grand sacrifice de venir m'établir à la campagne *hors de chez moi*, afin de rétablir, s'il se pouvait, ma santé dans une vie tranquille, sous un ciel très-égal et très-doux. Je ne veux pas que ce sacrifice soit perdu, et pour cela, il faut qu'un temps assez long de paix profonde succède à tant d'années d'agitation et souvent de trouble que la politique m'a dérobées. Je trouve ici cette paix que les petites tracasseries des affaires ne viennent pas même interrompre, car je ne possède rien, ne connais personne, et ne veux rien être en Touraine. La solitude est quelquefois un peu profonde; mais, dans le temps où nous sommes, elle vaut encore mieux pour moi que la foule. N'avez-vous pas remarqué, madame, en voyage, l'impression qu'on éprouve en arrivant le matin dans une ville étrangère où tout vous est nouveau et inconnu, les hommes, la langue, les mœurs? Vous êtes au milieu d'une multitude, et cependant vous êtes plus accablé par le sentiment de la solitude qu'au fond d'un bois. C'est précisément ce qui m'arrive souvent au milieu de mes compatriotes et de mes contemporains. Je m'aperçois qu'il n'y a presque plus de point de contact entre leur manière de sentir et de penser et la mienne. J'ai conservé des goûts vifs qu'ils n'ont plus; j'aime encore passionnément ce qu'ils ont cessé d'aimer; j'ai une répugnance de plus en plus invincible pour ce qui semble leur plaire de plus en plus. Ce n'est pas seulement les temps qui ont changé, c'est la race entière qui

semble s'être transformée. Je me trouve un vieil homme
au milieu d'un nouveau peuple. J'excepte assurément
de ce que je vous dis là quelques personnes dont la société remettrait du contact de toutes les autres, si on
pouvait en jouir. Mais quelle est la société dont on puisse
jouir à Paris? quel est le salon où l'on ne rencontre pas
aujourd'hui quelques-unes des personnes qu'on désirerait le moins voir? quel est surtout celui où la personne
qu'on voit le moins ne soit pas précisément la seule qu'on
vînt y chercher? Assurément, à ce dernier trait, vous
devez reconnaître un salon de votre connaissance. Ai-je
bien causé, pour ma part, pendant l'hiver dernier, l'espace de cinq minutes avec vous? N'allez pas me juger,
madame, d'après tout ce qui précède, d'une humeur de
loup-garou. Je ne vous dis là que ce que je vous aurais
dit cent fois, si j'avais eu un peu plus l'occasion de vous
voir, je dis *vous* et non pas tous vos amis. Gardez-moi,
je vous prie, le secret de ma misanthropie, et ne m'em-
pêchez pas d'ailleurs de trouver beaucoup de charmes
dans la vie que je me suis faite; je voudrais seulement
qu'elle fût plus productive qu'elle ne l'a été jusqu'à présent. On pourrait croire que je mets à grand profit ma
retraite. Rien ne serait moins vrai. Je lis beaucoup, je
vis beaucoup en plein air, je tâche de penser à quelque
chose. Je confesse que jusqu'à présent je n'ai pas écrit trois
lignes. Jamais cependant je ne me suis moins ennuyé.
Vous avouerai-je, madame, que je me suis remis à l'é-
cole et que j'apprends une langue absolument comme si
j'avais douze ans! Cette langue est l'allemand, que vous

avez le bonheur de parler, et sans doute de parler parfaitement comme toutes les langues de l'Europe. Je me suis jeté à corps perdu dans cette abominable étude de l'allemand, où tout est étranger pour un Français, et le fond, et le tour et l'expression de l'idée; et ce qui est le plus ridicule, cette étude ingrate m'intéresse beaucoup. Il est vrai que je m'y livre avec le sentiment qu'elle est non-seulement utile, mais indispensable pour ce que je veux faire ultérieurement.

Ampère nous a quittés, il y a deux jours. Je ne saurais, en vérité, vous dire avec quel regret je l'ai vu partir. Quiconque n'est pas parvenu avec Ampère jusqu'à l'intimité et n'a pas vécu longtemps avec lui à la campagne, ne peut savoir ce qu'il y a d'aimable, de naturel et de vif dans son esprit et de solides mérites dans son caractère.

Vous voyez sans doute madame Swetchine. Avant de quitter Paris, ne m'oubliez pas auprès d'elle. La bienveillance rare qu'elle m'a témoignée cet hiver a fait sur moi une impression profonde et m'a inspiré autant d'attachement pour elle que j'avais déjà d'admiration pour son esprit qui vaut sa vertu, ce qui n'est pas peu dire.

A M. DE CORCELLE

Saint-Cyr, près Tours, 17 septembre 1853.

J'ai bien souvent pensé à vous et parlé de vous, mon cher ami, depuis quinze jours. Je ne puis donc expliquer mon silence que par l'effet un peu endormant que produit une vie si réglée qu'on finit par ne pouvoir imaginer autre chose que ce qu'on a fait la veille. C'est une sorte de *tread-mill* volontaire où l'on ne songe qu'à lever un pied après l'autre, jusqu'à ce que la roue s'arrête.

Je vous dirai tout de suite, pour répondre à vos questions amicales, que j'ai été plus content de ma santé depuis votre départ, et mes médecins continuent à affirmer que je guérirai complétement. Sur ce dernier point, je suis radicalement incrédule, et je ne crois pas plus voir ma guérison entière que celle de la France. Ces maladies, de part et d'autre, sont trop anciennes pour laisser espérer une cure complète, et je me borne à désirer pour toutes les deux un état passable. Vous voyez que je deviens modéré dans mes désirs en vieillissant.

Je viens de relire votre lettre, et il me semble que vous vous êtes mépris sur le sens qu'avaient mes paroles, quand nous avons causé de mon nouveau livre ; ce qui n'est pas étonnant, car il est bien difficile de faire apercevoir clairement à un autre le plan d'un travail aussi vaste que celui que j'ai en tête.

Je vous ai dit que mon intention n'était point de rechercher ce qui restait à faire pour guérir la France telle
que l'ancien régime, la république et l'empire l'ont for-
mée. Cela est vrai. Ma ferme résolution est de m'arrêter
à l'entrée de ce terrain, de ne le considérer que de loin,
et de ne point viser à faire un livre de circonstance. Mais
il ne s'ensuit nullement qu'il n'y ait pas à tirer un sens
clair de l'étude historique que j'ai entreprise; qu'elle
doive laisser les opinions et les sentiments de l'auteur
dans le vague, et l'esprit du lecteur dans l'incertitude
des jugements qu'il doit porter sur les faits et sur les
hommes, sur les événements, leurs causes et l'enseignement qui en sort. Il serait bien singulier qu'apportant
dans cette étude des goûts si décidés, et souvent si pas-
sionnés, des idées si arrêtées, un but à atteindre si visible
pour moi et si fixe, je laissasse le lecteur sans impulsion
quelconque, errant au hasard au milieu de mes pensées
et des siennes.

Je crois que les livres qui ont fait le plus réfléchir
les hommes et ont eu le plus d'influence sur leurs opinions et sur leurs actes, sont ceux où l'auteur n'a pas
cherché à leur dire dogmatiquement ce qu'il convient
de penser, mais où il a mis leur esprit sur le chemin
qui conduit aux vérités et leur a fait trouver celles-ci
comme d'eux-mêmes. Si Dieu me laisse le temps et la
force nécessaires pour achever mon œuvre, il ne restera
de doute à personne, soyez-en certain, sur le but que je
me suis proposé.

Vous me dites que les institutions ne sont que la moitié de mon sujet. Je vais plus loin que vous, et je dis qu'elles n'en sont pas même la moitié. Vous connaissez assez mes idées pour savoir que je n'accorde qu'une influence secondaire aux institutions sur la destinée des hommes. Plût à Dieu que je crusse plus à la toute-puissance des institutions! J'espérerais mieux de notre avenir; car le hasard pourrait, un certain jour, nous faire tomber sur le précieux papier qui contiendrait la recette contre tous nos maux, ou sur l'homme qui saurait la recette. Mais, hélas! il n'en est rien, et je suis bien convaincu que les sociétés politiques sont, non ce que les font leurs lois, mais ce que les préparent d'avance à être les sentiments, les croyances, les idées, les habitudes de cœur et d'esprit des hommes qui les composent, et que le naturel et l'éducation ont fait ceux-ci. Si cette vérité ne sort pas, de toutes parts, de mon livre, s'il ne porte pas les lecteurs à faire sans cesse, dans ce sens, un retour sur eux-mêmes, s'il n'indique pas, à chaque instant, sans afficher jamais la prétention de le leur enseigner, quels sont les sentiments, les idées, les mœurs qui seuls peuvent conduire à la prospérité et à la liberté publiques, quels sont les vices et les erreurs qui en écartent au contraire invinciblement, je n'aurai point atteint le principal et pour ainsi dire l'unique but que j'ai en vue.

Passant à un autre sujet, vous dites, peut-être avec raison, que j'attache trop d'importance, quant à la foi, aux accidents de la conduite du clergé. Il faut pardonner quelque chose à la douleur, je pourrais presque dire au désespoir qu'éprouve, à la vue de ce qui se passe, un homme aussi convaincu que je le suis que la véritable grandeur de l'homme n'est que dans l'accord du sentiment libéral et du sentiment religieux, travaillant à la fois à animer et contenir les âmes, et dont la seule passion politique avait été, depuis trente ans, dans cet accord.

Je suis loin de dire que chez le plus grand nombre de nos compatriotes, la considération pour la religion ne croisse pas en ce moment; mais ce n'est malheureusement pas la même chose que l'accroissement de la foi.

Dans les premiers jours du mois prochain mon père doit venir passer quelques jours avec nous. Après quoi, nous renonçons aux vivants et ne vivons plus que dans la compagnie des morts illustres dont les livres seront notre seule société. Je ne désespère pas cependant de voir avant le printemps un bon ami, comme vous, s'arracher quelque temps à Paris, pour nous faire l'aumône d'une petite visite. Me tromperais-je? Le monde se rétrécit de plus en plus pour moi, au point de ne plus contenir que cinq ou six personnes dont la compagnie me plaise, m'adoucisse et me réconforte. Vous êtes à la tête de ces derniers des humains. Jugez si je prends mon parti d'être tant de mois sans causer avec vous autrement que par lettres.

A M. FRESLON

Saint-Cyr, 25 septembre 1853.

J'ai regretté, mon cher ami, que vous n'ayez pas reçu ma dernière lettre avant de partir pour la Belgique. . .

Je continue toujours les travaux auxquels vous vous intéressez, mais bien lentement. . . . .

Quand on étudie, comme je le fais à Tours, dans les archives d'une ancienne généralité, le détail des affaires administratives avant la révolution de 1789, on trouve mille nouveaux motifs de haïr l'ancien-régime, mais peu de raisons nouvelles pour aimer la révolution ; car on y voit que l'ancien régime s'affaissait de lui-même et rapidement sous le poids des années et par le changement insensible des idées et des mœurs, et qu'avec un peu de patience et de vertu on aurait pu le transformer sans détruire tout à la fois ce qu'il contenait de détestable et de bon. Il est curieux de voir à quel point le gouvernement de 1780 est déjà différent de celui de 1750. Ce sont les mêmes lois, ce sont en apparence les mêmes règles, ce sont abstractivement les mêmes principes, c'est le même aspect à la surface. Au fond, ce sont déjà d'autres méthodes, d'autres habitudes, un autre esprit. Gouvernés et gouvernants ne sont déjà plus reconnaissables. On n'est pas tombé de l'excès du mal en révolution, mais du progrès en révolution. Arrivé milieu de l'escalier, on se jette par la fenêtre pour être plus tôt arrivé au bas. Ainsi, du reste, va presque toujours le monde. Ce n'est presque jamais quand un état de choses est le plus détestable qu'on le brise ; mais lorsque, commençant à s'améliorer, il permet aux hommes de respirer, de réfléchir, de se communiquer leurs pensées, et de mesurer par ce qu'ils ont déjà l'étendue de leurs droits et de leurs griefs. Le poids, quoique moins lourd, paraît alors plus insupportable.

Vers le 15 octobre, je compte prendre mes quartiers d'hiver. C'est alors que je me flatte de pouvoir travailler sérieusement. Je mettrai de côté les livres, je cesserai de fouiller dans les vieux papiers. J'entreprendrai enfin d'écrire et de commencer véritablement mon œuvre ; car jusqu'à présent je n'ai fait que me préparer, et je commence tout à la fois à m'agiter et à m'énerver dans ce long noviciat. Je jetterai sur le papier, tant bien que mal, le premier chapitre de l'ouvrage ; et, suivant le résultat de ce travail, je verrai si j'ai réellement dans la tête un grand livre ou seulement son image fugitive. J'ai besoin de réussir dans ce premier effort pour avoir le courage de continuer à marcher. La vue de ce qui se passe n'est bonne à rien, pas même à faire faire un livre dans la solitude. Vous voulez que je ne sois point triste ; c'est un conseil de lion, mais le moyen de le suivre ! . .

A M. CH. RIVET.

Saint-Cyr, 23 octobre 1855.

J'ai beaucoup à vous remercier, mon cher ami, de la bonne et aimable lettre que j'ai reçue de vous. Parlez-moi toujours, je vous prie, sur ce ton-là, et soyez assuré qu'il n'y a rien de ce qui vous regarde, affaires, sentiments, intérêts, parents, amis, qui me soit indifférent. C'est ainsi qu'il en est toujours de la véritable amitié. Celle que je vous porte est bien réelle, et elle est accompagnée de cet ingrédient qui rend les amitiés durables, l'estime. Vous êtes assurément l'homme dans lequel j'ai le plus rencontré l'honnêteté et la délicatesse des sentiments, jointes à l'art de surmonter ou de tourner toutes les petites difficultés que les passions et les intérêts contraires des hommes font naître : ce qui est la vraie science de la vie. Ces deux qualités, qui devraient toujours marcher ensemble, sont si souvent séparées, qu'il faut bien remarquer ceux qui les possèdent à la fois.

J'ai à peu près terminé les travaux préparatoires dont je vous ai parlé pendant un de vos séjours ici, et je crois que je serais aujourd'hui en état d'ouvrir un cours sur l'étude du droit administratif sous l'ancien régime. Il s'agit de savoir s'il y a maintenant quelque chose à tirer de ces matériaux, qui ne sont qu'un fumier inutile si par leur moyen on ne fait pas pousser quelque plante nouvelle. Je me mettrai à écrire véritablement dans une dizaine de jours. C'est alors que je me recommande à vos prières; car alors seulement se posera et se débattra au dedans de moi cette redoutable question de savoir si je puis, oui ou non, tirer désormais parti de ma vie.

Je n'ose enregistrer la promesse que vous faites de venir nous visiter au fond de notre désert. Tout ce que je puis vous assurer, c'est que vous y serez très-bien reçu. Adieu, mille amitiés de cœur.

A GUSTAVE DE BEAUMONT

Saint-Cyr, près Tours, 3 novembre 1853.

... Je vous avais d'avance autorisé à garder *Haxthausen* le temps nécessaire pour le lire avec soin. Ce livre mérite de tout le monde, mais surtout de vous, une attention particulière; car quoique ennuyeux à mourir, il est très-instructif, et jette notamment de grandes lumières sur les Slaves. Il y a certainement dans les mœurs qu'il décrit quelque chose qui caractérise cette race et que vous avez besoin de connaître. *** vient de m'envoyer un gros livre, plein de recherches savantes, écrit d'ailleurs avec un vrai talent, dans lequel il s'applique à prouver que tous les événements de ce monde s'expliquent par la différence des races. Je n'en crois absolument rien; cependant je pense qu'il y a dans cha-

que nature, soit que cela vienne de la race ou plutôt de
l'éducation des siècles, quelque chose de très-tenace,
peut-être de permanent, qui se combine avec tous les incidents de sa destinée, et s'aperçoit au travers de toutes
les fortunes, à toutes les époques de son histoire. Cela
est vrai surtout des nations à demi civilisées qui ont
longtemps vécu à part. Bien discerner les traits particuliers qui distinguent leur physionomie dans la foule
du genre humain, est une condition nécessaire pour bien
parler d'elles. On voit, de plus, dans *Haxthausen*, apparaître un tableau très-extraordinaire qui mériterait
seul qu'on dévorât l'ennui de la lecture de son œuvre :
c'est celui que présente un peuple retenu encore dans
les langes du servage et de la propriété commune, et
jouissant cependant en partie des institutions, et même
partageant sous certains rapports l'esprit des temps démocratiques et civilisés dans lesquels nous vivons. D'un
côté la glèbe du dixième siècle, et de l'autre le mouvement perpétuel de lieu et d'état qui caractérise les Américains. Du reste, ce qui rend notre auteur si ennuyeux,
ce n'est pas seulement la faculté dont il est doué, d'é-
crire d'une manière diffuse, prolixe et fatigante ; c'est
encore l'ennui naturel et inévitable dont on ne peut
manquer d'être saisi à la vue de cette société russe d'en
bas, où tout est si parfaitement uniforme dans les idées,
les lois, les usages, et jusqu'aux moindres détails de
l'aspect extérieur des objets. Cela me fait l'effet d'une
Amérique, moins les lumières et la liberté, une société
démocratique à faire peur.

A M. FRESLON

Saint-Cyr, 5 novembre 1855.

J'ai été, en effet, assez inquiet de vous, mon cher ami, avant d'avoir reçu votre dernière lettre. . . . . .

C'est enfin la semaine prochaine que j'abandonnerai la lecture des livres et la recherche des vieux papiers, pour commencer à écrire moi-même. Je vous assure que je vois arriver ce moment avec une grande anxiété et une sorte de terreur. Trouverai-je ce que je vais chercher? Y a-t-il, en effet, dans le sujet que j'ai choisi, de quoi faire le livre que j'ai rêvé, et suis-je l'homme qu'il faut pour réaliser ce rêve? Que ferais-je si j'apercevais que j'ai pris des inspirations vagues pour des idées précises, des notions vraies mais communes pour des pensées originales et neuves? J'ai tellement arrangé ma vie que si j'échouais dans cette tentative, je ne saurais que faire; car vivre pour *vivre* ne m'a jamais été possible. Il m'a toujours fallu de toute nécessité faire ou du moins me donner l'illusion que je faisais quelque chose de plus. Vous êtes très-aimable de me dire que le goût du public revient aux livres; que ceux-ci reprennent une certaine influence sur les esprits. Je vous avoue que j'aime à vous entendre dire cela, mais ne vous crois guère. Mon impression est que, quant à présent, il n'y a pas de public en France pour les écrivains. Ce qui se passe, sous ce rapport, n'a pas d'analogue dans l'histoire des deux cents dernières années; et de tous les changements que la suite des temps a amenés dans notre caractère et nos habitudes, celui-là est un des plus extraordinaires. De la nation la plus littéraire de l'Europe, de celle qui s'est remuée elle-même et a remué le monde à l'aide d'idées prises dans de gros livres, il est sorti une génération qui ne s'intéresse absolument à rien de ce qui se peut écrire, et qui n'attache plus d'importance qu'aux faits, et encore à un très-petit nombre de faits; ceux qui ont un rapport visible, direct et immédiat avec le bien-être. De toutes les aristocraties, celle que la révolution a quant à présent le plus détruite, est l'aristocratie littéraire.

J'ai été charmé de la petite visite de Dufaure.

Adieu, mille amitiés de cœur.

A MADAME LA COMTESSE DE CIRCOURT.

Saint-Cyr, 20 novembre 1853.

Vous voilà revenue dans vos Bruyères[1], madame, malgré l'hiver. Je ne vous plains pas trop. Vous avez bien des raisons pour ne pas craindre les effets de la solitude. Et d'ailleurs y a-t-il une solitude à trois lieues de Paris

---

[1] Les Bruyères, habitation de madame de Circourt, entre Saint-Cloud et La Celle.

et avec autant d'amis que vous en avez? Peu de gens cependant me paraissent de retour à Paris; parmi ceux-là,
plusieurs, si j'en crois une lettre de madame de Virieux,
y sont malades. Elle me mande que madame Swetchine
est plus souffrante que jamais de ses douleurs, et obligée
de se dérober quelque temps à la compagnie de ses amis
pour se soigner plus à son aise dans un couvent. Elle
ajoute que madame de Rauzan souffre d'une indisposition
très-douloureuse. Enfin, elle me confirme ce que m'a-
vait déjà mandé M. de Circourt de madame Le Tissier.

Ce qui m'a fait grand plaisir, au milieu de ces mauvaises nouvelles, c'est ce que m'a mandé M. de Circourt,
de la bonne réception faite en Pologne à la jeune madame de Soltick.

Je ne vous parle point de moi, madame, simplement
parce que je n'ai rien à en dire : une uniformité très-
douce, mais qui ne laisse rien à raconter, voilà ma vie.
Nous finissons d'ordinaire nos soirées par des lectures;
mais les livres agréables à lire sont rares! Nous avons
achevé, en bâillant, les Mémoires, que vous connaissez
sans doute, de madame la baronne d'Oberkirk, qui ra-
vissaient, m'avait-on dit, le faubourg Saint-Germain et
la rue du Faubourg-Saint-Honoré. Cela pourtant vaut
moins que rien. On y retrouve tous les petits côtés de
l'ancien régime sans un seul des grands traits qui lui
restaient encore, sa futilité sans son esprit; et l'on y découvre en plein cette sorte d'imbécillité sénile dans laquelle tombent les aristocraties vieillissantes et réduites
à n'être plus qu'une coterie de salon, après avoir mené

les hommes et les affaires. Quoi qu'il en soit, ce livre est jusqu'à présent le seul que les libraires m'aient indiqué comme ayant fait depuis six mois un certain bruit. . . . .

Ceux qui croient qu'en détournant les hommes des plus grands objets de leur méditation, on les rend plus actifs et plus puissants à produire le peu qu'on leur laisse faire, ceux-là traitent l'esprit humain d'après les lois de la matière. Ce sont les machines à vapeur et les cours d'eau qui font tourner les petites roues d'autant plus vite et plus aisément qu'on a détourné leurs forces des grandes. Mais les règles de la mécanique ne sont pas applicables à nos âmes.

Adieu, madame, voilà une lettre bien ennuyeuse; mais qu'attendre de mieux d'un solitaire?

———

A MADAME GROTE

Saint-Cyr, 22 novembre 1855.

Je veux absolument vous écrire, chère madame Grote; et cependant Dieu sait que, dans la solitude où je vis, je n'ai absolument rien à dire à mes amis, si ce n'est que j'ai beaucoup d'affection pour eux : vérité intéressante pour quelques-uns peut-être, mais qui ne peut avoir pour vous le mérite de la nouveauté. Vous savez sans doute à quoi vous en tenir sur notre amitié, sans que je vous en parle. Je veux cependant vous écrire, quoique je n'aie rien à vous dire, parce qu'il me fâche d'être si longtemps sans entendre parler de vous *par vous-même*. Je n'ai eu de vos nouvelles que par des voies indirectes. Ayez donc la charité de nous en donner. Ne nous traitez pas tout à fait comme des gens enterrés, bien qu'il soit permis de nous tenir pour tels, et que, quelquefois, je sois moi-même tenté de dire comme cet ivrogne des fables de la Fontaine qui, se réveillant dans un caveau où ne pénètre ni bruit ni lumière, s'écrie : Eh quoi ! ma femme est-elle veuve ? — Ne nous plaignez pas trop pourtant, car si le bruit nous manque ici, la lumière ne nous fait pas défaut. Nous vivons en plein midi dans une petite chaumière située sur les bords de la Loire, avec les clochers de Tours en perspective. Nous ne voyons personne du pays, n'ayant pas voulu faire de connaissances parmi les indigènes et sachant, par expérience, que pratiquer les gens de province, c'est quelquefois troquer la solitude contre l'ennui ; mauvais échange. Plusieurs de nos amis se sont donné la peine de venir nous voir et cela nous a suffi pour conserver le goût des humains. Ma santé semble s'être améliorée par la vie que je mène ici ; et celle de ma femme qui était si ébranlée est, je l'espère, affermie. Aussi notre intention est-elle d'établir bravement ici nos quartiers d'hiver et de ne revenir à Paris qu'un moment, le printemps prochain, avant de faire le voyage que vous savez que nous méditons en Allemagne ; voyage que je n'entreprendrai point sans m'entretenir encore avec vous, et sans vous demander vos bons avis et vos excellentes recommandations.

Vous allez croire que ces quatre mois de retraite ont dû grandement servir à mes travaux : très-peu, au contraire. J'ai lu, rêvassé, je n'ai rien écrit du tout, et je me demande comment se sont passées tant d'heures écoulées. Il m'est arrivé ce qui arrive, dit-on, aux prisonniers qui, voyant devant eux un immense loisir, remettent toujours au lendemain le travail qu'ils veulent entreprendre et arrivent souvent au bout de leur emprisonnement ou de leur vie sans avoir seulement commencé l'œuvre qu'ils eussent facilement terminée au milieu des distractions du monde. J'espère bien toutefois qu'il n'en sera pas de même pour moi, et j'éprouve déjà de certaines démangeaisons d'écrire qui sont de bon augure.

J'espère ne sortir d'ici qu'après avoir mis mon œuvre bien en train. Mais que ce commencement est pénible! Ce monde qui a précédé la révolution française est presque aussi difficile à retrouver et à comprendre que les époques antédiluviennes. Le cataclysme de notre révolution n'a laissé que des débris recouverts par le nouveau sol, et qu'il faut retirer de là, un à un, pour en recomposer idéalement un monde à jamais détruit. En considérant toutes les choses que m'apprend cette étude préliminaire, et toutes les pensées qu'elle me suggère, je crois m'apercevoir que ce qui a le plus manqué à ceux qui ont voulu parler de la révolution française et même du temps présent, ce sont des idées vraies et justes sur ce qui avait précédé. J'aurai, je crois, sur eux cet avantage, et j'espère en tirer bon parti.

Rappelez-nous, je vous prie, au souvenir de M. Grote. J'ai apporté ici son dernier volume, et nous le lisons le soir tout haut avec un extrême plaisir. Veuillez ne pas m'oublier non plus auprès de M. de Bunsen ; quand vous verrez celui-ci, dites-lui que je commence son *Hippolytus*, qui me paraît bien intéressant, mais quelquefois met mon allemand en défaut. C'est un livre souvent difficile à comprendre, surtout pour un *écolier* comme moi.

Enfin, madame, et ceci est la plus importante et la plus pressante de mes recommandations, pensez à nous au moins quelquefois, très-souvent si cela est possible. Conservez-nous un peu de votre amitié, et croyez que nous ne tenons à rien plus qu'à conserver la petite place que nous occupons dans votre affection et votre souvenir.

A M. LE COMTE DE CIRCOURT

Saint-Cyr, ce 7 décembre 1853.

J'ai appris avec un grand chagrin, cher monsieur de Circourt, l'événement malheureux qui vous a forcé d'aller en Franche-Comté presque aussitôt après votre retour de votre long voyage dans le midi de la France.

J'ai apporté ici de Paris et j'ai à peu près complétement lu, je dis à peu près, car une telle lecture est une rude affaire, un livre que vous m'aviez indiqué, je crois, celui d'Haxthausen sur les classes agricoles en Russie. On ne saurait rien rencontrer de plus fatigant, à mon avis, que l'étude de cet ouvrage; mais rien au monde n'est plus instructif. L'auteur, qui me paraît un bien médiocre esprit, est un témoin très-honnête et qui a eu le bon esprit de regarder la seule chose qui soit intéressante et parfois grande en Russie, et la seule que personne n'y va voir : le peuple. J'ai trouvé là une grande masse de faits dont je n'avais pas d'idée et qui m'ont paru jeter une grande lumière sur cette partie si peu connue de notre Europe, si tant est que ce soit encore l'Europe. Je ne voudrais pas vous dire trop de mal de la Russie, car vous avez une excellente raison au moins d'en penser du bien; aussi je me bornerai à remarquer que je n'ai jamais eu moins de goût pour aller habiter dans l'empire des tzars qu'après avoir lu Haxthausen. Ce qui rendrait surtout pour moi cette société inhabitable, ce serait l'ennui; on respire l'ennui rien qu'en l'entendant décrire. L'uniformité dans la liberté m'a toujours semblé ennuyeuse, mais que dire de la complète uniformité dans la servitude, de ces villages si parfaitement semblables, peuplés de gens si parfaitement pareils, faisant les mêmes choses, au milieu du plus profond sommeil de l'intelligence? Je vous confesse tout bas que j'aimerais mieux la barbarie désordonnée.

Comme je venais d'écrire l'autre jour à madame de Circourt, j'ai reçu une lettre de celle-ci ; la lettre la plus aimable et la plus amicale du monde. Je lui aurais récrit sur-le-champ pour la remercier, si je n'avais craint de la fatiguer de ma personne en lui envoyant ainsi deux lettres coup sur coup.

Adieu, cher monsieur de Circourt ; songez, je vous prie, quelquefois à moi, et donnez-moi des nouvelles de toute chose, car tout m'intéresse et surtout ce qui vous regarde ; mille amitiés.

A M. DE CORCELLE

Saint-Cyr, près Tours, 31 décembre 1855.

Je veux bien finir l'année, mon cher ami, en employant l'une de ses dernières heures à vous écrire. Je jouis de vous savoir aussi agréablement occupé et entouré. Que Dieu vous accorde beaucoup de jours semblables à ceux qui s'écoulent de la sorte !

Nous continuons à nous bien porter malgré la rigueur de la saison. Quand je me suis levé avant-hier, mon thermomètre marquait seize degrés et demi au-dessous de zéro. Je n'ai jamais vu en Sicile ou en Afrique de nuits plus semées d'étoiles et plus étincelantes ; c'était un ciel astronomique, un firmament de Chaldée et, en somme, un abominable froid. Je ne sais si vous en avez autant dans vos contrées. Ce qui me troublait dans mes méditations, au milieu des splendeurs du ciel, c'était la pensée de tant de pauvres gens qui, à cette heure, grelottaient presque sans pain, sur la terre. Ce froid augmente beaucoup la misère, qui était déjà bien grande avant lui.

Ne pouvant prendre avec moi ma bibliothèque dans la solitude écartée où je vis, j'ai fait, du moins, venir un volume des œuvres de tous les grands écrivains de notre langue.

C'est une grande et belle compagnie. J'ai lu l'autre jour le sermon de Bourdaloue *sur la fausse conscience*. Il m'a ravi. Il me semble pourtant qu'il y avait encore plus à dire sur l'obscur et redoutable phénomène que ce sermon cherche à peindre; mais tout ce qu'en dit le prédicateur est vrai et profondément touché. Quelle admirable langue! quel art consommé dans ce saint homme! on ne saurait assez s'en pénétrer. L'adresse avec laquelle il varie les formes du langage pour soutenir et reposer l'attention de l'auditeur, est véritablement merveilleuse. Où Bourdaloue, qui avait vécu si longtemps en province, avait-il pu acquérir ces finesses de l'art; et parmi les qualités plus substantielles encore que celles dont je parle, le don de choisir le mot nécessaire (il n'y en a jamais qu'un) et de vider pour ainsi dire la pensée de toutes les choses qu'elle contient? Pour exposer celle-ci bien en relief à la vue, il n'est pas moins supérieur.

J'ai lu aussi des sermons de Bossuet. C'est une partie de ses écrits que je connaissais peu, si toutefois on peut appeler cela des écrits. Ce sont des improvisations dans lesquelles son génie, moins contraint qu'ailleurs, m'a paru heurté et presque sauvage, mais plus vigoureux encore et peut-être plus grand que dans aucun de ses ouvrages.

Je partage bien votre impression sur l'impertinence du *Catholicisme progressif*. Cela est détestable, même à part la foi. Une religion est vraie ou fausse d'une manière absolue. Comment peut-elle faire des progrès? Comme vous le dites très-bien, ce progrès ne peut être que dans l'application et non dans la doctrine. De plus, ce mot de *progressif* ne peut être soufflé à un écrivain français que par le diable, tant il est mauvais. Quelle grimace il aurait fait faire à ces illustres morts qui me tiennent compagnie!

Me voici, cher ami, au bout de mon rouleau. Mais je ne finirai pas sans vous embrasser de meilleur cœur encore que de coutume en l'honneur du jour de l'an. Offrez autour de vous tous nos vœux et n'oubliez pas d'embrasser aussi votre petit François.

A MADAME LA COMTESSE DE CIRCOURT

Saint-Cyr, 11 janvier 1854.

Je me hâte, madame, de vous écrire avant que vous ayez quitté la campagne, persuadé qu'une femme, fût-elle la plus parfaite du monde, revenue à Paris, n'a plus le loisir ni peut-être même pas beaucoup le goût de songer aux amis qui n'y sont pas. Je prends donc mes précautions, et je cherche à vous faire penser à moi, tandis qu'il en est temps encore.

Mille remercîments, madame, de votre lettre et de celle très-aimable qui l'avait précédée. Toutes les deux ont été de vraies joies dans ma solitude. Ce que vous me dites de la charmante retraite que vous vous êtes créée me fait envie, mais ne me surprend pas. J'avais admiré le parti que vous aviez su tirer de la petite cabane où je vous vis il y a trois ans. Vous étiez parvenue à la transformer en un délicieux chalet, tel qu'on n'en voit malheureusement guère en Suisse. Que n'avez-vous pas dû faire dans votre nouvel asile? Il me tarde de vous y aller voir. Car où peut-on vous trouver ailleurs? à Paris, on ne fait que vous entrevoir. Quoique vous soyez la femme du monde qui sachiez le mieux donner à chacun de vos hôtes sa part de votre amabilité, cela ne peut suffire, à mon avis, à ceux qui vous apprécient comme vous devez l'être; et je suis, vous le savez, du nombre. En attendant que je puisse jouir du plaisir de la société, je vis ici dans une solitude si complète qu'elle ressemble à celle d'un château fort, si ce n'est qu'on peut s'aller promener librement dans la campagne. Ce qui m'effraye, madame, c'est de m'y trouver si bien. Cela me fait craindre d'avoir un fonds d'insociabilité dans le caractère. Ne pouvant faire venir ici ma bibliothèque pour me tenir compagnie, je me suis fait envoyer, du moins, un volume de

chacun des grands auteurs qui me plaisent. Cela ne fait
guère plus de vingt-cinq volumes. Ils tiennent tous sur
un fort petit rayon. Presque aucun n'a été composé depuis moins de cent ans. J'ouvre tantôt l'un, tantôt l'autre
au hasard. C'est presque comme si je causais avec leurs
auteurs. Je suis frappé de voir comment, malgré la variété de leur génie, le fond de leurs beautés est le même
et comme ils sont tous grands par les mêmes causes. Je
ne fais par moins de trois heures d'allemand tous les
jours, et commence à prendre goût à cette étude. Mais
je ne puis m'habituer aux sons gutturaux de cette langue. Il me semble qu'on a toujours l'air de rudoyer les
gens en leur parlant. Est-ce qu'on a jamais dit des douceurs en allemand, madame? On assure qu'on en dit
dans toutes les langues, même en iroquois.

J'espère que si vous m'écrivez de Paris, vous me par-
lerez un peu de ce qui se passe, de ce qu'on y dit, de ce
qu'on y écrit, si on écrit encore. Parle-t-on d'autre chose
que de Bourse ou de guerre? Ce quelque chose m'intéresserait fort. J'ai reçu l'autre jour de madame de Rauzan une petite lettre pleine d'amabilité. J'en ai été très-
touché, sachant l'impossibilité où elle est d'écrire et
connaissant par expérience l'ennui qu'on trouve à dic-
ter. Veuillez la remercier en attendant que je le fasse
moi-même.

Je devrais mériter les nouvelles que je vous demande
en vous donnant des nouvelles de mon côté. Mais que
peut-on offrir du fond de sa cellule, sinon des pensées,
ce qui ne vaut pas la peine d'être offert? Je finis donc,

madame, en vous priant d'excuser la parfaite insignifiance de cette lettre et d'agréer l'hommage de mon respectueux dévouement.

A M. LE BARON DE TOCQUEVILLE (ÉDOUARD)

Saint-Cyr, 7 mars 1854.

Je t'écris, mon cher ami, à Baugy, où mon père m'a mandé que tu allais passer quelques jours. J'espère que ma lettre t'y trouvera encore et sera bien reçue dans ta solitude.

Je n'ai que de bonnes nouvelles à te donner de nos santés. Le temps qu'il a fait pendant huit ou dix jours (ce que j'appelle un affreux beau temps, le vent froid et le soleil ensemble) a un peu éprouvé mes nerfs, mais ne m'a pas rendu réellement souffrant, et c'était pour moi une épreuve assez sérieuse. Car les bords de la Loire ont ressemblé pendant quelques jours aux bords de notre Océan, et la bise n'y était guère moins aigre.

Le travail dont tu t'informes avec bonne amitié avance, mais lentement et sans me laisser apercevoir même dans l'éloignement son terme. Seulement, sa forme et ses limites deviennent de plus en plus précises, et toute la première partie, c'est-à-dire environ un volume, sera, j'espère, achevée quand je quitterai au mois de mai cette retraite. C'est, comme tu sais, un livre sur la révolution française : non une histoire, non une série d'observations philosophiques ; le mélange des deux. Je la suis, d'époque en époque, depuis son commencement jusqu'à la chute de l'empire, tâchant de saisir dans chaque période le caractère distinctif du moment, ce qui l'a amené, ce qui va le suivre, et faisant ainsi marcher le lecteur au travers de tous les événements divers sans lui laisser perdre sa route, attentif au mouvement général des événements plus qu'aux incidents particuliers. Le sujet, en lui-même, est très-grand. Mais le livre qui en traite ne pourrait être un grand livre que par le mérite de l'écrivain. Tout est là : ce qui serait bien propre à détourner d'une pareille entreprise, si on avait autre chose à faire.

J'ai consacré toute cette année à faire ce qu'on n'avait jamais fait, à étudier l'ancien régime, et à savoir ce que les contemporains de l'ancien régime eux-mêmes ignoraient ; comment dans ce temps-là se menaient les affaires ; quels étaient les usages politiques, les règles, etc., etc.

Je crois avoir tiré de cette étude beaucoup de faits et d'aperçus nouveaux qui non-seulement expliquent pourquoi cette grande révolution a eu lieu en France, pourquoi elle y a eu le caractère que nous avons vu ; mais encore pourquoi sont arrivés beaucoup d'événements accomplis depuis, et d'où nous sont venus une foule d'habitudes, d'opinions et de penchants que nous croyons nouveaux et qui ont leur racine dans le gouvernement de l'ancien régime. C'est cette première partie qui sera, je le répète, terminée quand je quitterai ce lieu-ci; et s'il en est ainsi, je n'y aurai pas perdu mon temps. Car il a fallu me livrer à un travail préparatoire immense et fait presque toujours à tâtons. Mon dessein est de ne pas dépasser deux volumes. Je crains d'avoir commencé par mon pain blanc. Pour les premiers temps de la révolution, il me sera encore facile de me procurer les documents dont j'ai besoin. Mais quand j'arriverai à l'empire, je crains de ne pas rencontrer partout les facilités que j'ai trouvées jusqu'à présent. Je me console en pensant que c'est là une question d'avenir et en disant comme ce Grec : Peut-être d'ici-là le roi, l'âne ou moi, nous mourrons...

Le bien et le mal de mon travail, c'est qu'il n'écarte pas la pensée du temps présent. Le bien : parce que l'intérêt pour le faire est plus grand. Le mal : parce qu'il serait à désirer de se distraire absolument de la France, quand on pense comme moi. . . . .

Je ne te dis rien de la guerre, car qu'en sais-je? Je blâme autant que tu peux le faire ceux qui prennent en ce moment pour terrain de leur opposition la politique étrangère. Il faut toujours être de son pays avant d'être de son parti; et quelque adversaire que je sois du gouvernement actuel, je serai toujours de son côté quand il sera en face de l'étranger... Mais assez et trop de politique. Je finis là en t'embrassant de tout mon cœur.

A M. LE COMTE DE CIRCOURT

Paris, 1er juin 1854.

Mon premier soin en arrivant ici, cher monsieur de Circourt, a été de me rendre chez vous...

Je ne fais que traverser pour ainsi dire Paris. J'en suis donc réduit à vous mander ce que j'aurais bien mieux aimé vous dire. Vous pressentez qu'il s'agit de ce petit voyage d'Allemagne que j'ai toujours fort en tête, et que je vais exécuter, j'espère. J'ai besoin, pour y bien réussir, de vos avis; et je vous prie de ne pas me les faire trop attendre.

Voici mon programme, tel du moins que je l'ai arrêté provisoirement. Vers le 15 de ce mois, je me rends dans la vallée du Rhin, vers un point quelconque, Bonn, par exemple, et je reste là ou aux environs six semaines. Je me transporte ensuite à Dresde, pour faire de cette ville un nouveau centre autour duquel je rayonnerai. Quant à mon principal objet, je veux surtout savoir dans quel état se trouvait l'Allemagne au moment où la révolution française éclatait; ce qu'y a produit d'abord notre contact, soit par les idées, soit par les armes; et enfin, pour compléter les connaissances dont je suis curieux, ce qui s'est passé de principal dans ce grand pays jusqu'au moment où il s'est levé en masse contre nous. Le travail qui a précédé cette levée en masse exciterait vivement ma curiosité.

Maintenant je vous demande quels sont, à votre avis, les principaux lieux qu'il faut visiter pour recueillir le mieux et le plus facilement ces renseignements ; quels sont les livres indigènes et surtout les hommes les plus importants à consulter suivant votre jugement. Votre opinion aura, je vous en préviens, une grande influence sur ma marche. Ainsi je vous prie de me la donner aussi développée et motivée que possible.

Je ne vous en dis pas plus long en ce moment, ayant, comme vous pouvez le croire, mille choses à faire durant mon court séjour dans cette ville. Je ne veux pas cependant finir sans vous prier de dire à madame de Circourt l'extrême regret que j'éprouve d'être obligé de remettre à l'automne le plaisir de la voir. Indépendamment de l'agrément si grand qu'on trouve toujours dans sa société, j'espérais de plus, cette fois, obtenir d'elle aussi des notions bien précieuses sur le pays que je vais parcourir et qu'elle connaît si bien...

AU MÊME

Bonn, 30 juin 1854.

Je ne veux par tarder plus longtemps, cher monsieur de Circourt, à vous remercier dès connaissances agréables ou utiles que vous m'avez fait faire dans ce pays. Nous avons trouvé, comme vous me l'aviez annoncé, dans la comtesse d'Oriolla[1], une femme très-spirituelle, très-aimable et de tous points charmante. J'ai fait, de plus, la connaissance des principaux professeurs de l'Université, pour lesquels vous m'aviez donné des lettres.

Nous avons loué hors de la ville, sur les bords du Rhin, un petit logement assez agréable. Nous comptons rester là au moins pendant tout le mois de juillet.

A peine établi, je me suis mis à l'œuvre. J'ai tellement négligé jusqu'à présent l'Allemagne vivante pour ne m'occuper que de l'Allemagne morte, que je n'ai aucune idée de l'état actuel des esprits sur les bords du Rhin, non plus que si j'étais sur ceux de la Loire. Mais en revanche je me suis plongé la tête la première dans le chaos de l'ancien régime germanique. Non point que j'aie entrepris de connaître la vieille constitution germanique; j'étais déjà assez au courant de cela. Je tente quelque chose de bien plus difficile, qui est de connaître l'ancienne constitution sociale et administrative de l'Allemagne. Je trouve là des difficultés qui me semblent quant à présent insurmontables, et entre autres celle-ci : rien n'est plus dissemblable, sous ce rapport, que les différentes parties de ce grand pays. Vouloir ramener toutes ces différences et quelquefois ces contrastes à une idée générale commune est impossible; et je vois que quand on veut obtenir des meilleurs esprits un pareil résultat, ils se troublent et n'arrivent à rien. La seule voie praticable me paraît être de renfermer chacun dans

---

[1] La comtesse d'Oriolla, née d'Arnim. Le comte d'Oriolla était alors colonel, et est aujourd'hui officier général au service de Prusse.

le pays qu'il connaît le mieux et de ne l'interroger que
sur ce pays-là. On en arrive ainsi à des vues moins générales, mais on se rend maître des détails qui, à la
longue, peuvent servir à obtenir des notions moyenne-
ment justes sur cet ensemble. Mais même en se restrei-
gnant ainsi, je trouve qu'il est encore difficile d'arriver
à rien de précis, soit faute du sujet ou de celui qui le
traite.

L'ancien régime, du moins dans cette partie de l'Allemagne où je suis, est si complétement et depuis si
longtemps détruit, qu'on ne rencontre que peu de gens
qui puissent dire avec quelque exactitude ce qu'il a été.
J'espère toutefois, avec de la persévérance, y parvenir.
Mais ceci n'est qu'un coin de l'Allemagne, et autant que
j'en puis déjà juger, le moins intéressant, sous certains
rapports, pour moi; parce que l'ancien régime des bords
du Rhin, moins les institutions politiques, ressemblait
sigulièrement à l'ancien régime français. Ce qui m'intéresse bien plus, c'est de savoir ce qu'était l'ancien
régime allemand dans les parties de l'Allemagne qui
avaient le plus retenu l'état social et administratif du
moyen âge. On m'assure que la Westphalie dont je suis
si proche, le Hanovre, le Brandebourg, le Mecklem-
bourg surtout, sont dans ce cas; s'il vous était possible
de m'indiquer dans ce pays-là des personnes en état de
me mettre au courant de l'ancien état de choses, vous
me rendriez un très-grand service. Ce qui me manque
surtout en fait de renseignements et de lettres d'introduction, c'est ce qui pourrait me mettre en rapport avec

des membres de l'ancienne aristocratie de la vieille Allemagne, gens parmi lesquels les goûts et les traditions des anciennes institutions doivent se rencontrer, et qui vivent encore au milieu des débris de ce monde antédiluvien.

Veuillez, je vous prie, me donner là-dessus vos idées que j'ai toujours trouvé si utile de connaître en toutes choses.

A M. DE CORCELLE

Bonn, 22 juillet 1854.

Jusqu'à présent, mon cher ami, notre voyage nous réussit fort bien. Nos santés sont bonnes. Nous sommes établis ici fort commodément. Nous avons fait beaucoup de connaissances agréables ou utiles. Je pense que je travaillerai plus efficacement, dans le but de bien connaître l'Allemagne, en l'examinant d'abord très-attentivement et à loisir dans une de ses parties, qu'en jetant çà et là des regards superficiels sur une vaste surface. Je compte donc que nous resterons encore ici près d'un mois, après quoi nous nous rendrons dans le nord, à Dresde et à Berlin. Nous ne serons guère de retour avant la fin d'octobre.

Quant à mes impressions sur ce pays, elles sont encore si incomplètes et si vagues, que je ne sais trop que

vous en dire. Je n'ai guère vécu qu'au milieu de l'Allemagne d'il y a un siècle; ce n'est que par hasard et
pour n'avoir pas trop l'air d'un revenant que j'ai parlé
de temps à autre de l'Allemagne de nos jours. À chaque
temps suffit sa tâche. Je ne suis plus un homme politique, je cherche à me bien mettre cela dans la tête et à
remplacer les passions que l'action donne par celles de
l'érudition. Cependant, comme ainsi que je vous le disais, j'étais de temps en temps obligé de parler de ce
dont tout le monde parle, j'ai recueilli ainsi, à bâtons
rompus, quelques notions générales que voici :

Ce pays-ci me paraît atteint, comme la France, d'une
grande langueur politique. Cela se voit à bien des signes
évidents, mais la maladie me semble infiniment moins
profonde que chez nous et d'une durée probable moins
longue. L'esprit, en s'alanguissant pour la politique, ne
s'est pas désintéressé, comme chez nous, de la plupart
des études qui s'élèvent au-dessus de la matière. La vie
scientifique et littéraire continue à être très-active; la
poésie même a conservé son empire. On publie un grand
nombre de livres qui trouvent un grand nombre de lecteurs. La pensée est sans cesse en action et se dirige
vers d'autres points que vers le bien-être. Même en politique, l'abattement qu'on remarque vient plus de l'espèce de confusion que cause la vue de toutes les sottises
qu'on vient de faire pour atteindre la liberté politique,
que d'un refroidissement pour elle. On continue à avoir
foi dans les institutions libres, à les croire l'objet le plus
digne d'inspirer le respect et l'amour. C'est l'absence de

cette foi qui est le symptôme le plus effrayant de notre maladie, et que je ne vois pas apparaître dans ces gens-ci. L'Allemagne est déroutée, embarrassée, ignorante des voies qu'il faut suivre, mais elle n'est pas brisée et réduite pour ainsi dire au néant, comme nous le sommes. Voilà du moins ce qui m'apparaît. Quant aux circonstances du temps, tout le monde en ce pays est visiblement passionné contre la Russsie, et cette passion rend les Allemands assez favorables à la France, à laquelle tant d'autres opinions générales les rendent hostiles.

J'ai constaté aussi dans l'ordre moral et politique l'indice de quelques autres faits qui me paraissent avoir de l'importance. Vous savez sans aucun doute le rôle qu'a joué la philosophie en Allemagne depuis cinquante ans, et particulièrement l'école d'Hegel. Vous n'ignorez pas sans doute que celui-ci a été le protégé des gouvernements parce que sa doctrine établissait, dans ses conséquences politiques, que tous les faits étaient acceptables et légitimes; par cela seul qu'ils se produisaient, ils méritaient l'obéissance. Cette doctrine a fini par donner naissance à toutes les écoles antichrétiennes et antispiritualistes qui ont cherché à pervertir l'Allemagne depuis vingt ans, surtout depuis dix, et enfin aux écoles socialistes qui ont tant favorisé la confusion de 1848. Hegel voulait qu'on se soumît aux faits anciens et encore existants du pouvoir établi de son temps, et qu'il déclarait légitimes en outre même de leur existence. Ses écoliers ont voulu créer à leur profit d'autres faits contraires qui, par la vertu de leur domination, eussent été également légitimes et obligatoires, ce qui ne faisait plus l'affaire des protecteurs officiels d'Hegel. Tant il y a que de cette boîte de Pandore sont sorties toutes sortes d'infirmités morales dont ce peuple souffre encore. Mais ce qui est digne de remarque est ceci : Une réaction générale contre cette philosophie sensualiste et socialiste commence, à ce qu'il me semble, à se faire voir de toutes parts. Non-seulement ces doctrines ne sont plus prêchées dans les universités, mais un grand nombre de voix accréditées s'élèvent contre elles.

Tout le monde me dit que, parallèlement à cette révolution philosophique, on voit se raviver le sentiment religieux dans toutes les différentes croyances qui se partagent l'Allemagne. Ce sont là de bons symptômes. Je connais ici assez particulièrement des professeurs catholiques (l'Université de Bonn est mi-protestante et mi-catholique); ceux-ci m'affirment que le catholicisme a repris plus de vie qu'il n'en avait eu depuis un siècle; ce qu'ils attribuent principalement à la liberté véritable dont il jouit, malgré quelques tracasseries de détail et surtout à sa complète séparation de l'État, séparation d'autant plus complète que le souverain est protestant. L'un d'eux, le plus éminent, me disait l'autre jour en se promenant avec moi :

« Je trouve que le clergé français entre dans une voie bien dangereuse et qui nous remplit d'inquiétude. Comment n'aperçoit-il pas que, de nos jours, c'est l'indépendance du pouvoir temporel qui fait notre force et non l'appui toujours précaire, souvent dangereux, tou-

jours mal vu que ce pouvoir peut nous donner? Que vos
prêtres viennent chez nous, et ils verront combien nous
nous applaudissons de l'état de choses au milieu duquel
nous vivons; combien livré à lui-même et aidé seulement de la liberté, le catholicisme a retrouvé dans ce
pays les forces qu'il avait perdues. Je vous assure, ajoutait-il, que si je pouvais mettre tout à coup le pouvoir
politique dans nos mains et détruire la concurrence que
nous font les protestants, je le refuserais sans hésiter
dans l'intérêt de notre croyance. »

Une dernière remarque encore que j'oubliais, quoique
le fait auquel elle se rapporte me semble le premier en
importance : je ne trouve nulle trace ici de cette espèce
d'hébétement créé dans la plupart des âmes en France
par la terreur du socialisme. Ces classes qui, chez nous,
sont absorbées de ce cauchemar, respirent plus librement, à ce qu'il me paraît, dans ce pays ; et je n'ai entendu dire à personne qu'il fallût placer un gendarme
à la porte de chacun pour l'empêcher d'être pillé et
égorgé par le voisin. Cela seul suffirait, vous devez le
penser comme moi, pour établir une profonde différence
entre l'Allemagne et la France ; car chez nous, quand
on remonte aujourd'hui à la source de tout ce qui se
passe, se dit et se fait, on parvient toujours à cette passion mère et centrale, la peur.

A MADAME LA COMTESSE DE CIRCOURT

Bonn, 27 juillet 1854.

Je vous écris, madame, d'un lieu où j'entends sans cesse parler de vous. Mademoiselle d'Arnim[1] ne tarit point sur la reconnaissance qu'elle vous doit, dit-elle, et les souvenirs de l'aimable hospitalité qu'elle a reçue chez vous reviennent sans cesse dans sa conversation. Vous jugez bien que c'est un sujet d'entretien dont nous ne la détournons pas, et que nous ne plaçons pas d'ombre dans ses tableaux. La société de mademoiselle d'Arnim et celle de sa très-aimable sœur et de son beau-frère donnent un très-grand charme à notre séjour ici. Nous n'osons pas trop user pourtant de la permission que nous ont accordée ces dames de les venir voir trop souvent par la crainte de les fatiguer. Il y a toujours un certain effort dans les frais qu'on fait pour des personnes qu'on voit pour la première fois. Nous tâchons donc de ne pas abuser de la bienveillance qu'on nous témoigne, et nous avons, en cela, du mérite. Vous connaissez trop bien mademoiselle d'Arnim, pour que j'aie besoin de vous dire combien il y a de distinction et d'agréments dans sa conversation. Je ne sais si vous avez autant vu sa sœur. Celle-ci nous a charmés dès le premier jour par la grâce naturelle de ses manières. Ce

---

[1] Sœur de la comtesse d'Oriolla, mariée au comte Flemming, ministre de Prusse à Carlsruhe.

que vous ne connaissez point, je crois, c'est le mari, et
ce n'est pas le moins bon à connaître. Il a beaucoup
voyagé, beaucoup vu, bien vu, fort réfléchi, est tout
autre chose qu'un soldat, sans cesser d'appartenir complétement à son métier. Sa conversation m'intéresse infiniment. Enfin, madame, j'irais tous les jours visiter
cette aimable famille, si je m'en croyais. Mais je n'use
au contraire que très-modérément de ce plaisir, par
discrétion. Cette opinion que nous avons d'eux paraît du
reste ici partagée par tout le monde. Je n'ai pas encore
rencontré une seule personne qui ne m'en ait dit du
bien : accord rare dans les grandes villes et surtout dans
les petites.

Indépendamment des agréments particuliers que nous
présente la maison de madame d'Oriolla, nous avons
trouvé ici beaucoup d'occasions de passer notre temps
d'une manière utile et très-conforme à nos goûts. Nous
vivons dans d'excellents rapports avec plusieurs membres éminents de cette université, et sommes reçus
très-cordialement dans l'intérieur de leurs familles. Cet
échantillon de la société allemande nous plaît assez pour
nous déterminer à rester dans ce lieu-ci beaucoup plus
longtemps que nous ne l'avions d'abord prévu. Je ne
pense pas que nous nous éloignions d'ici d'une manière
définitive avant la fin d'août.

On nous assure que nous avions commencé à faire ici
fort grand'peur; et l'étonnement qu'on témoigne de ce
que nous ne sommes pas pires, nous montre que l'opinion qu'on entretient en général sur les Français n'est

pas des plus favorables. Il perce contre ceux-ci, en effet, dans la conversation, des opinions ou tout à fait injustes ou fort exagérées, quelquefois fort ridicules. Je vois qu'on juge la France principalement par la littérature du dix-huitième siècle ou par les mauvais romans de nos jours. La première peint une société française qui n'existe plus ; et les seconds, une société française qui n'a jamais existé et n'existera jamais, j'espère. On tombe donc sans cesse à côté de nos défauts comme de nos qualités véritables : ce qu'il faut excuser, car nous changeons si souvent et si vite d'idées et de mœurs, qu'il est concevable que les étrangers, en courant après notre image, arrivent toujours trop tard pour la saisir. A vrai dire, nous ne conservons qu'un trait permanent : c'est la facilité à nous plier à tout, à prendre toutes les formes, et à présenter tous les aspects suivant les temps et les événements.

Adieu, madame ; madame de Tocqueville et moi, nous nous faisons un véritable plaisir de vous revoir cet hiver. Veuillez agréer l'hommage de mon respectueux dévouement.

A GUSTAVE DE BEAUMONT

Bonn, 6 août 1854.

· · · · · · · · · · · · · · · · · · · ·

· Nous sommes toujours à Bonn... J'y travaille beaucoup, et j'espère, sinon parvenir à connaître l'Allemagne, au moins à avoir une idée de ce qui m'importe
le plus de connaître en elle. On ne saurait montrer plus
d'égards à un étranger qu'on ne m'en témoigne ici,
jusqu'au point d'avoir fait en ma faveur une exception à
la règle absolue qui veut qu'à cette époque de l'année
tous les livres prêtés par la bibliothèque de l'Université
soient rapportés et qu'on n'en prête pas de nouveaux.
Nous avons trouvé ici quelques familles dans le sein
desquelles nous sommes intimement reçus, et dont les
mœurs nous plaisent beaucoup. La vie domestique en
Allemagne a évidemment des côtés très-attachants ; mais
ces hommes si distingués, si respectables dans la vie
privée, deviendront-ils jamais des citoyens ? Quand je
vois le long usage qu'ils ont fait du pouvoir absolu, la
douceur de ce pouvoir, les traditions de la liberté si
effacées dans les mœurs, la centralisation, la passion
universelle des places et partant l'universelle dépen-
dance, je me demande s'ils seront jamais bien différents
de ce qu'ils sont; toutefois, on peut reconnaître que
dans ce pays le sentiment de l'instabilité de toutes
choses est général.

J'ai eu l'autre jour avec un Prussien qui revenait des États-Unis, où il a été dix ans ambassadeur, une conversation qui m'a paru assez intéressante. Sa plus grande affaire était de surveiller les faits d'émigration Il m'a confondu en me disant que l'année dernière l'émigration allemande aux États-Unis s'est élevée au chiffre incroyable de cent quarante mille individus, et elle continue sur ce pied. Jadis il ne venait que des pauvres, mais aujourd'hui il émigre beaucoup de familles aisées et même riches. Je lui ai demandé de quel pays venaient en général ces hommes et quel motif les faisait émigrer. Il en arrive comparativement peu de Prusse. On ne comptait que dix mille Prussiens sur les cent quarante mille Allemands, mais ceux-là étaient presque tous des gens bien élevés et aisés ; les autres venaient particulièrement des petits États du centre de l'Allemagne, et aussi en grand nombre de Bade, du Wurtemberg, de la Bavière. Tous ces Allemands apportent, suivant la personne dont je viens de parler, leurs idées aux États-Unis, et dans une certaine proportion les y gardent. Ils conservent leur langue ; ils ne se mêlent pas beaucoup aux naturels ; ils restent d'ordinaire ensemble, et bien qu'à la fin, ils prennent par imitation une partie des usages politiques américains, surtout à la seconde génération, ils demeurent cependant un élément distinct et étranger. En somme, ce qu'il m'a dit m'a confirmé ce que j'avais toujours pensé, que la rapide introduction aux États-Unis d'hommes étrangers à la race anglaise est le plus grand péril qu'ait à courir

l'Amérique, et ce qui y rend le succès final des institutions démocratiques un problème non encore résolu.
J'oubliais de vous dire que mon interlocuteur attribuait
le départ de la plupart des familles qui partent d'Allemagne pour aller en Amérique, aux invitations pressantes que leurs parents et leurs amis déjà émigrés leur
envoient. Mais quelle cause *allemande* a porté ceux-là à
émigrer? C'est ce que je n'ai pu lui faire dire clairement et ce qu'il importerait surtout de savoir.

J'ai vu ici l'autre jour Henri Reeve qui prend les
eaux à Aix-la-Chapelle; je suis même retourné avec lui
à Aix pour prendre congé de Lamoricière. Hier sont arrivés ici votre ami, sir Georges C. Lewis et sa femme
lady Thereza. Ils sont venus aussitôt nous voir et nous
avons bien parlé de vous; ils restent ici quelques jours
et nous nous reverrons aujourd'hui.

. . . .

A M. LE COMTE DE CIRCOURT

Wildbad, 1er septembre 1854.

Je pense, cher monsieur de Circourt, que vous êtes
maintenant revenu de votre voyage; et ainsi que je vous
l'avais annoncé, je vous écris pour vous donner de nos
nouvelles et surtout pour avoir des vôtres. J'espère que
la fin de votre voyage n'a été marquée par aucun inci-

dent désagréable. Nous avons, en vérité, très-regretté de n'avoir pu vous conserver plus longtemps. Votre présence nous était très-agréable et votre concours me semblait très-précieux.

Nous avons quitté Bonn le 19 du mois dernier, et nous sommes ici depuis dix jours. Je ne sais si dans une des courses si multipliées que vous avez faites en Allemagne, vous avez pénétré jusque dans ces hautes vallées. Je l'imagine, car où n'avez-vous pas été sur le continent de l'Europe? Vous savez alors que nous sommes ici dans une forêt de sapins qui semble sans fin et au milieu d'un pays peu propre à la culture, peu habité, même par les animaux, et fort sauvage. Nous n'y avons rencontré absolument personne de connaissance, ce dont nous avons pris notre parti assez philosophiquement. Mais ce que nous supportons plus impatiemment, c'est de voir que les eaux n'ont encore rien changé à l'état de santé de madame de Tocqueville. . . . .

Si je ne réussis pas dans mes efforts pour apprendre l'allemand, ce ne sera pas faute d'obstination. Heureux mortel de pouvoir parler à votre volonté toutes les langues de l'Europe! combien je vous envie! Comment, avec l'excellent instrument intellectuel que vous possédez, avec votre merveilleuse facilité à tout comprendre, tout classer, tout retenir, ne vous êtes-vous pas consacré pendant deux ou trois ans de votre vie à *creuser* un seul sujet, à cultiver une science en particulier? Vous vous seriez fait assurément un nom très-illustre dans

cette étude spéciale. Mais vous éparpillez, permettez-moi
de vous le dire, une grande force qui concentrée eût
fait des choses très-rares et très-extraordinaires. Je
m'en plains et dans votre intérêt et dans notre intérêt
à tous. Je me mêle de ce qui ne me regarde pas ; pardonnez-moi, en considération de l'amitié et de l'estime
particulière qui me font parler.

P. S. Je ne vous parle de rien de ce qui se fait sur
la terre. C'est ce que peut faire de mieux un homme
qui vit entre deux bois de sapins au fond d'une ornière
si profonde, que pour lui le soleil se lève deux heures
plus tard et se couche deux heures plus tôt que pour
le reste des humains. C'est à vous à parler de ce qui
occupe les hommes. Un lettre donc, une longue lettre,
s'il vous plaît. Mille amitiés.

A GUSTAVE DE BEAUMONT

Tocqueville, 3 octobre 1854.

. . . Je vais aussitôt après le départ de mon père
suivre votre programme et me remettre sérieusement
et continûment à l'œuvre... Je tremble d'avance en
pensant à quel degré il est nécessaire pour moi de
réussir. Je ne sais, en vérité, ce que je deviendrais si
cette unique occupation me manquait. Je suis comme
ces pauvres gens qui, s'étant réduits à ne vivre que de

pommes de terre, meurent de faim sans miséricorde dans les mauvaises années. . . . .

Je vous renverrai sous peu les Mémoires du grand Frédéric, que j'ai lus; j'ai eu soin de ne point vous démarquer; c'est assurément une œuvre remarquable, bien moins cependant que l'homme même dont elle émane. Quels produits différents de l'intelligence que la pensée qui fait écrire et celle qui fait agir ! La pensée qui se resserre dans les limites d'un acte à accomplir, et celle qui s'étend dans un grand espace et veut juger en général les résultats et les causes ! Comme le même homme peut être supérieur dans le premier emploi de son esprit et médiocre dans l'autre, et réciproquement ! Jamais cela ne s'est mieux vu qu'ici. Dans ces Mémoires, d'ailleurs, le grand Frédéric ne parle guère que de batailles, ce à quoi je n'entends rien... Ce que j'aurais voulu surtout savoir, c'est comment Frédéric menait son gouvernement et les réflexions que ce sujet lui suggérait; mais j'imagine qu'il dédaignait trop cette partie de sa vie pour s'appliquer à la faire comprendre au lecteur. Ce qui me frappe, ce sont les étroites limites dans lesquelles est renfermée la vue des hommes, même des grands hommes, quand il s'agit de l'avenir. Je n'ai pas rencontré dans les ouvrages du grand Frédéric un mot qui indique l'attente des grandes révolutions qui sont sur le point de changer l'aspect de l'Europe. Lui-même par son langage et par ses idées annonce les approches de la révolution, et il ne la voit pas venir. N'est-il pas singulier que ce misérable Louis XV, au fond de son fumier, ait entrevu ce que Frédéric, éclairé par toutes les lumières de son génie, ne voyait point ! . . . .

. . . .

A M. DE CORCELLE

Clairoix, par Compiègne, 2 octobre 1854.

Mon cher ami, il nous est survenu vers la fin de notre voyage un incident fort agréable. Ampère, à son retour de Rome, a fini par nous découvrir au milieu de nos montagnes. Il y est accouru et nous sommes revenus avec lui jusqu'à Clairoix d'où je vous écris, et où mon père a retenu notre aimable compagnon de voyage.

La maison est si petite qu'on n'a pu trouver de chambre pour lui ; mais mon père a pu le placer dans une petite cabane à côté. Pour la première fois, Ampère a cour, hôtel et jardin à lui tout seul. Vous comprenez comme on est heureux de l'avoir ici. On n'a pas plus d'esprit et un esprit plus aimable ; l'humeur aussi indépendante que celle d'un oiseau et en même temps une facilité charmante de caractère qui, pour un temps, lui fait non-seulement adopter volontiers tout genre de vie, mais y entrer avec joie et s'y complaire.

Je n'ai pu atteindre que très-incomplétement le but que je me proposais, en entreprenant mon voyage. Je n'ai pas pu connaître l'Allemagne. J'ai seulement acquis, et cela est déjà quelque chose, une certaine facilité à comprendre ce qui s'y passe et ce qu'on m'en peut dire. La chose est difficile pour les Français, tant les deux peuples diffèrent.

Cependant le grand travail d'assimilation qui se poursuit dans tout le monde civilisé a déjà eu pour effet de rendre l'aspect de l'Allemagne fort semblable à celui de la France. Institutions, habitudes sociales, costumes, usages, tout est pareil dans les deux pays ou assez près de l'être. Ce qui est resté dissemblable, c'est ce qu'on ne voit pas, c'est-à-dire la manière d'envisager les choses de ce monde, la façon d'être affecté par la vue des faits, l'homme du dedans enfin qui garde son empreinte originelle, tandis que l'homme du dehors l'a déjà perdue. C'est cette Allemagne invisible dont j'ai fini par acquérir quelques notions, et celles-ci suffisent pour que je ne puisse considérer mon voyage comme tout à fait inutile.

Quant à la politique, je ne sais si, à tout prendre, l'espèce de paralysie que nous voyons en France n'est pas plus remarquable encore chez les Allemands. Les organes de la vie publique existent encore dans une grande partie de ce pays, mais on ne s'en sert pas. En Prusse, où il y a des assemblées véritables, une publicité complète de la tribune, une demi-liberté de la presse, une administration véritablement indépendante du pouvoir, de vieilles traditions d'ordre et de modération dans le gouvernement, on semble toutefois engourdi.

L'Allemagne n'a pas même reçu cette éducation politique imparfaite que nous avaient donnée les trente-six ans de gouvernement représentatif. Non-seulement les Allemands ne comprennent pas bien les moyens à l'aide desquels la liberté politique se fonde et se maintient ; ils en ont à peine l'idée. Ils conservent, au milieu d'institutions à demi libérales, toutes les mœurs que le gouvernement absolu des deux derniers siècles leur a données. La grande chimère de l'unité allemande remplit bien plus leur imagination que l'image d'une liberté régulière dans chacun des pays dont l'Allemagne se compose.

Il ne faut pas croire que si l'Allemagne est pour le moment en repos, elle soit assise. Elle dort, mais debout, et le moindre choc pourrait la jeter à droite ou à gauche. Il est facile de voir qu'il y règne un mécontentement vague du présent ; l'idée de la stabilité en est absente ; les vieilles traditions y sont détruites ; le respect pour les choses anciennes, pour les règles établies y est éteint. L'émigration s'accroît chaque année dans des proportions énormes. Deux cent quarante mille Allemands ont été chercher l'an dernier, en Amérique, d'autres lois et une autre patrie. Néanmoins, je suis convaincu que d'ici à très-longtemps aucun mouvement politique n'aura son initiative en Allemagne. Les Allemands sont très-faciles à remuer, mais ils ne se remuent pas d'eux-mêmes ; du moins je ne le pense pas.

Il ne faut pas croire non plus que la révolution de 1848 soit passée sur l'Allemagne sans laisser des traces, et qu'après cette grande perturbation la société s'y soit assise dans la place qu'elle occupait avant. On pourrait presque dire que notre révolution de 1848 a produit en Allemagne des effets plus considérables que notre révolution de 1789. Il est bien certain, du moins, que toutes les parties de la vieille constitution de l'Europe que la première avait laissées debout ont été définitivement mises en poussière par la seconde. L'abolition d'un nombre infini de priviléges, qui détruisaient ou gênaient la liberté civile, datera de cette époque et survivra à la liberté politique. Toute cette partie de la révolution de 1848 a été adoptée, avec amour, par les princes mêmes que cette révolution avait le plus menacés, et rien ne m'a jamais paru mettre plus en évidence cette vérité que j'ai depuis longtemps reconnue : que le grand mouvement de l'humanité qui a commencé chez nous, il y a plus de soixante-cinq ans, ne penche vers la liberté que par secousse, mais conduit vers l'égalité par une force irrésistible et continue.

Mais assez d'Allemagne. Nous avons donc quitté Wildbad vers le 20 du mois dernier. A Heidelberg, nous avons rencontré toute la famille de Lamoricière, et lui-même qui nous y avait donné rendez-vous. Nous avons passé là quarante-huit heures avec eux et les avons quittés avec grand regret. Jamais Lamoricière ne m'a témoigné une plus véritable amitié. Mari et femme supportent la situation actuelle avec une tranquillité sereine qui leur mérite le respect. A Bruxelles, j'ai manqué notre excellent ami Bedeau. Il était absent, ce qui m'a désolé. Lors de notre entrée à Valenciennes, on a pris aux voyageurs tout ce qu'ils pouvaient porter avec eux de journaux, de papiers imprimés. J'arrivais dans ma patrie.

Croyez, mon cher ami, à mon bien tendre attache-ment.

AU MÊME

Clairoix, 25 octobre 1854.

Nous avons loué une petite maison à trois quarts de lieue d'ici, à Compiègne. Là nous serons établis dans un lieu très-sec et exposé au grand soleil. Vers le commen-cement de janvier, nous retournerons à Paris, où nous arriverons en même temps que vous, et nous serons bien heureux de vous voir. Il est probable que la société sera triste pour des gens de notre espèce. Raison de plus pour vivre beaucoup ensemble. Je remarque avec plai-sir, à mesure que le temps marche, que mon cœur n'est pas de la nature de ceux qui tournent vers le succès. Je m'attache avec plus de passion à une cause en voyant qu'elle semble plus abandonnée.

Ce que vous me dites qu'une certaine vue générale des choses contemporaines mène souvent mieux à la pré-vision des événements que l'étude du détail des affaires est vrai, mais à la condition qu'on ne recherche que des vérités très-générales, et qu'on donne pour champ à sa pensée une vaste étendue de temps. Mais quant à savoir ce que les hommes vont faire et le tour qu'ils vont donner aux faits prochains, tous ceux qui ne sont pas au courant de ce qui se passe dans leur esprit raisonnent au hasard ; la vue claire de leurs intérêts n'indique même pas l'opinion qu'ils peuvent s'en faire eux-mêmes. On peut prévoir par une observation générale comment agira, à la longue, un peuple, parce qu'un peuple change peu. Mais un individu ou quelques individus vous échappent bientôt, si vous n'êtes pas placé de manière à voir à chaque instant ce qu'ils font et, autant que possible, ce qu'ils pensent. C'est ce qui fait que je détourne le plus que je puis mon esprit des particularités du temps où nous sommes pour le reporter vers le passé ou vers l'avenir, points moins obscurs quoique placés plus loin. Des gens vivant aussi séparés que nous du monde officiel ressemblent à ces vieillards qui aperçoivent clairement ce qui se passe à l'horizon, mais qui ne peuvent lire le livre qui est sous leurs yeux, faute de lunettes.

La manière dont les membres éminents du clergé envisagent la question d'Orient me paraît peu juste, même au point de vue de ce qui les préoccupe uniquement. Ils jugent les choses de la politique à l'aide d'idées et de sentiments pris dans un autre ordre. Je n'ai presque jamais causé avec un prêtre allemand ou français, sans apercevoir que l'opinion qu'il se faisait des institutions, l'impression qu'il recevait des événements et des hommes, dépendait absolument de l'intérêt plus ou moins grand, plus ou moins probable, plus ou moins prochain, que l'Église lui paraissait y avoir. Les plus petites considérations, dans ce sens, l'emportaient seules sur la plus importante. Je les trouvais d'admirables citoyens, mais leur cité était la cité éternelle, et non l'Allemagne ou la France. Je ne prétends pas assurément que ce patriotisme-là soit inconciliable avec l'autre, ni même que dans certaines âmes et dans certains temps ils ne puissent s'échauffer l'un par l'autre. Combien de grandes passions, d'actes héroïques sont nés de ces deux forces réunies dans le cœur d'un individu ou de tout un peuple! Mais je dis que de nos jours cela ne se voit guère et que rien n'est pour moi un plus grand sujet de trouble.

Le clergé français de l'ancien régime, que je commence à bien connaître et qu'en général on juge trop sévèrement, n'était pas ainsi. Sans doute quelques hommes indignes de lui figuraient à sa tête; mais, pris dans son ensemble, c'était un clergé dévoué à ses devoirs et très-ferme dans la foi, très-régulier, profondément attaché à l'Église romaine; supérieur, je crois, à tout ce qui existait alors dans le monde, et d'une *fibre catholique*, si l'on peut parler ainsi, aussi vigoureuse et délicate qu'on pouvait le souhaiter. Mais cela ne l'empêchait pas d'appartenir profondément à la société laïque, de prendre un intérêt vif et souvent passionné à tout ce qui la concernait. Quand on lit les travaux administratifs ou politiques auxquels les membres du clergé de ce temps-là ont pris part, soit en corps, soit par des individus isolés, en descendant jusqu'à ses *cahiers*, on voit que ces prêtres-là se préoccupaient vivement de tout ce qui pou-

vait concourir humainement et sur la terre à la prospérité de leur pays, à la liberté, à la dignité des citoyens;
qu'ils jugeaient les institutions en elles-mêmes et les
actes de la politique dans leur sens politique et dans leur
portée sociale. Pourquoi n'en est-il plus de même? il me
semble que j'en pourrais dire plusieurs raisons. Mais
cela m'entraînerait trop loin, et j'ai déjà la main lasse de
cette longue lettre.

Je vous quitte, mais non sans vous remercier de
tout mon cœur de votre découverte bibliographique à
propos de mon livre sur l'Amérique. Votre amitié a
déterré là une page de l'héroïque lieutenant Bellot qui
me fait le plus grand plaisir, je n'en disconviens pas[1].
Il faut pourtant que je m'arrache au plaisir de causer
avec vous.

AU MÊME

Compiègne, 15 novembre 1854.

Je n'ai, mon cher ami, que d'excellentes nouvelles
à vous donner de notre installation. Nous avons trouvé
précisément ce que nous cherchions, cela n'est pas
commun. Une petite maison pour nous seuls, sèche,

---

[1] Le lieutenant Bellot raconte, dans le journal de son voyage, qu'étant à
bord du *Prince-Albert*, où il servait en qualité de second, son bâtiment fit,
dans la mer de Baffin, la rencontre d'un autre navire américain également
en exploration scientifique. Les officiers des deux équipages s'étant réunis

chaude, au soleil (quand il y en a, ce n'est pas aujour-
d'hui), à la lisière de la belle forêt de Compiègne et
près des ressources d'une ville où, pour comble de fé-
licité, nous ne connaissons personne.

J'ai assisté à la réception de monseigneur Dupan-
loup et, aussitôt après la séance académique, je suis
revenu ici. La première et la dernière partie de son
discours m'ont particulièrement frappé. La manière
dont il s'est tiré de son prédécesseur a été admirable.
C'est là la véritable habileté que le cœur et la tête à la
fois suggèrent. En somme, la séance a été excellente à
tous les points de vue ; excellente pour le prélat qui a
beaucoup plu et a été applaudi très-vivement même par
l'Institut ; excellente pour l'accord de l'Église et des
lettres humaines, deux grandes choses qui ne peuvent
se passer l'une de l'autre.

Je me reproche quelquefois de vous parler avec tant
de liberté et même de vivacité de ce qui me paraît si
regrettable dans la conduite d'une partie du clergé.
Mais pardonnez-moi, cher ami, je vous en prie, en pensant que je ne puis m'ouvrir de ces pensées qu'à vous.
Vous êtes ma soupape de sûreté. Je ne veux pas faire
plaisir aux malveillants en leur disant ces choses, et je
ne connais aucun catholique qui ait, au même degré,

à dîner, le savant commandant américain exprima à M. Bellot sa vive
admiration pour le livre de M. de Tocqueville, le déclarant un ouvrage
classique aux États-Unis. C'est au passage du journal de M. Bellot, où est
relaté cet éloge prononcé sous le 75° degré de latitude, en de telles circonstances et de la part de tels hommes, que M. de Tocqueville fait ici
allusion.

l'âme d'un véritable citoyen et l'esprit d'un homme libre. Il faut donc vous résigner à entendre mes plaintes. Peut-être prendrai-je plus aisément mon parti de bien des choses qui se passent quand je ne les verrai plus de si près.

J'ai eu le malheur de m'abonner, il y a quelques mois, à un journal religieux, ayant entendu dire qu'il ne faisait que répéter, comme un écho, toutes les autres feuilles. Cela convenait bien à un homme qui veut entendre parler le moins souvent possible de politique et aime à pouvoir avaler gloutonnement, en un quart d'heure, des morceaux de tous les journeaux. Mais j'ai bientôt vu que j'étais loin de compte. Les morceaux sont différents, mais tous du même goût.

L'autre jour, un éloge de la liberté s'introduit dans cette feuille, mais le rédacteur a soin d'ajouter en note : « Nous sommes loin, assurément, de regretter les insti-« tutions parlementaires. Nous savons trop qu'elles ont « pour effet de surexciter l'orgueil naturel de l'homme. » Le rédacteur ne s'aperçoit pas qu'en revanche d'autres institutions pourraient surexciter une certaine bassesse naturelle.

Pour remettre mon esprit en équilibre, je lis toujours, de temps en temps, du Bourdaloue; mais je crains bien que le bon Dieu ne m'en sache pas beaucoup de gré, parce que je suis trop frappé du talent de l'écrivain et trouve trop de plaisir à la forme de sa pensée. Quel grand maître, en effet, dans l'art d'écrire ! Je ne saurais trop, surtout, admirer l'art avec lequel il conduit ses auditeurs, sans les en avertir, à travers des images qui leur sont familières, vers les objets qu'il a en vue, et la perfection avec laquelle il fait correspondre exactement ces images matérielles avec les vérités invisibles qu'il veut faire comprendre. Je remarquais notamment l'autre jour, dans le sermon *sur l'aumône*, je crois, une de ces comparaisons non indiquées. Elle est entre Dieu et le seigneur féodal ; cela m'a frappé, parce que je suis maintenant aussi savant qu'un feudiste en fait de féodalité. Dans cette matière si éloignée des habitudes de son esprit, Bourdaloue emploie avec une exactitude si rigoureuse, quoique non affectée, les termes justes, et ils s'appliquent si bien à ce qu'il veut dire, qu'il n'y a pas un des hommes de son temps auquel il ne rendît sensible sa pensée.

Vous voyez que je vous dis tout ce qui me passe par la tête. C'est que cela me met toujours en train de vous écrire. Il faut finir pourtant. Adieu, cher ami, mille et mille amitiés chez vous et pour vous.

A MADAME GROTE

Compiègne, 4 février 1855.

C'est encore de Compiègne que je vous écris, chère madame Grote. Nous avons grand'peine à nous arracher de ce séjour, quelque solitaire et même inconfortable qu'il soit sous bien des rapports. Nous y menons une vie tranquille et occupée, qui en dépit de la monotonie a du charme. Il se pourrait bien que nous attendissions encore deux ou trois semaines avant de nous fixer à Paris.

Je suis toujours péniblement préoccupé du sort de votre brave armée. Je m'y intéresse, et à cause d'elle et aussi, comme je le disais l'autre jour à Senior, pour l'honneur de vos institutions, qu'une administration si insuffisante et si inexpérimentée déconsidère, à la très-grande joie des ennemis de la liberté politique. Si vous ne parvenez à réparer *promptement* le mal (et cela me paraît impossible), l'Angleterre et son gouvernement sortiront assurément fort diminués de la lutte, quel que soit le résultat matériel obtenu par la guerre et l'admirable courage de vos soldats. J'ai peine à croire que tout ceci n'exerce pas une influence considérable, qui peut être longue et qui a été fort peu prévue, sur la marche même de vos affaires intérieures. Je pense que cela pourrait bien vous pousser un peu plus vite que par le passé sur la pente très-peu rapide (heureusement pour vous), qui vous conduit graduellement hors de l'aristocratie, du moins de ce qu'on comprenait autrefois par ce mot. Il est bien difficile que vous voyiez de si près quels sont les avantages immenses que présente un gouvernement centralisé un jour de guerre, et que vous soyez longtemps en contact avec une armée où chacun veut être officier et peut l'être, sans que cela ne porte de grandes conséquences. Votre armée ne subira-t-elle pas, à la suite de ce qui se passe, une révolution? et une révolution dans l'armée peut-elle rester dans l'armée seule? Vous êtes aujourd'hui le seul peuple sur la terre (excepté peut-être les Russes et encore ceux-ci moins que vous) qui n'ayez que des *gentlemen* pour officiers. Une armée commandée uniquement par des *gentlemen* n'est pas toujours, j'en conviens, l'armée qui entend le mieux la guerre. Elle sait souvent mieux se battre que vivre et se mouvoir avant la bataille et après. Nous l'avons bien éprouvé dans notre ancienne monarchie. Mais une armée commandée par des *gentlemen* a bien des mérites que les circonstances actuelles font peut-être oublier. Le principal est qu'une telle armée à l'intérieur empêche les révolutions, tandis que l'autre les fait ou les laisse faire.

Reeve me mandait l'autre jour que l'aristocratie n'avait jamais été plus forte en Angleterre, car jamais elle n'avait mieux payé de sa personne. Ce n'est pas seulement par des services militaires qu'une aristocratie se conserve. S'il en était ainsi, la nôtre ne serait pas en poussière comme elle l'est. Car, qui a jamais moins marchandé sa vie que les gentilshommes français de tous les temps, les moindres comme les principaux? Mon grand-père et mon grand-oncle sont morts à la guerre ou des blessures qu'ils y avaient reçues. Leur père et leur grand-père avaient fait de même, et il n'y a pas une famille du voisinage qui ne pût en dire autant; et cependant il ne reste pas trace de leur pouvoir. Le dernier canon qui garnissait le vieux manoir de Tourlaville, enfoncé à demi dans la terre, ne sert plus qu'à attacher les bestiaux, et le château lui-même est devenu une ferme. Je conduirai là Reeve, la première fois qu'il viendra me voir, pour lui montrer comment tombe une aristocratie qui sait mourir, mais non gouverner. La vôtre a su jusqu'à présent l'un et l'autre ; c'est pourquoi elle dure encore, quoique la température du siècle ne soit guère favorable aux plantes de cette espèce-là.

Voilà un long bavardage qui vous prouvera du moins le plaisir que j'ai à causer avec vous.

Nous sommes ravis de l'espérance que vous nous donnez de nous venir voir au printemps.

A LA MÊME

Compiègne, 21 février 1855.

J'ai reçu hier, chère madame Grote, un petit mot de vous dans une lettre de Senior. Le texte et le commentaire ont été très-bien accueillis, et je remercie les deux écrivains. Il m'était arrivé précédemment une autre lettre de vous et un numéro du *Spectator*, où j'avais trouvé la lettre à laquelle vous faites allusion. Il m'a paru que j'avais été traduit de main de maître, à ce point que je ne sais si je ne m'aimerais pas mieux dans ce vêtement anglais qu'avec mon habit à la française[1]. Quant

---

[1] Madame Grote, à laquelle était adressée la lettre du 4 février qui précède immédiatement celle-ci, avait traduit tout le passage de cette

à la publication elle-même, j'avoue qu'elle m'a fait craindre qu'on n'en induisît que j'avais voulu critiquer la manière dont les dernières opérations militaires ont été conduites : ce qui serait fort inconvenant de la part d'un étranger qui, de plus, ignore le détail des faits. Mon intention n'a point été de faire le procès aux derniers actes de votre aristocratie. J'exprimais seulement que dans les circonstances qui venaient de se produire, l'a--ristocratie, si elle voulait se maintenir, avait d'immenses efforts à faire, et qu'il ne fallait pas qu'elle se crût à l'abri par le courage individuel que ses membres avaient montré sur le champ de bataille. J'espère bien, du reste, que c'est ainsi que ceux qui auront remarqué ce petit fragment m'auront compris.

Je vois, d'après ce que vous me dites, que cette rude saison vous éprouve aussi. Vous comprenez que tant que nous conserverons une pareille température, je ne puis songer à quitter ce lieu-ci et à aller faire ailleurs un nouvel établissement. Nous nous tenons cois près de notre feu, bien que le froid ait rendu notre logis encore moins confortable. Nous avons découvert que la seule pièce que son exposition rende chaude et claire par le temps qu'il fait, est le salon dont j'avais fait mon cabinet de travail. Nous nous y sommes donc retirés peu à peu, comme des troupes assiégées finissent par se renfermer dans le donjon quand les fortifications du dehors ne sont plus tenables. Vous pouvez com-

lettre qui se rapporte à la guerre de Crimée, et avait publié cette correspondance dans *le Spectateur*.

prendre que nous commencions à être las d'une pareille vie. Je me console pourtant en imaginant que je fais d'utiles travaux. Quand je me sens en bon train, il me semble même que je mène le temps très-agréablement. Mais notre appartement me paraît un *taudis* lorsque la verve me manque. Vous savez que l'homme qui compose est comme le joueur. A-t-il pour lui la chance? le jeu est la plus charmante de toutes les occupations de ce monde. La veine s'épuise : ce n'est plus que le pire des métiers que puisse faire un honnête homme. Il me semble que dans ma jeunesse j'entendais dire la même chose de l'amour, mais je ne me permets plus de ces comparaisons-là.

Adieu, chère madame Grote, ma femme veut que je vous envoie pour elle mille amitiés. Croyez à notre bien sincère attachement.

A GUSTAVE DE BEAUMONT

Compiègne, 21 février 1855.

J'ai reçu une lettre de vous, mon cher ami, le lendemain du jour où je vous avais écrit, et ma femme en a également reçu une de la vôtre qui lui a fait grand plaisir.

La reprise d'hiver qui se fait sentir ne m'a jusqu'à présent fait aucun mal, je n'ai pas cessé une seule fois

depuis huit jours de me promener plus d'une heure
dans la forêt. Ces grands arbres vus par la neige me
rappelaient les bois du Tennessee que nous parcourions,
il y aura bientôt vingt-cinq ans, par un temps encore
plus rude. Ce qu'il y avait de plus différent dans le tableau, c'était moi-même. Car vingt-cinq ans dans la vie
d'un homme, c'est tout une révolution. Je faisais cette
réflexion mélancolique tout en traçant mon chemin à
travers la neige. Mais après avoir repassé dans ma mémoire ce grand nombre d'années, je me consolais en
pensant que si j'avais à recommencer ce quart de siècle,
je ne voudrais pas, à tout prendre, faire bien différem-
ment que je n'ai fait. Je tâcherais de supprimer bien
des erreurs de détail et plusieurs sottises caractérisées;
mais quant au gros de mes idées, de mes sentiments et
même de mes actes, je n'y changerais rien. Je remarquais aussi combien j'avais peu changé mes points de
vue sur les hommes en général pendant ce long espace
de temps. On parle beaucoup des illusions de la jeunesse et du désillusionnement de l'âge mûr. Je n'ai
point remarqué cela dans mon expérience personnelle.
Les vices et les faiblesses des hommes m'ont sauté aux
yeux dès l'abord; et quant aux bonnes qualités que je
leur trouvais alors, je ne puis dire que je ne les aie pas
rencontrées à peu près les mêmes depuis. Cette petite
revue rétrospective m'a remis en meilleure humeur;
et pour achever de me ragaillardir, j'ai pensé que j'a-
vais conservé jusqu'à ce jour le même ami avec lequel
je chassais des perroquets à Memphis, et que le temps

n'avait fait que resserrer les liens de confiance et d'amitié qui déjà existaient entre nous. Ce point de vue m'a paru plus réjouissant encore à considérer que tous les autres. . . . .

. . . .

. . . J'enverrai à *** la note qu'il me demande. Je la ferai comme vous fort succincte. En revenant ainsi forcément sur ma vie parlementaire, je croirai rêver. Est-il bien vrai qu'il y ait eu en France des assemblées politiques? que la nation se soit passionnée pour ce qui s'y disait? Ces hommes, ces constitutions, ces formes n'étaient-elles pas des ombres sans réalité? ces passions, ces espérances, ces craintes, ces amitiés, ces haines qui s'agitaient autour de nous, se rapportent-elles à des temps que nous avons vus effectivement, ou sont-ce des souvenirs de ce que nous avons appris en lisant l'histoire des temps passés? En vérité, je serais tenté de le croire, car ce qui a réellement vécu laisse quelque trace, et je n'en vois aucune de ce que nous avons imaginé apercevoir ou sentir. . . . .

Si le passé est un rêve, tâchons du moins de ne pas laisser échapper le présent.

Adieu, mon cher ami, je n'ai pas besoin de vous dire l'affection que nous portons à votre ménage.

P. S. Depuis hier que j'ai écrit cette lettre, il est tombé un pied de neige. Cela va interrompre forcément mes promenades américaines.

A MADAME SWETCHINE.

Je crains, madame, de faire une chose inconvenante en vous écrivant sans en avoir obtenu d'avance la permission. Je n'avais pas d'autre moyen de recevoir de vos nouvelles; car tous ceux d'entre vos amis qui vous connaissent ont quitté Paris. Vous m'avez témoigné une bienveillance si grande qu'elle m'a enhardi, et doit me rendre excusable. Faites mieux que de me pardonner, madame, je vous en prie. Apprenez-moi vous-même comment se soutient une santé si chère à vos amis, et qui est précieuse à ceux même qui, sans mériter encore ce titre, ont pu vous connaître et sont capables de vous apprécier. Je crois être de ces derniers-là, et la curiosité que je vous montre en ce moment n'est pas une forme de politesse, mais l'expression d'un intérêt bien véritable. Vous êtes de ces personnes rares, madame, qui inspirent à la fois le respect et la confiance : deux sentiments qui ne vont pas toujours ensemble, quoiqu'ils soient bien faits cependant l'un pour l'autre. Je les ai éprouvés aussitôt tous deux en vous approchant; et, après avoir passé quelques moments seulement avec vous, je me suis senti disposé à cette ouverture de cœur à laquelle la longueur du temps et l'expérience seules disposent d'ordinaire.

Quoique j'aie quitté Paris depuis deux mois, je ne

suis arrivé dans le lieu d'où je vous écris qu'il y a environ trois semaines. Je m'y retrouve, après un long exil, avec une extrême douceur. Ce petit coin de terre, indépendamment des agréments véritables qu'il possède, est pour moi tout rempli du souvenir de plusieurs des plus belles années de ma vie; et cette partie invisible de moi-même qui se mêle à tout ce qui m'environne, donne à tous les objets une physionomie particulièrement touchante qu'aucun autre ne leur trouverait. Ces arbres, ces prairies, cette mer qui m'entourent ne me paraissent ressembler à rien de ce que j'ai vu ailleurs. . . . .

Mais je m'aperçois, madame, que me voici parlant de moi, tandis qu'il ne s'agit que de vous en ce moment. Je reviens donc au but véritable de ma lettre en vous priant encore de me donner de vos nouvelles. . .

A N. W. SENIOR, ESQ.

Tocqueville, 25 juillet 1855.

Je vous avais écrit hier une longue lettre, cher Senior, suivant la promesse que je vous en avais faite. Je vous dirai, à notre première rencontre, pourquoi je ne vous l'envoie pas et pourquoi je l'ai brûlée.

Nous sommes toujours ici au milieu des ouvriers, ce qui me cause un ennui profond et m'empêche de me

livrer à aucune occupation suivie. Je me distrais de
temps en temps en lisant les lettres que de jeunes soldats de l'armée d'Orient écrivent à leurs parents,
paysans de cette commune, et que ceux-ci m'apportent.
Il faut lire cette correspondance pour bien juger la
nature singulière du paysan français. Il est étrange de
voir avec quelle facilité ces hommes s'habituent aux ha-
sards de la vie militaire, au péril, à la présence de la
mort; et en même temps comme leur cœur reste obstinément attaché à leurs champs et à la vie rurale. Les
horreurs de la guerre sont peintes dans ces lettres avec
simplicité et presque avec bonne humeur. Mais au milieu de ces récits se trouvent de ces phrases : « Que
comptez-vous mettre l'an prochain dans le clos *un tel?*
comment va la jument? la vache a-t-elle donné un bon
veau? etc., etc. » Le tout entremêlé aux nouvelles de la
guerre. On ne saurait imaginer une constitution morale
plus flexible tout à la fois et plus résistante. J'ai toujours
cru qu'après tout les paysans étaient peut-être ce qu'il y
a de plus solide dans la nation. Mais ces hommes manquent d'éducation et de lumières d'une façon déplorable,
ou plutôt l'éducation qu'on n'a cessé de leur donner depuis des siècles n'a pu que leur faire faire un mauvais
usage ou empêcher qu'ils ne fassent aucun usage de
leurs grandes qualités naturelles.

Je vous envoie une lettre du comte de Fénelon qui
vous intéressera, je pense. Vous me la rendrez quand
nous nous reverrons.

Je suis bien curieux de savoir comment vous jugerez

l'Égypte, et j'espère bien que nous serons à Paris et *établis* cette fois quand vous reviendrez.

A M. DE CORCELLE

Tocqueville, 4 août 1855.

Je viens, mon cher ami, d'examiner toutes les notes que je possède et de rechercher le renseignement que vous me demandez sur un des actes de mon ministère.

En revoyant mes paperasses, j'ai songé au temps passé. Cela produit un singulier effet de se promener ainsi tranquillement au milieu des débris de tant d'agitations ; de rencontrer, à chaque pas, des maux prévus qui ne sont pas survenus, des biens espérés qui ne se sont pas réalisés et, pour comble de misères, la trace de préoccupations violentes à propos de faits qui ne sont pas indiqués et dont la mémoire même ne reproduit rien. Une pareille promenade devrait suffire pour apprendre à supporter paisiblement le mouvement de toutes les affaires de ce monde. Mais à quel âge et par quels procédés apprend-on jamais à corriger ce qui tient au fond même de la nature humaine ?

Je me porte fort bien depuis mon arrivée ici. Je me suis remis un peu au travail, mais seulement depuis deux jours, ce qui fait que je n'y suis pas complétement *entré*, comme dit Pascal. Néanmoins j'y trouve un grand soulagement, et rien ne me prouve mieux qu'il n'y a plus pour moi, dans ce monde, qu'un plaisir solide qui consiste à occuper fortement mon esprit à l'étude d'un sujet qui mérite l'attention, et de l'entraîner à la poursuite d'une vérité, jusqu'au point de le distraire de toute autre occupation.

Je suis ici dans le lieu que j'aime le mieux, au milieu de gens que j'aime à rencontrer, dans la société intime qui m'est si douce, et pourtant je me sentais ressaisi de cette agitation vague de l'esprit qui m'a tant fait souffrir jadis, et cela provenait uniquement de ce que, m'occupant sans cesse de mille agréables petites choses, j'avais cessé de m'attacher passionnément à un travail particulier. Assez vous parler de moi aujourd'hui. N'oubliez pas votre promesse de nous arriver cet automne. Cela ne se peut-il pas? Rappelez-moi bien affectueusement au souvenir de tous les vôtres, et croyez à ma tendre amitié.

A MADAME AUSTIN

Tocqueville, 11 septembre 1855.

Votre lettre, madame, que j'ai reçue hier, nous a causé une véritable joie en nous prouvant combien votre santé s'est améliorée, puisque vous pouvez un peu voyager. C'est un progrès dont nous nous réjouissons, madame de Tocqueville et moi, de tout notre cœur. Je voudrais bien pouvoir vous aller chercher, mais je ne sais s'il me sera possible de le faire, car nous sommes bien plus loin l'un de l'autre que vous ne semblez le supposer, quoique habitant la même province. Il n'y a pas moins de quarante lieues d'ici à Trouville, et nous n'avons pas de chemin de fer dans cette direction. . . . .

Je vous ai dû un véritable plaisir et un grand profit, l'été dernier, madame. J'étais sur les bords du Rhin lorsque le livre que vous veniez de publier sur l'Allemagne m'a été prêté[1]. Je l'ai lu avec un bien grand intérêt, et j'y ai appris beaucoup de choses que j'ignorais.

Je me suis occupé de l'Allemagne dans ces derniers temps; et pour la mieux connaître, j'ai entrepris une chose qui n'était guère raisonnable à mon âge; j'ai entrepris d'apprendre l'allemand. Si je ne suis pas parvenu à le parler, je suis arrivé du moins à le comprendre et à le lire. J'ai donc pu mieux juger de la vérité de vos peintures et de la rectitude de vos jugements.

Adieu, madame. Rappelez-moi particulièrement au souvenir de M. Austin; et surtout ne m'oubliez pas auprès de madame Reeve, que je serais très-heureux de revoir et de remercier, au bout de vingt ans, de l'aimable hospitalité que j'ai trouvée chez elle à Hampstead. Croyez à tous nos sentiments de véritable amitié.

---

[1] *Germany from 1760 to 1814, from the decay of the Empire to the expulsion of the French.* 1 vol. in-8, 1854.

A M. LE COMTE DE CIRCOURT

Tocqueville, 16 septembre 1855.

Le début de votre dernière lettre m'avait fort effrayé, cher monsieur de Circourt ; et, si la suite m'a rassuré sur les conséquences de l'accident, je reste avec un vif désir de savoir ce qui s'est passé depuis que vous m'avez écrit. Quel horrible danger a couru là madame de Cir-court[1]! On ne saurait y songer sans frémir ! Combien de femmes ont succombé de la manière la plus cruelle à la suite d'événements de la même espèce ! Jamais la présence d'esprit et le courage n'ont été plus utiles. Je me suis toujours figuré du reste qu'elle possédait ces deux qualités à un haut degré, et je suis heureux de voir que j'avais si bien jugé. Veuillez lui répéter, je vous prie, qu'ici tout le monde, et en particulier madame

---

[1] Tout le monde à Paris sait l'affreux accident auquel se rapporte cette lettre. Le 18 août 1855, le soir, au moment où madame de Circourt se retirait dans son cabinet de toilette, le bougeoir qu'elle portait à la main mit le feu à une garniture de dentelles qu'elle avait nouée sous le menton. La flamme gagna aussitôt d'un côté les cheveux, de l'autre la robe, et brûla profondément l'oreille, le cou et l'épaule. Il en résulta une horrible lésion. Une contraction des muscles brûlés a succédé à la cicatrisation, et aujourd'hui, après plus de cinq années, madame de Circourt éprouve encore les plus cruelles souffrances, qui, sans faire perdre à son esprit aucun de ses charmes, ni à son cœur aucun de ses dévouements, mettent chaque jour en lumière quelques traits nouveaux de son admirable caractère : le courage, l'énergie et la sérénité de l'âme dans la douleur. (Note de l'édition de 1860.) — Madame de Circourt a succombé depuis aux suites de cet affreux accident.

de Tocqueville, l'a plainte et admirée, et désire vivement la savoir totalement guérie. Offrez-lui nos félicitations pour avoir échappé à un si grand péril et
surtout ne tardez pas à nous donner encore de ses nouvelles.

A MA AME SWETCHINE

Tocqueville, 6 octobre 1855.

· ·
Les dernières nouvelles que m'a données de vous mon
correspondant n'étaient pas mauvaises. Vous étiez, me
disait-il, plutôt mieux que de coutume. Il faut bien que
vos amis se contentent comme vous le faites si courageusement vous-même de ce demi-bien, puisque Dieu
vous a refusé la parfaite santé dont vous feriez pourtant
un si bon usage. Nous avons beaucoup pensé à vous,
madame de Tocqueville et moi, durant les différentes
vicissitudes de ce que vous appelez d'une façon si touchante une guerre civile. Croyez que l'on comprenait
bien ici les diverses impressions que faisait naître un
tel spectacle dans une âme comme la vôtre, qui sait si
bien concilier tous les sentiments affectueux et reste si
étrangère aux haines qui divisent les hommes. Hélas !
rien n'annonce que tant de malheurs particuliers ou
publics soient près de cesser. Je crains, en outre, qu'au

fléau de la guerre ne se joigne bientôt celui de la famine. L'hiver sera, en tout cas, bien difficile à passer pour les pauvres gens, et ceux qui possèdent quelque aisance devraient se résigner à faire cette année de grands sacrifices pour venir à leur secours. Je vous avoue que je ne crois point que tous le fassent. Cette succession de mauvaises années, au lieu de rendre la charité plus active dans nos campagnes, semble la fatiguer. On s'habitue si vite à l'idée de misères qu'on ne sent pas, qu'un mal qui paraît plus grand à celui qui en souffre à mesure qu'il dure, paraît plus petit, par le fait même de sa durée, à celui qui le regarde. Et puis, les liens qui devraient unir les différentes classes sont singulièrement relâchés par l'effet des révolutions. . .

Ne vous étonnez-vous pas avec moi, madame, en voyant sortir d'une nation, qui paraît si vide de vertus publiques, une armée qui s'en montre si remplie? Tant d'égoïsme ici, tant de dévouement là, ont de quoi confondre. Je vois partir un paysan pour rejoindre son régiment : il se désole, souvent il pleure. La pensée qu'il va défendre son pays le touche peu ; il ne songe qu'à son champ, à ses petites affaires, à ses petits intérêts qu'il va quitter. Il maudit ce devoir qui l'en arrache malgré lui. Un an après, on m'apporte les lettres que ce même homme écrit à sa famille. Il s'y montre prêt à tout supporter pour bien remplir son devoir militaire ; il sait qu'un soldat doit sacrifier sans peine à chaque instant son bien-être et sa vie dans l'intérêt de l'armée ; il a trouvé ces maximes et ces coutumes établies ; il les a prises avec la casaque militaire; il les quittera en la quittant. Il redeviendra le pauvre diable que nous avons connu et ne transportera à la grande société aucun des sentiments qu'il a fait voir dans la petite. Jusqu'à ce que j'aie réfléchi à ce qui se passe dans nos armées modernes, je croyais qu'il y avait beaucoup d'exagération dans ce qu'on nous racontait des vertus publiques chez certains peuples de l'antiquité. Je ne pouvais absolument comprendre comment l'homme avait pu en être capable alors. Car enfin c'est toujours le même homme que nous avons sous les yeux. Ce que nous voyons tous les jours dans nos armées l'explique. On était parvenu à faire pour la société civile ce que nous faisons pour la société militaire. Les citoyens de ce temps-là ne valaient peut-être pas mieux que nous individuellement, et dans la vie privée ils valaient peut-être moins. Mais dans la vie publique, ils rencontraient une organisation, une discipline, une coutume, une opinion régnante, une tradition ferme qui les forçaient d'agir autrement que nous.

Je suis profondément honteux, madame, en voyant où je me suis laissé entraîner par le courant de la pensée. Pardonnez-moi, je vous prie, cette dissertation hors de propos, en pensant que je vous écris comme vous me permettez de causer avec vous; c'est-à-dire en exprimant toutes les idées qui me viennent dans l'esprit à mesure qu'elles se présentent.

Vous me marquez, madame, un si aimable intérêt pour le travail qui m'occupe en ce moment, que je voudrais pouvoir vous dire que mon séjour ici lui a été fort

utile. Mais jusqu'ici, malheureusement, il n'en est rien.
Je suis pourtant dans toutes les conditions nécessaires
pour bien travailler. Je vis dans un lieu qui me plaît,
j'y mène une existence tranquille; j'y ai de la solitude
sans sentir le poids de l'isolement; il ne m'y a manqué
enfin que cette ardeur intérieure sans laquelle on ne fait
rien de bien avec toutes les raisons de bien faire. Quand
j'ai voulu me remettre au travail après une interruption
de près de deux mois, je n'ai pu rattacher mon esprit
à son œuvre. Tous les défauts de celle-ci m'ont frappé;
et je me suis senti atteint d'un des plus violents accès de
découragement que j'aie eus depuis longtemps. Je suis
très-sujet à cette maladie de l'esprit ; et je n'ai pas même
la consolation de penser d'elle ce qu'on dit souvent :
qu'elle n'atteint pas les sots. J'ai rencontré dans ma vie
des gens très-défiants de leur capacité, très-portés à
penser qu'ils ne faisaient rien de bien, et qui avaient
parfaitement raison d'avoir cette opinion d'eux-mêmes.
La vérité est que la grande confiance et la grande défiance en soi-même viennent de la même source, un
désir extrême de paraître qui nuit au jugement tranquille
et modéré qu'on devrait faire de soi. C'est le même orgueil qui a tantôt le tempérament triste, tantôt le tempérament gai : faiblesse des deux parts. . . . .

A M. DE CORCELLE

Tocqueville, 16 octobre 1855.

Comme vous, mon cher ami, je n'ai jamais eu beaucoup de goût pour la métaphysique, peut-être parce que
je ne m'y suis jamais livré sérieusement, et qu'il m'a
toujours paru que le bon sens amenait au but qu'elle se
propose aussi bien qu'elle. Mais, néanmoins, je ne puis
m'empêcher de reconnaître qu'elle a eu un attrait singulier pour plusieurs des plus grands et même des plus
religieux génies qui aient paru dans le monde, en dépit
de ce que dit Voltaire que la métaphysique est un roman
sur l'âme.

Les siècles où on l'a le plus cultivée sont, en général,
ceux où les hommes ont été le plus attirés hors et au-
dessus d'eux-mêmes. Enfin, quelque peu métaphysicien
que je sois, j'ai toujours été frappé de l'influence que
les opinions métaphysiques avaient sur les choses qui
en paraissaient les plus éloignées et sur la condition
même des sociétés. Il n'y a pas, je crois, d'homme d'É-
tat qui dût voir avec indifférence que la métaphysique
dominante, dans le monde savant, prît son point de départ dans la sensation ou en dehors de celle-là. Condillac
a, assurément, fort contribué à pousser dans la matière bien des gens qui ne l'avaient jamais lu ; car les
idées abstraites qui se rapportent à l'homme finissent

toujours par s'infiltrer, je ne sais comment, jusque dans les mœurs de la foule.

Vous aimeriez qu'on ne fît pas tant de façons pour arriver à la vérité et : « Qu'Aronce de plain-pied fût marié à Clélie[1]. »

Votre sortie m'a bien fait rire, mais elle ne change pas mon opinion sur le fond des choses.

Je vous embrasse de tout mon cœur.

A M. LE COMTE DE CIRCOURT

Tocqueville, 8 novembre 1855.

Au milieu de beaucoup de petites misères, j'ai été très-agréablement distrait, cher monsieur de Circourt, par votre dernière lettre qui m'apprend l'entrée en convalescence de madame de Circourt. La lettre précédente nous avait alarmés. Rappelez-nous, je vous prie, très-particulièrement au souvenir de votre chère malade ; dites-lui que nous souhaitons bien sincèrement son prompt rétablissement. Je me permets de lui conseiller de rester à la campagne jusqu'à l'entier retour de ses forces ; et, lors même qu'elles seront revenues, de ne reprendre la vie de Paris qu'avec modération. Ses vrais amis viendront la voir : qu'importent les autres ? C'est une étrange chose que ce qu'on appelle les devoirs de

[1] Molière, scène V, *Précieuses ridicules*.

société. On pourrait souvent les définir l'obligation où l'on est dans la vie civilisée de s'incommoder mutuellement. A qui n'est-il pas arrivé cent fois d'aller voir une personne qui vous ennuyait et que vous ennuyiez, afin de l'obliger à venir, à son tour, s'ennuyer et vous ennuyer chez vous? N'est-ce point là le monde, sauf peut-être quelques personnes choisies dans la multitude avec lesquelles on ne saurait trop souvent se rencontrer?

Vos lettres sont toujours d'un intérêt extrême pour nous, et vous ne sauriez écrire trop longuement ni trop souvent, à notre avis. Ce que vous me dites des mauvais rapports entre les armées alliées en Crimée m'a été confirmé par un jeune officier très-intelligent qui en revient et que j'ai vu (le jeune D. P.).

Il paraît que de part et d'autre on ne peut pas se souffrir. Il ne pouvait guère en être autrement. La France et l'Angleterre sont comme deux hommes de caractères incompatibles et qui, non contents de vivre en bonne intelligence, ont entrepris de faire le tour du monde dans le même vaisseau. Ils seront bien heureux s'ils reviennent au port sans s'être brouillés.

Parlez-moi un peu de vous-même, cher monsieur de Circourt. Vous me paraissez avoir le corps malade et l'esprit triste et découragé: l'un mène à l'autre. Je ne l'éprouve que trop souvent. Je trouve néanmoins qu'il est moins difficile de remonter l'esprit que de guérir le corps. J'y parviens fréquemment et je trouve, en somme, qu'en vieillissant je gagne en sérénité. Le monde, il est vrai, me paraît de moins en moins marcher vers la grandeur que j'avais imaginée. Mais nous ne sommes pas responsables de ses fautes et de ses vices; et pour des gens qui ne doivent passer qu'un certain temps au spectacle, la pièce est assez curieuse.

Adieu. Croyez à tous mes sentiments d'estime et d'amitié.

<hr/>

A M. DE CORCELLE.

Tocqueville, 20 novembre 1855.

. . . .

J'ai été très-affligé de la mort de Paillet. C'était un homme d'un grand talent et dont la conduite politique avait été fort noble, et puis, il s'était si souvent assis à côté de nous, dans d'autres temps! Voici notre réunion bien bouleversée. Trois ans se sont écoulés, deux de ses membres sont déjà morts[1], deux loin de leur pays[2], les autres dispersés ou séparés. Voilà de grandes épreuves de la Providence et de grands coups sur un bien petit corps. J'ai plaisir à penser du moins que pas un de nous n'a changé.

Je vous embrasse de tout mon cœur, ce qui n'est pas une manière de parler.

[1] M. Vivien.
[2] Le général Lamoricière et le général Bedeau, tous deux aussi morts aujourd'hui (1865).

AU MÊME.

Tocqueville, 23 décembre 1855.

La mort de M. Molé fait disparaître un des derniers modèles de l'ancienne politesse et des grandes manières. Il était également un des derniers représentants de cet ancien goût français des plaisirs de l'esprit, qui semble de plus en plus se perdre parmi nous. Rien ne me frappe davantage que le changement qui s'est opéré et qui s'opère encore tous les jours dans la nation, à cet égard, depuis trois cents ans. Ce que j'appelle le goût des plaisirs de l'esprit, c'est-à-dire celui des beaux ouvrages ou des conversations ingénieuses, n'avait cessé de régner, avec une vivacité particulière, au milieu de toutes les circonstances et dans toutes les classes. Les révolutions, la gloire militaire, la raison publique, la prospérité matérielle, n'y avaient rien fait. Il régnait dans l'âme du prêtre comme dans celle du laïque, chez le grand seigneur comme chez le bourgeois. Rien n'a plus contribué à faire de nous ce peuple brillant qui ne cessait d'entraîner après lui l'imagination du reste de l'Europe, malgré ses travers, ses ridicules ou ses crimes.

Il semblerait au contraire, aujourd'hui, que rechercher des plaisirs de cette espèce et s'y livrer, serait faire de son temps un emploi dangereux ou tout au moins frivole. Les gens rangés et sérieux pensent avoir mieux à faire. M. Molé était de la race de ceux qui croyaient qu'un goût vif et passionné de ces nobles plaisirs de l'intelligence pouvait se concilier avec toutes choses. Il ne laisse point d'école.

Je vous souhaite, cher ami, de finir l'année 1855 mieux que je ne fais. Mon corps est malingre et mon esprit triste. Mais cela ne m'empêche pas de vous souhaiter bien tendrement, à vous et aux vôtres, toutes sortes de douces joies pour 1856.

A MADAME SWETCHINE

Tocqueville, 7 janvier 1856.

Il y a bien longtemps, madame, que je n'ai profité de la permission que vous m'avez donnée de vous écrire. Je croyais revenir beaucoup plus tôt à Paris et vous voir, ce qui eût encore mieux valu. Mais des affaires qui se sont succédé m'ont retenu ici et m'y retiendront encore vraisemblablement trois semaines. Je ne veux point attendre jusque-là pour vous remercier de votre dernière lettre, qui m'a intéressé et touché. On vous y retrouve tout entière. Vous m'y témoignez une bienveillance que je voudrais mériter ; car l'amitié d'une personne comme vous engage. Elle n'oblige pas seulement à être reconnaissant, mais à faire ce qui peut la justifier. Dans ce but, j'aurais bien voulu me guérir absolument de cette disposition au découragement que vous combattez en m'écrivant. La maladie, malheureusement, est presque aussi vieille que moi, et il n'est pas facile d'en revenir entièrement. J'ai fait pourtant, depuis quelques années, beaucoup d'efforts contre elle, et assurément j'en ai beaucoup diminué la violence. Votre lettre m'a aidé à suivre cette tâche, et m'a fait un bien réel, dont je vous remercie. Ne croyez pas, du reste, madame, que l'accès particulier dont je vous ai parlé fût dû uniquement à cette sorte de tristesse maladive dont j'ai été tourmenté de temps en temps toute ma vie. Il naissait surtout de réflexions qui prenaient leur origine dans des faits qui n'ont que trop de réalité. A mesure que j'avance dans l'œuvre à laquelle vous voulez bien vous intéresser, je m'aperçois de plus en plus que je suis entraîné dans un courant de sentiments et d'idées qui va précisément au rebours de celui qui entraîne beaucoup de mes contemporains. Je continue à aimer passionnément des choses dont ils ne se soucient plus.

Je regarde, ainsi que je l'ai toujours fait, la liberté comme le premier des biens; je vois toujours en elle l'une des sources les plus fécondes des vertus mâles et des actions grandes. Il n'est pas de tranquillité ni de bien-être qui puisse me tenir lieu d'elle. Je vois au contraire la plupart des hommes de mon temps, je dis des plus honnêtes, car le sentiment des autres me ferait peu, qui ne songent qu'à s'accommoder le mieux possible sous un autre régime, et, ce qui achève de jeter le trouble et une sorte d'épouvante dans mon esprit, qui semblent faire du goût de la servitude une sorte d'ingrédient de la vertu. Je voudrais penser et sentir comme eux que je ne le pourrais pas : ma nature y résiste plus encore que ma volonté. Un instinct indomptable me force d'être sur ce point ce que j'ai toujours été. Vous ne sauriez vous imaginer, madame, ce qu'il y a de pénible et souvent de cruel pour moi à vivre dans cet isolement moral, à me sentir en dehors de la communauté intellectuelle de mon temps et de mon pays. La solitude dans un désert me paraîtrait moins dure que cette sorte de solitude au milieu des hommes. Car, je vous avoue ma faiblesse, l'isolement m'a toujours fait peur ; et pour être heureux et même tranquille, j'ai toujours eu besoin plus que cela n'est sage de rencontrer autour de moi un certain concours et de compter sur la sympathie d'un certain nombre de mes semblables. C'est surtout à moi que pourrait s'appliquer ce mot si profond : Il n'est pas bon d'être seul. Cet état de mon esprit, madame, que j'ai la confiance de vous montrer, vous expliquera de quel découragement profond je suis quelquefois saisi en écrivant ; car c'est surtout lorsqu'on travaille pour le public qu'il est triste de s'apercevoir qu'on est si différent de lui. Je voudrais bien avoir la vertu d'être indifférent au succès, mais je ne la possède pas. Une longue expérience m'a appris que le succès d'un livre est bien plus dans les pensées qu'avait déjà le lecteur que dans celles que l'écrivain exprime.

Ne croyez pas, du reste, madame, que l'objet de mon livre se rapporte de près ou de loin soit aux événements,

soit aux hommes du temps. Mais vous n'ignorez pas plus
que moi que l'ouvrage qui est le plus étranger aux circonstances particulières d'une époque est empreint dans
toutes ses parties d'un certain esprit qui est sympathique
ou contraire à celui de ses contemporains. C'est là l'âme
du livre, c'est par là qu'il attire ou repousse le lecteur.
Je vous parle bien longtemps de moi, madame, mais
c'est vous-même qui m'avez attiré dans cette faute et je
vous assure que je n'en suis pas coutumier. J'aimerais
beaucoup mieux vous parler de vous, madame. . . . . .

A M. DE CORCELLE

Ce 18 juin 1856.

Pardonnez-moi, mon excellent ami, si je n'ai pas
encore répondu à votre lettre. J'en ai cependant été
profondément touché. Je vous l'aurais dit plus tôt, mais
ma douleur n'est pas de celles qui aiment à s'épancher,
même avec les meilleurs amis. Pardonnez-le moi ; vous
connaissez mon tendre attachement pour vous et ne pouvez douter que de nulle part les consolations ne peuvent
être mieux agréées que venant de vous. Mais y a-t-il des
consolations pour un pareil malheur ? Mon bon et cher
père laisse vide une place qui semble s'agrandir tous les
jours. Vous voyiez son aménité, sa douceur. Ces qualités
qui frappaient les étrangers se tournaient, pour ses fils,

en une indulgence sans bornes, en une tendresse de mère, dans une préoccupation incessante et délicate de tout ce qui pouvait nous toucher. Sa sensibilité, au lieu de s'affaiblir, n'avait cessé de croître avec les années, ce que je n'ai vu qu'en lui. Il avait toujours été bon, mais en vieillissant, il était devenu le meilleur des hommes. Lui et ma chère Marie étaient, je puis le dire, les seuls êtres qui m'attachassent profondément à la vie, et je frémis jusqu'au fond de l'âme en pensant qu'il ne m'en reste plus qu'un. J'ai vu chez mon père ce que je n'ai vu jusqu'ici qu'en lui : la religion présente et entière dans les moindres actions de la vie et à chaque minute, se mêlant, sans jamais chercher à se montrer, à toutes les pensées, à tous les sentiments, à tous les actes ; n'influant pas seulement sur les croyances, mais améliorant sans relâche tout ce à quoi elle se mêlait. « Votre « père, me disait son confesseur la veille de sa mort, « vient chercher près de moi des consolations et moi « près de lui un sujet continuel d'édification. » Aussi la vie et la mort de mon pauvre père ont été pour moi les plus grandes preuves de la religion.

Il me tarde de me retrouver dans la solitude ; je crois qu'elle est aussi nécessaire à mon corps qu'à mon âme. Le premier est en bien mauvais train. Adieu, mon bien cher ami, mille tendresses de notre part à tous les vôtres. Croyez à ma bien vive affection pour vous.

AU MÊME

Tocqueville, ce 29 juin 1856.

Mon bon et cher ami, je viens d'arriver à Tocqueville et je trouve votre lettre du 26. Je puis dire qu'en
la lisant j'ai éprouvé le premier mouvement de véritable
joie qui me soit arrivé depuis trois semaines. Je désirais
avec une ardeur extrême que vous fussiez content de
mon œuvre et, comme vous m'avez écrit avec raison ici
plutôt qu'à Paris, où nos affaires m'ont retenu plus longtemps que je ne pensais, j'étais dans une incertitude
bien pénible sur votre jugement. J'avais déjà reçu avant
mon départ de Paris beaucoup de témoignages d'approbation qui, venant des personnes qui me les donnaient,
m'avaient été, je l'avoue, très-doux; mais toutes les ap-
probations du monde n'auraient pas eu le pouvoir de me
faire prendre mon parti d'une critique fondamentale venant de vous; jugez de l'impression qu'ont dû faire vos
éloges, éloges si noblement et si délicatement exprimés
et portant précisément sur les points où je tenais le plus
à plaire à un esprit comme le vôtre. Merci donc mille
fois. Vous m'avez fait un bien extrême et en vérité j'en
avais besoin, car je suis arrivé ici l'esprit plus accablé
que je ne puis vous le dire. Mon pauvre père s'était flatté
de venir visiter cette année même ce qu'il appelait *son
cher Tocqueville;* il voulait, disait-il, revoir une dernière fois cet asile de son enfance, où il s'était élevé

sous les yeux d'une mère admirable que la Providence
lui avait donnée. Une heure avant sa mort, il me parlait
encore de ces souvenirs de jeunesse. Revue à travers
toutes ces pensées, ma maison m'a paru désolée et
jusqu'ici je n'y ai encore trouvé qu'une solitude sans
vie. Je savais bien que j'aimais tendrement mon père,
mais je n'avais pas l'idée de la douceur pénétrante que
la mort donnerait à son image; que les qualités charmantes qui nous le rendaient si cher, la bonté, la douceur, l'indulgence, le continuel oubli de soi-même pour
ne penser qu'à nous, me paraîtraient encore plus charmantes après l'avoir perdu. Ce qui m'a touché jusqu'aux
larmes en lisant votre lettre, c'est le retour si délicat que
vous avez fait sur lui en me louant. Vous avez bien raison. Si je vaux, en effet, quelque chose, j'en suis surtout
redevable à mon éducation, à ces exemples d'honnêteté,
de simplicité, d'honneur, que j'ai trouvés autour de moi
en venant au monde et à mesure que j'avançais dans la
vie. Je dois à mes parents bien mieux que l'existence.
Je vous remercie tendrement et vous embrasse de tout
mon cœur.

A M. LE BARON DE BUNSEN

Tocqueville, 19 juillet 1856.

Je vous ai écrit quelques mots de Paris, monsieur et
ami, au milieu d'un grand trouble d'esprit. Je venais de

perdre mon père. Revenu chez moi, dans le calme de la campagne, je veux vous écrire encore et vous remercier d'une manière plus convenable du livre que vous m'avez envoyé par notre excellente amie commune[1]. Croyez que je sens la valeur d'un pareil présent. J'avais suivi, comme vous l'a dit madame Grote, avec un extrême intérêt, dans la *Gazette d'Augsbourg*, toute la polémique que vous avez fait naître. J'avais lu l'analyse de votre ouvrage et compris quel en était l'esprit et la portée. Ce premier aperçu m'avait donné l'envie de voir le livre. Vous venez de satisfaire cette envie d'une manière qui m'est particulièrement agréable, puisque j'ai votre ouvrage et que je le tiens de vous. Je vous lis, mais je n'ai pu encore vous finir, car je ne suis pas *a german scholar* du premier ordre, et d'ailleurs de pareilles matières ne peuvent s'étudier vite. Mais à mesure que j'avance, je rencontre tout l'intérêt que je m'étais promis de cette lecture. Je retrouve cet esprit de liberté que j'avais déjà reconnu dans l'analyse de la *Gazette*, qu'il est si rare et qu'on est si heureux de rencontrer au milieu d'une polémique religieuse pleine de vivacité. Je conçois de mieux en mieux la profonde sensation que votre livre a faite en Allemagne et qui dure encore.

Je ne sais si vous avez reçu le volume que je viens de publier, intitulé : *l'Ancien Régime et la Révolution*. Il y a plus de trois semaines que j'ai fait remettre ce

---

[1] Madame Grote, qui avait remis à Tocqueville, de la part de M. le baron de Bunsen, l'ouvrage de celui-ci intitulé *les Signes du temps (die Zeichen von der Zeit.*

volume à M. Frank, libraire allemand, qui s'était chargé de vous le faire parvenir. Je souhaiterais vivement que ce livre reçût l'approbation d'un aussi grand juge que vous des travaux de l'esprit appliqués à la politique et à l'histoire. Je crois qu'il contient plusieurs choses nouvelles qui ne seront pas sans intérêt pour vous.

J'admire, monsieur, avec quelle activité infatigable vous profitez des loisirs que la vie pratique vous laisse. J'ai un peu de honte, je vous le confesse, du peu que j'ai pu faire depuis près de quatre ans que je travaille ainsi, quand je vois le nombre de vos œuvres qui ne nuit ni à leur solidité ni à leur éclat. Gardez longtemps, monsieur, cette vigueur extraordinaire et cette heureuse fécondité. Tous ceux qui s'intéressent aux progrès de l'humanité doivent le désirer vivement.

Veuillez, je vous prie, agréer de nouveau mes remerciements et croire à tous mes sentiments de haute considération et d'amitié.

A M. CH. DE RÉMUSAT.

Tocqueville, 22 juillet 1850.

Bien que je n'aie pas répondu immédiatement, mon cher ami, à votre lettre du 28 juin dernier, il ne faut pas en conclure que j'y aie été insensible. Je puis, au contraire, vous dire que je n'en ai reçu aucune qui

m'ait été si parfaitement agréable à lire. C'était un grand
point pour moi que d'être approuvé par un esprit comme
le vôtre. Je l'espérais, je le confesse ; mais vous avez
mis dans votre approbation un accent si vif, si naturel,
si amical, que l'homme a été aussi touché que l'auteur,
et que je n'oublierai jamais non-seulement ce que vous
m'avez écrit à ce sujet, mais le sentiment avec lequel
vous avez écrit. Il y a longtemps, du reste, que j'ai appris par expérience à compter sur votre amitié.

Je n'ai pas encore lu l'*Introduction* dont vous me
parlez [1], bien qu'elle m'ait été souvent indiquée comme
un morceau qu'on ne pouvait pas n'avoir pas lu. Je vous
ai cependant tenu deux fois dans mes mains et vous ai
même ouvert ; mais vous connaissez ma maladie et l'horreur que j'éprouve, quand je compose sur un sujet, de
rien lire qui s'y rapporte d'une manière générale. C'est
précisément parce que je croyais rencontrer bien des
points de contact de votre esprit avec le mien que je ne
pouvais alors supporter l'idée de vous lire. Je vous ai
avoué, je crois, un jour, que vous étiez l'homme du
monde qui m'avez fait le plus de peur et avez le plus
précipité mon travail. Je pressentais que vous marchiez
sur la même route, et je voyais que vous jetiez chaque
jour dans la circulation les idées-mères sur lesquelles je
voulais établir mon œuvre. Votre étude sur Richelieu

---

[1] L'introduction que mentionne ici Tocqueville est celle que M. de Rémusat a placée en tête de l'ouvrage remarquable publié par lui à cette
époque, sous le titre de *l'Angleterre au dix-huitième siècle*, 2 vol. in-8,
et dans laquelle se trouvent quelques comparaisons de l'histoire de France
avec celle d'Angleterre.

m'a fait passer une mauvaise nuit. Quand nous nous rencontrerons, je vous ferai raconter par ma femme ce que je lui dis à cette occasion. Cela vous fera rire.

Mais quand, cher Rémusat, aurons-nous le plaisir de nous retrouver ensemble? Je dis ensemble, de manière à avoir le temps de causer sans avoir même la volonté préméditée d'une conversation, mais au hasard et ainsi que l'occasion et le sujet du discours l'amènent. Ce n'est guère qu'à la campagne qu'il en peut être ainsi, et nous habitons les deux bouts du monde. Ne pourrez-vous jamais venir dans ce coin de terre? Vous y seriez assurément reçu de façon à vous prouver le plaisir qu'on aurait à vous y voir. Pour en revenir à votre ouvrage : maintenant que j'ai pondu mon œuf, je voudrais bien trouver et goûter le vôtre, mais je ne l'ai point à ma portée. J'espère néanmoins le lire bientôt, parce que notre ami Ampère, qui vient d'arriver à Paris, m'a promis de me l'apporter.

Ce serait de l'affectation que de ne pas vous dire que je souhaite bien vivement voir dans la *Revue des Deux Mondes* le jugement que vous portez sur moi. Je suis bien aise cependant que la presse périodique ait eu le temps de s'occuper d'abord de l'ouvrage, et chaque journal de l'apprécier à son point de vue avec ses idées diverses et ses passions, avant que vous ne veniez à votre tour fixer le sens du livre et l'opinion qui doit rester. Maintenant que ce bruit général a eu lieu, il me tarde beaucoup d'entendre votre voix.

On me mande de Paris qu'on ne songe qu'à l'Espagne. Vous êtes près de ce pays ; mais je pense que vous n'en savez pas plus long pour cela. Nous sommes en France comme dans un lieu d'où l'on aurait retiré l'air et où on n'entendrait pas mieux le bruit de près que de loin. Quant à l'Espagne, quoi qu'il arrive, je suis convaincu que les amis de la vraie liberté n'auront jamais à s'en réjouir. Ce pays-là n'a l'air d'être fait que pour dégoûter d'être libre le peuple qui pourrait encore avoir cette fantaisie ridicule.

Adieu ! ne m'oubliez pas auprès de madame de Rémusat et de vos deux fils que je vous envie. Mille amitiés de cœur.

A MADAME SWETCHINE

Tocqueville, 22 juillet 1856.

Laissez-moi, madame, vous remercier d'abord de votre dernière lettre. J'y ai trouvé, comme toujours, les preuves d'une affection qui console et fortifie. Je ne vous lis jamais sans ressentir cette double impression. La cause en est surtout, je pense, en ce qu'on rencontre en vous une âme qui s'émeut aisément et un esprit retenu et fixé dans des principes sûrs. C'est ce qui fait votre charme et votre empire. Je voudrais bien mieux profiter que je ne le fais d'une amitié si précieuse et je m'afflige d'y réussir si mal. J'ai cependant retrouvé de-

puis que je vous ai écrit une partie du calme que j'avais
absolument perdu durant la fin de mon séjour à Paris
et les premiers moments de mon retour ici ; mais je ne
suis pas encore parvenu à me rattacher vivement à rien.
Il n'y a point de travail ni même d'occupation qui me
captivent, ce qui laisse toujours chez moi un fond d'agitation dans l'âme. Car je ne me repose jamais dans
l'immobilité, mais plutôt dans un mouvement rapide et
continu de l'esprit vers un point donné.

. . . . J'espère que cette lettre vous trouvera dans la
retraite, où je souhaiterais tant de pouvoir vous suivre,
ne fût-ce que pour un seul jour, afin d'y avoir avec vous
quelques-unes de ces longues conversations que les visites ne viendraient pas interrompre comme à Paris.
Cette vie si occupée des autres que vous menez dans cette
dernière ville, si elle vous procure quelquefois la grande
satisfaction de cœur qui consiste à faire beaucoup de
bien, doit à la longue éprouver votre santé, et je me
réjouis à l'idée de votre solitude. Jouissez-y doucement
de vous-même, madame, et ne songez aux autres que
pour penser à l'affection vive que vous inspirez à quelques-uns et au respect que vous faites naître chez tous.

Je viens de lire un ouvrage qui m'a fort intéressé,
c'est celui d'Albert de Broglie, *l'Église et l'Empire romain au quatrième siècle*. Je trouve beaucoup de talent dans ce livre. On y rencontre, au milieu d'une
foi très-sincère, un esprit libre qui permet à l'auteur
de juger les hommes dont Dieu fait ses instruments.
La composition générale du livre me paraît très-heu-

reuse. J'ai toujours ressenti un fort grand dégoût pour cette décadence romaine, et le livre du prince de Broglie est le seul qui m'ait véritablement intéressé en en parlant...

A M. VICTOR LANJUINAIS
ANCIEN MINISTRE DU COMMERCE

Tocqueville, 18 juillet 1856.

J'aurais dû vous remércier plus tôt, mon cher ami, de votre dernière lettre, car elle m'a causé non-seulement de la satisfaction, mais une vive joie. L'impression produite sur vous par mon livre m'a rendu heureux. Rien ne pouvait me faire plus de plaisir: J'ai reçu en même temps et depuis beaucoup de lettres de félicitations, quelques-unes en termes très-vifs. Aucune ne m'a été plus agréable. Non-seulement vous approuvez mon œuvre, mais encore vous me le dites avec un accent qui m'a charmé. Je garderais votre lettre, alors même qu'elle ne me serait pas adressée et ne parlerait point de moi, pour le seul plaisir de relire de temps à autre l'expression de sentiments pareils si bien rendus. Vous avez été véritablement éloquent dans cette lettre, sans avoir assurément l'envie de l'être, et sa lecture nous a émus.

Au milieu de la satisfaction que m'a causée votre lettre, nous avons ressenti une vive peine en apprenant que vous ne viendriez pas cette année. Nous le regrettons bien sincèrement. Cela fera un temps bien long sans nous voir. Je ne compte pas revenir à Paris avant le 1ᵉʳ février. La solitude et le repos m'étaient bien nécessaires après les cruelles agitations du mois dernier. J'en jouis bien moins qu'à mon ordinaire ; mon esprit demeure ébranlé et vide. J'ai fini le travail qui me préoccupait du matin au soir. Je ne veux ni ne puis entreprendre immédiatement la suite de mon œuvre. Cette suite d'ailleurs se présente à moi comme quelque chose de beaucoup plus difficile que ce que j'ai fait jusqu'à présent. Il s'agit d'une matière si connue et si souvent traitée, qu'être neuf en restant vrai n'est pas aisé. Ici plus de documents secrets à espérer. Que vous dirai-je ? j'aperçois confusément des obstacles immenses, et cependant j'ai déjà conçu assez d'idées qui me paraissent bonnes sur cette partie de mon œuvre, j'y suis déjà assez entré pour qu'il ne me parût pas sage de reculer. Je suis donc décidé à entreprendre ce grand travail ; mais il faut me reposer avant de le faire.

J'aurais dû un peu voyager, mais je ne suis pas dans une condition où je puisse le faire en ce moment. Le voyage que j'eusse aimé le mieux est bien celui que vous me proposiez[1], mon cher ami. Il m'eût été très-doux de vous aller remercier de vive voix au lieu de vous envoyer cette lettre ; mais des affaires de toutes sortes m'empêchent cette année de sortir de chez moi. Ma présence

---

[1] En Italie, où était alors M. Lanjuinais.

y est indispensable... Je voudrais du moins que vous
m'écrivissiez quelquefois, car j'aime à rester non-seulement en amitié, mais en communication fréquente avec
vous.

A M. LE PRINCE ALBERT DE BROGLIE

Tocqueville, 20 juillet 1856.

Je vous aurais remercié plus tôt, monsieur, du livre
que vous avez bien voulu me donner[1], si je n'avais
voulu auparavant vous lire. C'est ce que je viens de faire
très-attentivement dans la profonde solitude où je vis.
Vous m'avez très-vivement intéressé. Je dois pourtant
vous dire en commençant (ce qui diminue beaucoup le
mérite de mes louanges), qu'avant de vous avoir lu
j'étais plus ignorant du sujet qu'il n'est permis de
l'être. J'ai fort peu étudié l'époque qui vous occupe, et
je vous confesse que j'ai toujours eu une sorte de répugnance à l'aborder. Le misérable spectacle de la décadence
de l'empire romain est si mêlé à la vue du triomphe de
l'Église, que l'un m'avait écarté de l'autre. Une grande
partie de ce que vous dites était donc neuf pour moi, et
vous excitiez plus vivement peut-être ma curiosité que
vous n'auriez pu le faire chez des lecteurs mieux pré-
parés que moi à vous bien juger. Votre livre a été cons-

---

[1] *L'Église et l'Empire romain au quatrième siècle.*

tamment pour moi la lecture la plus attachante. Dans
votre Introduction (qui toute seule est un livre), la manière dont vous racontez les premiers développements
du christianisme dans ce monde, ses diversités au milieu
de son unité, le caractère particulier de ses différentes
Églises et de leurs fondateurs, le mouvement d'esprit
qui a amené le schisme, les contacts de la religion avec
la philosophie et les emprunts reciproques que l'une a
faits à l'autre, tout cela m'a intéressé au plus haut point
et m'a fait beaucoup réfléchir. J'ai admiré comment
une foi sincère, qui ne cherche ni à se montrer ni à se
cacher, n'ôte rien à la sagacité et à la liberté d'intelligence de l'historien, et lui laisse discerner les causes
humaines agissant en sens souvent contraires sous la
main de Dieu. J'en dirai autant de l'histoire même qui
suit l'Introduction. Votre attachement aux vérités générales ne vous cache rien, ce me semble, des faiblesses
des hommes qui les répandent ou les font triompher. Il
y a dans cette partie du livre une foule d'aperçus qui
m'ont frappé. Je n'avais, par exemple, jamais si bien
compris qu'en vous lisant ce qui dans le monde romain
distinguait l'Orient de l'Occident, soit au point de vue
de l'État, soit à celui de l'Église; dans l'un la complète
assimilation au génie romain, dans l'autre la superpo-
sition de Rome sur une civilisation particulière qui
demeure : point de départ qui jette beaucoup de lumière
sur tout ce qui a eu lieu depuis dans le monde. Enfin,
et pour ne pas vous ennuyer d'une plus longue analyse,
vous avez gravé dans mon esprit une figure de Constan-

tin qui me semble devoir ressembler à l'original, et dont les traits sont enfin fixés à l'image de cet homme qui a fait aboutir de si grands événements sans être précisément lui-même un grand homme. Cette image avait été jusque-là pour moi si confuse, que j'avais peine à m'en faire une idée à peu près claire. Vous me l'avez dessinée et arrêtée.

Je n'ai cependant pas trouvé dans votre ouvrage, autant que je l'aurais voulu, une démonstration que j'y cherchais avec ardeur, et dont l'absence dans tous les livres qui se rapportent au christianisme m'a toujours causé un véritable trouble d'esprit. Pourquoi la religion chrétienne, qui, sous tant de rapports, a amélioré l'individu et perfectionné l'espèce, a-t-elle exercé, surtout à sa naissance, si peu d'influence sur la marche de la société? pourquoi, à mesure que les hommes devenaient individuellement plus humains, plus justes, plus tempérants, plus chastes, paraissaient-ils devenir chaque jour plus étrangers à toutes les vertus publiques? De telle sorte que la grande société nationale semble plus corrompue, plus lâche, plus infirme dans le même temps où la petite société de la famille est mieux réglée! Vous touchez ce sujet en plus d'un endroit; jamais à fond, ce me semble. Il mériterait, suivant moi, d'être traité à part, car enfin nous ne prenons ni l'un ni l'autre au pied de la lettre, et comme règle de morale publique, de rendre à César ce que nous lui devons, sans examiner quel est César, et quel est le droit et la limite de sa créance sur nous. Ce contraste qui frappe, dès les premiers temps du christianisme, entre les vertus chrétiennes et ce que j'ai appelé les vertus publiques, s'est souvent reproduit depuis. Il n'y en a point dans ce monde qui me paraisse plus difficile à expliquer : Dieu, et après lui la religion qu'il nous a donnée, devant être comme le centre auquel les vertus de toute espèce doivent aboutir, ou plutôt d'où elles sortent aussi naturellement les unes que les autres, suivant les occasions et les différentes conditions des hommes. Cette grande question me semble digne de votre esprit, et celui-ci capable de la saisir et d'y pénétrer.

Je ne veux point finir cette lettre, déjà trop longue pourtant, sans vous faire un compliment bien sincère sur la forme et le style de votre œuvre. Je suis peut-être plus sensible à ce genre de mérite qu'il n'est raisonnable de l'être; et j'avoue que j'ai bien de la peine à reconnaître une pensée juste sous des expressions fausses. Votre livre me paraît bien composé et dans un excellent langage. La facture de votre système appartient à une meilleure époque de la littérature que la nôtre et ne présente cependant ni imitation ni archaïsme. Le mot y est fait pour la pensée, tandis que de nos jours la pensée a souvent l'air de venir à propos du mot et pour y conduire.

Que vous dirai-je enfin, monsieur? après vous avoir fini, j'ai regretté d'être au bout, et j'ai vivement désiré que vous fissiez bientôt paraître une suite à ce beau travail, ce dont vous vous occupez sans doute. Veuillez, etc.

A MADAME SWETCHINE

Tocqueville, 4 août 1856.

. . . Je n'ai rien de nouveau à vous dire de nous. A mesure que notre solitude se prolonge, nous devenons, ce me semble, plus tranquilles et plus près de la sérénité. Je pense que c'est une grande bénédiction que Dieu nous a donnée de nous faire toujours trouver tant de secours à nous retirer loin du monde. Ce remède contre les maux et les agitations de la vie est toujours à la portée de l'homme, tandis que celui qu'on cherche au milieu de la foule ne se trouve pas toujours, et aggrave bien souvent la maladie dont on veut guérir. Je m'aperçois du progrès que nous faisons par la rapidité toujours plus grande avec laquelle semble courir le temps. Vous savez que les jours les plus heureux sont toujours ceux qui fuient le plus vite. Rien ne marque mieux la misère humaine que d'avoir trouvé là le meilleur signe du bonheur. Il en est ainsi pourtant. Je n'ai recommencé aucun travail sérieux; mais j'ai des occupations nombreuses et réglées qui, sans me suffire, m'intéressent, et au milieu desquelles le temps passe en ne laissant que de petites traces légères mais agréables.

Je reçois toujours beaucoup de bonnes nouvelles de mon livre. Je vous avoue avec candeur que cela me charme et que je n'ai rien de l'indifférence philosophique que je devrais affecter pour le succès. Loin du reste de m'accuser auprès de vous de ma satisfaction, j'aurais plutôt à me défendre de ne l'avoir pas plus grande, car c'est là où est la vraie maladie de mon âme : inquiétude incessante de l'esprit qui cherche en toutes choses le *par delà*, et rend presque insensible au bien qu'on a le plus désiré dès qu'on l'a étreint. Je sais que ce n'est pas là seulement mon infirmité, c'est celle de l'homme; mais peu, je crois, en ont été plus atteints. J'ai eu une vie assez agitée, dans laquelle il s'est rencontré de temps à autre de grandes joies. Mon imagination n'a jamais trouvé dans chacune de celles-ci qu'une sorte de point d'appui pour sauter plus loin. Je n'ai point eu assurément à me plaindre de ma destinée, mais seulement de moi-même. . . . .

A M. CH. DE RÉMUSAT

Tocqueville, 6 août 1856.

Mon cher ami, je n'ai reçu qu'hier le numéro de la *Revue des Deux Mondes* du 1er, qui contient l'article de vous qui me concerne [1]. Cet article, dont j'attendais, je l'avoue, beaucoup de satisfaction, a dépassé mon attente, et je ne saurais trop vous remercier de tout ce

[1] Voir le numéro du 1er août 1856 de la *Revue des Deux Mondes*, sur *l'Ancien régime et la Révolution.* Cet article se retrouve presque textuellement dans un excellent livre publié l'hiver dernier par M. de Rémusat, sous le titre de *Politique libérale.*

qu'il contient. Être si bien recommandé, et l'être par
vous, est une circonstance qui marquera dans mes souvenirs. Je ne saurais, en vérité, vous dire combien je
vous suis obligé et à quel point ce que je viens de lire
augmente encore la sincère et vive amitié que j'ai déjà
depuis longtemps, comme vous savez, pour vous. Non-
seulement vous avez dit sur moi les choses les plus
agréables, mais vous les avez dites de manière à vous
faire lire par tout le monde. Quand votre article n'aurait pas eu pour moi un intérêt si personnel, il m'eût
été d'une lecture très-attachante. Vous y avez mis toute
la grâce, toute la finesse et toute l'étendue de votre
esprit, de sorte que ceux même qui ne penseraient pas
comme vous sur l'auteur dont vous parlez, ne pourront
néanmoins s'empêcher d'aller jusqu'au bout de ce que
vous dites sur lui ou à propos de lui, avec un plaisir
infini. Je suis sûr que l'homme qui après moi doit être
le plus satisfait de votre article est M. Buloz. On ne saurait mieux faire les affaires de la *Revue* aussi bien que
les miennes. Je ne veux pas vous en dire plus long.
Croyez, mon cher Rémusat, que je n'oublierai jamais
le service que vous venez de me rendre et le plaisir que
vous m'avez fait. Le fond et la forme m'ont été également sensibles. Buloz, qui m'avait annoncé votre article
au moment où il allait paraître, me presse beaucoup
dans la même lettre d'écrire pour la *Revue*. Ce n'est
certes pas le moment de le refuser ; et cependant je ne
sais comment m'y prendre pour lui obéir. Je n'ai jamais
fait de ma vie un article de revue, et je suis effrayé au

dernier point de ce qui me paraît la grande difficulté du genre, à savoir l'obligation de renfermer dans un si petit cadre un tableau entier et qui puisse attirer l'œil. Vous qui y réussissez si bien, donnez-moi donc au moins un avis sur le sujet que je pourrais prendre. Quand nous étions ensemble dans la politique, j'entendais dire tous les jours : « Allez causer de ceci avec Rémusat, il a des aperçus sur tout. » Je mets en ce moment ce conseil en pratique, et je vous demande, si cela ne vous ennuie pas trop, de me dire si vous apercevez ce que je pourrais faire pour satisfaire Buloz. Je suis en vérité plein de bonne volonté, mais aussi de stérilité ; et si votre esprit et votre expérience ne me viennent pas en aide, au moins dans le choix du sujet, je ne sais comment je me tirerai d'affaire.

Adieu, mon cher ami, il me tarde de vous revoir et de vous serrer la main. Mille et mille remerciements de nouveau.

———

A MADAME GROTE

Tocqueville, 10 août 1856.

Chère madame Grote, nous avons reçu ces jours derniers trois journaux, *the Spectator*, *the Press* et *the Examiner*, dont la lecture nous a été très-agréable et dont je pense que nous vous sommes redevables ; car il nous a semblé reconnaître votre écriture sur la bande de cha-

cun d'eux. Nous avons vu là, comme toujours, un témoignage de cette amitié-active et efficace dont nous avons
eu tant de preuves depuis un grand nombre d'années.
Il y en a une dernière que vous ne m'avez pas encore
donnée pourtant et que je me promets de réclamer. Vous
n'avez pas encore prononcé votre propre verdict sur
mon livre ; et cependant vous n'ignorez pas que je suis
très-impatient de le connaître. Vous savez depuis longtemps ce que je pense de votre esprit, qui allie si bien les
agréments de l'esprit de la femme à la vigueur et à
l'étendue de celui de l'homme. Il vous est donc facile de
comprendre qu'il m'importe singulièrement de savoir
ce que vous pensez dans une circonstance si capitale
pour moi ; et il n'est pas charitable de ne me l'avoir
point dit. Je ne vous demande point d'entrer dans de
grands détails, si cela vous fatigue. C'est votre impression générale que j'aime surtout à connaître. Ne soyez
donc pas trop longtemps, je vous prie, sans me satisfaire. . . . .

Nous avions été invités de la manière la plus charmante par lady Thereza à venir cet été chez elle à la
campagne. C'était bien tentant ; mais les affaires de
toute espèce, que fait naître la mort de mon pauvre
père, nous retiennent absolument. Nous avons vécu,
jusqu'à présent ici, dans la profonde retraite que l'état
de nos esprits et les convenances nous imposaient. Cela
n'a pas été cependant sans douceur. Nous avons repris
toutes les petites habitudes de travail qui ont pour nous
tant de charmes, au nombre desquelles se trouvent

chaque jour des lectures communes en allemand et en anglais. C'est ainsi que nous venons de finir le dernier volume de M. Grote. J'attendais cette fin pour vous écrire. La lecture de ce volume nous a passionnément intéressés et aussi attristés. Il change l'Alexandre de la légende en celui de l'histoire, et ternit les couleurs brillantes que l'imagination des hommes avait données à la figure de ce conquérant. Après tout, c'est rendre un grand service à l'humanité que d'enlever un éclat illégitime à ceux qui l'ont ravagée, et de les réduire à ce qu'ils ont presque tous été, de grands oiseaux de proie. Peut-être me permettrai-je de trouver qu'Alexandre est un peu plus Grec que M. Grote ne le dit. Je ne nie pas que le barbare ne soit, chez lui, vivant dans le Grec; mais je crois qu'après tout, Alexandre est principalement un produit de la civilisation grecque et que, par certaines de ses qualités et de ses défauts, elle devait produire un tel homme. Ce que je n'ai compris que depuis que j'ai lu M. Grote, c'est la marche d'Alexandre à travers l'Asie, les procédés de Darius et les causes de sa chute, la facilité des conquêtes de son rival et leur étendue. Ce livre, comme tous les bons livres, indépendamment de ce qu'il m'a appris, m'a beaucoup fait penser.

Adieu, chère madame Grote, ne m'oubliez pas, je vous prie, auprès du grand historien, et dites-moi, en confidence, quel est son jugement sur mon œuvre, ce à quoi je tiens beaucoup. Mais surtout croyez à notre vive et sincère amitié.

A M. DUVERGIER DE HAURANNE

Tocqueville, ce 1ᵉʳ septembre 1856.

Vous m'avez écrit, il y a trois semaines, mon cher Duvergier, une lettre bien intéressante et bien instructive, dont je ne saurais trop vous remercier; j'y retrouve avec votre amitié votre esprit actif et *efficace*, qui part de ce qui est fait pour songer à ce qui reste à faire.

Je suis moi-même bien préoccupé de cette suite de mon livre dont vous voulez bien vous occuper déjà. Je suis effrayé des difficultés que j'aperçois dans cette partie de mon œuvre. Elles sont de toutes sortes : l'ancien régime était à moitié ignoré, et en se donnant la peine de creuser plus loin que la superficie des opinions communes, on pouvait aisément trouver le vrai et le nouveau. Mais la révolution, surtout dans sa première période, a été l'objet d'études très-approfondies, le sujet qui a préoccupé le plus les grands esprits du temps. La difficulté d'être intéressant en pareille matière, en restant vrai, est bien plus grande. De plus, l'ancien régime est mort; les passions qui peuvent encore s'y rattacher sont languissantes. La révolution, c'est le vivant, et il est difficile de la toucher sans faire crier bien des gens, et, qui pis est, des gens qui, ennemis les uns des autres, ne s'entendent que pour condamner l'écrivain. Je n'ai encore, sur cette partie de mon sujet auquel vous pensez bien que j'ai particulièrement réfléchi (avant même de m'occuper d'aucun autre), je n'ai, dis-je, encore pu me former un ensemble d'idées qui me satisfasse pleinement, et tout ce que je pourrais dire en ce moment, serait imprudent, parce que ma pensée n'est pas encore mûre, et que l'étude nouvelle, détaillée et attentive, à laquelle je commence à me livrer avec ardeur sur les actes et les paroles de ce temps, peut singulièrement modifier, dans un sens ou dans un autre, les idées générales que j'ai aujourd'hui.

Je crois que ce que j'ai de mieux à faire est de suivre la méthode que j'ai déjà suivie pour composer le livre qui vient de paraître, et même la *Démocratie* : je vais vous la dire, quoiqu'il soit déplaisant de parler si longtemps de soi, parce que vous pourrez peut-être, la connaissant, me donner quelques bons avis. Quand j'ai un sujet quelconque à traiter, il m'est quasi impossible de lire aucun des livres qui ont été composés sur la même matière ; le contact des idées des autres m'agite et me trouble au point de me rendre douloureuse la lecture de ces ouvrages. Je m'abstiens donc, autant que je le puis, de savoir comment leurs auteurs ont interprété après coup les faits dont je m'occupe, le jugement qu'ils en ont porté, les idées diverses que ces faits leur ont suggérées (ce qui, par parenthèse, m'expose quelquefois à répéter, sans le savoir, ce qui a déjà été dit). Je me donne, au contraire, une peine incroyable pour retrouver moi-même les faits dans les documents du temps ; souvent j'obtiens ainsi, avec un immense labeur, ce que j'aurais trouvé aisément en suivant une autre

route. Cette récolte faite ainsi laborieusement, je me
renferme en moi-même, comme dans un lieu bien clos,
j'examine avec une extrême attention, dans une revue
générale, toutes ces notions que j'ai acquises par moi-
même, je les compare, je les enchaîne, et je me fais
ensuite la loi d'exposer les idées qui me sont spontané-
ment venues dans ce long travail, sans aucune considération quelconque pour les conséquences que les uns ou
les autres peuvent en tirer. Ce n'est pas que je ne sois
extrêmement sensible à cette opinion des différents lecteurs; mais l'expérience m'a appris que, dès que je voulais écrire dans une vue préconçue, soutenir une thèse,
je perdais absolument tout talent véritable, et que je ne
pouvais rien faire qui vaille, si je ne me bornais pas à
vouloir rendre clairement ce qu'il y a de plus personnel
et de plus réel dans mes impressions et dans mes opinions. Pardonnez-moi, mon cher ami, ce long bavardage, qui n'est, du reste, que pour vous seul et qui vous
montrera ma grande confiance en vous. Mon but était
d'arriver à ceci : vous connaissez maintenant ma méthode de travail; comment me conseillez-vous de l'appliquer dans la partie de mon œuvre qui vient immédiatement après mon livre? A quelles sources de faits
me conseillez-vous particulièrement de puiser? Par où,
suivant vous, diriger cet effort qui consiste à retrouver
par moi-même les faits qui ont été déjà l'objet de l'étude de
bien d'autres, à me les approprier en quelque sorte,
et à en tirer une nourriture intellectuelle qui me soit
particulière? Il est bien évident qu'il ne faut pas espérer

découvrir maintenant ce qu'on pourrait appeler des
faits nouveaux sur la révolution française. Ce que je demande, c'est comment et où, à votre avis, étudier le
mieux les faits, les idées, les passions connues de la période qui s'étend de 89 au *Directoire ;* c'est le champ
dans lequel je me renferme en ce moment. Jusqu'à présent, je me suis particulièrement appliqué à étudier les
actes de l'Assemblée constituante et les débats auxquels
ces actes ont donné lieu dans son sein et hors de son
sein. C'est le document, je crois, le plus fécond et le
plus authentique qu'il soit possible de consulter d'abord;
mais il y en a bien d'autres. Pour l'ancien régime, l'embarras était dans l'absence de notions suffisantes et certaines ; dans la première époque de la révolution, l'embarras vient de la multitude immense des écrits publiés
par les contemporains. Lire tout est impossible ; choisir,
dangereux.

Je me suis occupé, dans un autre temps, de ces premiers débats de la révolution. Mais cette étude, qui date
déjà de loin, a laissé dans mon esprit une masse confuse
d'idées dont j'ai bien de la peine à faire sortir les notions claires et fécondes que je cherche aujourd'hui. La
masse de ce que je sais déjà m'empêche de bien voir ce
qu'il faut maintenant étudier et apprendre de nouveau
pour ce que j'ai à faire. J'attacherais un grand prix à
avoir votre avis sur la manière dont je dois diriger cette
dernière étude. Je crois que vous êtes l'un des hommes
qui ont le plus pénétré dans cette partie de notre histoire moderne ; je voudrais que vous me fissiez un peu

profiter de votre grande expérience. Vous savez quel est mon but : il ne s'agit pas de faire l'histoire de la révolution et de suivre, dans le détail, l'enchaînement des faits, mais bien de montrer le mouvement général de l'événement, son vrai caractère, les causes principales qui l'ont poussé dans un sens plutôt que dans un autre, qui l'ont précipité, détourné, arrêté... Quel choix faire au milieu de la foule innombrable des documents pour atteindre ces points de vue généraux ? Si vous avez en cette matière un bon avis à donner, je le recevrai avec la plus vive reconnaissance, et je l'attends avec confiance de l'amitié à laquelle vous m'avez accoutumé.

Veuillez, mon cher Duvergier, nous rappeler très-particulièrement au souvenir de madame Duvergier de Hauranne, et croire à tous mes sentiments de complète estime et d'amitié.

A N. W. SENIOR, ESQ.

Tocqueville, 4 septembre 1856.

J'ai reçu, cher Senior, votre lettre avec grand plaisir. Le jugement que vous portez sur mon œuvre me satisfait beaucoup. Je vous tiens pour un excellent juge et pour un esprit sincère. J'espère donc que vous m'avez exprimé votre pensée réelle ; et cette pensée a une grande valeur à mes yeux. Je suis charmé que vous ayez trouvé dans mon livre plus que nos entretiens n'avaient pu vous apprendre sur ma façon d'envisager notre histoire. Nous nous connaissons depuis si longtemps, nous avons tant causé ensemble dans notre vie et avec si peu de réserve, qu'il est bien difficile que nous écrivions quelque chose qui puisse nous paraître nouveau. J'avais donc peur de vous paraître *rabâcher* en vous faisant lire ce qui pouvait sembler nouveau au public.

Nous venons d'avoir ici les Reeve, avec lesquels nous avons passé près de deux semaines très-agréablement. J'avais chargé Reeve de vous amener avec lui de gré ou de force. Vous a-t-il fait part de mon injonction ? Cette réunion n'eût pas été sans plaisir pour vous, je l'espère ; et nous aurions été charmés de tenir en même temps sous notre toit deux aussi bons amis que Reeve et vous.

Il paraît que vous comptez cet hiver jeter l'ancre à Rome. Cela augmente encore mon regret de n'y pouvoir point aller. Il n'y a pas moyen d'y songer. Nos santés, qui se fortifient, rendent ce voyage inutile, et des travaux de tout genre nous obligent à la résidence. Si vous poussez jusqu'à Naples, vous aurez peut-être la satisfaction de n'y plus trouver ce pauvre roi que nous y vîmes, il y a cinq ans, lors de notre commun voyage en ce pays. J'applaudis à la vertueuse indignation que montre en ce moment le peuple anglais contre ce petit despote, et à la compassion que lui inspirent les gémissements des pauvres diables destinés à mourir lentement dans les prisons où ils sont arbitrairement détenus. Je suis véritablement touché de voir ce grand peuple s'intéresser ainsi de loin à la cause générale de l'humanité et de la liberté, lors même que cette noble cause est en souffrance hors de chez lui. Je regrette seulement que des sentiments si généreux ne se dépensent qu'à l'occasion d'un si petit potentat.

J'avoue que les Américains me rappellent un peu, en effet, le *puer robustus* de votre philosophe. Néanmoins je ne saurais désirer ainsi que vous leur démembrement. Cet événement serait une grande blessure faite à l'humanité tout entière. Car il introduirait la guerre dans une grande partie de la terre, où depuis plus d'un siècle déjà elle est inconnue. Le moment où l'union américaine se rompra sera un moment très-solennel dans l'histoire du monde. Je n'ai pas rencontré d'habitant des États-Unis qui n'en ait le sentiment, et je ne suis pas sûr qu'on n'hésite pas longtemps encore avant d'y arriver. Il y aura toujours la chance qu'au dernier instant, et lorsqu'on se verra en face du brisement définitif du lien fédéral, on s'arrête et on recule. J'ai déjà vu cela deux fois de mon temps.

Adieu, cher Senior, ne restez pas si longtemps sans nous donner de vos nouvelles, et croyez à notre bien sincère affection.

A MADAME SWETCHINE

Tocqueville, 10 septembre 1856.

Vous m'avez écrit il y a près de trois semaines, madame, la lettre tout à la fois la plus aimable et la plus.
intéressante, et je ne vous ai pas encore répondu. Je
voudrais que vous trouviez dans votre cœur, qui contient tant d'indulgence, quelque raison pour m'excuser.
Pour moi, je n'en trouve point; et je n'ai rien à dire, si
ce n'est que j'ai toujours été le plus mauvais correspondant du monde, le plus irrégulier, le plus intermittent,
et que mes meilleurs amis, qui se sont toujours plaints
de ce défaut, me l'ont toujours pardonné, par la considération que ce n'est point l'oubli ni l'indifférence qui
m'empêchera jamais d'écrire, mais une sorte de paresse
d'esprit dont je ne suis pas le maître. Je ferais volontiers
comme un compatriote que j'ai rencontré en Amérique,
qui, quand il avait quelque chose de pressé à dire à ses
amis, faisait cent lieues plutôt que d'écrire une lettre.
Bien différent en cela d'un mien voisin qui, au contraire, était si peu maître de sa parole et si habitué à sa
plume que, si dans la conversation on lui poussait un
argument un peu vif, il vous quittait aussitôt, montait un
petit cheval qu'il avait laissé à la porte en venant, et
retournait au galop dans sa gentilhommière pour écrire
ce qu'il aurait dû répondre. Je suis aux antipodes de
celui-là, mais je me rapprocherais volontiers de l'autre.

Votre jugement sur mon livre m'a charmé. On ne saurait pénétrer plus avant dans ma pensée et mieux comprendre le sens de l'ouvrage. Votre lettre sera certainement mise à part parmi celles qui expriment des opinions sur mon œuvre. En général, il faut que vous sachiez, madame, que tout ce qui vous regarde est à part dans mon esprit. La place que vous y occupez vous est propre et ne ressemble à celle d'aucune autre. J'ai pour vous un mélange de respect et d'affection qui fait, du sentiment que je vous porte, quelque chose de tout particulier, et qu'une réunion bien rare de qualités diverses peut seule expliquer.

Que j'aime à vous entendre parler si noblement contre tout ce qui ressemble à l'esclavage! Je suis bien de votre avis que la répartition plus égale des biens et des droits dans ce monde est le plus grand objet que doivent se proposer ceux qui mènent les affaires humaines. Je veux seulement que l'égalité en politique consiste à être tous également libres, et non, comme on l'entend si souvent de nos jours, tous également assujettis à un même maître.

Je me doutais bien, je l'avoue, que ce que je dis sur le clergé de l'ancien régime et sur l'avantage qu'il y avait à le rattacher par des intérêts terrestres à une patrie, n'aurait pas votre entier assentiment. Je ne veux pas plus que vous entamer par lettre ce grand sujet. Mais je désire vivement qu'une de ces heures précieuses et si rares, où il m'est donné de pouvoir causer librement avec vous, se présente, afin que je puisse vous exposer sur ce point toute ma pensée et rechercher la vérité dans le contact d'un esprit aussi sincère et plus éclairé que le mien en pareille matière. Je ne vous dirai aujourd'hui, si vous le permettez, que le sentiment sous l'impression duquel j'ai écrit.

Il y a, ce me semble, dans la morale deux parties distinctes, aussi importantes l'une que l'autre aux yeux de Dieu, mais que, de nos jours, ses ministres nous enseignent avec une ardeur très-inégale. L'une se rapporte à la vie privée : ce sont les devoirs relatifs des hommes comme pères, comme fils, comme femmes ou maris... L'autre regarde la vie publique : ce sont les devoirs qu'a tout citoyen vis-à-vis de son pays et de la société humaine dont il fait spécialement partie. Me trompé-je en croyant que le clergé de notre temps est très-préoccupé de la première portion de la morale et très-peu de la seconde? Cela me paraît surtout sensible dans la manière de sentir et de penser des femmes. Je vois un grand nombre de celles-ci qui ont mille vertus privées dans lesquelles l'action directe et bienfaisante de la religion se fait apercevoir; qui, grâce à elle, sont des épouses très-fidèles, d'excellentes mères, qui se montrent justes et indulgentes envers leurs domestiques, charitables envers les pauvres... Mais quant à cette partie des devoirs qui se rapportent à la vie publique, elles ne semblent pas même en avoir l'idée. Non-seulement elles ne les pratiquent pas pour elles-mêmes, ce qui est assez naturel, mais elles ne paraissent pas même avoir la pensée de les inculquer à ceux sur lesquels elles ont de l'influence. C'est une face de l'éducation qui leur est comme invisible. Il n'en était pas de même dans cet ancien régime, qui, au milieu de beaucoup de vices, renfermait de fières et mâles vertus. J'ai souvent entendu dire que ma grand'-mère, qui était une très-sainte femme, après avoir re-commandé à son jeune fils l'exercice de tous les devoirs de la vie privée, ne manquait point d'ajouter : « Et puis, mon enfant, n'oubliez jamais qu'un homme se doit avant tout à sa patrie ; qu'il n'y a pas de sacrifice qu'il ne doive lui faire ; qu'il ne peut rester indifférent à son sort, et que Dieu exige de lui qu'il soit toujours prêt à consacrer, au besoin, son temps, sa fortune et même sa vie au service de l'État et du roi. »

Mais je m'aperçois, madame, que je pénètre insensi-blement plus avant que je ne voudrais dans le sujet dont je veux causer avec vous et sur lequel il y aurait trop à écrire.

Je ne veux cependant pas finir sans vous remercier de la citation de Bossuet que vous m'avez envoyée[1]. Rien n'est plus beau, même en comparant Bossuet à lui-même. Je trouve dans cette seule phrase tout ce qui re-lève l'homme et tout ce qui en même temps le retient à

---

[1] Voici le texte de cette citation de Bossuet, contenue dans la lettre de madame Swetchine : « Je ne sais, Seigneur, si vous êtes content de moi, et je reconnais même que vous avez bien des sujets de ne l'être pas. Mais, pour moi, je dois confesser à votre gloire que je suis content de vous et que je le suis parfaitement. Il vous importe peu que je le sois ou non. Mais, après tout, c'est le témoignage le plus glorieux que je puisse vous rendre, car dire que je suis content de vous, c'est dire que vous êtes mon Dieu, puisqu'il n'y a qu'un Dieu qui puisse me contenter.»

(BOSSUET.)

sa place. Elle donne tout à la fois le sentiment de notre grandeur et de celle de Dieu. Elle est fière et elle est humble. D'où avez-vous tiré cela, madame? Je ne connaissais pas cet admirable morceau.

Adieu, madame; donnez-moi de vos nouvelles. Ma femme me demande toujours de la rappeler particulièrement à votre souvenir; et moi, je vous prie de croire à mon tendre et respectueux attachement.

A MADAME GROTE

Tocqueville, 1ᵉʳ octobre 1856.

J'aurais, chère madame Grote, un petit renseignement à vous demander. Ceci s'adresse à la créatrice et à la gouvernante d'*History-Hut*[1]. Il s'agit de barrières destinées à former un parc mobile pour les moutons. Reeve m'assure qu'il a vu chez vous, sous ce rapport, quelque chose de très-bon et de très-bon marché : deux grandes qualités aux yeux des gens qui aiment les choses de bonne qualité comme s'ils étaient riches et qui prisent le bon marché parce qu'ils ne le sont pas. D'après la description que m'a faite Reeve, j'aurais fait venir d'Angleterre des barrières semblables aux vôtres s'il ne

---

[1] Charmante maison de campagne à peu de distance de Londres, bâtie par madame Grote, qui lui a donné ce nom (*History-Hut*), parce que c'est dans cet asile tranquille que M. Grote s'est livré aux grands travaux dont son *Histoire de Grèce* a été le fruit.

se rencontrait pas là une question de douanes très-en-
huyeuse à régler et très-coûteuse en outre. Je préférerais
donc faire faire chez moi ce qu'il est difficile de faire
venir de chez vous. Mais pour cela il me faudrait un
modèle. Est-ce abuser de votre amitié que de vous prier,
la première fois que vous m'écrirez, de me tracer sur
une feuille de papier à lettres un petit croquis, qui me
fasse voir l'effet que produit une de ces barrières et auquel soient jointes les dimensions diverses que doit
avoir l'objet? Je sais que vous avez presque autant d'habileté dans les doigts que dans l'esprit, et je suis sûr que
trois ou quatre traits de plume me mettront au fait. Ce
dont j'ai principalement besoin, je le répète, ce sont des
barrières mobiles, qui *réunies* formeraient un petit parc
propre à renfermer quelques moutons et à les trans-
porter de place en place sur le gazon qui nous environne. Nous aurons aussi besoin plus tard de barrières
fixes propres à arrêter les gros animaux, bœufs et chevaux. Si vous aviez un conseil à me donner en cette
matière aussi, et si vous pouviez l'appuyer d'un petit
croquis, vous achèveriez de nous rendre les amis les
plus reconnaissants et vous nous aideriez beaucoup pour
sortir de l'affreux désordre où nous vivons en matière de
jardin.

Je ne puis m'empêcher de rire en relisant les deux
pages qui précèdent, et en songeant à l'objet de cette
correspondance. Un membre de l'Académie française,
écrivant à l'une des femmes les plus spirituelles de
l'Angleterre, et lui parlant chevaux, bœufs et moutons :

voilà ce à quoi au premier abord on ne s'attendrait guère. Moquez-vous de moi, si vous voulez ; mais répondez, je vous prie.

La demande que je vous adresse doit du reste vous prouver, chère madame Grote, que j'ai entièrement quitté pour le moment le métier d'auteur et suis devenu absolument homme des champs. Je voudrais bien pourtant me remettre au travail et reprendre l'œuvre dont vous connaissez déjà la première partie ; mais quand le feu de l'esprit est bien éteint, il est difficile de le ranimer à volonté. Je l'éprouve en ce moment d'une façon très-pénible. Je commence à m'ennuyer de mon inaction, et ne puis me retrouver d'ardeur à agir. Quoi de plus obscur dans ce monde pour chacun de nous que nous-même ? Qui fait naître la verve en toute chose ? qui l'alanguit ? qui l'éteint ? qui la ranime ? Hélas ! nous n'en savons pas plus sur ce point-là, quand il s'agit de nous, que d'un étranger ! Ne pourriez-vous pas m'enseigner un moyen de me remettre en train ? Cela est plus difficile, j'en conviens, que de dessiner un parc à moutons ; mais le service que vous me rendriez serait aussi bien plus grand...

Adieu, chère madame Grote ; ne nous oubliez pas, je vous prie, auprès de M. Grote, dont le renom comme historien va sans cesse, ce me semble, en s'augmentant, et croyez à notre sincère amitié.

A M. LANJUINAIS

Tocqueville, 13 octobre 1856.

Il y a un siècle que je ne vous ai écrit, mon cher ami, par la raison que je ne savais où vous adresser ma lettre. Aujourd'hui même je l'envoie un peu au hasard à Paris, pensant qu'elle sera renvoyée de là à votre résidence actuelle, qu'on doit connaître. La seconde raison de mon silence a été l'absence absolue de nouvelles à vous donner. Cette raison persiste encore; mais je m'ennuie de ne pas entendre parler de vous, et je vous écris comme si j'avais quelque chose à vous dire. Dans votre dernière lettre de Cauteretz, vous ne m'annonciez rien de vos projets ultérieurs. Comment avez-vous employé le temps qui s'est écoulé depuis ce moment-là? Je ne vous dirai point : A quel travail vous êtes-vous livré? car je commence à croire que, comme Beaumont, vous parlez de faire, mais ne faites rien, ce qui est grand dommage. Mais qu'y peuvent vos amis? Du reste, depuis mon arrivée ici je ne vous imite que trop par ce mauvais côté : je parle tous les jours de ce que je vais entreprendre, et à la fin de la journée il se trouve que je n'ai rien fait ou fait des riens. Si encore, comme vous, j'avais la sagesse de trouver agréable le farniente! Mais il n'en est pas ainsi; je suis un paresseux mélancolique, tandis que vous mêlez agréablement la paresse et la sérénité. Dites-moi, je vous prie, des injures comme je vous en dis là, et tâchons de nous exciter un peu mutuellement en nous faisant honte de part et d'autre.

Au lieu de me dire des injures, dites-moi ce que vous pensez de ce qu'on appelle aujourd'hui la crise monétaire : vous êtes passé maître en ces matières. Que disent votre science et votre expérience sur ce qui se passe? La crise doit-elle devenir plus grave? amènera-t-elle à sa suite une crise industrielle? Éclairez un peu mon ignorance sur une question qui intéresse tout le monde par ses résultats. . . . .

Adieu. Vous voyez bien que j'avais raison de vous annoncer que je n'avais rien à vous dire, rien du moins qui pût vous paraître nouveau ; car de vous parler de la vive et sincère amitié que j'ai pour vous, vous la connaissez depuis longtemps, et c'est rabâcher que d'y revenir. . . . .

A MADAME SWETCHINE

Tocqueville, 20 octobre 1856.

Je vous assure, madame, que je ne suis pas tenté d'user de la permission que vous me donnez de ne pas vous répondre. Quand même le sentiment qui m'attache à vous, sentiment où le respect se mêle toujours à l'affection, me permettrait de garder le silence, le désir seul d'avoir une nouvelle lettre de vous suffirait pour me déterminer à récrire moi-même. La lecture de vos lettres est en effet pour moi un si grand plaisir, qu'il n'y a point de paresse qui puisse m'empêcher de vouloir le mériter.

Vous me dites, dans votre dernière lettre, des choses aussi vraies que bien exprimées sur l'obscurcissement inévitable du devoir en matière politique dans des temps troublés, instables et pleins de révolutions comme les nôtres, et sur la difficulté qui s'y rencontre d'y inspirer aux hommes des règles de conscience. Vous auriez assurément raison s'il s'agissait de conseiller ou de défendre certaines doctrines particulières en fait de gouvernement. Ce n'était pas non plus ainsi que je l'entendais. Je crois qu'en ceci, comme en tout ce qui concerne les actions humaines, il y a, en dehors des règles spéciales applicables individuellement à chaque cas, des principes généraux à inculquer, des sentiments à faire naître, une certaine direction à donner aux idées et aux volontés. Je ne demande point sans doute aux prêtres de faire aux hommes dont l'éducation leur est confiée ou sur lesquels ils exercent une influence, je ne leur demande pas de faire à ceux-ci un devoir de conscience d'être favorables à la république ou à la monarchie; mais j'avoue que je voudrais qu'ils leur dissent plus souvent qu'en même temps qu'ils sont chrétiens, ils appartiennent à l'une de ces grandes associations humaines que Dieu a établies sans doute pour rendre plus visibles et plus sensibles les liens qui doivent attacher les individus les uns aux autres : associations qui se nomment des peu-

ples, et dont le territoire s'appelle la patrie. Je désirerais qu'ils fissent pénétrer plus avant dans les âmes que
chacun se doit à cet être collectif avant de s'appartenir
à soi-même; qu'à l'égard de cet être-là, il n'est pas permis de tomber dans l'indifférence, bien moins encore de
faire de cette indifférence une sorte de molle vertu qui
énerve plusieurs des plus nobles instincts qui nous ont
été donnés; que tous sont responsables de ce qui lui
arrive, et que tous, suivant leurs lumières, sont tenus
de travailler constamment à sa prospérité et de veiller à
ce qu'il ne soit soumis qu'à des autorités bienfaisantes,
respectables et légitimes. Je sais qu'on a inféré de ce qui
se trouve dans l'évangile de l'avant-dernier dimanche,
que le devoir du chrétien, en matière politique, se borne
à obéir à l'autorité établie, quelle que soit cette autorité. Permettez-moi de croire que ceci est plutôt dans la
glose que dans le texte, et que là ne se borne pas pour
le chrétien la vertu publique. Oui, sans doute, le christianisme peut exister sous tous les gouvernements; c'est
là l'un des caractères de sa vérité. Il ne s'est jamais lié
et ne se liera jamais à l'existence d'une certaine forme
de gouvernement ni à la grandeur particulière d'un
peuple. Bien plus, il peut triompher au milieu des plus
mauvais gouvernements, et trouver, jusque dans les
maux que ces mauvais gouvernements imposent aux
hommes, la matière d'admirables vertus. Mais il ne
s'ensuit pas, si je ne me trompe, qu'il doive rendre insensible ou indifférent à ces maux, et qu'il n'impose pas
à chacun le devoir d'en délivrer courageusement ses

semblables par les voies légitimes que les lumières de sa conscience lui découvrent.

Voilà ce que je voudrais qu'on inculquât aux hommes, et j'ajouterai surtout aux femmes. Rien ne m'a plus frappé, dans l'expérience déjà assez longue que j'ai faite des affaires publiques, que l'influence qu'exercent toujours les femmes en cette matière ; influence d'autant plus grande qu'elle est indirecte. Je ne doute pas que ce ne soient elles surtout qui donnent à chaque nation un certain tempérament moral, qui se manifeste ensuite dans la politique. Je pourrais citer nominativement un grand nombre d'exemples qui achèveraient d'éclairer ce que je veux dire. J'ai vu cent fois dans le cours de ma vie des hommes faibles montrer de véritables vertus publiques, parce qu'il s'était rencontré à côté d'eux une femme qui les avait soutenus dans cette voie, non en leur conseillant tels ou tels actes en particulier, mais en exerçant une influence fortifiante sur la manière dont ils devaient considérer en général le devoir ou même l'ambition. Bien plus souvent encore, il faut l'avouer, j'ai vu le travail intérieur et domestique qui transformait peu à peu un homme auquel la nature avait donné de la générosité, du désintéressement et de la grandeur, en un ambitieux lâche, vulgaire et égoïste qui, dans les affaires de son pays, finissait par ne plus envisager que les moyens de rendre sa condition particulière commode et aisée. Et comment cela arrivait-il ? Par le contact journalier d'une femme honnête, épouse fidèle, bonne mère de famille, mais chez laquelle la grande notion du devoir en matière politique, dans son sens le plus énergique et le plus élevé, avait toujours été, je ne dirai pas combattue, mais ignorée.

Pardonnez-moi, madame, je vous prie, toutes ces divagations ; je cède au plaisir de montrer le fond de mes idées à une personne dont l'esprit ouvert et sympathique comprend celles mêmes qu'il ne partage pas. Hélas ! c'est un plaisir que je puis bien rarement goûter, et que je goûterai peut-être de moins en moins à mesure que je vivrai. Mes contemporains et moi, nous marchons de plus en plus dans des routes si différentes, quelquefois si contraires, que nous ne pouvons presque jamais nous rencontrer dans les mêmes sentiments et les mêmes pensées. Je n'ai pas assurément à me plaindre personnellement d'eux, et je ne m'en plains point. Nous vivons en très-bonne intelligence, mais sans nous toucher. Ils ont presque entièrement cessé de penser ce qui me préoccupe constamment et vivement ; ils n'attachent plus de prix aux biens auxquels tout mon cœur est resté lié. Je n'ai que de l'indifférence, quelquefois du mépris pour les goûts nouveaux ; et en général j'aperçois les différents buts, qu'on doit chercher à donner à la vie dans les limites de ce monde, sous des jours qu'ils n'ont plus. Nous ne nous combattons pas : nous ne nous entendons plus. J'ai des parents, des voisins, des proches ; mon esprit n'a plus de famille ni de patrie. Je vous assure, madame, que cette espèce d'isolement intellectuel et moral me donne souvent le sentiment de la solitude d'une façon plus intense que je ne l'ai ressentie jadis dans les forêts d'Amérique. Je lisais l'autre jour dans un philosophe de l'antiquité, une phrase (M. de Broglie l'a reproduite dans son livre) qui m'a ému ; il y était dit, si je ne me trompe : « Supporte patiemment l'idée de la mort, en songeant que tu n'as pas à te séparer d'hommes qui pensent comme toi. » Je ne suis ni de la condition, ni de la religion, ni même de la philosophie de celui qui se disait cela à lui-même. Mais que de fois n'ai-je pas été de son sentiment !

Adieu, madame, gardez-moi votre amitié et votre estime, et je ne me croirai jamais à plaindre.

A HENRY REEVE, ESQ.

Tocqueville, ce 7 novembre 1856.

Je vous dois, mon cher ami, bien des remerciements pour les deux exemplaires de revue que vous m'avez transmis. Rien n'est plus précieux pour moi que le cadeau que vous voulez bien me faire. Ces deux numéros forment un volume dont la lecture est très-instructive. J'ai d'abord lu, ou plutôt étudié votre article sur le concordat autrichien. Il m'a beaucoup appris et beaucoup intéressé ; vous y avez mis, volontairement ou à votre insu, une verve anticatholique qui est un symptôme du temps. Je suis porté à croire que vous exagérez beaucoup le mouvement ultramontain dont vous reportez toute la cause au pape. . . . .

Il ne faut pas se dissimuler que tout ce qui se passe
à Rome de notre temps n'est qu'un symptôme d'un
phénomène bien plus curieux et auquel je trouve
que vous ne faites peut-être pas assez d'attention, à savoir : le réveil de l'esprit catholique dans tout le monde,
la vie nouvelle qui s'est infusée dans ce vieux corps,
l'ardeur juvénile qui s'y montre de toutes parts. Croyez-
vous que ce soit l'action du pape qui détruise le *galli-
canisme* et qui fasse adopter les maximes ultramontaines
à la plupart des prêtres et des fidèles en France? Nullement. Les catholiques français se portent de ce côté
d'eux-mêmes, par un mouvement vif qui leur est propre
et naît de causes (trop longues à expliquer ici) qui sont
étrangères à l'influence de la cour romaine. Le pape est
plus excité par les fidèles à devenir le maître absolu de
l'Église, qu'ils ne le sont par lui à se soumettre à cette
domination. Ce mouvement est, sinon général, au moins
très-répandu dans le monde catholique. J'ai été surpris
de trouver sur ce point le même spectacle en Allemagne
qu'en France. Ce phénomène seul mériterait de vous
une étude spéciale que vous êtes mieux que personne
en état de faire. L'attitude de Rome dans ce que nous
voyons est bien plus un effet qu'une cause. Voilà ma
conviction. Je vous demande la permission de vous faire
une autre observation. Quand on parle de la liberté de
l'Église, on tombe en général dans une confusion à
laquelle il me semble que vous n'échappez pas absolument. L'Église peut être asservie quand le pape, au
lieu d'y être une espèce de souverain constitutionnel,

ainsi que le concile de Constance, par exemple, l'a entendu, y devient un despote absolu qui commande directement en toutes choses, sans rencontrer d'obstacle dans les libertés générales ou locales des fidèles. C'est la tendance de nos jours. Vous vous élevez contre cela avec beaucoup de raison suivant moi, et vous dites que cette tendance conduit à la servitude de l'Église, mais vous avez l'air de n'apercevoir pour celle-ci que cette forme de servitude ; or il y en a une autre qui est encore pire, du moins quand il s'agit d'une Église catholique et je crois aussi d'une Église protestante, quoique je sois moins en mesure d'affirmer ce dernier point. Cette autre forme de la servitude de l'Église consiste à placer tellement cette dernière dans les mains de l'État qu'elle devienne un pur *instrumentum regni*, comme en Russie, par exemple. Il n'y a rien à mon sens de plus redoutable et de plus détestable au monde que cette servitude-là. Quand on approuve un souverain catholique de secouer le joug de Rome, il faut donc bien prendre garde qu'en rendant les prêtres indépendants du pape, il ne les rende des serviteurs soumis du prince, et qu'au nom de la religion, du devoir et du salut, il n'en fasse les consécrateurs de ses propres passions ou de ses volontés despotiques. N'oubliez pas que ce même Bossuet, qui faisait triompher contre Rome la doctrine des quatre articles de l'Église gallicane, rédigeait un traité pour prouver que le gouvernement absolu était le plus conforme aux vues de la Providence, et qu'il n'y avait pas de résistance légale à opposer à l'arbitraire des rois.

Je crois qu'il existe un chemin mitoyen entre ces deux écueils. Je suis convaincu qu'on peut faire au pape et au roi leur part dans le gouvernement des choses ecclésiastiques. Tout ce que je puis dire, c'est qu'il ne faut appeler liberté de l'Église les limites posées à l'autorité du pape, que si en même temps on en pose à l'autorité des rois ; car s'il faut choisir entre les deux modes d'asservissement, je vous avoue que j'aime encore mieux l'asservissement de l'Église à son chef spirituel, et en ce sens la séparation exagérée des deux puissances, que la réunion des deux dans les mains d'une dynastie laïque.

Adieu, mon cher ami ; mille et mille amitiés de cœur ; nous nous rappelons très-particulièrement au souvenir de madame Reeve.

A MADAME SWETCHINE

Tocqueville, 4 décembre 1856.

Vous êtes bien bonne, madame, de me savoir gré de ma confiance en vous : on doit ne savoir gré que de ce qui vient de la volonté et naît de l'effort. Ma confiance en vous a toujours eu le caractère d'un instinct naturel et involontaire. Ce ne sont, je le confesse, ni les qualités éminentes de votre intelligence, ni même ce parfum de vertu qu'on respire près de vous qui m'ont retenu ; c'est cette sensibilité véritable, et surtout cette sincérité d'impression et de pensée qui sont si rares et que vous possédez. Je ne suis pas de ceux qui ne voient que faussetés et que trahisons parmi les hommes. Je crois qu'il y a beaucoup de personnes sincères quand il s'agit des choses importantes et dans les grandes circonstances, mais je n'en ai trouvé presque aucunes qui le soient dans les petites et tous les jours; qui, à chaque rencontre, montrent l'impression qu'elles ont, au lieu de celle qu'il leur paraîtrait utile ou agréable d'avoir; qui, même sur les sujets de la conversation journalière, cherchent ce qu'elles pensent réellement et le disent, au lieu de chercher, sans égard pour la vérité, ce qui doit sembler ingénieux ou spirituel. Voilà la sincérité qui est rare, surtout, je dois le dire, chez les femmes et dans les salons où l'honnêteté même a mille artifices. Ma pleine confiance vous a donc été acquise du premier jour et vous est toujours demeurée. . . . .

. . . . . . Votre dernière lettre a mis deux jours de plus à m'arriver, parce qu'on l'a envoyée à mon frère par erreur de la poste. Je crois que cette erreur a été amenée par le *titre*. Je n'en ai jamais pris aucun. Je ne l'avais pas fait à mon entrée dans le monde il y a trente ans; je me trouvais un peu jeune pour cela; puis je me suis habitué à n'être connu que par mon nom de baptême, et définitivement je m'y suis tenu.

A GUSTAVE DE BEAUMONT

Tocqueville, 21 décembre 1856.

. . . Je n'ai rien à vous dire de nous qui puisse vous intéresser. Je ne fais absolument rien, ce qui s'appelle rien. Cependant le temps s'écoule assez doucement, et surtout avec une rapidité prodigieuse. C'est là un des miracles de la vie de la campagne, toute remplie de petites affaires dont aucune n'a une importance véritable ni un charme entraînant, et dont l'ensemble suffit pour remplir la journée sans qu'on sache com ent, et sans qu'on éprouve ni grande jouissance ni ennui. Je voudrais pourtant obéir aux désirs de Buloz qui me demande un article. Mais quel sujet choisir? De grâce, si vous avez une idée sur ce point et que vous ne vouliez pas vous en servir vous-même, ce qui n'est malheureusement que trop probable, communiquez-la-moi. . . . . .
Avez-vous lu les Mémoires de Marmont? Il faut lire cela. L'auteur est un de ces aventuriers héroïques (très-bien élevé du reste) que la révolution française a fait percer : sans vraie grandeur morale, animé d'une violente haine contre la liberté, et en général contre tout ce qui empêche la prépondérance de la force matérielle ; mais, du reste, très-intelligent, modéré, d'un récit clair et facile, qui fait bien connaître les hommes de son temps et surtout le plus extraordinaire de tous. Mais je m'étonne toujours qu'on ait pris part à de si grandes choses, tou-

ché à de si grandes affaires et vécu en telle compagnie, et qu'on n'ait que cela à dire. Ce peu pourtant est très-digne d'être lu, surtout si l'on se borne au récit, et qu'on saute les trois quarts des pièces à l'appui. Un autre livre que je vous signale est la suite de l'ouvrage de Macaulay, troisième et quatrième volumes. Nous venons de le lire. C'est presque aussi superficiel, mais plus amusant qu'aucun roman. Quand je dis superficiel, je parle de la profondeur d'esprit qui fait apercevoir au-dessus des passions particulières du temps et du pays le caractère général d'une époque et la marche de l'esprit humain. L'ouvrage n'est pas superficiel quant aux faits particuliers dont parle l'auteur, et qui sont bien étudiés par lui. Il faut lire cela pour voir comment le fonds d'honnêteté, de bon sens, de modération et de vertu qui se trouve dans une nation, et les bonnes institutions que ces qualités ont établies ou laissées subsister, peut lutter contre les vices de ceux qui la dirigent. Je ne crois pas qu'il y ait eu dans aucun pays des hommes d'État plus malhonnêtes que ceux dont parle Macaulay dans cette partie de son histoire, comme il n'y a point de société plus grande que celle qui a fini par sortir de leurs mains. Il existe chez les peuples comme chez les individus, de certains tempéraments qui luttent non-seulement contre les maladies, mais contre les médecins.

. . . .

Mme Grote nous envoie quelquefois des journaux anglais qui font ma joie. Ils ont une espèce de naïveté ravissante dans leur passion nationale. A leurs yeux, les ennemis de l'Angleterre sont tout naturellement des coquins, et ses amis de grands hommes. La seule échelle de la moralité humaine qu'ils connaissent est là. . . . .

Ampère, que nous gardons tant que nous pouvons, travaille toujours comme un bénédictin. Tous les huit jours nous avons une lecture sur les *Empereurs romains*. Ce livre sera vraiment d'un grand intérêt et restera, je n'en doute pas. Il réunit deux qualités rares : un style vif, anecdotique, aisé et appliqué à mettre en lumière une érudition de bon aloi. Le tout est animé d'un goût vrai de la liberté et d'une horreur du despotisme qui échauffe l'écrivain et le lecteur. Je crois qu'Ampère n'a jamais rien écrit avec plus de verve. . . . .

. . . Maintenant parlons de vous ou plutôt de la meilleure partie de vous-même, qui est votre aimable fils. Je pense quelquefois à l'avenir de ce jeune homme avec un certain trouble. Ce serait grand dommage de mettre dans l'ombre une capacité si véritable et un caractère qui s'annonce comme devant être si élevé. Mais d'une autre part il n'est pas facile de lui trouver son théâtre. Nous parlons bien souvent de lui, ma femme et moi, mais sans arriver jamais à une conclusion qui nous satisfasse pleinement. Je vous assure que nous ressentons pour lui une sollicitude presque paternelle. Il a tant de qualités attachantes, qu'il nous intéresserait encore quand il ne serait pas votre fils. . . . .

A MADAME SWETCHINE

Tocqueville, 29 décembre 1856.

Je suis assez de cet ancien régime dont on m'accuse de dire tant de mal, pour sentir le besoin de ne pas laisser finir une année sans dire à mes meilleurs amis l'affection que j'ai pour eux. Souffrez donc, madame, que je suive avec vous cette vieille coutume du bon vieux temps, et que je vous dise avec toute la vivacité qu'on peut mettre à ce que l'on dit de loin et par écrit, qu'il n'y a personne dont le sort m'intéresse plus que le vô-tre, et à qui je souhaite de meilleur cœur toutes sortes de biens, je dis de ces biens qui touchent une âme telle que la vôtre et qui sont si fort au-dessus des facultés et même des désirs de tant d'autres; beaucoup d'occasions de bien faire, de consoler, de secourir, d'élever tout ce qui vous approche. Vous avez le goût et vous savez le prix de ce noble emploi de la vie. Dieu vous a donc déjà accordé le plus grand don qu'il puisse faire aux hom-mes; et tout ce qu'il est possible de souhaiter pour vous et pour tous ceux qui vous connaissent, c'est que vous en conserviez longtemps l'usage.

Vous êtes bien bonne, madame, de vous être souve-nue que M. de Rosambo était mon oncle. Sa mort, à la-quelle nous ne nous attendions que trop depuis long-temps, nous a, néanmoins, vivement affligés. Il avait toujours tenu dans notre famille une place à part. C'é-

tait moins assurément qu'un père, mais plus qu'un oncle. Le dernier lien qui tenait ensemble tout ce qui reste
de ma famille se brise avec lui. Il disparaît le dernier de
cette génération de grands parents qui nous a donné
l'exemple de si rares vertus. Il unissait à ce que la religion a de plus touchant le sentiment le plus fin et le
plus fier de l'honneur. Cet homme, dont la bonté et la
douceur allaient jusqu'aux approches de la faiblesse, devenait tout naturellement énergique jusqu'à l'héroïsme,
dès qu'il s'agissait de sa dignité ou de son devoir. Cet
homme admirable et excellent a été très-malheureux
dans ce monde ; il a été frappé par beaucoup de malheurs domestiques, que son extrême sensibilité lui a fait
ressentir d'une manière particulière. Assurément la
justice de Dieu lui en tiendra compte, et lui seul, en
l'absence de tout autre argument, suffirait pour me prouver que cette justice existe, et que l'ordre qui est troublé dans ce monde sera rétabli ailleurs. . . . .

. . . .

Je ne me suis jamais dépouillé de mon titre, comme
vous me le dites, madame. Je ne l'ai jamais pris ni refusé. J'ai toujours pensé que dans un temps où les ti-
tres ne représentent plus rien, il convenait d'agir avec
eux comme la Bruyère dit qu'il faut faire avec les habits. Il y a de l'orgueil à vouloir être trop bien vêtu ; il
y en a aussi quelquefois à vouloir ne pas bien l'être.
L'honnête homme, ajoute-t-il, se laisse habiller par son
tailleur. . . . .

A M. CH. RIVET

Tocqueville, 20 janvier 1857.

Ampère a dû vous dire, mon cher ami, avec quel plaisir on vous attendait ici, il y a un mois, et comme la majorité vous espérait. Je dis la majorité, parce que j'ai toujours formé une minorité sceptique. Je connais trop les affaires en général, et je sais trop à quelles immenses occupations vous êtes livré pour avoir jamais cru sérieusement vous voir; mais mon doute n'ébranlait ni ma femme ni Ampère, qui continuaient jusqu'à la fin à tenir pour certain que vous viendriez. Leur désappointement a donc été plus grand que le mien. Mais leur joie de vous voir n'eût pas été, je vous prie, moins grande que la mienne, si vous étiez venu. Enfin c'est partie remise. Je cherche à ne plus penser à la satisfaction que j'aurais eue à vous voir ici, pour ne songer qu'à celle que j'aurai bientôt à vous aller retrouver. Notre intention est toujours de revenir à Paris à la fin du mois prochain. Notre début dans cette ville sera triste; elle nous rappellera des souvenirs bien pénibles. . . . .

Je ne saurais vous dire combien, pour mille raisons, je reviens peu en train du monde. Jamais la société de bons amis ne m'a paru plus précieuse. Nous ne nous arrachons, de plus, qu'avec beaucoup de peine à ce lieu-ci. Nous venons d'y passer de bons mois, sans grands plaisirs, il est vrai, mais aussi sans aucun de ces pénibles

froissements qui se rencontrent si souvent à Paris pour
des gens qui pensent et sentent comme nous. Nous avons
véritablement mené une douce vie dans notre solitude.
Il n'y a manqué qu'un peu plus de travail d'esprit. J'y
ai été plus paresseux que je ne l'avais été, je pense, depuis vingt ans. Il n'y a guère qu'un mois que je me suis
remis sérieusement à l'œuvre. Nous avons eu tous ces
temps derniers, et nous avons encore une armée d'ouvriers occupés à transformer la portion du jardin qui est
derrière le château. La surveillance et la direction de
cette bande d'hommes a été l'une des causes de mon
inactivité intellectuelle; et je commence à croire que
l'on ne travaille jamais plus mal que chez soi. Du moins
je me suis amusé en ne faisant rien. Tous les fainéants
n'en peuvent dire autant. J'ai du goût pour ces occupations de la campagne, et ma femme les aime à la rage.
Elle vous attendait avec la dernière impatience pour vous
consulter sur une foule de questions difficiles. Comment
tracer cette allée? où planter ce massif? cet arbre doit-
il être abattu ou laissé? Comme elle a une grande idée
de votre bon goût, elle aurait tiré grand parti de vous;
elle s'en flattait du moins. Mais un homme qui fait tant
de chemins n'a pas le temps de s'occuper des allées. . .

. . . .

Adieu, cher ami, ou plutôt à bientôt; mille souvenirs
d'amitiés à tous les vôtres. Croyez à mon bien sincère
attachement.

A J.-J. AMPÈRE.

Tocqueville, 27 janvier 1857.

J'espère, mon cher ami, que le dieu qui vous suit toujours en voyage vous aura accompagné cette fois jusqu'à Rome. Je dis quelquefois que c'est le même dieu qui veille sur les ivrognes. Vos distractions vous donnent les mêmes droits à sa protection. Lui aidant, j'espère donc qu'à l'heure où je vous écris vous êtes paisiblement établi dans un bon logement, jouissant et de Rome et de la santé. Vous avez dû vous embarquer jeudi dernier; et nous avons bien pensé à vous ce jour-là. Le temps était doux et calme sur nos rivages. J'espère qu'il en aura été de même sur ceux de la Méditerranée. Les jours qui avaient précédé avaient été orageux, et les jours qui ont suivi, violemment agités par le vent. Vous avez dû passer entre deux tempêtes. O dieu des ivrognes et des distraits, que vous êtes grand! Tant il y a que vous voilà tiré d'une grande difficulté. Depuis votre départ de Tocqueville, nous éprouvions une certaine anxiété. Le passage par Paris surtout nous paraissait une épreuve. Quel pénible et désagréable incident c'eût été d'être saisi dans cette ville par un catarrhe! Nous nous en serions sentis un peu responsables, et cette idée n'ajoutait pas peu à notre inquiétude. Mais vous avez eu un temps de printemps qu'on n'avait pas eu avant et qu'on n'a pas revu depuis.

Vous êtes, en vérité, bien bon d'avoir passé tant de temps à me chercher des livres. Croyez que s'il m'eût été possible d'obtenir par un autre les ouvrages que vous avez bien voulu extraire pour moi des bibliothèques, je ne me serais pas adressé à vous; car je n'ignorais pas quelle serait l'immensité de vos occupations à Paris. Je vous suis bien reconnaissant de ce que vous avez fait. Ce qui me consolera peut-être en partie de la peine que vous avez été obligé de prendre, c'est l'usage sérieux que je commence à faire de tous les livres et documents qui me parviennent. Je crois que je vais me remettre pour tout de bon au travail, et espère que cette impulsion que je commence à ressentir, ce me semble, s'accroîtra encore beaucoup à Paris. Après tout, mes ouvriers me sont une plus grande distraction que ne pourront être les salons, surtout dans l'état d'esprit que j'y apporterai cette fois. J'espère, dès mon arrivée, me plonger à corps perdu dans les bibliothèques et les archives, ne fût-ce que pour me distraire de toutes les pensées tristes qui tapissent le fond de mon âme ; car au fin fond de cette âme-là se trouve une grande et profonde tristesse, une de ces tristesses sans remède, parce que bien qu'on en souffre on ne voudrait pas en guérir. Elle tient à ce qu'on a de meilleur. C'est la tristesse que me donne la vue claire de mon temps et de mon pays. . . . .

Parlez-moi de vos travaux à Rome. Vous savez si nous nous y intéressons! Un si grand nombre d'entre eux ont été commencés à Tocqueville, qu'il nous semble que nous sommes pour quelque chose dans leur produit, auquel nous portons un intérêt personnel. Nous dirions volontiers notre succès en parlant du vôtre. Combien je voudrais que l'essai que vous avez fait cette année d'un quartier d'hiver à Tocqueville vous engageât à y revenir de la même manière! mais nous vous avons fait faire un rude début, et cela m'inquiète un peu pour la suite. Jamais Tocqueville n'a été, ni, croyez-le, ne sera aussi inhabitable que cet hiver; et je crois pouvoir affirmer, sans trop me compromettre, que la première fois que vous nous donnerez la joie de votre compagnie, nous ne vous ferons pas camper cette fois en plein marais. Vous aurez des allées sèches dans tous les temps, et j'espère aussi des promenoirs abrités. Vous êtes dans tous nos plans pour une part, et lorsque notre imagination a trouvé un bon lieu de promenade à créer, il est rare qu'en manière de conclusion nous n'ajoutions pas : « Voilà un lieu qu'Ampère aimera assurément. » Ne nous jugez donc pas, je vous prie, sur nos infirmités actuelles, mais sur nos agréments futurs. . . . .

A MADAME GROTE

Tocqueville, 31 janvier 1857.

Très-chère madame Grote, j'ai été surpris et charmé en recevant votre lettre du 18, qui avait suivi de si près celle du 5. Celle-ci m'était aussi exactement arrivée. Je

ne saurais trop vous remercier d'avoir conservé de moi
un si bon souvenir à Hampton-Court et d'y avoir tenu
de si bons propos sur mon compte. Ils m'ont valu une
lettre très-aimable de lady Thereza, qui acompagnait la
vôtre, laquelle ne l'était pas moins. Ma femme prétend
qu'on me gâte, et je suis un peu de son avis, tout en
trouvant la chose très-douce.

Est-il bien possible que je ne vous aie pas accusé réception du prospectus *illustré* des barrières? J'ai peine
à le croire ; et je suis convaincu que mes remerciements
se trouvent dans quelques-unes des lettres que vous
avez reçues, mais si bien enveloppés dans les ténèbres
que répand ma mauvaise écriture, que vous n'avez pu
les apercevoir. Vous me faites sur cette écriture des reproches très-plaisants et très-mérités. Vous vous plaignez
d'un refroidissement de ma part qui se manifeste par
une écriture plus lisible. Vous êtes, permettez-moi de
vous le dire, une ingrate. C'est au contraire le dernier
effort de l'amitié qui, seul, pouvait me faire écrire passablement ; encore mon amitié ne pouvait-elle jamais
aller jusqu'à la suppression complète des ratures, des
interlignes et même de loin en loin des pâtés. Je n'ai
jamais pu me copier avec le moindre avantage : je faisais
pire la seconde fois que la première, et, de plus, je
trouvais cela très-ennuyeux. Il a donc fallu me résoudre
à me faire des querelles avec tous mes amis. L'un d'eux
me mandait l'autre jour que mon écriture était quelque
chose, comme difficulté, qui tenait le milieu entre
l'hiéroglyphe et le cunéiforme. Je me console en pen-

sant qu'il y a un homme plus illisible que moi, du moins je m'en flatte : c'est notre excellent ami Senior. . . . .

Vous avez bien raison de dire qu'il est difficile à un étranger de se rendre compte des particularités du caractère anglais. Il en est un peu ainsi dans tous les pays. Je ne sais comment se forme ce qu'on appelle le caractère national. Mais ce qui est certain, c'est qu'une fois formé il distingue si profondément les unes des autres les différentes nations, que pour bien juger ce qui se passe dans l'esprit du peuple voisin il faudrait pour ainsi dire cesser d'être de son propre pays et sortir en quelque sorte de soi-même. Qui a jamais pu comprendre la France, sinon les Français ? Encore ne sont-ils pas bien sûrs de se comprendre eux-mêmes. Nous sommes cependant comme vous un assemblage de peuples différents ; mais tous ces éléments divers ont fini par s'amalgamer si bien les uns avec les autres qu'ils ont formé un être nouveau qui ne ressemble plus à aucun autre. Ce que vous me dites de la nature simple de l'esprit anglais m'a toujours frappé. C'est une perception droite, un peu étroite, mais claire, qui permet de bien voir la chose qu'on regarde ou de bien faire la chose qu'on fait, mais qui empêche d'apercevoir plusieurs choses à la fois. C'est, je pense, en partie, à cette nature de faculté qu'il faut rapporter une habitude de l'esprit anglais en politique qui m'a toujours surpris. Aux yeux des Anglais, la cause dont le succès est utile à l'Angleterre est toujours la cause de la justice. L'homme ou le gouvernement qui sert les intérêts de l'Angleterre a toutes

sortes de qualités, et celui qui lui nuit, toutes sortes de
défauts ; de sorte qu'il semblerait que le *criterium* de
l'honnête, du beau et du juste doit être cherché dans ce
qui favorise ou ce qui blesse l'intérêt anglais. Ceci se
retrouve un peu dans les jugements de tous les peuples.
Mais on le voit chez vous à un tel degré qu'un étranger
en est frappé de surprise. On a beaucoup accusé l'Angleterre à cause de cela d'un machiavélisme politique
qui, à mon avis, n'existe pas plus chez vous, et, je crois,
moins chez vous qu'ailleurs. La principale raison du
phénomène est, ce me semble, dans l'impossibilité de
voir deux choses à la fois, et, d'autre part, dans le désir
louable de rattacher les actions de son pays à quelque
chose de plus solide et de plus élevé que ne l'est l'intérêt, même l'intérêt national. Il s'agit de faire réussir
une affaire, de marcher pour cette fin avec tel homme,
avec tel gouvernement : on ne voit que cela. On passe
par-dessus les défauts de celui-ci, on les aperçoit à
peine : tant on est concentré dans l'unique objet qui ab-
sorbe dans le moment l'attention tout entière. En France,
on a fait souvent en politique des choses utiles et injustes, mais sans que l'utilité cachât au public l'injustice.
Nous avons même quelquefois employé de grands coquins, mais sans leur attribuer la moindre vertu. Je ne
suis pas bien sûr qu'au point de vue moral cela vaille
mieux, mais cela montre du moins une faculté plus
grande de l'esprit pour saisir à la fois des objets variés
et différents, sans que la vue des uns cache les autres.

Quant à l'espèce d'indifférence que semblent montrer

maintenant les Anglais pour les libertés de plusieurs peuples du continent, qui paraissent eux-mêmes avoir oublié qu'ils étaient ou peuvent être libres, je la trouve très-naturelle. En cette matière, on ne peut demander à des étrangers de songer plus à vous que vous-mêmes. Je consens donc volontiers à ce qu'ils ne veuillent pas détruire, contre leur intérêt, de mauvais gouvernements que les habitants du pays eux-mêmes supportent, pourvu qu'ils ne prétendent pas que ce sont de bons gouvernements. Les temps, j'en conviens, ne se prêtent pas à ce que l'Angleterre conserve dans le monde son ancien et grand rôle de puissance libérale. Mais alors, que pour un temps du moins, elle laisse ce rôle-là de côté. Qu'elle n'ait pas les avantages du pouvoir absolu dans tel pays, et dans tel autre, comme en Italie, les honneurs du libéralisme ; il faut choisir.

Mille souvenirs d'amitié, je vous prie, d'abord à M. Grote, puis à Senior, enfin à Reeve. Croyez à notre bien sincère affection.

A M. FRESLON

Tocqueville, 3 février 1857.

Il me semble, mon cher ami, que j'ai été terriblement longtemps sans vous écrire. Cela m'a paru long, du moins. Ce qui m'a empêché de me livrer comme je l'aurais voulu au plaisir de causer avec vous, c'est d'une part la grippe, qui m'a rendu assez souffrant pendant huit jours, et ensuite une remise assez sérieuse au travail. J'admire la fatuité d'un homme qui veut découvrir la cause d'une grande révolution politique, et qui ne peut discerner ce qui le fait agir et penser lui-même d'une certaine manière plutôt que d'une autre. C'est là mon cas. Je ne sais pas pourquoi je m'étais presque dégoûté de mon sujet ; et j'ignore pourquoi j'ai repris pour lui un goût vif. J'ai beaucoup souffert du premier état, et je jouis de l'autre. Puisse celui-ci durer ! Je ne puis travailler sérieusement que quand une grande animation s'est produite au dedans de moi. Il me semble apercevoir clairement en ce moment le mouvement immense qui nous a transportés de l'ancien régime là où nous sommes. Je crois le voir commencer, se précipiter, se ralentir, s'éteindre. La révolution embrassée ainsi d'un seul coup d'œil est un objet encore informe et indistinct, mais si vaste que l'imagination s'agrandit et s'échauffe en le regardant. Il faut avoir toujours devant soi ce fond du tableau pour conserver son ardeur dans l'examen fatigant des détails.

Je voudrais que de votre côté vous eussiez achevé de vous débarrasser de cette sorte d'abattement que j'avais cru apercevoir. J'avoue que nous sommes environnés de bien grands sujets de tristesse. Mais nous vivons dans un temps qui a vu tant de changements inattendus, et nous appartenons à une nation si vive dans ses impressions et si subite à se transformer, qu'il ne faut jamais désespérer de l'avenir tant qu'*on reste soi-même*. Il suffit presque toujours alors de vivre pour voir arriver le moment qu'on attendait le plus. Vous riez de ma philosophie et vous avez raison. Car personne n'est moins philosophe que moi qui vous prêche. Riez donc du prédicateur; mais croyez que le sermon est rempli de vérités...

Adieu ; donnez-moi de vos nouvelles. Rappelez-moi au souvenir de tous nos amis, particulièrement à celui de Lanjuinais et de Dufaure, et croyez à ma bien sincère amitié.

A HENRY REEVE, ESQ.

Tocqueville, 11 février 1857.

J'ai reçu votre lettre du 5, mon cher ami, et je vous en remercie. Elle m'a fort intéressé. J'avais reçu précédemment et lu le numéro de la *Revue d'Édimbourg* que vous aviez bien voulu me faire envoyer. Plusieurs des articles qu'il contient m'avaient instruit et avaient été lus par moi avec grand plaisir. L'article sur Macaulay est, en effet, à ce qu'il m'a paru, très-bon. J'avais pensé que l'article sur Philippe II n'était pas entièrement d'un Français. J'ignorais du reste absolument, avant que vous me l'eussiez écrit, qu'il était dû en partie à M. Guizot. Il n'y a pas jusqu'au sujet des convocations

ecclésiastiques qui ne m'ait fort intéressé. Vous voyez
que si je ne suis pas un lecteur intelligent, je suis au
moins un lecteur attentif et assidu de la *Revue d'Édimbourg.*

. . . . Les chiffres de notre statistique ne m'ont pas
moins surpris que vous. Il faut distinguer deux phénomènes : *le mouvement de la population des campagnes
vers les villes ; — l'absence d'accroissement dans la
population générale.* Quant au premier fait, il remonte
déjà assez haut et n'est pas particulier à la France. Il est
en quelque sorte une conséquence des développements
du commerce et de l'industrie. Il a pris, il est vrai, des
proportions plus grandes depuis quatre ou cinq ans ; ce
qui doit être attribué, ce me semble, à la prépondérance
toujours plus grande de Paris et aux travaux excessifs
qu'on y fait et qu'on y continue ; secondement, à l'esprit
d'agiotage, à l'idée des gains rapides qui s'est beaucoup
répandue dans ces derniers temps par mille causes, mais
surtout par l'appel avantageux fait de toutes parts aux
petits capitaux pour les emprunts du gouvernement.
Cette fièvre a gagné jusqu'à la population des campagnes
dans plusieurs provinces. Or, dès qu'un cultivateur entre
dans des goûts et des idées de cette espèce, il est rare
qu'il se contente de son ancienne condition et qu'il
n'aille pas chercher dans les villes des moyens plus rapides de faire fortune. Quoi qu'il en soit, il est certain
que les campagnes ne cessent de perdre des habitants et
cela depuis vingt-cinq ans. Il y a vingt-cinq ans, la commune de Tocqueville avait plus de sept cents âmes. On

n'en compte plus guère que six cents aujourd'hui. En revanche, Cherbourg a gagné dix mille habitants depuis cinq ans. J'ai suivi ce mouvement homme par homme. Le plus grand nombre des émigrés se compose de manœuvres qui sont attirés soit à Cherbourg, soit à Caen, soit au Havre (vous voyez que je suis mon exemple dans le détail). Le plus souvent, ils finissent par arriver à Paris. Ce n'est pas, en général, la meilleure partie de la population qui s'en va ainsi, mais la moins bonne. Ces gens ont été attirés dans les villes par l'élévation du salaire et par la jouissance plus grande qu'ils croient trouver là. Le reste de ceux qui s'en vont se compose, en petit nombre, de cultivateurs appartenant à des familles aisées qui vont faire de petits commerces dans les villes ; ils espèrent y trouver la fortune et y changer d'état. J'en vois plusieurs dans ce cas autour de moi. Somme toute, je ne verrais rien de bien alarmant dans le mouvement dont je parle, s'il ne devait s'accélérer beaucoup, comme je le crains, et en tout cas il n'est pas difficile à expliquer.

Mais j'avoue que je ne sais comment donner raison de l'autre fait, s'il est autre chose qu'un accident. Je refuse absolument de l'attribuer à un mal-être croissant dans les populations. Si quelque chose saute aux yeux, ce sont les signes extérieurs du contraire. Je ne connais guère les provinces du centre, ni le midi proprement dit, l'ancien Languedoc. Je crois que ces contrées, où beaucoup de cultures spéciales au pays ont manqué presque entièrement durant les dernières années, éprouvent par suite une grande misère. Mais c'est un fait local et momentané. Dans tous les pays que je connais, le paysan est mieux nourri, mieux logé, mieux vêtu qu'il y a vingt ans, plus industrieux, plus riche. Je suivrai ma méthode, qui est d'examiner de très-près le cas particulier qui m'est le mieux connu, celui qui se présente autour de moi. J'affirme qu'il ne s'élève pas dans toute cette contrée une maison nouvelle qui ne soit mieux bâtie, plus solidement, plus sainement, plus proprement qu'aucune de celles qu'on bâtissait dans ma jeunesse. Il y a trente ans, le paysan était habillé de toile dans toute saison. Il n'y a pas de famille si pauvre qui ne soit habillée aujourd'hui en étoffe de laine solide et chaude. Alors on ne mangeait que du pain noir; aujourd'hui les plus pauvres se nourrissent d'un pain qui aurait paru du luxe aux plus riches jadis. La viande de boucherie était comme inconnue. Il y a vingt-cinq ans, le petit bourg de Saint-Pierre, que vous connaissez, n'avait qu'un seul boucher qui tuait une vache par semaine et ne vendait presque rien. Il se trouve dans celui-là aujourd'hui neuf personnes qui vendent de la viande de boucherie. Il s'en vend bien plus en un jour qu'alors en une semaine. Je vous assure que ces faits ne sont nullement particuliers à ce pays-ci. Je les ai vus se manifester dans une proportion plus grande encore en Touraine, en Picardie, dans toute l'Ile-de-France, dans la Lorraine. Je n'en parle pas par ouï-dire, mais *de visu*. Comment se fait-il donc qu'une population dont la prospérité est incontestable (on ne saurait discuter que sur le degré), comment se fait-il donc qu'une telle population se soit à peine accrue depuis cinq ans? J'avoue que je n'aperçois pas de raison de ce phénomène, si ce n'est dans quelques causes accidentelles qui me paraissent insuffisantes à l'expliquer complétement : les mauvaises récoltes, la cherté excessive des subsistances, la guerre, etc., etc. La raison générale que je vais dire ne peut-elle mieux suffire pour l'explication que vous demandez : cette raison est la disposition où sont un grand nombre de Français d'avoir un très-petit nombre d'enfants. Sans entrer dans les détails de ce fait, il faut reconnaître qu'il existe et qu'il a une grande puissance. Ce qu'il y a de particulier, c'est qu'au lieu de se restreindre, la prospérité des familles s'accroît ordinairement par cette cause même. C'est en général dans les familles les plus misérables que se rencontrent le plus d'enfants. Du moment où une famille commence à s'enrichir, où l'esprit d'industrie, le désir de faire fortune y pénètre, le nombre des enfants y est moins grand. On veut alors laisser à ses enfants les avantages dont on jouit soi-même, et que chacun ait une fortune à peu près égale à celle qu'on a acquise. Pour cela, il ne faut pas en avoir plus de deux ou trois. Je ne voudrais pas dire qu'il ne faille chercher que là la cause qui empêche la population de s'accroître aussi vite en France qu'ailleurs. Mais assurément cela y contribue. . . . .

A MADAME SWETCHINE

Tocqueville, 11 février 1857.

. . . .

Je me suis assez sérieusement mis au travail depuis
que je ne vous ai écrit ; mais cela n'a pas suffi pour rendre à mon esprit l'aplomb désirable. Il est toujours un
peu *unhinged*[1], comme on dit en anglais. Ce désordre
lui est si naturel qu'il ne faut pas s'en étonner. L'inquiétude vague et l'incohérente activité des désirs a toujours été chez moi une maladie chronique. Je m'étonne
seulement qu'elle puisse m'atteindre autant dans des
circonstances où tout devrait faire naître la paix intérieure. Assurément je n'ai pas à me plaindre de la part
que m'a faite la Providence dans ce monde. Je n'ai pas
plus de droit que d'envie de me dire malheureux ; et cependant la plus grande de toutes les conditions de bonheur me manque : la jouissance tranquille du bien présent. Je vis pourtant à côté d'une personne dont le contact aurait dû suffire pour me guérir depuis longtemps
de cette grande et ridicule misère ; et, en effet, ce contact m'a été depuis vingt ans bien salutaire, assez pour
raffermir mon esprit dans mon assiette, pas assez pour
produire l'équilibre habituel et complet. Ma femme, que
le monde connaît si peu, a une façon passionnée et vé-

---

[1] Troublé, désordonné.

hémente de sentir et de penser ; elle est très-capable
d'éprouver des chagrins violents et de ressentir avec une
extrême-émotion le mal qui arrive ; mais elle sait jouir
pleinement du bien qui se présente. Elle ne s'agite point
dans le vide ; elle sait laisser couler dans un repos et un
calme parfaits des jours tranquilles et des circonstances
heureuses. Il s'établit alors au dedans d'elle une sérénité
qui me gagne par moments, mais qui bientôt m'é-
chappe, et m'abandonne à cette agitation sans cause et
sans effet, qui souvent fait tourner mon âme comme une
roue sortie de son engrenage.

A J. J. AMPÈRE

Chamarande, 12 mai 1857.

J'ai reçu, mon cher ami, votre lettre du 29 avril il y
a quatre ou cinq jours... Je vois avec plaisir que vous
travaillez bien, et je suis très-impatient de savoir ce que
vous nous réservez pour Tocqueville. Ma recommanda-
tion aujourd'hui sera donc de ne pas trop travailler la
nuit. On m'assure que vous passez les jours et les soirs
en distractions ou en promenades rêveuses, et que vous
ne vous couchez qu'à cinq heures du matin après avoir
travaillé depuis minuit. Je vous supplie de ne pas per-
sister dans cette façon *excessive* d'agir. Croyez que vous
regretterez un jour de l'avoir fait, et que tout à coup vous

vous trouverez sans transition au bout de vos forces, et obligé peut-être à un long repos qui vous désolera. Faites vie qui dure, pour l'amour de Dieu et de vos amis. Vous en avez beaucoup indépendamment des intimes. Je cause sans cesse de vous avec des gens qui s'intéressent réellement à votre personne et à vos œuvres. C'est un sujet qu'on entame volontiers avec moi pour me faire parler, de même qu'un causeur habile commence par interroger son interlocuteur sur lui-même afin de le mettre en train. J'ai surtout remarqué deux hommes d'esprit de vos amis, d'Oudan et Molh, qui m'ont dit sur vous des choses fines et vraies qui m'ont fait plaisir, et dont le résumé est ceci : Que depuis plusieurs années vous aviez singulièrement accru encore votre talent, et comme fond et comme forme, et ne cessiez de l'accroître ; ce qui est aussi mon avis. . . . .

. . . .

Malgré tout ce que vous me dites et tout ce qui se passe sous nos yeux, je n'ai point la crainte, mon cher ami, que nous finissions, comme votre Empire romain. Les analogies ne sont qu'à la surface ; des différences immenses sont au fond, entre autres celle-ci, qui en vaut bien une autre : Nous dormons, vos Romains étaient morts.

A MADAME LA COMTESSE DE CIRCOURT.

Tocqueville, 22 février 1857.

J'ai reçu dernièrement, madame, un écrit fort intéressant de M. Beulé[1], et sur la bande qui le renfermait,
j'ai reconnu avec reconnaissance votre écriture. Cette
vue m'a rempli de gratitude, et a encore accru le re-
mords que je ressentais depuis longtemps de ne vous
avoir pas écrit depuis votre dernière lettre. Mon excuse
est dans l'amitié de M. de Circourt, qui n'a cessé de nous
tenir au courant de vos nouvelles : je sentais moins le
besoin de vous en demander à vous-même. Je vois, d'a-
près ce qu'il me dit, que vous marchez d'un pas très-
lent, mais continu, vers la guérison complète. Je ne
doute point que la belle saison dans laquelle nous allons
entrer ne vous rende entièrement à vous-même et à vos
amis. Je suis de ceux-là, et je ne prendrai pas une petite
part à la joie que leur causera votre entier rétablissement.

Le discours de M. Beulé, que vous avez bien voulu me
transmettre, est assurément une œuvre distinguée. Tous
les mérites particuliers à l'auteur, le finement pensé et
le bien dit, se retrouvent dans ce petit ouvrage. Malheureusement il dit mieux ce qu'on ne doit point faire que

---

[1] Discours prononcé par M. Beulé, à l'ouverture de son cours d'ar-
chéologie. M. Beulé a été nommé depuis membre de l'Académie des
inscriptions et belles-lettres

ce qu'on doit faire. Je vois que c'est en architecture comme en politique. Il a raison d'assurer que le gothique n'a jamais été le *français;* mais je ne suis pas sûr que ce ne soit pas un peu le *catholique* en fait d'église. Je crois du moins qu'il existe réellement un certain rapport entre ces sanctuaires obscurs, ces flèches élancées vers le ciel, cette sorte de maigreur et de grandeur dans les formes, et une religion pleine de mystère, d'ascétisme, et qui semble ne vouloir faire servir la matière qu'à nous élever vers l'esprit. On a dit avec raison que nos riches églises modernes, si semblable à des palais, ramènent nos pensées vers les biens de ce monde, et les autres vers le ciel. Je l'ai éprouvé pour ma part cent fois. L'*Imitation de Jésus-Christ* et le gothique me semblent sortis de la même inspiration. Je n'en conclus pas qu'il faille aujourd'hui reprendre maladroitement un genre d'architecture qui ne reproduit plus dans l'ordre des choses matérielles le mouvement des esprits. Nous ne sommes plus le siècle des ordres monastiques, mais des chemins de fer et de la bourse. Il faut que les arts soient de leur temps. Mais quel parti peut-on tirer du temps actuel en architecture? Voilà ce que j'aurais surtout voulu que M. Beulé nous dît et ce qu'il ne nous dit pas, à ce qu'il me semble.

A LADY THEREZA LEWIS

J'ai pu dernièrement, madame, quitter Paris pour
quelques jours, et j'ai mis ma retraite à profit pour lire
complétement et très-attentivement l'ouvrage que vous
m'avez envoyé[1], et j'ai grand plaisir à vous rendre
compte des impressions que m'a laissées cette lecture.
L'histoire du temps dont vous vous occupez principalement a toujours eu pour moi, je vous l'ai dit, je crois,
un intérêt particulier. J'en ai souvent relu l'histoire;
mais je puis vous le dire en toute vérité, aucune histoire ne m'a donné un sentiment aussi vif du temps dont
vous parlez que vos biographies; seules elles m'ont fait
vivre au milieu des détails qui forment la physionomie
spéciale d'une époque, et m'ont donné la sensation du
réel. Je me permettrais peut-être de vous reprocher d'a-
voir un peu poussé jusqu'à la superstition ce respect du
vrai en toutes choses qui se remarque dans les plus petites parties de votre écrit, si un pareil défaut n'était si
proche de la qualité la plus rare. J'aime mieux vous louer
de cette admirable sincérité d'esprit qui fait que vous
vous préoccupez toujours plus de trouver et de montrer
le vrai que de l'orner; vous ressemblez en ceci à l'un de
nos célèbres bénédictins des temps passés plutôt qu'à la

---

[1] *Friends and Contemporaries of the lord chancellor Clarendon*,
illustrative of portraits in his gallery, etc., etc. 3 vol. in 8.

femme du monde dont le commerce est si aimable. Mais
ce que ne faisaient pas nos bénédictins, vous jugez avec
infiniment de sens et de tact, et avec une singulière
équité, les faits que vous avez si patiemment réunis et
mis en lumière. Jamais je n'ai mieux vu ni même aussi
bien vu qu'en vous lisant, les causes qui ont amené la
grande guerre civile de 1640, l'esprit de ceux qui y ont
pris part, la façon dont elle a pu commencer, continuer,
durer si longtemps; cette forme aussi tout anglaise et
aristocratique qu'ont prise les passions humaines dans le
temps dont vous parlez. C'est surtout en étudiant vos biographies qu'on en arrive à cette conclusion que vous tirez
vous-même avec raison, que rien ne saurait être plus dissemblable que votre révolution de 1640 et notre grande
révolution de 1789. Rien, en effet, ne se ressemble
moins que votre société et celle qui chez nous a renversé
la monarchie; de là, outre la dissemblance des caractères
et de l'éducation des deux peuples, des différences si
prodigieuses, qu'à mon avis, les deux événements sont
absolument incomparables. Au moment où la révolution
vous saisit, vous aviez conservé, au milieu du progrès
des lumières, une partie de la puissante organisation de
classes qui avait caractérisé les sociétés du moyen âge;
chez vous, les classes éclairées restèrent jusqu'au bout
maîtresses d'elles-mêmes et des événements. Elles se di-
visèrent, elles luttèrent entre elles; elles ne furent jamais
un seul jour obligées d'abdiquer dans les mains de la multitude: de là, moins d'audace dans les vues, moins de
violence dans les actes, cette sorte de régularité, de dou-

ceur et même de courtoisie qui se fait souvent voir
jusque dans l'emploi de la force brutale et qui se retrouve si admirablement dans vos récits. Si on pouvait
comparer, je ne dis pas pour le fond, mais pour la
forme et les détails, des faits français aux faits anglais
de ce temps, il faudrait plutôt songer à la *Fronde*. La
guerre civile de la Fronde a été aussi misérable par les
passions de ceux qui la conduisirent, et aussi ridicule
dans son résultat, que la guerre civile de votre révolution a été grande par le caractère des hommes qui y pri-
rent part, et par les résultats sérieux qu'elle a eus ; mais,
quant à la façon dont les adversaires se conduisirent
entre eux jusque dans la chaleur du combat, les ménagements, les égards, la générosité qu'ils montrèrent les
uns vis-à-vis des autres, le spectacle est le même, et
votre guerre civile de 1640 ressemble infiniment plus à
notre guerre civile de 1648 qu'à nos luttes intestines
de 1793.

Une des choses qui m'ont le plus frappé dans votre
ouvrage, c'est la façon dont vous vous replacez momentanément dans le cours des pensées et des sentiments
d'un autre âge, pour faire comprendre à vos lecteurs ce
qui faisait réellement agir et parler ces hommes si différents de nous. Il y a surtout un sentiment qui est vivant dans vos pages, quoiqu'il soit mort dans le cœur de
notre génération : c'est cette sorte d'idolâtrie de la royauté
qui ennoblissait alors l'obéissance et rendait faciles les
plus grands dévouements, non-seulement au principe
du gouvernement, mais à la personne même du prince.

On peut dire que ce sentiment-là s'en va disparaissant entièrement du monde. Dans certains pays comme la France, on n'en trouve plus la trace. Il se retrouve dans vos récits, il y tient la place qu'il a eue réellement alors dans les faits. Je l'y ai retrouvé, pour ma part, avec une certaine douceur de souvenir; car les scènes qu'il anime me reportaient aux temps les plus éloignés de mon enfance. Je me rappelle aujourd'hui comme si j'y étais encore, un certain soir, dans un château qu'habitait alors mon père, et où une fête de famille avait réuni à nous un grand nombre de nos proches parents. Les domestiques avaient été écartés; toute la famille était réunie autour du foyer. Ma mère, qui avait une voix douce et pénétrante, se mit à chanter un air fameux dans nos troubles civils et dont les paroles se rapportaient aux malheurs du roi Louis XVI et à sa mort. Quand elle s'arrêta, tout le monde pleurait, non sur tant de misères individuelles qu'on avait souffertes, pas même sur tant de parents qu'on avait perdus dans la guerre civile et sur l'échafaud, mais sur le sort de cet homme mort plus de quinze ans auparavant, et que la plupart de ceux qui versaient des larmes sur lui n'avaient jamais vu. Mais cet homme avait été le Roi.

Pardonnez-moi, madame, ce retour personnel vers un passé qui ne reviendra plus ; pardonnez-moi aussi le désordre d'idées qui règne dans cette lettre ; j'espère que vous verrez du moins dans ce que je dis la preuve de l'intérêt soutenu avec lequel je vous ai lue. Votre livre, en effet, m'a intéressé et m'a fait réfléchir; ce sont deux obligations que je vous ai à la fois, et dont je vous remercie très-vivement. Je voudrais être sûr de pouvoir aller dans un mois vous porter des remerciements en personne, j'en ai toujours l'espoir; mais je ne suis pas cependant encore absolument sûr d'exécuter mon dessein. Veuillez, madame, me rappeler au souvenir de sir G. C. Lewis et à celui de tous vos enfants, et croire à tous mes sentiments de respectueuse amitié.

A HENRY REEVE, ESQ.

Ce 20 mai 1857.

Je vous écris, mon cher ami, pour recommander particulièrement à votre attention, les deux premiers volumes du grand ouvrage de Duvergier de Hauranne qui viennent de paraître[1], et qui, sans doute, vous ont été envoyés par leur auteur. J'ai une sincère estime et une véritable amitié pour celui-ci, mais je ne crois pas le moins du monde céder à ces sentiments, en affirmant que ce commencement de notre histoire parlementaire annonce une œuvre capitale et est le premier document très-sérieux qui ait paru sur l'époque à laquelle il se rapporte. Vous savez que c'est des événements de son temps qu'on est en général le moins

---

[1] *Histoire du gouvernement parlementaire en France.* Les six premiers volumes ont paru (1865).

instruit. On n'en connaît guère que ce qu'on en a vu
soi-même, comme le soldat qui peut rendre compte
très-exactement de l'incident particulier dont il a été
témoin, mais qui est incapable de comprendre et de
raconter comment le fait général de la bataille a eu
lieu dans son ensemble. Le livre de Duvergier m'a donc
déjà beaucoup appris, et j'attends de lui beaucoup
d'instruction encore.

Je n'ai pas lu son premier volume qui est une introduction, et se rapporte à la révolution en général. Je
l'avais dit d'avance à l'auteur, et il ne peut m'en vouloir, parce qu'en ceci je ne fais que suivre une règle
sans exception que je me suis imposée et qui m'a toujours empêché de lire ce qu'on a écrit après coup sur
la révolution française, voulant me conserver moi-même
dans les jugements que je porte sur cet événement.

Mais je viens d'étudier avec grand soin le second volume qui raconte la première restauration; je le trouve
excellent. J'avoue que je crains un peu de ne pas me
trouver pleinement d'accord avec lui quand il s'agira
des époques très-récentes, du règne de Louis-Philippe
par exemple. Mais, dans cette première partie de
l'œuvre, je ne saurais trouver l'auteur en faute. Je crois
les faits qu'il raconte très-exacts, autant que j'en puis
savoir; les jugements qu'il porte sur les hommes sont
calmes et en général très-justes. Sa manière d'apprécier
les événements me paraît celle que doit conserver l'histoire; et l'homme qui a été mêlé comme Duvergier aux
plus grandes affaires de son temps se retrouve ici sous

l'écrivain. En un mot, j'ai été extrêmement satisfait de
cette lecture, et j'espère que vous partagerez mon impression. Je désirerais bien vivement pour l'auteur,
pour le livre et pour la France libérale que l'un et
l'autre représente, que votre grande revue lui consacrât
un article détaillé. L'œuvre va se continuer assez rapidement ; l'an prochain, du moins je crois, un nouveau
volume paraîtra. C'est donc toute l'histoire de France
de notre temps, racontée par un esprit droit, puissant
et parfaitement au courant des faits, que vous auriez
successivement à juger. Cela me paraît un bien beau
travail et même une *action* considérable; car la manière
dont on juge ce passé peut exercer une grande influence
sur l'avenir.

J'ai toujours l'intention d'aller en Angleterre vers la
fin du mois prochain. Vous revoir, vous et les vôtres,
ne sera pas l'un des moindres plaisirs que je me promets de ce voyage. A bientôt donc, j'aurai soin de vous
écrire au moins quinze jours à l'avance. Mille et mille
amitiés de cœur.

A MADAME GROTE

Paris, 31 mai 1857.

Quoique vous me teniez rigueur depuis bientôt trois
mois, chère madame Grote, et ne m'écriviez plus, je

veux cependant vous dire que je ressens une véritable joie en pensant que, suivant toutes probabilités, je vais bientôt vous voir. J'imagine que vers le milieu de juin j'arriverai à Londres, et je n'ai pas besoin de vous dire que je me hâterai de vous aller chercher, ainsi que M. Grote. C'est pour moi un plaisir très-grand et très-rare, comme les grands plaisirs, de causer avec vous. J'espère que vous me permettrez de me le donner quelquefois. Aussi bien, c'est à Londres maintenant qu'il faut aller pour causer. Je viens de passer deux mois à Paris. Je vous assure que j'ai entendu bien peu de conversations dont j'eusse voulu garder la moindre trace dans ma mémoire Non-seulement les sots restent ce qu'ils étaient, mais il semble que les gens d'esprit s'*assotient* (passez-moi le mot)... L'art de causer, c'est-à-dire cette science charmante qui consistait à toucher et à remuer une foule d'idées sans en approfondir ennuyeusement aucune, cette science est perdue. Il faut aller jusqu'à *History-Hut*[1] pour la retrouver. Vous ne tarderez donc pas à me voir arriver jusque-là, à moins (chose plus probable en cette saison) qu'on ne vous trouve à Londres. C'est ce que je tenterai de faire d'abord. Je sais que dans une grande ville et pendant le temps du grand monde, on ne peut raisonnablement compter obtenir pour sa part qu'une très-petite portion de l'esprit de ses amis; mais cette petite portion-là même me sera très-précieuse.

[1] Voir la note, page 342.

Je date cette lettre de Paris pour vous donner mon adresse, au cas peu vraisemblable où vous voudriez me répondre. En fait, je vous l'écris d'un vieux château [1], situé à quinze lieues de Paris, où ma femme est venue s'établir depuis deux mois pour être à portée de voir sa tante tous les jours. Je viens, chaque semaine, passer trois ou quatre jours avec elle. Le reste du temps s'écoule pour moi dans la grande ville. Le lieu que nous habitons suffit pour rappeler toute l'histoire de l'aristocratie française. Le château est immense et bâti sous Louis XIII. Un grand parc l'entourait, dont les arbres avaient été plantés sous Louis XIV par Le Nôtre. C'était le siége d'une grande famille. Le dernier de cette longue suite de gentilshommes est mort sans enfants il y a quelques années [2]. Quoiqu'il se soit fait enterrer ici, il a oublié en mourant de léguer sa terre à personne. Des collatéraux l'ont vendue par morceaux. Le château et le parc sont tombés dans les mains d'un marchand de Paris, qui n'a pas détruit le château, parce que celui-ci est de briques et que les débris n'en sont bons à rien. Mais il y loue des appartements. Il a coupé les arbres séculaires et planté des pommes de terre dans les avenues. Des statues de déesses de la fable sont encore debout dans un carré de choux. On heurte du pied des bancs de marbre brisés et renversés. Les eaux vives destinées à faire des cascades font tourner un moulin à scie. Ce n'est plus la splendeur d'une classe supérieure

[1] Le château de Chamarande.
[2] Le marquis de Talaru.

et oisive. Ce n'est pas encore l'image d'une activité industrielle réglée et productive. C'est le tableau du ravage des révolutions : triste tableau que devraient venir considérer quelquefois les peuples qui ne les connaissent pas.

Je vous écris tout ceci en courant, sans trop savoir ce que je dis, ni si ce que je vous dis signifie quelque chose. Mais le but principal de ma lettre est rempli. Elle vous exprime bien le vrai plaisir que j'éprouve en pensant que je vais vous revoir. A bientôt donc, madame; ne m'oubliez pas auprès de M. Grote.

A LORD RADNOR

Portsmouth, 19 juillet 1857.

Je ne veux pas quitter l'Angleterre, mylord (ce que je ferai demain), sans vous remercier encore de votre bonne réception, et sans vous dire combien le temps que j'ai passé chez vous m'a été agréable; je suis fâché seulement qu'il n'ait pas été plus long. Vous savez que je suis un voyageur très-curieux, et parmi les choses qui excitent le plus ma curiosité, il n'y en a pas qui m'intéressent davantage que la condition des hommes, et les relations des classes entre elles. Je crois que là se trouve l'explication des plus grands problèmes des sociétés humaines. J'aurais donc eu un plaisir infini à étudier comment vit cette population dont nul voyageur, en général, ne s'occupe : la population qui forme la classe moyenne et inférieure des campagnes; à savoir comment les familles qui composent cette partie de la nation vivent, comment elles reçoivent l'éducation religieuse et morale dont elles ont besoin, comment enfin se gouvernent les affaires qui les intéressent. Si lady Mary m'avait permis d'aller avec elle visiter les maisons de vos ouvriers, je crois qu'elle eût trouvé en moi un compagnon capable de la comprendre, et disposé à recueillir précieusement tous les renseignements qu'elle eût été assez bonne pour lui donner. Le temps m'a manqué pour faire cette chose qui m'eût été si utile et si agréable; et qui peut dire quand l'occasion qui m'était ainsi offerte se représentera? Votre amitié m'a invité à revenir; mais ma vie est arrangée maintenant de manière à ne pas laisser beaucoup de place aux voyages. Je rapporterai du moins un souvenir précieux de celui que je viens de faire, et la meilleure partie de ce souvenir s'attachera à Coleshill[1].

A J. J. AMPÈRE

Tocqueville, 26 juillet 1857.

J'arrive d'Angleterre, cher ami, et je trouve la lettre que vous m'avez écrite le 26 juin de Côme. Je me hâte

---

[1] Château de lord Radnor, dans le Berkshire.

de vous répondre. Je ne serais pas étonné que vous fussiez encore sur les rives du lac de Côme. Quel délicieux cabinet de travail pour un homme qui lit et écrit toute la journée en plein air! Je crains qu'après avoir vécu dans cette poésie de la nature, vous n'ayez bien peu de goût pour notre prose, d'autant que nous devons nous attendre à un automne pluvieux. On vient d'avoir, en ce pays, le plus beau printemps et le plus admirable été dont on se souvienne de mémoire d'homme : un ciel sans nuage, vingt à vingt-cinq degrés centigrades tous les jours. Il me semble que nous devons payer ce bonheur extraordinaire par des torrents de pluie dont malheureusement vous aurez votre part. Ma femme s'en désole à l'avance. Moi, je prétends que vous ne vous déplairez pas à Tocqueville, même par la pluie, parce qu'on ne se déplaît jamais complétement dans un lieu où l'on trouve de vrais amis, où l'on est reçu à bras ouverts, et où l'on aperçoit toujours de vifs regrets chez les hôtes qu'on quitte.

Je viens, ainsi que je vous le disais plus haut, de faire un voyage de cinq semaines en Angleterre. J'y ai vécu dans un tel tourbillon, qu'il m'a été impossible d'y écrire à aucun de mes meilleurs amis. Quant à vous, d'ailleurs, qui êtes à la tête de la liste, j'ignorais dans quelle partie de l'Europe il eût été convenable de vous adresser une lettre. J'aurais eu cependant beaucoup à vous dire. Le principal but de mon voyage était une recherche à faire dans le *British Museum*. Il se trouve là environ douze mille brochures publiées en France sur la révolution française et à l'époque même. C'est une collection plus grande qu'aucune de celles que nous possédons, mais qui m'a été néanmoins presque inutile, par l'absence de catalogue. J'ai un peu mieux fait aux Archives du royaume qu'on m'a ouvertes (par exception), et dans lesquelles j'ai pu lire la correspondance assez intéressante des agents diplomatiques anglais en France avec leur gouvernement durant la première année de la révolution. Si le voyage n'a pas réalisé pour l'utilité les espérances que j'avais formées, il a infiniment dépassé pour l'agrément tout ce que j'aurais pu d'avance me figurer. On m'a fait une réception tellement bienveillante, que j'en ai été un peu confus ; car vous me connaissez assez pour savoir que je ne me fais point d'illusions sur moi-même, et sais assez apprécier ce que je vaux réellement.

Nous voici ici jusqu'au mois de février. Ainsi, choisissez votre moment, et, quel qu'il soit, croyez à notre joie extrême de vous voir arriver.

A M. DE CORCELLE

Tocqueville, 29 juillet 1857.

J'aurais tellement à dire sur l'Angleterre, que je revoyais après vingt ans et avec une plus grande expérience des hommes, qu'il me faudrait plusieurs lettres pour vous rendre compte des impressions que j'ai reçues et des idées qui me sont passées par l'esprit devant le spectacle que j'avais sous les yeux.

C'est le plus grand spectacle qu'il y ait dans le monde, quoique tout n'y soit pas grand. Il s'y rencontre surtout des choses entièrement inconnues dans le reste de l'Europe et dont la vue m'a soulagé.

Je ne doute pas qu'il n'existe dans les classes inférieures un certain nombre de sentiments hostiles aux autres classes; mais on ne les aperçoit pas, et ce qu'on voit de toutes parts, c'est l'union et l'entente qui existent entre tous les hommes qui font partie des classes éclairées, depuis le commencement de la bourgeoisie jusqu'au plus haut de l'aristocratie, pour défendre la société et la conduire librement en commun. Je n'ai pas envié à l'Angleterre sa richesse et son pouvoir, mais je lui ai envié cela ; et j'ai respiré en me trouvant, pour la première fois depuis tant d'années, hors de ces haines et de ces jalousies de classes qui, après avoir été la source de toutes nos misères, ont détruit notre liberté.

L'Angleterre m'a donné une seconde joie dont je suis privé depuis bien longtemps : elle m'a fait voir un accord parfait entre le monde religieux et le monde politique, les vertus privées et les vertus publiques, le christianisme et la liberté. J'y ai entendu les chrétiens de toutes les dénominations préconiser les institutions libres non-seulement comme nécessaires au bien, mais à la moralité des sociétés, et je n'ai pas eu une seule fois sous les yeux cette sorte de monstruosité morale qui se voit aujourd'hui

sur presque tout le continent, où ce sont les hommes
religieux qui préconisent le despotisme, laissant à ceux
qui ne le sont pas l'honneur de parler en faveur de la
liberté.

AU MÊME

Tocqueville, 5 août 1857.

Vous m'avez fait, mon cher ami, dans votre dernière
lettre, une querelle que je ne méritais pas. J'avais comparé l'Angleterre au continent, et non point le catholicisme au protestantisme. Relisez ma lettre ; vous verrez
que je parle des chrétiens de toutes les dénominations.
Cela comprend tout le monde, les catholiques aussi bien
que les autres. Et la vérité est que je n'ai jamais rencontré un catholique anglais qui ne fût pas aussi partisan
qu'un protestant des institutions libres de son pays, et
qui fît deux parts de la morale ; une qui renferme les
vertus publiques, dont il est peu nécessaire de s'occuper,
et l'autre où se trouvent les vertus privées, la seule dont
l'observance soit essentielle. Je répète que je n'ai jamais
rencontré un catholique anglais, prêtre ou laïque, qui
parût de cet avis. Je n'entendais donc point faire de
comparaison ici entre les religions, mais seulement entre
les pays, et je me bornais à dire que me trouvant dans
un pays où la religion et le libéralisme sont d'accord, j'a-

vais respiré. En cela j'ai dit vrai, car, depuis ma jeunesse, la vue d'un spectacle différent pèse sur mon âme. J'exprimais ce sentiment, il y plus de vingt ans, dans l'avant-propos de la *Démocratie*. Je l'éprouve aujourd'hui aussi vivement que si j'étais encore jeune, et je ne sais s'il y a une seule pensée qui ait été plus constamment présente à mon esprit.

Voilà un triste sentiment qui se répand beaucoup parmi nous; il me paraît symptomatique. Il consiste dans cette donnée : « Nous avons perdu nos libertés « publiques; mais il nous reste la liberté illimitée de « philosopher contre la religion catholique. Cette li- « berté-là nous suffit et doit nous faire prendre notre « parti de la perte de toutes les autres, d'autant qu'elle « est le développement même de l'homme dans sa sphère « la plus élevée. »

Que pensent les membres de notre clergé, qui aiment tant l'indifférence et la neutralité politique, de cet emploi qu'on en fait? Ils finiront, je le prédis sans crainte, par apercevoir que de nos jours on ne désoccupe pas l'esprit humain impunément de la politique, et que lorsqu'il cesse d'agir dans les affaires, il tend à se jeter éperdument dans les théories les plus dangereuses. L'école allemande, dans des circonstances analogues, a fini par saper si bien les bases de la société, sans avoir l'air de s'en occuper, et en professant même le plus profond dédain pour la politique, que, la révolution de février survenant, tous les gouvernements d'Allemagne n'étant plus appuyés sur des idées et des mœurs

résistantes, sont tombés d'un seul coup et en un moment.

Mille et mille amitiés autour de vous et pour vous.

A LORD HATHERTON

Tocqueville, 7 août 1857.

J'ai cherché à vous voir, mylord, le jour même de
mon départ de Londres, et ai eu le regret de ne point
vous rencontrer. Heureusement lady Hatherton y était,
et j'ai pu la remercier de vive voix de toute l'amitié
qu'elle m'a témoignée, ainsi que vous, durant le séjour
si utile et si agréable que j'ai fait à Londres. Je vous assure que je rapporte de votre pays beaucoup de souvenirs qui ne s'effaceront point. Nul ne me plaît davantage
que celui qui se rattache à notre petit voyage de Teddesley[1]. Il y a eu dans toutes vos façons d'agir en cette
circonstance quelque chose de si simplement amical,
que cela m'a donné l'illusion que nous nous connaissions
depuis vingt ans. J'ai fait part à madame de Tocqueville
de l'invitation pressante que vous nous faisiez l'un et
l'autre pour vous rendre visite soit cette année, soit l'an
prochain. Vous pouvez croire facilement que nous sommes
bien tentés d'accepter. Mais je doute fort que nous puissions céder à la tentation, quelque grande qu'elle soit.

---

[1] Château et propriété de lord Hatherton, à quelques milles de Stafford.

Nous nous occupons en ce moment d'arranger l'extérieur de notre demeure; et vous savez mieux que personne, mylord, combien une pareille occupation est
attachante et la peine qu'on éprouve à la quitter. Nous
serons donc obligés, je pense, de remettre à un peu
plus tard la visite que nous désirons faire à lady Hatherton et à vous. Cela ne nous privera pas du plaisir de
vous voir d'ici là, j'espère. Ma femme me charge de répéter à lady Hatherton que ce serait pour nous une grande
joie de la recevoir sous notre toit. Elle y trouverait la
vieille rusticité des anciennes mœurs françaises. Mais
elle apercevrait chez ses hôtes un contentement si vrai
de la recevoir, que peut être prendrait-elle son parti sur
le peu d'agrément du séjour. Quant à vous, mylord,
j'espère que l'habitude que vous avez de vivre dans de
grands domaines ne vous empêcherait pas de vous intéresser à une très-petite terre, et que vous voudriez
bien me donner, tout en nous promenant, de bons avis,
soit pour l'arrangement de mon jardin, soit pour la
culture des terres. Laissez-moi me flatter que l'été prochain vous réaliserez cette espérance. Je voudrais pouvoir y compter absolument. Un yacht vous amènerait
chez nous en huit ou dix heures. C'est une promenade
plus qu'un voyage.

Veuillez, mylord, etc., etc.

A MADAME HOLLOND

Tocqueville, 9 août 1857.

Mon prompt départ de Londres et le tourbillon au
milieu duquel j'ai vécu durant mon séjour dans cette
ville m'ont empêché, madame, à mon très-grand regret,
d'aller prendre congé de vous comme j'en avais l'intention très-arrêtée. Veuillez me pardonner, je vous prie.
J'ai emporté, du reste, de vous un souvenir qui ne s'ef-
facera point. Vous avez bien voulu me donner un exemplaire de votre livre[1], que je connaissais déjà en partie.
Je l'ai rapporté ici. Nous venons de le lire entièrement,
madame de Tocqueville et moi, et je ne saurais vous
dire combien cette lecture nous a satisfaits l'un et l'autre. Quant à moi, en voyant l'ensemble, j'ai senti se
fortifier encore l'impression que j'avais déjà reçue en
lisant les cent premières pages. Je ne trouve rien de
plus attachant que votre récit. J'ai admiré surtout la
simplicité véritable qu'on y remarque, qualité si rare et
si particulièrement applicable au sujet que vous traitez.
Le peintre cherche partout à se faire oublier pour ne
songer qu'à faire ressortir le tableau. Rien d'ambitieux,
rien d'affecté, une grande sobriété de jugements et des
jugements toujours modérés et justes. Enfin, madame,

---

[1] *Channing, sa vie et ses œuvres.* 1 vol. in-8, 1857. Une seconde
édition de cet ouvrage se prépare en ce moment avec une préface de
M. de Rémusat (1860).

vous nous avez constamment attachés et intéressés, et donné un de ces plaisirs intellectuels qui laissent après eux une impression morale salutaire. Je crois que vous visiez à ce double but et, si j'en juge par nous, vous l'avez entièrement atteint.

Ce que vous dites de l'espèce de réserve de M. Channing, à la première vue, m'explique l'impression que j'ai reçue de lui lorsque je le fus voir en 1831, à Boston. Je le trouvai froid, et cette chaleur qui m'avait pénétré en lisant quelques-uns de ses écrits, se diminua beaucoup au contact de l'auteur. Je fus un peu, je l'avoue, rebuté par ce premier abord; je ne retournai plus chez lui, et aujourd'hui je déplore d'avoir perdu une si bonne occasion d'entrer en contact personnel avec lui. J'ai, au contraire, connu très-particulièrement la famille Tuckerman, dont vous parlez si bien. M. Tuckerman s'intéressait vivement à la question des prisons qui m'occupait beaucoup alors. Cela nous rapprochait; ce qu'il y avait de touchant et d'attirant dans cet homme admirable me retint. Nous nous vîmes souvent. Ce que je trouvais particulièrement aimable en lui, était moins le bien immense qu'il faisait et la peine qu'il se donnait pour le faire, que le plaisir qu'il éprouvait dans cette sainte occupation et l'espèce de joie naïve avec laquelle il peignait le bonheur qu'elle lui procurait. Je me rappelle lui avoir entendu dire : Si Dieu voulait me laisser près de la rue X (c'était le quartier le plus pauvre de Boston) et me permettre de continuer d'y passer une partie de mes journées, je ne lui demanderais pas d'au-

tres grâces et je me trouverais parfaitement heureux
dans ce monde.'

Parmi tous les traits admirables que vous faites ressortir dans la physionomie intellectuelle et morale de
M. Channing, il en est un que vous mettez bien en relief et qui m'a particulièrement frappé. Quoique Channing se plaçât volontiers à cette hauteur d'où l'on peut
embrasser d'un œil tranquille l'espèce humaine tout
entière et sa destinée, il ne mettait la véritable grandeur de l'homme que dans l'individu. C'était l'individu
qu'il voulait avant tout faire grand, indépendant, noble
et libre. Avec quelques idées qui peut-être auraient pu
le conduire à s'exagérer le rôle de la société, nul n'a
plus soutenu, honoré que lui l'individualité humaine, et
c'est le côté par lequel son exemple et ses leçons peuvent être particulièrement utiles aux hommes de nos
jours, toujours tentés de croire que la grandeur de
l'homme est dans la mécanique sociale et non dans
l'homme lui-même.

La fin de mon papier m'annonce, madame, que j'ai
déjà été beaucoup trop long et qu'il faut finir. Veuillez
me rappeler, je vous prie, au souvenir de M. Hollond,
agréer mes remerciements pour le plaisir que vous nous
avez donné et recevoir l'hommage de mon respect.

A J. J. AMPÈRE

Tocqueville, 9 août 1857.

Je vous écris, cher ami, quoique je n'aie rien de particulier à vous dire, uniquement pour vous donner de nos nouvelles et vous forcer de me donner des vôtres. A vrai dire pourtant, je ne suis pas inquiet de vous. Vous me semblez plongé dans les délices de Capoue, excepté toutefois que vous ne vous y laissez point amollir. Habiter une jolie villa de la haute Italie, s'y trouver avec des amis, et y travailler en ayant devant soi le lac de Côme et les Alpes, assurément on ne saurait mettre plus de sensualité à faire des choses sérieuses. Nous concevons très-bien que vous n'ayez pu vous arracher de cette retraite, avant le temps, pour venir dans les contrées hyperboréennes que nous habitons, et nous vous pardonnons à deux conditions : la première, de nous arriver avant la fin de septembre, afin de ne pas vous trouver transporté tout à coup de votre printemps dans notre hiver; et la seconde, de ne point nous échapper trop vite. Je travaille de mon mieux pour faire trouver ici en même temps que vous les Loménie. Nous leur avons témoigné de toutes les façons le désir de les avoir, qui est très-sincère, et j'espère que nous les déterminerons à nous faire le plaisir de venir.

Je ne travaille pas encore sérieusement ; mais si je ne me trompe, j'entre dans une situation d'esprit qui

m'amènera sous peu à travailler de celte manière, et
j'espère, avec quelque fruit. C'est une sorte d'inquiétude
et de malaise que me fait éprouver ma stérilité, et une
ardeur vague encore, mais très-vive, pour recommencer
à produire.

. . . J'ai grande impatience de remettre l'*atelier*
en train. Vous êtes, quant à vous, un bon ouvrier de
tous les jours. Plût à Dieu que je vous ressemblasse!
Rien au contraire n'est plus capricieux et plus regim-
bant que mon esprit; et malheureusement je ne puis
lui dire ce que Turenne disait à son corps : « Tu trem-
bles, carcasse, et cependant je vais te conduire dans
des endroits qui te plairont encore bien moins. » J'ai
grande impatience de revoir César embelli encore;
grande impatience de savoir quel est l'ouvrage dont vous
me parlez sans me dire en quoi il consiste; grande impatience surtout de vous embrasser et de causer avec
vous de toutes choses.

Les affaires de l'Inde préoccupent ici tous les esprits.
Il doit en être en ce moment de même sur toute la terre;
car il n'y a pas aujourd'hui un homme sous le soleil qui
puisse être indifférent à un spectacle qui intéresse à ce
point les destinées générales de l'espèce humaine. Je
pense que l'Angleterre triomphera et reprendra les rênes
de son empire. Mais en attendant elle se trouve dans l'é-
tat de ces gros homards au moment où ils sont en train
de perdre leur écaille. Dans tout autre moment, ils n'ont
rien à craindre de personne; mais alors le plus petit
poisson peut leur faire une blessure dangereuse. Il s'agit

non-seulement pour l'Angleterre de reconquérir l'Inde, mais de lui donner une nouvelle forme de gouvernement : travail pendant lequel il faut qu'elle reste en paix avec toute la terre. Aussi je prévois que la première conséquence de tout ceci sera un redoublement d'intimité entre le cabinet anglais et le nôtre. Notre gouvernement va redevenir grand aux yeux des Anglais dans la proportion exacte où il leur devient nécessaire.

. . . .

———————

AU MÊME

Tocqueville, 23 août 1857.

Quoique je n'aie point reçu de nouvelles de vous depuis longtemps, mon cher ami, je suppose que vous êtes toujours au bord de votre lac, et je vous écris pour vous faire part d'un fait que je viens seulement de connaître et que vous me reprocheriez peut-être de vous avoir laissé ignorer. Corcelle me mande qu'il nous arrivera vers le 8 ou 10 septembre, avec femme et enfants, pour passer une quinzaine de jours avec nous. Je vois avec plaisir que la venue de ces aimables amis coïncide avec celle des Loménie, et si la vôtre venait s'y joindre, du moins pour une partie du temps, la joie et l'agrément de *l'hôte* et *des hôtes* (puisque le français donne la permission ridicule d'appeler du même nom ceux qui reçoi-

vent et ceux qui sont reçus) seraient complets. Ceci dit
pour vous avertir, et nullement pour vous presser. Je
sais que quand on a pris de longue main des arrangements dans un voyage, arrêté un plan et contracté des
engagements, il est difficile d'improviser du nouveau;
aussi je vous amnistie d'avance, si vous ne pouvez pas
venir. Mais vous ne trouverez pas mauvais que je sois
enchanté si vous venez. C'est du reste, vous le savez, un
sentiment qui nous est habituel à quelque moment que
vous veniez.

Nous avons depuis trois mois une persistance de temps
magnifique dont je ne jouis qu'à moitié, par la crainte
que l'automne ne tourne en déluge. Heureusement que
le temps, malgré sa réputation d'inconstance, ne va pas
aussi inévitablement d'un excès à l'autre que ne le font
les hommes, et qu'il arrive souvent qu'une saison trop
sèche n'est point suivie d'une saison trop humide.

Nous avons lu avec un grand plaisir votre dernier article sur l'histoire romaine; car nous recevons régulièrement la *Revue des Deux Mondes*, à laquelle nous
sommes abonnés. Il est admirable que vous puissiez
traiter aussi longtemps le même sujet dans la même
forme (qui est obligatoire, puisque c'est l'histoire vue
à travers les ruines), sans vous fatiguer et fatiguer le
lecteur, mais, au contraire, en gardant votre verve et
en continuant d'amuser et d'intéresser, de plaire et
d'instruire. C'est un vrai tour de force littéraire dont
il n'y a qu'un esprit aussi souple et aussi nerveux que
le vôtre qui pût se tirer. Il me tarde bien de connaître

ce que vous avez à nous montrer et que vous nous annoncez, sans indiquer de quoi il s'agit. Nous nous cassons quelquefois la tête, ma femme et moi, pour savoir quel sujet nouveau vous avez pu prendre, sans le découvrir.

A M. FRESLON

Tocqueville, 11 septembre 1857.

Votre amitié paraît se préoccuper de ce que sera la conclusion de l'étude si prolongée que je fais de la révolution. Je vois que vous craignez que je n'aboutisse à une sorte de découragement et au désespoir de l'avenir.

J'ai, en effet, fort souvent à lutter avec moi-même pour éviter de tomber de ce côté, car j'avoue que mes lumières actuelles ne s'étendent point jusqu'à me faire voir comment, avec *notre passé* et ce qu'il a créé, nous pourrons nous y prendre pour établir jamais des institutions solides qui soient capables de satisfaire des gens comme vous et moi. Je confesse que cette impossibilité où je me sens de trouver quant à présent un remède qui me paraisse de nature à guérir un si grand mal, que cette impossibilité, dis-je, me jette quelquefois dans une sorte d'humeur noire, de spleen politique dont les produits ne peuvent être que tristes et inefficaces. Mais je

vous assure que, d'une part, j'ai la volonté très-arrêtée
de combattre de tout mon pouvoir cette disposition mélancolique, et que, de l'autre, je suis réellement persuadé qu'au delà de cet horizon où s'arrêtent nos regards
se trouve quelque chose d'infiniment meilleur que ce
que nous voyons. J'ai la conviction que notre société est
fatiguée, épuisée, si vous voulez, mais non pas caduque :
elle est malade, mais elle a une constitution vigoureuse.
Je crois sincèrement que toutes les comparaisons qu'on
fait entre nous et le monde romain sont fausses. Le
christianisme, les lumières modernes, l'énergie latente
qui se réveille à chaque instant, l'absence de l'esclavage,
les liens de patrie, tout est différent. Nous ne ressem-
blons pas plus aux Romains d'Auguste, malgré l'image
d'Auguste qu'on évoque sans cesse devant nous, que
nous ne ressemblions, il y a vingt-cinq ans, aux Anglais
de 1688, malgré la similitude apparente des révolutions
et l'ombre de Guillaume III, qui semblait revivre dans
Louis-Philippe. Il n'y a rien de plus trompeur que les
analogies de l'histoire. Non, il y a autre chose dans notre
avenir que la Rome des Césars, et parce que je ne vois
pas le jour nouveau qui doit s'élever, je ne crois pas
aux ténèbres.

. . . . . . Remarquez d'ailleurs que ce que je blâme,
ce n'est pas qu'on ait détruit l'ancien régime, c'est la
manière qu'on a mise en œuvre pour le démolir. Je ne
suis pas l'adversaire des sociétés démocratiques; ces sociétés sont grandes aussi, et n'ont rien que de conforme
aux vues de Dieu quand la liberté n'en est pas absente..

Ce qui m'attriste, ce n'est pas que notre société soit démocratique, c'est que l'héritage des vices de nos pères et nos propres vices soient de telle nature, qu'il me paraisse, chez nous, si difficile d'introduire et de faire vivre la liberté régulière. Or, je le confesse, je ne connais rien de plus misérable qu'une société démocratique sans la liberté.

Voilà l'état vrai de mon esprit sur toutes ces matières. Je ne pense pas que, se reflétant sur mon œuvre, il soit de nature à la rendre dangereuse. Soyez convaincu qu'il n'y a pas une ressource de mon intelligence qui ne doive être employée à relever les âmes plutôt qu'à les abattre davantage ; mais il faut rester soi. Il n'y a que les passions et les sentiments tirés du plus profond de l'esprit et de la conscience qui, après tout, aient cette vigueur naturelle et cette chaleur interne qui remue ou échauffe le lecteur. Je crois qu'il faut se garder, surtout dans le premier jet, de s'énerver et de s'éteindre. Je suis bien loin d'approcher de la fin de mon travail, et assurément, avant d'en faire part au public, j'en ferai juges mes amis. Quel sera-t-il ? En vérité, je l'ignore.

A MADAME LA COMTESSE DE CIRCOURT

Tocqueville, 24 septembre 1857.

Comme vous l'avez pensé, madame, la mort de madame Swetchine m'a causé une vive douleur. J'étais loin de m'attendre à ce qu'elle eût lieu si soudainement. Les dernières nouvelles que j'avais reçues par M. de Circourt ne faisaient point présager que la catastrophe fût si proche. D'espérances, à vrai dire, je n'en avais plus, depuis plusieurs conversations que j'avais eues avec M. Rayer. Mais sans croire à une guérison impossible, je me flattais qu'il me serait encore permis de revoir une personne pour laquelle j'avais tout à la fois (union plus rare qu'on ne pense) l'affection la plus sincère et le plus profond respect. Je ne sais si j'ai jamais rencontré dans ma vie de vertu plus vraie, et par conséquent plus grande; mais assurément je n'en ai jamais rencontré de plus aimable : une heureuse réunion des qualités les plus hautes et les plus touchantes, mêlées et confondues dans une harmonie si parfaite, que l'admiration n'empêchait jamais ni la liberté des rapports ni l'agrément de la société. Quand rencontrerai-je un intérêt si sincère pris aux autres, une sensibilité si facile à émouvoir, une bonté si efficace, tant de vivacité dans la manière de comprendre et surtout de sentir, jointe à ce goût passionné du vrai en toutes choses, qui est si différent et si supérieur encore à la simple véracité? Hélas! Dieu ne produit que bien rarement des œuvres si charmantes, et n'accorde guère aux choses excellentes tant d'attraits!

Ce que vous me dites de madame de Rauzan me fait une véritable peine. Je conçois qu'elle soit accablée! Un fils unique enlevé d'une manière prématurée et si soudaine! Si vous avez l'occasion d'écrire au Thil, veuillez,

madame, parler de moi et de la vive sympathie que
j'éprouve pour les douleurs qu'on y ressent.

A LADY THEREZA LEWIS

Tocqueville, 18 octobre 1857.

Il faut que je vous remercie sur-le-champ, madame,
pour la lettre si intéressante que vous venez de m'é-
crire. L'Inde est un sujet de préoccupation presque aussi
grand à Tocqueville qu'à Londres. Ma femme surtout en
parle souvent et y pense sans cesse. Il y a tel courrier dont
la lecture l'a empêchée de dormir plusieurs nuits. Elle
n'a cependant, Dieu merci! en ce moment aucun parent ou ami particulier au Bengale. Mais elle est restée
profondément Anglaise par le cœur, les habitudes et les
idées, malgré que la loi prétende qu'elle est devenue
Française en épousant un Français. Quant à moi, il n'y
a rien dans le monde aujourd'hui qui m'intéresse davantage que la destinée de votre grande nation. Vous
pouvez donc comprendre avec quelle curiosité nous
avons lu tout ce que vous nous dites au sujet des affaires actuelles en Orient. J'y ai bien reconnu la netteté
habituelle et la perspicacité rare de votre esprit. Comme
vous, je pense qu'il y a quelque chose de plus *accidentel*
qu'on ne l'a supposé d'abord dans l'insurrection; et
comme vous encore, que l'accident n'a fait que mettre

en relief l'action des causes générales et précipiter l'action de ces causes. Peut-être me permettrai-je de donner un peu moins d'importance que vous à l'accident et un peu plus aux causes générales que vous décrivez si bien vous-même. A toutes celles que vous indiquez, je joindrais celle-ci :

Le peuple anglais, qui est le seul peuple civilisé qui continue à se gouverner lui-même en aristocratie, est conduit par un singulier jeu de la fortune à abattre ou à abaisser l'aristocratie partout où il domine. C'est lè travail nécessaire auquel est condamné tout *maître* étranger ou indigène. Vous vous êtes livrés à ce travail depuis cent ans dans l'Inde avec prudence, mais avec persévérance. Vous avez ménagé les princes indigènes et les hautes classes indigènes autant que cela était compatible avec votre domination. Mais chaque jour vous avez resserré, affaibli ou détruit quelques-unes de ces puissances étrangères sinon ennemies qui se trouvaient dans vos domaines sans être sous votre main. Je crois que le moment est arrivé où chacun de ces princes et de ces classes s'aperçoit clairement (la lumière que vous avez répandue vous-même y aidant) qu'ils sont tous destinés à passer sous le niveau. Il ne s'agit que d'une affaire de temps. Aujourd'hui le tour de celui-ci, demain le tour de celui-là. Ils ont déjà assez d'expérience et d'intelligence pour voir cela, et conservent encore assez de force pour espérer pouvoir résister à cette destinée qu'on leur prépare. C'est le moment le plus critique d'une domination comme la vôtre. Et ce dont il faut s'étonner et se réjouir, c'est que ce sentiment commun n'ait pu trouver un homme qui le mît en action mieux que les misérables qui se sont soulevés jusqu'à présent contre vous. Je crois que si cela avait eu lieu, vous auriez vu presque tous les petits princes qui peuplent encore l'Inde septentrionale et toutes les races dominantes qui l'habitent marcher à la fois contre vous, au lieu de demeurer en si grand nombre à l'état de spectateurs.

Où je me permettrai de n'être plus de votre avis, c'est quand vous dites que la perte de l'Inde n'affaiblirait pas l'Angleterre, et que ce n'est que par une vanité héroïque que le peuple anglais tient à conserver le gouvernement de ce pays. J'ai souvent vu cette opinion professée par des Anglais très-éclairés et n'ai jamais pu la partager.

Il est bien vrai que matériellement parlant le gouvernement de l'Inde coûte plus qu'il ne rapporte, qu'il exige des efforts lointains qui peuvent, dans certains moments, paralyser l'action de l'Angleterre dans les faits qui la touchent le plus près... J'admets tout cela. Peut-être eût-il mieux valu pendre Clive que d'en faire un lord. Mais je n'en pense pas moins qu'aujourd'hui la perte de l'Inde serait une grande diminution dans la condition de l'Angleterre parmi les nations du monde... J'aurais beaucoup de raisons à donner de mon opinion, mais je m'en tiens à celle-ci :

Il n'y a jamais eu rien de si extraordinaire sous le soleil que la conquête et surtout le gouvernement de l'Inde par les Anglais; rien qui, de tous les points de la terre,

attire davantage les regards des hommes vers cette petite
île dont les Grecs ne savaient pas même le nom. Croyez-
vous, madame, qu'un peuple puisse, après avoir rempli
cette place immense dans l'imagination de l'espèce humaine, s'en retirer impunément? Pour moi, je ne le
crois pas. Je pense que les Anglais obéissent à un instinct non-seulement héroïque, mais juste, à un sentiment de conservation vrai, en voulant garder l'Inde à
tout prix, puisqu'ils la possèdent. J'ajoute que je suis
parfaitement certain qu'ils la conserveront, quoique
peut-être dans des conditions moins favorables.

Je suis sûr d'être d'accord avec vous en désirant de
tout mon cœur que leur victoire se ressente le moins
possible des passions vengeresses si naturellement allu-
mées dans leur cœur. Le monde civilisé est maintenant
avec eux. Il les plaint, il les admire. Rien ne serait plus
facile, en dépassant la juste limite de la répression, que
de retourner contre eux cette opinion sympathique de
l'Europe. J'aperçois déjà des symptômes de ce changement. Vous avez assurément eu affaire à des sauvages
dont la barbarie a dépassé toutes les limites connues, et
vous avez vu dans l'Inde des horreurs devant lesquelles
l'imagination même recule. Mais vous n'avez le droit
d'être les maîtres de ces sauvages impitoyables que
parce vous valez mieux qu'eux. Il s'agit de les punir,
mais de ne point les imiter; et ce serait les imiter que
de massacrer, par exemple, la population de Delhi,
comme bien des gens le proposent, quoique dans une
forte partie au moins elle ait été elle-même opprimée et

pilléc par vos ennemis. Pardonnez-moi la chaleur que je mets sur ce point. J'aime trop passionnément la gloire de l'Angleterre, qui est à mes yeux celle même de la liberté, pour ne pas désirer avec ardeur voir les Anglais aussi grands dans la victoire qu'ils l'ont été jusqu'à présent dans la lutte; et il me semble que tous ceux qui tiennent le pouvoir ou agissent sur les esprits en Angleterre doivent travailler en commun à ce qu'il en soit ainsi[1]...

Je n'ai trouvé qu'un défaut à votre lettre, madame, mais ce n'est pas un petit défaut. Vous me parlez de la manière la plus intéressante des affaires publiques; mais de vous et des vôtres, pas un mot. Croyez-vous donc qu'il n'y a que la politique qui m'intéresse en Angleterre?

J'aurais voulu savoir pourquoi vous étiez à Londres, et si vous y étiez pour longtemps; ce que devenaient sir Georges et vos enfants, qui tous m'ont si bien traité en vieil ami; enfin j'aurais été bien aise d'avoir des nouvelles de lord Clarendon[2], dont je garde un si vif souvenir. Sur tous ces points importants vous restez muette, ce dont je me plains.

Je devrais finir cette lettre interminable. Il faut pourtant que j'ajoute que votre reine a *charmé* les habitants

---

[1] Il ne faut pas oublier qu'au moment où Tocqueville écrivait cette lettre à lady Thereza, le mari de celle-ci, sir G. C. Lewis, faisait partie du ministère anglais dans le sein duquel se délibéraient toutes les mesures relatives à l'insurrection de l'Inde.

[2] Frère de lady Thereza.

de Cherbourg durant la petite visite qu'elle est venue faire sur nos côtes. Cela vous fera sans doute plaisir. Il n'y a point là de compliment ni de formule banale. L'air gracieux dont elle a accueilli tout le monde, sa simplicité, ce voyage en mère de famille, tout cela a gagné si bien le cœur de nos bons Normands, que dans son émotion le journaliste de l'endroit, interprète du sentiment populaire, mais assez maladroit courtisan, a imprimé dans sa gazette que l'empereur lui-même n'a jamais été mieux reçu par la population.

A M. FRESLON

Tocqueville, 5 novembre 1857.

Je vous remercie infiniment de vos deux lettres, mon cher ami. La dernière, comme vous pouvez croire, m'a causé une impression pénible. Je ne sais si un rôle quelconque était désormais à la portée de Cavaignac. Mais l'homme avait une grandeur attachante. Il est triste de le voir disparaître ainsi subitement. C'est la seule grande figure qui se fût montrée sur le fond terne de la révolution de 1848; elle gardera ses hauteurs dans l'histoire. Du reste chaque année, chaque mois presque, voit s'éteindre à l'écart quelques existences qui ont eu un éclat légitime. Rien ne les remplace. Une médiocrité universelle semble peu à peu se répandre sur toutes choses.

Tout ce qui a un nom ou a mérité d'en avoir un s'en va;
et où est l'homme nouveau qui donne une espérance
fondée, en science, en arts, en littérature, en politique?
Qu'on me le montre, et je reconnais que je suis un censeur chagrin et sénile du temps présent. Il est bien
triste de vivre dans un pareil temps pour ceux dont le
vivre confortablement n'est pas la grande affaire. . .

. . . .

Que me dites-vous dans votre première lettre : que
vous m'auriez écrit de la campagne si vous n'aviez craint
de me fatiguer par l'analyse de vos lectures et de vos
préoccupations? Sachez qu'un de vos principaux mérites
à mes yeux (et vous en avez de beaucoup de sortes) est
d'être un ami qui *cause*. Les autres ne le font plus ou
presque plus. Cette espèce de manteau de plomb qui
pèse sur tous les esprits étouffe la conversation, même
entre les gens qui ont eu le plus d'idées et avec lesquels
on pourrait encore en échanger le plus. On s'aime encore; mais, hélas! on est comme de vieux amants : on
n'a plus rien à se dire. L'élasticité admirable de votre
esprit lutte seule contre ce poids qui courbe et abat tous
les autres. Vous vous intéressez encore à quelque chose
de général. Vous aimez à parler de ce quelque chose.
Vous vous plaisez à y penser. Vous vous animez encore
en y pensant. Tandis que presque tous les autres ne sont
plus que des avocats, des juges, des agriculteurs ou des
soldats qui ne s'intéressent plus, et surtout ne veulent
plus s'intéresser qu'à la petite affaire particulière dont
ils s'occupent. A quelques exceptions près, nous sommes

tous sortis de cette misérable révolution comme des laboureurs qui, las des travaux du jour, quittent leur champ la tête basse, et regagnent leur demeure sans plus vouloir songer à rien qu'à leur pitance et à leur lit. Donc, écrivez tout ce qui vous passe dans la tête, et soyez sûr que ces étincelles de la vie au milieu de cette mort commune me sont le spectacle le plus agréable que je puisse rencontrer.

Je recommence à travailler passablement. Mille et mille amitiés de cœur.

A GUSTAVE DE BÉAUMONT

Tocqueville, 20 novembre 1857.

. . . Toutes ces choses m'ont jeté dans un état d'esprit bien peu favorable au travail, et bien des fois j'aurais abandonné celui qui m'occupe, si je n'étais trop malheureux au bout d'un certain temps, quand je ne fais rien qui me semble avoir quelque importance. Le malaise que me cause le manque d'un grand intérêt me rejette alors sur mon sujet, après que je m'en suis écarté par désespoir de ne pouvoir rien faire. Je crois que la difficulté extrême que je rencontre ne vient pas seulement de l'état un peu troublé de mon esprit, mais aussi des obstacles que me présente mon sujet. Le traiter d'une façon nouvelle est une tentative presque chimé-

rique; et ne faire que répéter, à propos de lui, les lieux
communs que nous entendons depuis que nous sommes
au monde, m'est impossible. Je me ferais mourir d'ennui
moi-même avant d'ennuyer mon lecteur. De plus, il faut
ici entremêler la trame des idées à celle des faits, dire
assez des seconds pour faire comprendre les premières,
et obtenir du lecteur qu'il sente l'intérêt et l'importance
de celles-ci, et cependant ne point écrire une histoire
proprement dite. Je me demande quelquefois si ce que
je cherche peut se réaliser; souvent j'en doute. J'entre-
vois, ce me semble, l'objet que je veux peindre, mais la
lumière qui l'éclaire est vacillante et ne me permet pas
encore d'en saisir assez bien l'image pour pouvoir la
reproduire.

Dans votre avant-dernière lettre, vous me faisiez un
tableau frappant de la façon dont les petites affaires de
la campagne s'emparent de la vie et la remplissent à ce
point qu'on finit par ne pouvoir rien y mettre qui leur
soit étranger. J'éprouve cela dans une certaine mesure;
et je m'étonne quelquefois de l'amusement extrême que
je trouve dans toutes ces petites entreprises de la vie rurale, et de la place qu'occupent maintenant dans ma
pensée des choses qui n'ont absolument aucune importance réelle, ou du moins une fort petite. Pour penser à
la révolution française, il faut faire effort; pour plonger
dans la combinaison des moyens à prendre afin d'établir
convenablement un parc à moutons ou une étable, il ne
faut que me laisser aller. Néanmoins, la connaissance
que j'ai de moi-même, de l'agitation incurable de mon

esprit, de l'incertitude de mon caractère, me porte à croire que si je pouvais arriver à réduire absolument ma vie aux occupations des champs, je ne pourrais jamais du moins parvenir à m'en contenter. . . . .

Quant à vous, ne me parlez plus de tristesse. Je vous conteste le droit d'être triste, et ma grande raison est votre fils... L'autre jour, je l'ai été voir un moment à Sainte-Barbe. Il m'a fait faire un terrible péché d'envie. Son apparence est aussi distinguée que son naturel. On n'est pas plus intelligent, plus affectueux, plus noble dans toutes ses façons de sentir et de penser. Je comprends tous les soucis que fait naître en vous le choix de sa carrière. Après tout, trouvez-vous heureux d'avoir des préoccupations semblables. Je vous les envie de tout mon cœur. Vous ne savez pas ce qu'il y a souvent de désespérant à se voir vieillir dans la solitude. Le bon ménage, qui fait sous d'autres rapports le charme de la vie, est sur ce point un grand sujet de tourment; car quelle effrayante perspective de ne tenir au monde que par un seul être, et la pensée de ce qui vous resterait à faire sur la terre, si on le perdait!

À N. W. SENIOR, ESQ.

Tocqueville, 15 novembre 1857.

Je vous en veux un peu, mon cher Senior, de ne nous avoir pas encore donné de vos nouvelles. Ce n'est pas rendre justice à l'amitié très-sincère que nous avons pour vous...

Je ne saurais rien vous écrire sur les affaires publiques que vous ne connaissiez par les journaux...

Quant à l'Inde, vous voilà sortis, sinon des embarras, au moins des grands périls. Je m'en réjouis sincèrement. Cette affaire, comme celle de Crimée, a mis en lumière combien la nation anglaise, prise en masse, excite peu de sympathie parmi les peuples étrangers. Tout dans cette dernière circonstance était fait pour intéresser : la similitude de la race, de la religion, de la civilisation. La ruine des Anglais dans l'Inde n'eût profité à personne, si ce n'est à là barbarie. Malgré tout cela, je crois pouvoir affirmer que sur tout le continent de l'Europe, tout en détestant les barbaries commises contre vous, on ne souhaitait pas votre triomphe. Cela vient beaucoup sans doute des mauvaises passions des hommes qui leur font toujours voir avec plaisir les revers des heureux et des forts. Mais cela tient aussi à une cause moins déshonnête : à la conviction où sont tous les peuples du monde que l'Angleterre ne les considère jamais que dans le point de vue intéressé de sa grandeur ; que tout sentiment sympathique pour ce qui n'est pas elle lui manque plus qu'à aucune autre nation moderne ; et qu'elle n'aperçoit jamais ce qui se passe chez les étrangers, ce qu'ils pensent, sentent, souffrent ou font, que relativement au parti que l'Angleterre peut tirer de ces incidents divers, ne songeant jamais qu'à elle-même alors qu'elle semble s'occuper le plus d'eux. Il y a assurément de l'exagération dans ce point de vue, mais que le vrai en soit absolument absent, je ne le pourrais dire.

Rappelez-nous bien affectueusement au souvenir de madame Senior, et croyez à notre bien vive amitié.

A LORD HATHERTON.

Tocqueville, 27 novembre 1857.

J'ai reçu, il n'y a pas longtemps, mylord, une lettre de notre ami Sumner, datée de Teddesley. Il prétend que vous lui avez parlé de moi avec amitié. J'ai été très-sensible à ce bon souvenir de votre part, et j'ai voulu vous écrire pour vous en remercier. Aussi bien je saisis volontiers cette occasion de vous demander de vos nouvelles. Ceci n'est point une formule de politesse; je m'intéresse sincèrement à ce qui vous arrive. Je conserve un souvenir plein de reconnaissance de votre simple et cordiale hospitalité; et, ainsi que je vous l'ai déjà dit, je crois, je considère ma petite excursion avec vous à Teddesley, comme un des épisodes les plus agréables de mon voyage en Angleterre. Vous écrire rend de nouveau présent à ma mémoire le temps qui s'est passé si utilement et si rapidement avec vous et chez vous.

J'ai bien des remerciements à vous faire pour tout ce que vous vous êtes donné la peine de m'écrire relativement à ma petite agriculture. Celle-ci m'occupe toujours beaucoup, quoique je ne puisse le faire qu'en très-petit. Toute ma terre est louée, sauf quelques prairies qui avoisinent ma maison, et sur lesquelles je nourris des animaux et récolte du foin. Cela suffit pour me donner une vive curiosité pour tout ce qui regarde l'agriculture en général, et pour répandre sur ma solitude un grand charme. Ma vie de tous les jours est divisée en deux parts à peu près égales : avant midi je suis un écrivain, et après midi un paysan. Mes livres ne me font jamais oublier mes champs, tandis que ceux-ci distraient souvent ma pensée, quand je suis au milieu de mes livres. La soirée nous réunit, ma femme et moi, en face d'une grande cheminée antique, devant laquelle un grand nombre de mes prédécesseurs se sont assis, et où flambe un feu clair. Nous relisons ensemble les livres qui nous plaisent le plus, et le temps vole. Vous savez que nos habitudes à la campagne sont un peu différentes des vôtres : c'est l'été que nous recevons nos amis ; l'hiver est consacré à la retraite.

Nous ne sommes pas cependant devenus si étrangers au monde que nous ne suivions avec attention et avec curiosité ce qui s'y passe. Vos drames de l'Inde ont causé dans les murs de Tocqueville une émotion véritable. Je n'ai, du reste, jamais douté un instant de votre triomphe, qui est celui du christianisme et de la civilisation. Je crois même que cette secousse si douloureuse finira par être salutaire, et que, après ce choc, votre puissance dans l'Inde s'établira sur un fondement plus solide que

celui sur lequel elle a reposé jusqu'ici; mais cela né-
cessitera un plus grand développement de forces militaires que vous n'en aviez jusqu'ici. C'est le plus grand
mal qui résultera de cette révolte. Quoi que vous fassiez,
vous me semblez entraînés peu à peu à l'établissement
d'une armée permanente considérable. Je regrette sincèrement de vous voir entrer dans cette voie; mais tout
paraît vous y pousser avec une force irrésistible.

J'ai voulu autrefois faire un ouvrage sur l'établissement des Anglais dans l'Inde; et, à cet effet, j'ai réuni
et lu beaucoup de documents sur ce pays. J'ai renoncé
depuis longtemps à cette entreprise. Il eût fallu me rendre
sur les lieux pour bien comprendre ce dont je voulais
parler. Je vous avoue qu'il m'était resté de cette étude
la pensée que les Anglais n'avaient point fait depuis un
siècle, pour les populations indoues, ce qu'on aurait pu
attendre de leurs lumières et de leurs institutions. Il me
semblait qu'ils s'étaient bornés, généralement, à se mettre
à la place des gouvernements indigènes, et à se servir
avec plus d'équité, de douceur et d'intelligence, des
mêmes moyens. Je crois qu'on pouvait attendre mieux
d'eux. J'espère que l'événement dont nous sommes témoins attirera et fixera l'attention de toute la nation
sur les affaires de l'Inde, et fera pénétrer dans celles-ci
la lumière. C'est la partie de votre gouvernement qui
était restée jusqu'à présent la plus obscure, non-seulement pour les étrangers, mais, si je ne me trompe, pour
vous-même. Pour cette raison surtout, je voudrais voir
abolir la Compagnie des Indes, et l'administration de ce

vaste pays tomber, comme tout le reste, sous l'œil du parlement et du public. Alors seulement vous arriverez au niveau de votre tâche, qui n'est pas seulement de dominer l'Inde, mais de la civiliser. Ces deux choses, d'ailleurs, se tiennent de près.

Ma femme veut être particulièrement rappelée au souvenir de lady Hatherton, à laquelle je vous prie de vouloir bien offrir l'hommage de mon respect. Veuillez agréer pour vous, mylord, l'expression de tous mes sentiments de haute considération et d'amitié.

À J. J. AMPÈRE

Tocqueville, 1er janvier 1858.

Je viens, cher ami, suivre l'ancien usage, et vous souhaiter la bonne année. Je me figure qu'il n'y a pas beaucoup de gens dans le monde qui vous la souhaiteront de meilleur cœur que moi, ni avec autant de désintéressement ; car je désire du fond de mon âme que vous soyez heureux, quand même ce serait loin de nous. Ceci me ramène à ce que vous me dites dans votre dernière lettre, celle du 12 du mois dernier. Cette lettre m'a causé un certain chagrin dont vous ne devez pas me savoir mauvais gré ; elle a achevé de me prouver qu'il s'était fait un changement considérable dans votre vie, et que d'ici à longtemps il n'y avait point d'espérance de

vous voir, si ce n'est en passant et pour peu de temps.
Le centre de votre existence est désormais à Rome. Nous
ne sommes plus que l'une des extrémités de la circonfé-
rence. Voilà le côté triste de l'affaire, et il faut nous pardonner si nous le voyons et nous en affligeons un peu.
Le bon côté que nous voyons aussi, c'est que vous menez,
après tout, la vie que vous avez choisie, qui vous plaît
et qui renferme, en effet, bien des choses de nature à
plaire. La société d'une famille aimable et distinguée,
des habitudes agréables sans lien trop étroit, et, pour
couronner le tout, le séjour de Rome : voilà ce que notre
amitié si sincère se dit pour la consolation de ne pas vous
voir. Je vous assure avec toute sincérité que cette amitié
est d'assez bon aloi pour trouver une vive satisfaction
dans ces pensées ; et pourvu que vous ne nous oubliiez
pas, ce que je sais que vous ne ferez point, nous nous
tenons pour satisfaits. Restez donc là-bas aussi longtemps
que cela vous paraîtra bon, sans craindre de refroidir
notre affection pour vous, et quand vous reviendrez (ce
qui sera, j'en suis sûr, dès que la chose sera possible),
vous retrouverez la chambre de *monsieur Ampère*,
comme disent les domestiques ; et, ce qui vaut mieux
qu'une bonne chambre, de bons amis qui jouiront pleinement de votre présence, sans prétendre vous retenir.
Comptez là-dessus, et pensez quelquefois à nous...

A HENRY REEVE, ESQ.

Tocqueville, ce 30 janvier 1858.

J'aurais dû vous remercier plus tôt, mon cher ami,
du dernier numéro de la *Revue d'Édimbourg;* mais j'ai
suivi le sort commun. J'ai eu la grippe, et cette maladie m'a empêché quelque temps d'écrire. Le repos
forcé auquel elle me condamnait (et me condamne encore aujourd'hui, car elle n'est pas absolument guérie)
m'a au contraire permis de lire tout à mon aise le numéro en question. Je l'ai lu tout entier, à la seule exception du dernier article, que je n'ai pas encore entamé,
et j'en ai été très-satisfait. Presque tous les articles
m'ont intéressé et m'ont appris quelque chose. Le fragment historique sur l'administration de M. Adington et
les dernières années de la carrière politique de M. Pitt
m'a beaucoup plu. On y trouve notre ami Lewis tout entier : la netteté, la précision, la vérité de détail qu'on
chercherait dans l'œuvre d'un excellent graveur, travaillant d'après nature. Cette manière d'écrire, appli-
quée à représenter la figure d'un homme aussi considérable que Pitt et un moment aussi important de l'histoire
que celui dont il s'agit, a un très-grand mérite, et j'espère que Lewis tiendra la parole qu'il donne de terminer l'étude commencée, dans un article subséquent.
Dites, je vous en prie, à Lewis, quand vous le verrez,
que je l'ai lu avec infiniment de plaisir. Faites-lui de

plus toutes nos amitiés et présentez-lui tous les hommages qu'on doit à un chancelier de l'échiquier qui, ayant à diriger les finances de l'Angleterre pendant la guerre de Chine et la guerre des Indes, trouve encore le temps et la liberté d'esprit d'écrire d'excellents chapitres d'histoire. Ne m'oubliez pas non plus auprès de lady Thereza, quand vous aurez occasion de la rencontrer.

J'en arrive à votre œuvre, qui sincèrement me paraît être de beaucoup l'œuvre principale du numéro. Je vous ai lu avec un intérêt extrême. C'est ce qui m'a encore le plus frappé dans ce qu'on a écrit sur le sujet. Cet immense sujet se refuse à être renfermé dans un article. On ne trouve donc pas dans le vôtre tout ce qu'on voudrait y rencontrer. Il y a bien des questions qu'il laisse de côté et qui sont cependant bien considérables. La matière à traiter, peut-être aussi la position de la *Revue*, qui n'est pas un recueil de philosophie historique, mais l'un des grands organes des partis politiques qui mènent les affaires, vous faisait une loi de vous circonscrire et vous commandait, par exemple, de ne point examiner de trop près ni la manière dont on avait gouverné l'Inde avant la guerre, ni le système qu'on adopterait pour la gouverner après. Vous n'avez voulu faire que l'exposition de la situation générale dans laquelle se trouve habituellement le gouvernement de cette immense annexe de votre empire, et sur ce sujet vous m'avez beaucoup appris et beaucoup fait réfléchir. Peut-être trouverez-vous que ce n'est pas là une grande louange à vous faire. Quoique j'aie plus étudié qu'on ne le fait en France d'or-

dinaire les affaires de l'Inde, j'y suis encore bien ignorant, comparé à ceux des Anglais qui se sont réellement
occupés de la matière ; mais je crois que le nombre de
ceux-là est assez petit et je me figure que la masse de
votre public a dû recevoir de votre article la même impression que moi. Vous m'avez fait voir, entre autres,
clairement une vérité capitale dont je n'avais qu'une idée
très-confuse : la difficulté d'élever les revenus de l'Inde
et le caractère singulier de cet impôt territorial qui est
plus le produit d'une copropriété de l'État, qu'un subside
qu'on lui paye. Je savais qu'il n'y avait guère dans l'Inde
que des taxes directes ou des monopoles, mais j'ignorais
la difficulté qui se rencontre à prélever aucun impôt
sous d'autres formes : fait capital, qui-rend l'Inde plus
onéreuse à l'Angleterre que je ne pensais et en rend la
possession plus précaire. Le grand nombre d'hommes
armés qui se trouvent dans l'Inde, en dehors de l'armée
du gouvernement, est également un fait très-important
qui m'était mal connu. Je ne l'avais jamais bien mesuré.
Il faudrait non une lettre, mais un volume ou une très-
longue conversation, pour vous dire toutes les pensées
que la lecture de votre article m'a suggérées. Je l'ai cri-
blé de coups de crayon. Un point sur lequel je me permets d'avoir les plus grands doutes, est l'utilité de favoriser l'introduction d'une population européenne.
J'avoue que je considère un tel remède, pût-on l'appliquer, comme si dangereux, que je serais tenté d'en
revenir aux lois qui défendaient d'acheter des terres
dans l'Inde. Il faut partir de ce point-ci, dont vous partez

vous-même. On ne peut retenir l'Inde qu'avec le consentement au moins tacite des Indous ; or j'ai toujours remarqué que partout on introduisait (non des chefs européens) mais une population européenne au sein des populations imparfaitement civilisées du reste du monde, la supériorité réelle et prétendue de la première sur les secondes se faisait sentir d'une façon si blessante pour les intérêts individuels et si mortifiante pour l'amour-propre des indigènes, qu'il en résultait plus de colère que d'aucune oppression politique. Si cela est vrai pour presque toutes les races européennes, à combien plus forte raison cela est-il vrai de la race anglaise, la plus habile à exploiter à son profit les avantages de chaque pays, la moins liante, la plus disposée à se tenir à part et (on peut le dire parce que ce défaut s'unit intimement à de grandes qualités) la plus altière de toutes les races européennes. Quand je songe à tout ce que vous avez fait pour votre armée indoue, à la rigidité des règles établies, à l'élévation de la solde et des retraites, et à toutes ces douceurs que vous accordez à vos soldats indigènes, je trouve qu'aucune armée de cette nature n'a jamais été mieux, ni même si splendidement traitée que celle qui vient de commettre les horreurs que nous connaissons. Mais en même temps, quoique je n'aie point été dans l'Inde, j'ose affirmer que jamais l'officier européen n'a vécu plus éloigné du soldat asiatique que le vôtre, jamais plus *fermé* à celui-ci ; que jamais moins de *camaraderie* n'a régné au milieu de compagnons d'armes, même entre gens que l'épaulette paraissait rapprocher,

mais entre lesquels la civilisation et la race mettaient
une si grande différence, que l'un s'apercevait à chaque
instant que non-seulement il n'était pas l'égal, mais
qu'il n'était pas le *semblable* de l'autre. Quand on cher-
chera très-profondément où se trouve la cause vraie de
la révolte de votre armée indienne, je suis convaincu
qu'on la trouvera là. On pourra grouper beaucoup de
causes secondaires autour de cette cause principale;
mais, ou je me trompe fort, ou on en arrivera à celle-ci.
Je crois que les horribles événements de l'Inde ne sont
en aucune façon un soulèvement contre l'oppression,
c'est une révolte de la barbarie contre l'orgueil.

Rappelez-moi particulièrement au souvenir de madame Reeve, et faites bien des amitiés à miss Hope.
Enfin croyez, comme toujours, à mes sentiments de sincère affection.

A SIR JAMES STEPHEN[1]

Tocqueville, 14 février 1858.

Monsieur, un de mes amis vient de me prêter vos
deux volumes : *Lectures sur l'Histoire de France* (troisième édition). Vous ne trouverez pas mauvais, je pense,
que je vous exprime tout le plaisir que j'ai éprouvé en
vous lisant. Je ne sais s'il m'est jamais arrivé de trouver

[1] Ancien sous-secrétaire d'État des colonies.

dans un livre étranger une connaissance aussi détaillée
des divers documents de notre histoire et une com-
préhension plus vive de nos idées, de nos lois et de nos
mœurs. J'ai, de plus, admiré la liberté d'esprit qui,
vous élevant au-dessus des préjugés de nation, vous
permet d'apprécier ce qu'il peut y avoir eu de bon et de ·
grand dans un autre pays, sans cesser de vous montrer
ardemment attaché au vôtre.

J'avoue pourtant que je ne suis pas absolument d'accord avec vous sur tous les faits ni sur toutes les doctrines. Je me permettrai, entre autres, de remarquer
qu'après avoir combattu avec tant de force et de raison
ce que vous appelez l'école fataliste, vous vous en rap-
prochez un peu vous-même en attachant, à la fin de
votre ouvrage, une importance si décisive à une question de race, et en expliquant principalement la liberté
politique de l'Angleterre par le fait que le sang allemand coule dans les veines des Anglais. — J'aurais beaucoup d'objections, assez fortes ce me semble, à opposer
à cette manière de raisonner ; — mais j'aime bien mieux
penser aux nombreuses opinions qui nous sont communes et m'en féliciter.

J'ai passé six semaines l'été dernier en Angleterre.
Si alors j'avais lu votre livre, je me serais certainement
rendu à Cambridge, quelque pressé par le temps que
je fusse, pour faire connaissance avec vous. J'espère,
monsieur, que cette occasion manquée se retrouvera
bientôt. De votre part, si vous voyagez quelquefois en
France, n'oubliez pas que j'aurais grand plaisir à vous

y recevoir chez moi. Madame de Tocqueville, qui est Anglaise, serait charmée de rencontrer un compatriote aussi distingué. La terre d'où je vous écris est située à quinze milles, à peu près, de la ville de Cherbourg. Je l'habite pendant tout le temps que je ne passe pas à Paris, c'est-à-dire pendant huit à neuf mois chaque année. Si un séjour dans un coin reculé de la France, au milieu de notre population rurale que les étrangers connaissent si peu, pouvait vous intéresser, je répète que notre hospitalité vous est très-cordialement offerte.

J'ai vu dans un paragraphe fort obligeant pour moi que vous avez joint à votre troisième édition, que vous n'avez pas lu mon dernier livre; je vous en envoie un exemplaire que je vous prie d'accepter.

Recevez, etc., etc.

<hr />

A LORD HATHERTON

Tocqueville, 6 mars 1858.

Il y a bien longtemps, mylord, que j'ai le désir de vous écrire pour savoir de vos nouvelles, et que je suis empêché de le faire par la crainte de vous déranger inutilement. Votre lettre a donc été reçue avec beaucoup de plaisir et de reconnaissance.

Je vous remercie beaucoup de l'offre que vous me faites de m'envoyer le dernier numéro de l'*Edinburgh*

Review. Je reçois depuis quelque temps cette revue : Reeve me fait l'amitié de me l'envoyer régulièrement, et je la lis souvent avec un grand profit. L'article dont vous me parlez m'avait fort frappé, et je suis un peu fier d'avoir jugé comme vous qu'on ne pouvait rien lire de plus instructif sur les affaires de l'Inde.

Une des opinions exprimées par Reeve dans cet article a fait naître chez moi un doute que j'ai exprimé à l'auteur. Reeve conseille de favoriser l'établissement d'une population européenne aux Indes, dans l'espérance d'amener par ce moyen un rapprochement entre les deux races, et de favoriser le développement de la civilisation chrétienne. Je crains que le moyen ne fût pas fort efficace. J'ai toujours vu, du moins, le contraire se produire. Une race inférieure par sa constitution ou son éducation peut bien supporter le gouvernement d'une race supérieure. Elle ne ressent que les bons effets de cette supériorité ; et si ce gouvernement est habile, elle peut le préférer à celui même de ses princes. Mais le voisinage d'un particulier plus civilisé, plus riche, plus influent, plus habile que lui, ne peut manquer d'être un objet de haine et d'envie à l'indigène d'une race inférieure. Le gouvernement étranger ne blesse que les sentiments nationaux, qui sont faibles. Le colon étranger blesse ou semble blesser de mille manières les intérêts particuliers, qui sont chers à tous les hommes. On croit toujours qu'il abuse de sa supériorité, de ses lumières, de sa fortune et de son credit pour faire de bonnes affaires et s'enrichir aux dépens de ses voisins ; et de toutes ces petites haines particulières la haine nationale s'accroît infiniment. Je ne doute pas qu'en Algérie les Arabes et les Kabyles ne soient plus irrités de la présence de nos colons que de celle de nos soldats. Le grand but à poursuivre dans l'Inde, comme le dit Reeve, est bien de répandre dans ce pays les bienfaits de la civilisation chrétienne ; c'est l'œuvre du gouvernement plutôt que des particuliers. Que le gouvernement tende de plus en plus à appliquer dans l'Inde les principes généraux qui rendent l'Europe riche et éclairée, il fera sentir peu à peu aux Indous les avantages de notre civilisation et les en rapprochera. Le contact d'une population européenne ne fera, je le crains, qu'accroître leurs préjugés et leurs répugnances.

Adieu, mylord ; si ce n'est pas un trop grand ennui pour vous de correspondre quelquefois avec moi, vous ne sauriez me faire un plus grand plaisir. Rappelez-moi au souvenir de lady Hatherton, et croyez à mon sincère attachement. ￪

A HENRY REEVE, ESQ.

Tocqueville, ce 22 mars 1858.

Je suis bien fâché, mon cher ami, de perdre l'espérance de vous voir ce printemps ; mais je ne puis dire que je ne conçoive pas vos raisons.

J'ai cru employer ici mes loisirs à une distraction salutaire en lisant, plus attentivement que je ne l'avais fait, l'histoire de Grote. Je trouve à ce livre un mérite infiniment plus grand que je n'avais d'abord pensé. Ce n'est pas par l'art de la composition qu'il se distingue, cet art que possède à un si haut degré Macaulay, et c'est ce qui peut-être l'empêchera de devenir jamais la lecture des gens du monde; mais c'est un livre qui ne périra pas, et auquel il sera difficile de rien ajouter. L'érudition y est immense et saine. Ce qui est si rare dans les érudits qui écrivent l'histoire, les institutions, les hommes, les faits y sont vus, montrés, jugés avec une grande expérience des affaires. Les passions modernes qui animent l'auteur quand il raconte ce qui s'est passé, il y a près de trois mille ans, donnent une certaine vie réelle à ces vrais morts et aident à les faire comprendre, parce qu'en défendant ses amis et en attaquant ses adversaires de la centième olympiade, l'auteur s'efforce de mettre en relief leurs actions et leurs pensées avec autant de loyauté que de perspicacité. Je n'aurais jamais cru qu'on pût s'intéresser aussi vivement à une histoire aussi vieille.

J'espère retrouver à Paris ce premier de tous les causeurs, l'ami Senior, chargé comme une pièce de quarante-huit de toutes sortes de nouvelles du levant et du couchant, et prêt à éclater, à la grande satisfaction de ses amis. J'imagine que son séjour en Orient aura accru, de la manière la plus instructive, son journal. Je finis avec mon papier. Mille souvenirs affectueux à madame Reeve, et à vous mille amitiés.

A M. FRESLON

Tocqueville, 5 mars 1858.

Je vous aurais remercié plus tôt de vos deux lettres,
mon cher ami (car elles m'ont fait passer de bons moments), si je n'étais depuis près de quinze jours assez
souffrant d'une reprise de la grippe. Cette petite maladie m'avait légèrement atteint il y a six semaines. Je ne
m'en étais pas absolument guéri, bien que j'eusse repris
ma vie ordinaire. La tempête de vent glacial qui règne
sur nos côtes depuis deux ou trois semaines, à laquelle
je me suis exposé imprudemment, m'a causé une rechute, qui, sans avoir la moindre gravité (puisque je
n'ai pas eu la fièvre), m'a rendu fort souffrant et me
force encore de rester chez moi, à mon grand déplaisir.
Car je suis devenu, non l'homme des bois, mais l'homme
des prairies et des guérets. Vous ne savez pas quelle
belle horreur est une tempête du nord-est sur les bords
de notre Océan, aux approches des équinoxes : le désordre de la nature, l'ébranlement des plus solides de-
meures de l'homme, la course effarée des grands oiseaux
dans le ciel. Quand je suis bien portant, j'aime passionnément à considérer ce spectacle. Mais je le trouve en ce
moment un peu mélancolique ; et j'aimerais bien mieux
causer avec vous au milieu de la prose des rues de Paris,
que de vivre dans la poésie d'une atmosphère si enra-
gée. J'ai, de plus, réellement besoin d'être à Paris pour

mes travaux. Mais il n'y a pas moyen de se mettre en route jusqu'à ce que la température soit changée et mon indisposition entièrement disparue. Le mois cependant ne finira point sans que je me retrouve au milieu de vous. J'y compte bien du moins. A l'ennui de ma réclusion se joint celui de mon oisiveté : les matériaux me manquent.

Sans votre intéressante correspondance et mes journaux étrangers, je ne saurais absolument rien de ce qui se passe... Que vous avez raison d'admirer Washington et de le placer à la tête de notre espèce! Cela prouve ce que je savais déjà : c'est que vous connaissez la vraie grandeur et la vraie gloire, et que vous les aimez. De combien peu de nos compatriotes et même de nos contemporains pourrais-je en dire autant? Washington est le produit de la société de laquelle il est sorti et du temps où il a vécu. En France on l'eût trouvé terne : car il nous faut des vertus de théâtre, de grands mots et des vices éclatants; il suffit même qu'ils soient audacieux...

Adieu, j'espère que vous ne tarderez pas à m'écrire par amitié et par charité. Tout à vous de cœur.

A GUSTAVE DE BEAUMONT.

Tocqueville, 21 mai 1858.

. . . .

Je suis rentré chez moi avec un immense plaisir;

néanmoins je n'ai point encore retrouvé cet équilibre intérieur qui permet de bien travailler et de travailler avec plaisir. Le fond est agité et troublé. Pourquoi? En vérité, il serait impossible de le dire. Ma meilleure raison est que je continue d'être *moi*. C'est un personnage auquel je ne tiens guère, mais que je ne saurais changer. Je crois pourtant que parmi les causes secondaires de l'état dont je parle se trouve en première ligne la santé. Je ne suis pas malade. Je ne souffre point. Mais j'ai une sorte d'abattement physique qui vient, je crois, du printemps, et qui conduit directement à l'abattement de l'esprit. Je vais cependant mieux de l'âme et du corps depuis deux jours. Je crois aussi que la lenteur de mes travaux, le développement de mes recherches, qui n'ont point de limites précises, la difficulté même que je trouve à me satisfaire dans la continuation de mon œuvre, contribuent beaucoup à cette sorte de malaise moral. Peut-être cesserait-il tout à coup si je rencontrais une voie nouvelle pour arriver à mon sujet. Mais je suis enfermé dans les glaces. . . . .

Avez-vous lu la *Revue d'Édimbourg* du 1er avril? elle contient plusieurs articles instructifs et amusants, entre autres l'analyse d'un livre qui vient de paraître et qui a élevé tout à coup son auteur, jusque-là inconnu, à l'état de lion de première taille. Ce magnifique animal se nomme M. Buckle. Son livre est une introduction de huit cents pages à une histoire de l'humanité (rien que cela), qu'il fera successivement paraître. L'esprit dans lequel cet ouvrage est écrit me semble surtout mériter l'attention. Il est illibéral et passionnément antichrétien. N'est-il pas étrange que de pareilles doctrines puissent mener à un grand succès littéraire dans la dévote Angleterre, où l'on me disait naguère que chaque année la rigueur des habitudes religieuses devenait plus grande et presque tyrannique? ·

Ce que vous me dites de vos accroissements agricoles · m'a fort intéressé... je suis charmé de vous voir faire toutes ces choses. J'aimerais, je l'avoue, que vous ne fissiez pas seulement que cela. . . . . Mais il ne faut jamais juger ses amis par ses propres impressions, mais autant que possible par les leurs. Nous avons toujours été très-intimes et très-dissemblables. Il vous faut du calme et de la tranquillité d'âme pour faire travailler votre esprit. Si j'avais jamais trouvé dans ce monde ces deux choses, il est fort douteux que j'eusse mis mon esprit en travail, car les efforts pour en arriver là sont si douloureux, que si je pouvais me trouver seulement passablement dans l'inaction intellectuelle, je n'en sortirais pas très-certainement. C'est toujours parce que mon âme se trouvait mal au logis, qu'elle allait chercher, à tout prix, la distraction vive d'un grand travail d'esprit; et il en est encore de même aujourd'hui. Je n'ai point d'enfant qui puisse trouver agréable le petit bruit que peut faire mon nom; je ne crois guère à la moindre influence que peuvent avoir, dans le temps où nous sommes, des écrits de la nature des miens; ni même aucuns écrits, excepté peut-être les mauvais romans, qui peuvent avoir l'efficacité peu désirable de nous

rendre plus démoralisés et désordonnés que nous ne
sommes. Et cependant je me lève à cinq heures du matin, je passe six heures en face d'un papier qui souvent
reste blanc; je me désespère de ne point trouver ce que
je cherche; je ne le trouve enfin qu'à moitié et péniblement. Je sors souvent vaincu de mon travail, mé-
content de moi-même et par conséquent de toutes choses. Pourquoi tous ces efforts? Parce qu'il me manque ce
calme de l'âme, qui pour vous, au contraire, est la condition première de tout travail de l'esprit. . . . .

A M. FRESLON

Tocqueville, 16 mars 1858.

Vos lettres, mon cher ami, sont en vérité un des plus
grands agréments de notre solitude. Je ne connais que
la conversation avec vous qui vaille encore mieux. J'espère dans quinze jours pouvoir en jouir. . . . .

J'ai fait l'autre jour une visite qui ressemble beaucoup aux excursions que faisait Cuvier dans le monde
antédiluvien. J'ai été voir un homme qui a quatre-
vingt-seize ans sonnés, et est aussi plein de vie pour
l'esprit que vous et moi. C'est un ancien bénédictin,
homme de lettres et homme d'esprit, qui, sans renoncer
ni à son état, ni à sa croyance, avait cependant *donné*,
comme on disait sous la restauration, dans les prin-

cipes de la révolution. Il a été mêlé aux hommes de
science et d'action qui ont paru immédiatement avant
ou au commencement de cette révolution. Il vit aujourd'hui très-retiré à quelques lieues de moi. J'ai été
le voir. Je l'ai trouvé assis devant un petit feu, et entouré de gros volumes classiques qu'il étudiait profondément comme s'il avait eu son éducation à faire. Vous
figurez-vous ce que c'est que de se trouver en face d'un
homme qui a vécu vingt-sept ans sous l'ancienne monarchie, qui était en 1789 plus âgé que je ne l'étais
en 1830, qui a assisté aux premières opérations des
états généraux, et a suivi les travaux de la Constituante
comme un homme déjà mûr? J'ai trouvé ce vieillard
plus extraordinaire encore que son âge. L'esprit de cet
homme a assurément été conservé dans un bocal bien
fermé, comme ces fruits qui gardent leur fraîcheur
quand on les met à l'abri du contact de l'air extérieur.
J'ai déjà remarqué qu'en France la quantité de calorique
intellectuel et moral était en raison inverse du nombre
des années. On est plus froid à mesure qu'on est plus
jeune ; et la température semble s'élever avec l'âge. Des
hommes comme vous et moi paraissent déjà des enthou-
siastes bien ridicules aux sages de dix-huit ans. Suivant
cette loi nouvelle, mon centenaire devait être tout feu.
Et il l'était en effet quand il parlait des espérances de 89
et de la grande cause de la liberté ! Je vous réponds qu'il
eût été difficile de faire admettre à celui-là que nous
jouissons en ce moment des institutions que voulaient
ceux qui on fait la révolution. Je lui ai demandé s'il

trouvait la France bien changée sous le rapport moral. — Ah ! monsieur, m'a-t-il répondu, je crois rêver quand je me rappelle l'état des esprits dans ma jeunesse, la vivacité, la sincérité des opinions, le respect de soi-même et de l'opinion publique, le désintéressement dans la passion politique. Ah ! monsieur, ajoutait-il en me serrant les mains avec l'effusion et l'emphase du dix-huitième siècle, on avait alors une cause; on n'a plus que des intérêts. Il y avait des liens entre les hommes : il n'y en a plus. Il est bien triste, monsieur, de survivre à son pays !

Adieu, croyez à ma bien vive et sincère amitié.

AU MÊME.

Tocqueville, 8 juillet 1858.

Peu de jours après celui où je vous faisais une querelle sur votre écriture, mon cher ami, Lanjuinais m'écrivait que la mienne devenait de plus en plus indéchiffrable. Lanjuinais avait raison et je n'avais pas tort. Je voudrais que le reproche de Lanjuinais fût aussi efficace que l'a été le mien. Votre dernière lettre est un vrai miracle de calligraphie. Je crains seulement que vous ne perdiez le goût de la correspondance à mesure que vous acquerrez une plus belle main. Dans ce cas, je vous supplierais de reprendre votre griffonnage, préférant

de beaucoup la peine de vous lire à ne rien recevoir de
vous.

Je vois que vous nous laissez peu d'espérance de vous
recevoir ici. Je le regrette et ma femme aussi. . . . .

J'en étais là de ma lettre lorsque je reçois la vôtre :
celle que vous m'avez écrite avant-hier. Elle me détourne
de ce que je voulais vous dire, pour vous entretenir de
M. Royer-Collard. Je suis charmé que vous ayez à parler
de lui. Je regrette seulement que vous ne l'ayez pas personnellement connu. Car c'était une nature très-origi-
nale, qu'il est difficile de se bien imaginer, quand on
n'a pu l'observer que de loin, et qu'on n'a vu l'homme
que dans ses écrits et dans ses actes publics. Singulier
mélange de quelques petites passions et de très-grands
sentiments, de vanité qui s'ignorait elle-même, de hauteur d'âme et d'orgueil qui savait s'imposer : une noble
et imposante figure après tout, et l'une de celles qui,
parmi tous les contemporains, méritent le plus d'attirer
et de fixer les regards. Il faudrait de longues conversations et non une lettre pour vous faire pénétrer dans les
replis de ce caractère-là. Je me borne à répondre à ce
qui me paraît être en ce moment votre préoccupation
principale.

Vous cherchez où a été l'unité de la vie de M. Royer-
Collard. Elle vous échappe. Elle existe cependant, mais
il faut savoir la chercher où elle se trouve.

Si l'on considère une si longue vie dans ses détails,
on y trouve peut-être quelque incohérence. Mais quelle
longue vie n'en présente point, surtout quand elle s'é-

coule tout entière dans un temps de révolution? Dans
son ensemble, et en se bornant à suivre, pour ainsi dire,
les grandes lignes de ses actes, on trouvera une unité
puissante et qui fait la principale force de l'homme.
Toutes les actions principales de M. Royer-Collard se
trouvent, en effet, comme liées ensemble par deux idées
seulement : l'une plus grande et plus maîtresse de lui
que l'autre, mais toutes deux directrices de son esprit :

1° M. Royer-Collard a cru fortement durant toute sa
vie qu'on pouvait et qu'on devait distinguer l'esprit libéral de l'esprit révolutionnaire. Il a voulu passionnément la destruction de l'ancien régime et a toujours eu
horreur de son retour. Il a désiré avec une ardeur extrême l'abolition des priviléges, l'égalité des droits politiques, la liberté des hommes, leur dignité. Il a toujours détesté cet esprit d'aventure, de violence, de
tyrannie, de démagogie, qui est resté le type de l'esprit
révolutionnaire dans tout le monde Il a cru fermement
qu'on pouvait renverser l'ancien régime sans obéir à
cet esprit-là. Il aspirait à faire sortir de la révolution
autre chose que cet esprit-là ! Il n'a jamais pensé qu'il
fallût tout détruire dans l'ancienne société française,
mais seulement briser ce qui faisait obstacle à l'esprit
moderne, à une liberté pondérée, à l'égalité des droits,
à l'ouverture de toutes les carrières et de toutes les destinées devant les espérances de tout homme. La révolution
faite, il a toujours voulu ramener les institutions à cet
idéal, et renouer, dans la limite où cela était possible et
désirable, le passé au présent. Y a-t-il tel détail de sa vie

qui puisse paraître peu d'accord avec cette donnée? Je l'ignore. Mais étudiez sa vie entière, vous verrez que ceci la dirige et l'explique.

2° La seconde idée-mère de M. Royer-Collard, qui était voisine de la première, sans en découler nécessairement le moins du monde, était celle-ci : M. Royer-Collard a toujours estimé que l'institution de la royauté était, en France, une institution *nécessaire;* et il était plaisant de voir le singulier effet que produisait parfois cette doctrine, mêlée comme elle l'était aux sentiments les plus indociles et au naturel le plus républicain que j'aie jamais rencontrés. Horreur d'une cour et adhérence immuable à l'idée d'un roi. Parmi toutes les royautés, celle qui lui paraissait la plus propre à maintenir les grandes institutions libérales et modernes qu'il voulait avant tout, et qu'il a passé sa vie entière à défendre tantôt contre les révolutionnaires, tantôt contre les ultras et les émigrés, c'était la royauté de la branche aînée. Je n'ai jamais vu d'homme plus exempt de ce qu'on pourrait appeler les passions légitimistes, moins passionné pour une race ou une famille; mais en même temps plus persuadé que la meilleure issue que pût avoir la révolution était la royauté de la branche aînée, contrôlée et tenue en échec par toutes les institutions qui pouvaient assurer le triomphe des idées nouvelles. Le rêve de toute sa vie a été de faire vivre ensemble l'esprit nouveau avec l'ancienne famille et de les soutenir l'un par l'autre. A tout prendre, cependant, le *libéralisme* a toujours été chez lui le but, et la monarchie des princes de la branche

aînée le moyen. Mais le moyen s'était tellement confondu,
aux yeux du public, avec le but qu'il se proposait, que
j'ai toujours pensé que M. Royer-Collard, arrivé déjà à
la fin de sa carrière, lors de la révolution de juillet, l'eût
close plus logiquement en se retirant alors des affaires
publiques qu'en y restant.

Voilà, mon cher ami, très en courant et par premier
aperçu, ce que je sais de plus général sur la vie de cet
homme extraordinaire. Je ne dis pas que les deux idées
mères, qui en sont la clef, soient également justes. Je
dis seulement que c'étaient ses idées, et qu'il les a suivies, depuis la commune où il a servi de dernier intermédiaire entre le malheureux Louis XVI et Danton,
jusqu'à son dernier discours contre le costume, en
1838, je crois.

La sincérité passionnée et l'éloquence incomparable
qu'il montrait en défendant deux thèses qui pour beaucoup d'esprits renferment des contraires, a toujours été
pour moi le spectacle le plus singulier que j'aie rencontré. Il fallait l'entendre parler de la révolution. Personne
ne faisait mieux comprendre la grandeur de ce temps
et sa supériorité sur le nôtre, même au travers de ses
faiblesses et de ses violences. Les plus belles paroles
qui aient jamais été prononcées sur ce qu'on peut appeler les grandes conquêtes de 89 sont sorties de sa
bouche. Ce que j'ai jamais entendu dire de plus amer
sur les vices de l'ancien régime, sur les folies et les ridicules des émigrés ou des ultras, c'est lui qui l'a dit.
Mais fallait-il peindre la violence, les goûts tyranniques,

les passions désordonnées, les folies sanguinaires et
l'intolérance de ce qu'il.appelait l'esprit révolutionnaire :
c'était Tacite. Deux traits lui suffisaient pour tracer une
image qui restait éternellement présente à l'imagination.
Je le trouve très-éminent dans ses écrits. C'est par là
qu'il vivra. Mais il était incomparable dans sa conversation. Il lui arrivait bien souvent de ne pas me convaincre,
mais il m'étonnait toujours.

Peu de temps avant sa mort, il a bien voulu me remettre un choix de ses discours. Je lui avais demandé
de le faire, et il l'a fait évidemment dans le but de me
permettre de suivre, dans les différents temps de sa carrière politique, la marche de ses idées. C'est donc un
recueil précieux. Je l'ai fait relier, et j'ai une occasion
de vous l'envoyer dans une caisse de livres que je fais
partir pour Paris. Si vous voulez en savoir plus long,
venez causer.

A M. LE COMTE DE CIRCOURT

Tocqueville, 19 juillet 1858.

Cher monsieur de Circourt, je vous écris encore à
Bougival, pensant que, si vous n'y êtes pas encore arrivé, ma lettre vous sera envoyée ou vous attendra en
lieu sûr. Il me tardait de savoir où vous prendre pour
vous remercier d'avoir trouvé le temps de m'écrire des
lettres si intéressantes tout en habitant avec les chamois.

On y ressentait cette élasticité de corps et d'esprit que donne l'air des montagnes à ceux qui ont le bonheur de se bien porter. Ce dernier cas n'est pas le mien depuis quelques mois.

Tout ce pays est en l'air par l'approche des fêtes. Le chemin de fer étant déjà ouvert et un service régulier de bateaux à vapeur se faisant entre Cherbourg et Weymouth, il est, en effet, probable que toute la France et toute l'Angleterre vont se réunir sur le petit coin de terre que nous habitons. Vous comprenez, du reste, que l'enthousiasme général me gagne peu. J'ai toujours détesté les joies officielles, même sous les gouvernements que j'aimais le plus... Il n'y a qu'un seule partie du spectacle qu'on nous prépare qui m'attirera à Cherbourg : c'est la réunion de cette flotte immense que les escadres combinées de France et d'Angleterre vont former. Ce sera un grand tableau, mais qui me donnera sans doute une impression mélancolique analogue à celle que j'éprouvais le 20 mai 1848, lors de l'immense revue du Champ de Mars, où plus de cent mille hommes parurent en armes. Hélas! me disais-je en revenant, je viens d'assister à la revue de deux armées qui bientôt seront aux mains dans Paris. Cela n'a pas manqué, comme vous savez. Dieu veuille qu'il n'en soit pas ainsi cette fois! Du reste, tant que les Anglais auront dans l'Inde les affaires que nous leur voyons, il n'y a guère à craindre de leur côté. Je trouve pour ma part que leur position dans l'Inde est aujourd'hui plus grave et plus difficile que le lendemain de l'insurrection. Il y a longtemps que je pense qu'au fond de tout ce qui se passe de ce côté de l'Orient, il y a un fait nouveau et général : une réaction universelle contre la race européenne. Cette réaction sera-t-elle assez forte pour triompher? J'espère que non. Je crois qu'on nous a laissé prendre trop d'avance. Mais qu'elle se produise partout et soit la cause commune de mille effets divers que nous voyons, de cela je ne doute point.

De nouveau mille remerciements sincères de vos lettres et mille amitiés.

A MADAME GROTE.

Tocqueville, 23 juillet 1858.

Chère madame Grote, j'ai reçu votre lettre du 5, et j'aurais dû y répondre sur-le-champ. Je ne l'ai pas fait par toutes sortes de mauvaises raisons, parmi lesquelles ne se place point, je vous l'assure, l'indifférence... Ce qui m'a empêché depuis quelque temps d'écrire à mes amis est un certain malaise de corps, et, par suite, d'esprit, dont il m'est très-difficile de sortir. Ma santé m'a un moment très alarmé. Il y a un mois j'ai un peu craché le sang. Huit ans auparavant une terrible maladie avait commencé de la même manière. J'ai pensé que j'en étais repris. Ma femme l'a cru plus encore que moi. Elle a envoyé en toute hâte chercher mon frère, qui habite près de Cherbourg, et un médecin. L'accident n'a pas eu de suite. Mais depuis ce temps-là je n'ai plus été le même homme. Aujourd'hui encore je n'ai pas repris mon assiette. Il m'a paru inutile de parler à d'autres que les amis très-intimes de cet accident. Ainsi veuillez garder pour vous ce que je vous en raconte. A ce mal physique se joint, en ce moment, un sentiment que je n'avoue non plus qu'à mes plus intimes amis : l'ennui profond que me cause le voisinage des pompes impériales. . . . .

Vous voyez, très-chère madame Grote, qu'il ne faut pas vous reprocher de me parler longuement de vous ; car voilà cinq pages au moins qui ne sont consacrées qu'à vous dire ce qui m'arrive, mes sentiments, mes pensées. Mais à qui pourrais-je mieux parler à cœur ouvert qu'à vous, qui m'avez toujours montré une amitié si véritable et dont les opinions sympathisent si bien avec les miennes ? J'ai bien du regret de ne pouvoir aller m'asseoir à côté de M. Grote à l'Institut[1]. J'aimerais fort à le voir en ce lieu-là. J'ai le plaisir d'avoir été un des premiers à signaler, dans un discours public, les admirables travaux de votre mari. J'avais déjà alors une très-haute idée de son livre ; moins haute cependant que celle que j'en ai conçue depuis, en l'étudiant de plus près.

---

[1] M. Grote venait d'être élu membre correspondant de l'Académie des sciences morales et politiques. ·

A LORD HATHERTON

Tocqueville, 1er septembre 1858

J'ai demandé bien des fois de vos nouvelles depuis trois mois, mylord, et j'ai eu la satisfaction d'en recevoir de bonnes. Mais il me fâche d'être si longtemps sans communiquer directement avec vous : et je veux que vous me promettiez de ne pas laisser interrompre tout à fait notre correspondance.

Vous me donniez dans votre dernière lettre des détails très-intéressants sur votre agriculture et en même temps décourageants pour nous, parce qu'ils montrent combien il est difficile d'introduire dans notre pays des méthodes aussi perfectionnées que les vôtres. Si un jour, comme j'en ai le vif désir, vous m'accordez le plaisir de vous recevoir pendant une semaine ou deux chez moi, je vous mettrai sous les yeux un tableau qui vous fera aussitôt comprendre la vérité de ce qui précède... Je crois que vous jugerez alors comme moi que notre principal effort doit encore se borner à améliorer les assolements, à obtenir qu'on fasse plus de bestiaux, qu'on fume et surtout qu'on sarcle mieux les terres, qu'on perfectionne les races existantes par une meilleure nourriture, de meilleurs soins, des croisements intelligents. Quant à l'introduction de machines très-perfectionnées, mais coûteuses, de procédés savants dont l'application exige un capital très-considérable, un grand espace, un plan d'ensemble, le temps n'est pas encore venu, je pense, de l'essayer. Vous avez une agriculture de capitalistes : nous avons encore une agriculture de paysans. Tout ceci, du reste, pour être bien compris, demanderait un séjour en France *à la campagne.* Ne puis-je au moins espérer que vous consentirez à le faire l'an prochain ? Aux mois de juillet et d'août, la vie de Londres est déjà finie ou à peu près; celle de la campagne est à peine commencée. C'est le moment où une petite excursion dans notre Normandie vous gênerait le moins et nous arrangerait le plus. Promettez-moi donc, mylord, de nous accorder ce plaisir l'an prochain. Je crois que ce que je vous ferais voir ici en huit ou quinze jours vous en apprendrait plus sur l'état agricole, social et politique même de la France, que ce qu'on en peut savoir à Paris en un an.

Adieu, mylord ; offrez, je vous prie, les souvenirs de ma femme et mes hommages respectueux à lady Hatherton. Veuillez nous traiter mieux l'an prochain que vous ne l'avez fait cette année, et surtout croyez à tous mes sentiments de bien sincère amitié.

———

A SIR GEORGE C. LEWIS

Tocqueville, 5 septembre 1858.

Cher monsieur Lewis, M. Grey, qui vient de passer quelques jours chez moi, m'a donné de bonnes nou-

velles de vous. Mais cela ne me suffit pas. Je veux en
avoir de vous-même et savoir par vous comment se
portent lady Thereza et ses enfants. Aussi bien je n'aime
pas à rester un temps trop prolongé sans communiquer
avec vous. C'est une bonne habitude que je tiens à ne pas
perdre. Dites-moi donc sans trop tarder où vous êtes,
vous et les vôtres, ce que vous faites et l'emploi que vous
comptez donner aux loisirs qu'on vous laisse[1]. Toutes
ces choses m'intéressent véritablement.

J'imagine que vous n'avez pas été tenté de voir de
près les fêtes de Cherbourg. Si j'avais pu vous supposer
cette intention, je vous aurais prié très-instamment de
vouloir bien, à cette occasion, accorder quelques jours
à Tocqueville. Mais vous n'êtes point, que je sache, un
amateur de fêtes et de spectacles; et c'était d'ailleurs aux
nouveaux plutôt qu'aux anciens ministres de la reine à
lui faire escorte en cette circonstance. Je n'ai vu moi-
même ces magnificences que du haut de mes rochers.
Au point de vue de l'art, c'était réellement un superbe
spectacle. Ces deux grandes flottes ramassées dans un
petit espace, toutes couvertes de leurs pavillons et re-
tentissantes de leur formidable artillerie, donnaient une
grande idée de la puissance de l'homme, au moins de
sa puissance destructive... Cette vue me suggérait une
définition de notre espèce qui n'est point encore admise
par les naturalistes. Il me semble qu'on pourrait assez
convenablement classer l'homme dans l'échelle des êtres,

1 Sir G. C. Lewis, chancelier de l'Échiquier, avait quitté le ministère
lors de l'avénement de lord Derby.

en disant que c'est l'animal de la création qui est le mieux doué pour travailler à la destruction de ses semblables. Malgré l'aspect guerrier de cette entrevue de l'empereur et de la reine, je la crois favorable au maintien de la paix, et à ce point de vue je m'en réjouis. Mais je crains que la défiance entre les nations ne soit incurable. J'en ai chaque jour la preuve, et je m'étonne en voyant deux peuples qui semblent s'embrasser si étroitement et qui pourtant appliquent si bien le principe de la Rochefoucauld, qu'il faut toujours vivre avec ses amis comme si on devait devenir leur ennemi. Le moindre souffle enflammerait en France des passions antianglaises. . . . .

Rappelez-moi, je vous prie, de la manière la plus amicale, au souvenir de lady Thereza et à celui de mademoiselle Listar, et croyez à mes bien sincères amitiés.

———

A W. R. GREG, ESQ.

Tocqueville, 1er octobre 1858.

Mon cher monsieur, vous m'avez envoyé deux exemplaires du *National Review* que j'ai lus. Des deux articles qui sont écrits par vous dans ce recueil, il y en a un surtout qui m'a assez frappé pour que je sente le désir de vous en entretenir. Cela me sera une occasion de vous remercier de votre envoi et de vous demander de vos nouvelles.

L'article dont je parle est celui qui traite de l'état des
partis en Angleterre. Cet article est assurément très-re-
marquable, autant que le phénomène politique qu'il
cherche à expliquer. La peinture que vous faites de tous
les inconvénients qui résultent de la destruction des
grands partis est d'une vérité saisissante. J'ai vu pendant
quinze ans le spectacle que vous peignez, et je puis vous
attester qu'il n'y pas un tableau plus exact que le vôtre,
de la maladie politique dont vous décrivez les symptômes.
C'est la vue prolongée de ce monde parlementaire, n'o-
béissant plus à des doctrines fixes et paraissant marcher
au hasard sous l'impulsion d'intérêts individuels ; c'est
cette vue prolongée, dis-je, qui a fait croire à une partie
de la nation française que les institutions représenta-
tives étaient établies pour l'avantage particulier de quelques gens d'esprit et non pour le profit général du pays.
A tous les inconvénients que vous indiquez, je me permettrai seulement d'ajouter celui-ci, que vous n'avez pas
mis, ce me semble, en lumière, et qui cependant n'est
pas des moindres.

Lorsqu'il n'y a plus de grands partis bien liés par des
intérêts et des passions communes, la politique étrangère ne manque presque jamais de devenir l'élément
principal de l'activité parlementaire. Le cabinet n'a plus,
à vrai dire, la direction des choses du dehors. Cette direction tombe dans les mains des chambres. La cause
en est évidente : le terrain de la politique étrangère est
essentiellement mobile ; il se prête à toutes sortes de
manœuvres parlementaires. On y rencontre sans cesse

de grandes questions capables de passionner la nation, et à propos desquelles les hommes politiques peuvent se séparer, se rapprocher, se combattre, s'unir, suivant que l'intérêt ou la passion du moment les y porte. Je regarde comme un axiome que dans le pays libre où il n'existe pas de grands partis, la principale direction des affaires étrangères cessera d'appartenir aux ministres pour être prise par les assemblées. Or, je regarde un tel état de choses comme contraire à la dignité et à la sûreté des nations. Les affaires étrangères ont, plus que toutes les autres, besoin d'être traitées par un petit nombre d'hommes, *avec suite*, en secret. En cette matière, les assemblées doivent ne se réserver que le contrôle et éviter autant que possible de prendre en leurs mains l'action. C'est cependant ce qui arrive inévitablement, si la politique étrangère devient le champ principal dans lequel les questions de cabinet se résolvent.

Je trouve que vous avez indiqué avec une rare sagacité à quelles conditions il peut exister de grands partis, bien disciplinés, dans un pays libre. Il faut, comme vous le dites, que chacun d'eux soit le représentant de l'un des deux grands principes qui divisent éternellement les sociétés humaines, et que, pour abréger, on peut désigner sous le nom d'aristocratie et de démocratie. Je suis porté à croire comme vous qu'on ne reverra de grands partis organisés en Angleterre, que quand le parlement arrivera à être nettement divisé sur la question de savoir s'il faut continuer à maintenir le gouvernement dans les mains du petit nombre ou le mettre dans les mains de la foule, et de substituer à l'idée de la garantie que donnent un grand intérêt de conservation et la sagesse supérieure des hautes classes, le pur dogme de la souveraineté numérique du peuple; quand il s'agira non-seulement de savoir où est la loi, mais où est réellement le droit. Mais je me permettrai de penser qu'un tel événement ne peut être amené que par une résolution préconçue de la part des hommes politiques, et ne saurait naître que de circonstances et de faits nouveaux. Ces circonstances et ces faits se produiront-ils en Angleterre? sont-ils déjà en partie produits? Je ne me hasarderais à dire ce que je pense sur ce point qu'avec beaucoup de timidité et d'hésitation; car qui peut se flatter de connaître un pays étranger? Les habitants du pays sont souvent placés trop près des détails pour apercevoir les idées d'ensemble; mais les étrangers sont toujours placés trop loin pour apercevoir certains faits de détail qui modifient cependant les faits les plus généraux.

Paris, 22 octobre 1858.

P.-S. J'ai commencé cette lettre il y a trois semaines. Il me semblait que j'en avais encore très-long à vous dire; mais je suis tombé malade. Je suis venu à Paris me faire traiter. Je vais mieux, mais suis encore très-souffrant et prêt à partir pour le Midi, où les médecins m'envoient pour l'hiver. J'en reste donc là de ma lettre. Je vous demande pardon de l'avoir gardée si longtemps

dans mes mains. Peut-être un jour pourrai-je reprendre
le sujet. Si vous me répondez, veuillez le faire à *Cannes*,
département du Var.

A M. FRESLON

Paris, 11 octobre 1858.

Mon cher ami, c'est avec beaucoup de raison que vous
avez pensé que ma santé était la cause du silence inusité
que je gardais avec vous. Depuis deux mois en effet je
suis malingre. Je ressentais dans la poitrine des sensations qui m'inquiétaient. Je suis venu à Paris. Là on a
découvert à l'instant que j'ai une bronchite : c'est ce que
nos anciens appelaient moins savamment un catarrhe.
Cette maladie, qui n'est pas fort grave en elle-même,
s'étant cantonnée d'un côté de la poitrine qui depuis huit
ans a déjà subi l'épreuve de deux autres maladies, demande fort attention. Je suis donc ici à me traiter. Dans
une quinzaine de jours je gagnerai les bords de la Méditerranée, Cannes vraisemblablement, pour y passer
l'hiver. Vous comprenez que tout ceci me cause un profond découragement et un extrême chagrin ; mais il faut
bien se soumettre aux conseils de mes médecins. Si je
suis passablement portant à Cannes, j'y travaillerai d'une
manière très-efficace : voilà le beau côté qu'il faut regarder. L'inconvénient de ma retraite de Tocqueville,

qui m'est si chère et où j'ai passé les plus doux moments de ma vie, est d'être trop agréable pour y très-bien travailler. Ce ne sont pas les grandes émotions qui rendent l'esprit improductif; elles sont comme le vent qui pousse de tous côtés la flamme de la pensée. Ce qui l'amortit, ce sont les petites occupations agréables qui détournent l'esprit et l'empêchent de se fixer. Vous voyez que je cherche à me dorer la pilule. Je vous avoue que j'y ai grand'peine.

Je ne vous en écrirai pas plus long aujourd'hui. J'imagine que vous ne revenez pas ici avant novembre; ce n'est donc que le printemps prochain que je pourrai vous serrer la main, ce dont je m'afflige; car je vous tiens pour un de mes meilleurs et plus chers amis. Aussitôt arrivé là-bas, je vous donnerai de mes nouvelles.

A M. LE COMTE DE CIRCOURT.

Cannes, 12 novembre 1858.

Cher monsieur de Circourt, je reçois votre lettre du 8, et je vous en remercie. Pardonnez-moi, je vous prie, de n'avoir pas répondu à celle que vous m'avez écrite à Paris. Les circonstances dans lesquelles je me trouvais seront mon excuse. Ce n'est que six jours avant mon départ de Paris (où j'ai été retenu jusqu'au 18 octobre) qu'on a pu me débarrasser d'une fièvre qui me tenait depuis un mois, et qui, indépendamment de ce qu'elle annonçait un bien mauvais état des bronches, épuisait rapidement mes forces. J'étais déjà fort affaibli quand je me suis mis en route. Le voyage s'est fait dans les circonstances les plus contraires. Arrivé au bout du chemin de fer, il a fallu trois journées de voiturin pour arriver ici. Le voyage a duré en tout huit jours, pendant lesquels nous n'avons cessé d'être accompagnés par un vent violent et glacial. J'étais véritablement à bout de forces, et ma femme très-souffrante, quand enfin nous avons gagné notre gîte. Voici huit jours que nous y sommes établis. Je commence à me remettre des fatigues excessives du voyage. Mais je suis bien loin d'avoir repris mes forces ; et il faudra, je crois, assez longtemps pour les reprendre entièrement. Nous sommes, du reste, établis dans la maison la plus agréable, en face du soleil et d'un pays magnifique. Mais le temps reste froid d'une manière inaccoutumée ; et les montagnes qui nous environnent sont encore couvertes de neige. Je ne puis et ne pourrai encore de quelque temps me remettre sérieusement au travail. Mais je n'en sens que plus le besoin de lectures intéressantes qui amusent mon esprit sans le fatiguer. Qui mieux que vous peut m'indiquer s'il en existe ? Y a-t-il quelques publications nouvelles ou récentes de quelque nature que ce soit que vous puissiez me recommander ? J'aime beaucoup les *bons Voyages*, et ce qui fait connaître les différents pays de la terre. Mais il ne paraît guère d'ouvrages de cette espèce en français, et les livres anglais sont difficiles à avoir et très-chers.

Les nouvelles découvertes en Afrique piquent vivement ma curiosité. Tout ce qui se rapporte à l'Asie orientale, à la Sibérie, aux nouvelles conquêtes de la Russie sur l'océan Pacifique, tout cela a un grand intérêt pour moi. De bons voyages en Sibérie avec de *bonnes cartes* m'amuseraient beaucoup. Je vous demande probablement de m'indiquer ce qui n'existe pas, mais je saurai du moins, après vous avoir consulté, à quoi m'en tenir.

Je suis désolé de ce que vous me dites de la santé de madame de Circourt. Quelle succession de souffrances et de misères est la conséquence de ce malheureux accident! Veuillez lui dire que personne ne la plaint plus que moi.

Je n'ai pas besoin de vous dire combien toutes les nouvelles publiques et particulières que contiennent vos lettres et les commentaires que vous y joignez ont de prix à mes yeux. N'épargnez, je vous prie, ni l'encre ni le papier en m'écrivant. Mais surtout croyez à mes sentiments de sincère amitié.

A M. DE CORCELLE

Cannes, 22 novembre 1858.

Mon cher ami, votre lettre et le soleil sont arrivés en même temps et ont été tous deux très-bien reçus. Pour commencer par le soleil, je vous dirai que depuis ma dernière lettre il s'est fait une révolution dans le ciel de ce pays. L'air est devenu serein et aussi doux qu'il était troublé et aigre. Nous nous sommes trouvés tout d'un coup en plein printemps. Ce changement est arrivé fort à propos. J'ai pu sortir, autant que mes forces encore très-épuisées ont pu le permettre.

En somme, je suis en progrès sensible; mais c'est un progrès très-lent. Comme mon corps a un besoin extrême de se refaire, je ressens continuellement un appétit de naufragé; mais l'estomac a plus de désirs que de capacités. C'est ce qui n'arrive pas seulement aux estomacs.

Je n'ai jamais pu me procurer l'article de Montalembert. Je lui ai écrit pour le lui demander et lui exprimer ma sympathie...

L'établissement du système représentatif en Prusse, s'il s'y établit paisiblement et y prospère, sera un grand événement, non-seulement pour la Prusse, mais peu à peu pour toute l'Allemagne; non-seulement pour la politique intérieure des États, mais pour la politique générale des affaires du monde.

Mais ce n'est pas à un pauvre malade reclus dans un petit coin retiré, à penser à ces choses ni à en parler. Je vous embrasse; mille souvenirs bien affectueux autour de vous.

A J. J. AMPÈRE

Cannes, 5 décembre 1858.

Mon cher ami, j'apprends que les journaux de Paris,
répétant un article d'un journal de Cherbourg, annoncent
que mon frère est parti précipitamment de Nacqueville
pour venir ici, *où je suis très-malade*. Je sais que cette
nouvelle a mis en émoi mes amis, et comme je crains
qu'elle n'arrive jusqu'à vous, je me hâte de vous écrire
ce qui en est. Tout est faux dans la nouvelle, si ce n'est
que mon brave Hippolyte, sachant le pénible isolement
dans lequel nous vivons, a parcouru en droiture les trois
cent cinquante lieues qui nous séparaient et est venu
s'enfermer pour un mois dans notre trappe. Quant à ma
santé, voici le vrai sur elle : un engorgement d'une partie des bronches est toujours une maladie grave et qui
peut devenir dangereuse. Mais quant au danger actuel
ou prochain, il n'y en a pas de traces. Ma santé, depuis
un mois que je suis ici, n'a cessé d'être en progrès. Je
ne pouvais faire cent pas en arrivant sans me reposer.
Aujourd'hui, je me promène pendant plus d'une heure
dans les montagnes qui environnent ma demeure. Le
médecin prétend même qu'il y a déjà une amélioration
visible dans l'état des bronches. De cela je ne m'aperçois
pas beaucoup ; mais, en tous cas, il n'y a pas progrès
dans le mal. Voilà l'état vrai des choses. J'espère qu'un
hiver dans ces lieux me guérira ; mais sur ce point, il

n'y a que l'avenir qui peut décider. Hippolyte est venu
bien à propos pour interrompre notre profonde solitude
et jeter un peu de mouvement dans notre vie. Ce n'est
pas une petite affaire que de supporter le seul poids du
temps (indépendamment de celui de ses maux) quand on
n'habite point chez soi, qu'on ne peut occuper sérieusement son esprit, qu'on ne peut faire faire au corps des
exercices très-prolongés, qu'on n'a autour de soi ni famille ni connaissance, et qu'il faut vivre presque sans
mouvement sur le fond de ses propres pensées. Les premières semaines ont été fort dures. Nous étions parvenus néanmoins à une existence supportable. J'avais fait
venir des livres que je désirais lire depuis longtemps et
qui n'étaient point tombés sous ma main. Le soir, où la
lecture me faisait mal, j'y suppléais par un lecteur. J'ai
découvert à Cannes un bon petit jeune homme, aspirant,
je crois, au séminaire, qui vient passer une partie de la
soirée avec nous, pour lire tout haut. Il nous vient très-
régulièrement, accompagné de sa mère, qui tricote dans
l'antichambre. C'est une grande ressource. Mais la principale de toutes, c'est le retour des forces, c'est la possibilité de courir dans les montagnes, c'est surtout l'espérance de la guérison, qui fait accepter bien aisément
l'ennui des remèdes... Nous ne sommes point du tout
mécontents de notre existence actuelle, malgré qu'elle
soit sévère... Je ne vous en dis pas plus long, parce que
j'ai à répondre à beaucoup d'amis qui m'écrivent pour
savoir si, par hasard, je ne suis pas mort.

AU MÊME

Cannes, 30 décembre 1858.

Je vous demande pardon, mon cher ami, de n'avoir pas répondu plus tôt à votre lettre du 14. La cause en est surtout aux journaux, qui m'ont obligé à une correspondance longue, fatigante et fort attristante après tout. Quand on peut dire à des gens qui vous croient très-malade qu'on ne s'est jamais mieux porté, passe encore. Mais quand il faut expliquer cinquante fois que, sans être très-malade, ainsi que l'ont dit les gazettes, on est cependant assez malade, cela finit par être mélancolique; et ce perpétuel retour sur ses maux finit par faire douter si les journalistes ont aussi menti qu'on le prétend[1].

Depuis ma dernière lettre, les choses ont continué à marcher vers le mieux. J'ai, sous beaucoup de rapports, les apparences d'un homme bien portant. Je dors, en général, bien; je mange de bon appétit et mes forces sont assez revenues pour que je puisse, en me reposant seulement un peu entre deux promenades, parcourir pendant trois heures mes montagnes. Le climat est, en général, magnifique. Malgré tous ces progrès, j'avoue que

---

[1] Tous les journaux de Paris et de Londres avaient répété un article malheureusement trop vrai du journal de Cherbourg, qui, sur la nouvelle du brusque départ pour Cannes du frère aîné d'Alexis de Tocqueville, avait donné lieu de penser à tous ses lecteurs que celui-ci était dans le plus grand danger.

je suis peut-être plus préoccupé de la gravité de ma maladie que je ne l'étais en arrivant, bien que je fusse alors
dans un si cruel état que j'ai peine à en imaginer un
pire. Ce qui m'inquiète, c'est qu'à tout prendre la maladie des bronches dure toujours, et que, comme mon
estomac refuse les remèdes les plus efficaces en pareil
cas, je ne sais trop comment cela finira. Le médecin me
donne les plus fermes assurances de guérison ; mais qui
sait ce qu'il pense au fond ? et d'ailleurs les médecins ne
savent pas plus l'avenir que les astrologues.

J'en viens, mon bon ami, à ce qui fait le sujet principal de votre lettre. Je puis bien vous assurer en toute
vérité que je n'avais pas besoin de tous les détails que
vous me donnez pour être convaincu que si vous n'êtes
pas déjà venu à moi, c'est que les raisons les plus fortes
vous en empêchaient. J'ajoute, mon bon et cher ami, que
non-seulement je ne vous ai pas attendu, sans pour cela
vous en vouloir dans un degré quelconque, mais, je vous
dis ceci du fond du cœur, que je vous prie très-instamment et très-sincèrement de ne pas venir. Je vous connais jusqu'au fond, et c'est pour cela que j'ai une affection si véritable pour vous. Je juge peut-être mieux l'état
de votre âme que vous ne pouvez le juger vous-même.
Je sais que si vous veniez ici, vous y vivriez dans un état
d'agitation intérieure et profonde que rien ne pourrait
dérober à mes regards. Cela vous ferait souffrir, et la
vue de cette agitation détruirait de fond en comble tout
le plaisir que me ferait sans cela votre présence. Il faut
savoir prendre le temps comme il vient. Votre cœur est

le même pour moi, mais les circonstances sont changées. Le moment de crise (et je ne crois pas en avoir éprouvé une pareille dans toute ma vie) est d'ailleurs passé. J'ai repris mes forces. Je puis m'occuper soit au dehors, soit au dedans. Je ne saurais me livrer à des travaux sérieux, il est vrai ; mais je puis lire non-seulement au jour, mais à la lumière, ce que je ne pouvais faire il y a quinze jours encore. Quant à la conversation, elle m'est encore peu nécessaire, puisque je suis condamné au silence. D'ailleurs, ainsi que je vous le disais, mon frère est avec nous, et y restera encore assez longtemps. Enfin, ma femme, dont la santé m'avait si longtemps désolé, va mieux. Elle peut reprendre la place immense que vous savez qu'elle occupe dans ma vie.

A M. LANJUINAIS

Cannes, 7 février 1859.

Mon cher ami, je profite des premiers commencements de ma convalescence pour rentrer en communication avec vous. Il y a bien longtemps que je ne vous ai écrit. Je vous assure que l'impossibilité de le faire était absolue. Ah ! mon cher Lanjuinais, quel horrible mois de janvier je viens de passer ! Il n'y a que le malheureux qui a dû supporter ces quatre semaines qui puisse s'en faire une idée. Mais pardonnez-moi de ne pas vous faire l'historique des douleurs et des misères qui m'ont accablé. Mon imagination cherche au .contraire à s'en éloigner. Me voici, Dieu aidant, en pleine convalescence. Et à l'extrême faiblesse près, que je ressens encore, je pourrais dire que je me trouve bien.

Si l'état de faiblesse dans lequel je suis encore m'empêche d'écrire longuement à mes amis, il ne m'empêche pas de continuer à les aimer de bien bon cœur et de désirer qu'ils veuillent bien ne pas m'oublier dans cette passe critique de ma vie, et m'écrire souvent. Je ne puis encore ni lire, ni pour ainsi dire écrire, ni parler, par prudence. Cela me jette souvent dans des abîmes de noir à donner envie de pleurer. Priez donc tous ceux que vous savez s'intéresser à moi de me faire la charité de m'écrire. C'est le seul plaisir intellectuel qui me soit permis. Vous m'avez adressé une lettre bien intéressante il y a deux jours. Dans la lettre précédente, vous m'aviez enfin annoncé que vous aviez fait choix d'une terre. Cela m'a causé un mouvement de joie et le pays que vous avez choisi accroît encore ma satisfaction[1]. Mais vous ne m'avez pas fait une description des lieux; ne manquez donc pas de le faire, cela m'intéressera beaucoup. Je finis parce que ma main et ma tête sont fatiguées. Tout à vous de cœur.

---

[1] La terre et le château de Saint-Frambaut, près La Suze, dans la Sarthe.

A J. STUART MILL, ESQ.

Cannes, 9 février 1859.

Mon cher Mill, j'ai reçu hier votre livre sur *la Liberté*.
Il est venu me trouver à Cannes, où ma santé m'a forcé
de venir passer l'hiver. Je ne saurais vous dire combien
je suis touché de ce souvenir de votre part. Je ne doute
pas que vous n'ayez donné à votre sujet la tournure ori-
ginale de votre esprit, et que la vigueur rare de celui-ci
n'ait laissé son empreinte sur votre œuvre. Je vais vous
lire, quoique je sois encore un peu faible, et je ne doute
pas que je ne sente à chaque instant que sur ce terrain
de la liberté nous ne saurions marcher sans nous donner
la main.

A M. LE COMTE DE CIRCOURT

Cannes, 9 février 1859.

Cher monsieur de Circourt, je ne saurais vous dire
combien je vous suis reconnaissant pour les lettres que
vous m'avez écrites dans le temps où je ne pouvais répondre. Vous êtes certainement, de tous mes amis, celui
qui a le mieux compris qu'un homme qui est incapable
de faire courir sa main sur le papier, garde des oreilles
pour écouter ce qu'on peut lui mander d'intéressant, et

une intelligence pour comprendre et goûter ce qu'un correspondant comme vous peut lui écrire. C'est même quand on est dans le triste état dont je parle, qu'il est particulièrement précieux d'apprendre ce qui peut réveiller et amuser l'esprit. Grâces donc vous soient rendues, et ne vous lassez pas, je vous prie, de l'œuvre de charité intellectuelle que vous avez entreprise. Je commence, d'ailleurs, à pouvoir être un moins mauvais correspondant, et serai bientôt en état de répondre. Mes forces me reviennent rapidement, et si le climat de Cannes voulait bien tenir ce que l'on promet en son nom, je ne doute pas que ma santé ne fît sur-le-champ les progrès les plus rapides.

Maintenant arrivons sur-le-champ à ce qui me touche le plus près. Madame la duchesse de Rauzan m'a témoigné dans ces derniers temps un intérêt dont j'ai été profondément touché. Je vous prie de lui exprimer pour moi ce sentiment, qui est très-sincère. Ses deux petits mots témoignent d'un inquiétude réelle : je n'oublierai jamais cette marque d'une amitié qui m'est si précieuse. Je lui écrirai dès que je serai quelqu'un ; mais en ce moment je ne suis encore qu'un je ne sais quoi qui cherche à être.

Quoique ainsi réduit à une ombre, j'ai encore la faiblesse de m'intéresser aux choses politiques et même aux choses littéraires de ce monde ; et tout ce que vous me direz sur ce double sujet sera reçu avec grand plaisir. A-t-il paru quelque livre nouveau que je puisse faire venir ?

Je commence à me fatiguer. Rappelez-moi affectueusement au souvenir de madame de Circourt, et croyez à ma sincère amitié.

A M. CH. RIVET

Cannes, 15 février 1859.

J'ai tellement de lettres auxquelles il faut que je réponde, mon cher ami, que je finis par n'écrire point. Il faut pourtant que je vous remercie de la lettre que j'ai reçue hier de vous, où vous me parlez, suivant votre habitude, avec une affection qui me va toujours au cœur. Seulement ce que vous me dites au commencement m'a exaspéré. Vous m'avez écrit une longue lettre sur la politique et vous l'avez brûlée, parce que *** vous a dit que je ne voulais pas de lettres de cette espèce. Je ne sais où *** a pris cela. C'est exactement le contraire qui est la vérité, et je ne puis me consoler que vous ayez suivi son avis.

Je n'ai rien, à tout prendre, à vous dire sur ma santé que de bon. Vous savez que j'ai passé le plus abominable mois de janvier qui se puisse concevoir... J'ai éprouvé une série de misères qui, Dieu merci! semble épuisée. Les douleurs ont cessé; l'appétit est revenu, et avec lui une partie des forces. J'espère donc, et je vous engage à faire comme moi.

Adieu, cher ami ; ne tardez pas à m'écrire. Croyez à ma tendre amitié. Veuillez présenter mes affectueux hommages à madame Rivet, et me rappeler au souvenir de tous vos enfants.

A M. DE CORCELLE

Cannes, 15 février 1859.

Je ne puis écrire que quelques mots à mes meilleurs amis.

Ma santé n'a cessé de faire des progrès rapides ; l'appétit et le sommeil sont revenus. Avec eux les forces se relèvent rapidement, et, chose singulière, les cruels accidents du mois de janvier n'ont pas empêché que la cure des bronches ne marche régulièrement. Je puis donc espérer de guérir, si Dieu veut bien permettre qu'il n'arrive plus d'accidents semblables à ceux du mois dernier.

J'en viens, en quelques mots, à la politique. J'ai lu très-attentivement la brochure de *Napoléon III et l'Italie*. Elle jette un grand jour sur la situation, en ce qu'elle semble prouver que la question diplomatique entre l'Autriche, le pape et nous, en est arrivée à reposer sur les différents points indiqués comme base du plan. Or, je crois ce plan presque aussi inacceptable pour le pape et l'Autriche (à moins qu'on ne rende celle-ci la dominatrice de l'association italienne) que le serait la république romaine. Je n'ai pas le loisir de dire mes raisons. Ce sera pour une autre fois. Si donc réellement on s'est mis dans cette impasse diplomatique, il me paraît difficile d'en sortir sans la guerre. Je vous embrasse de tout mon cœur, avec une impatience extrême de recevoir vos lettres.

A M. LE VICOMTE DE TOCQUEVILLE (ÉDOUARD)

Cannes, 17 février 1859.

Je veux, cher ami, ajouter un petit mot de tendre affection à la lettre d'Hippolyte[1]. Ton séjour ici m'a rempli le cœur de sentiments tout à la fois doux et tristes. Que je t'aie vu avec plaisir, n'a pas besoin d'être dit longuement. Ce qui m'a attristé, c'est la maussaderie avec laquelle j'ai souvent traité, pendant ce court séjour, deux bons frères, qui n'étaient réunis ici que pour me soulager. Je t'en demande bien pardon, et te prie d'attribuer à la maladie et non au malade ce que je me reproche. Ce qui m'a attristé aussi, c'est que j'ai cru apercevoir que l'agitation dans laquelle j'étais (et qui est aujourd'hui presque entièrement calmée) agissait d'une

---

[1] Son frère, le comte Hippolyte de Tocqueville, qui était près de lui depuis près de trois mois, écrivait sans cesse à leur frère Édouard (le vicomte de Tocqueville) pour lui donner des nouvelles.

manière fâcheuse sur ta santé. J'espère que ton estomac n'a pas trop souffert des folies de ma tête; mais il me tarde d'apprendre que mon espérance est vérifiée. Écris-moi donc bientôt et crois à mon tendre attachement.

A LA COMTESSE (HIPPOLYTE) DE TOCQUEVILLE

Cannes, 23 février 1859.

Chère sœur, c'est moi, cette fois, qui viens vous donner des nouvelles du malade qui, depuis trois mois, reçoit de si bons soins de votre mari. Si j'en crois le médecin et plus encore ma sensation intérieure, ce malade-là est encore une fois en voie de guérison; et si Dieu veut bien permettre que quelque nouvel incident ne vienne pas troubler l'excellent état dans lequel je commence à me trouver, j'espère que la promesse du médecin de me renvoyer d'ici guéri au commencement de l'été s'accomplira. Mais je sais qu'en pareille matière il faut être modeste. A la fin de décembre dernier, je croyais déjà tenir la guérison, tant j'allais bien, et j'avais repris toutes mes forces, lorsque ces affreux crachements de sang sont venus me foudroyer, moins par le mal assez limité qu'ils m'ont fait en eux-mêmes, que par le trouble universel qu'ils ont jeté dans toutes les fonctions du corps, et surtout l'espèce de bouleversement momentané qu'ils ont opéré dans le système nerveux. Cependant j'ai repris mon appétit; j'ai recouvré mes forces. Le médecin assure que l'auscultation annonce une très-grande amélioration dans l'état des bronches. Dieu veuille qu'il dise vrai!

Mais cette lettre n'avait pas pour objet de vous donner le bulletin de ma santé; car vous êtes tenue très-exactement au courant par Hippolyte. Mon but, chère sœur, était de vous exprimer combien j'ai été touché du vif intérêt que vous n'avez cessez de me montrer. J'en éprouve, je vous assure, une bien grande gratitude, et quoique ce sentiment si naturel ne dût pas avoir besoin qu'on l'exprimât, j'ai voulu cependant vous en faire part, pensant qu'après tout il ne pouvait que vous être agréable de savoir que vous n'avez point affaire à un ingrat.

Je pense que dans quelques jours notre bon Hippolyte nous quittera. Jamais je ne saurais exprimer à quel point ce qu'il vient de faire m'a pénétré, jusqu'au fond de l'âme, de reconnaissance. Je sais qu'on parle beaucoup de bon sentiments. Cela est facile; mais, ce qui est plus difficile et plus rare, c'est de venir, au cœur de l'hiver, s'enterrer dans un trou éloigné de près de trois cents lieues du centre de toutes choses, et d'y demeurer trois mois pour y soigner un frère, que souvent la maladie rendait fort maussade et toujours fort ennuyeux. Voilà ce qui est rare et qui mérite de faire naître une reconnaissance qui ne soit pas commune. Cet acte de mon excellent frère ne sortira jamais de ma mémoire, je dis de celle du cœur, qui garde mieux encore que l'autre ce dont on a été profondément touché.

Voilà, chère sœur, ce que le malade avait à vous dire pour aujourd'hui. Remerciez encore, je vous en prie, tous ceux qui ont bien voulu s'intéresser à moi, et croyez à ma tendre et fraternelle affection.

A M. FRESLON

Cannes, 23 février 1859.

Je vous envoie, cher ami, non une lettre (où en trouverais-je les éléments?), mais un bulletin; ce qui, j'en suis assuré, vous paraîtra encore agréable à recevoir. Depuis que je vous ai écrit, ma santé a fait des progrès dont la rapidité m'étonne et me charme... Prions Dieu qu'il n'envoie pas une rechute, et j'espérerai plus que je ne l'ai encore fait.

Une des formes de la reprise de mes forces, c'est la possibilité de la lecture qui m'est revenue. Je me fais lire les Mémoires de Miot de Mélito; les avez-vous lus? Cela mérite d'être dans toutes les bibliothèques. Je lis avec mes yeux et par conséquent lentement la vie de Gibbon, l'auteur de l'*Histoire du développement et de la ruine graduelle de l'empire romain*, écrite par lui-même. Je ne sais si cet ouvrage a été traduit en français; je le lis dans l'anglais, et cette lecture m'intéresse au plus haut point. Je suis seulement fâché de ne pouvoir me la permettre qu'à si petite dose. N'êtes-vous pas de mon avis,

qu'il n'y a rien de plus intéressant que les Mémoires,
surtout ceux des gens célèbres, pour peu qu'ils aient un
peu de véracité. Il semble toujours qu'on va trouver le
secret de ces belles machines qui ont produit de si belles
œuvres. J'avoue qu'on est souvent fort trompé. Celui-ci
est évidemment fort sincère. Mais ce qu'il dit n'apprend
que le prodigieux parti que peut tirer de lui-même un
homme doué d'une mémoire extraordinaire, et qui passe
dans l'aisance et le repos que donnent une position sociale élevée et une fortune indépendante, quarante ans à
travailler toujours, à lire tout ce qui a jamais pu être
imprimé sur un sujet presque sans limites, qui le retient, et qui, ensuite, paisiblement, sans se presser,
rapproche tous ces textes, et se trouve avoir fait, presque
sans y songer, une des plus grandes œuvres de la littérature moderne. Ce qui est profondément original, c'est
que ce même homme ait pu faire patiemment de pareils
travaux (il donne la liste de ses lectures pendant un
mois; si toute l'année marche de même, il y a là de
quoi occuper pendant une année tout un couvent de bénédictins); ce qui est original, dis-je, c'est que ce même
homme, doué de cette faculté extraordinaire qui en ex-
clut d'ordinaire tant d'autres, se trouve, quand il en arrive à la composition, un écrivain serré, nerveux et plein
de vie.

Mais où vais-je vous parler de Gibbon? Adieu. Mille
souvenirs affectueux.

A HENRY REEVE, ESQ. .

Cannes, 25 février 1859.

Mon cher Reeve, il y a un siècle que je ne vous ai
écrit; je n'étais pas libre de le faire. Le mois de janvier
tout entier s'est passé au milieu de la crise la plus douloureuse. Je ne crois pas qu'il y ait aucun mois de ma
vie qui mérite mieux que celui-là d'être marqué d'une
croix noire dans l'histoire de mon existence privée. Mais
jetons dans l'oubli, s'il est possible, des jours et surtout
des nuits si cruels, et bornons-nous à demander à Dieu
de n'envoyer rien de semblable désormais, soit à moi,
soit à mes amis. Depuis trois semaines j'occupe février à
réparer les méfaits de janvier. Je vais aussi bien que possible; mes forces sont en grande partie revenues. Les
bronches semblent en voie de guérison rapide; ainsi
n'en parlons plus.

Ce dont il faut parler, c'est d'un excellent article sur
les catacombes, que je viens de lire dans la *Revue d'É-
dimbourg*. Ce sujet m'a toujours fort intéressé. Néanmoins il est probable que je n'aurais pas commencé la
lecture de la *Revue* par l'article en question, si je n'a-
vais su d'avance qu'il était de vous. Circourt venait de
me l'écrire lorsque votre œuvre m'est parvenue; il m'a
ôté le plaisir de vous deviner : ce que j'aurais fait, j'espère. Quoi qu'il en soit, l'article est le plus intéressant

du monde, et on ne pouvait vous demander un concours plus agréable aux lecteurs.

Quel que soit l'intérêt que vous m'ayez fait trouver pendant quelques heures à vous suivre sous terre, ce qui se passe à la surface de ce petit globe mérite bien en ce moment d'attirer et de retenir l'attention. Je suis ici près d'une des anciennes voies militaires qui de tout temps ont conduit en Italie. Jamais on ne s'est mieux aperçu qu'il en est encore de même aujourd'hui.

La longueur un peu désordonnée de cette lettre, mon cher ami, vous prouvera mieux que tout ce que je pourrais dire, les progrès de ma santé. Je vais écrire à madame Grote. Rappelez-moi, je vous prie, tout particulièrement au souvenir de lady Thereza et de sir George Lewis. J'espère que lord Hatherton ne m'a pas oublié. Mille et mille amitiés à tous les Senior. Je n'ai pas besoin d'en dire autant pour madame et mademoiselle Reeve. Tout à vous de cœur.

A J. J. AMPÈRE

Cannes, 5 mars 1859.

Il y a un siècle, cher ami, que je ne suis entré en communication directe avec vous. Mais je savais que mon frère vous avait donné de mes nouvelles, et cela faisait que je ne me pressais pas. Les nouvelles qu'il vous a

données étaient bonnes, à ce que j'imagine. Celles que
je vous donnerai ne le seront pas moins; et si la fin de
mars ne détruit pas le bien que février a fait, j'espère
réellement marcher vers une guérison complète. Il est
vrai qu'il est difficile de ne pas se bien porter par le
temps qu'il fait depuis dix jours. Jamais printemps dans
toute sa douceur n'a mieux caressé des poumons malades. . . . .

On me remet à l'instant, cher ami, votre dernière
lettre. Je ne puis me consoler de vous avoir inquiété,
surtout lorsqu'il n'y avait plus la moindre raison de
l'être, comme vous avez pu le voir dans ce qui précède.
La vérité est que je vais aussi bien que possible au dire
du médecin, et que si Dieu veut bien écarter de moi
quelques incidents nouveaux, semblables à ceux qui
m'ont accablé dans le mois de janvier, tout annonce que
je marche vers la guérison...

Vous me dites de nouveau que vous espérez bientôt
pouvoir venir. Je vous l'ai déjà dit, mon bon et cher
ami, je vous supplie de n'en rien faire. Je vous ai parlé
sur ce sujet du fond du cœur. Je serais étonné que vous
ne vous en fussiez pas aperçu. Jamais je n'ai eu une
affection plus vraie, plus fraternelle pour vous. Mais la
connaissance intime et complète de votre personne qui
a fait naître cette affection et la met hors des atteintes du
temps, cette connaissance intime même m'a appris que
ce ne serait pas sans une grande agitation intérieure que
vous prendriez le parti de vous éloigner de Rome; qu'ici
vous seriez dévoré d'inquiétudes et de soucis bien faciles

à comprendre. La vue de cet état de votre âme détruirait le plaisir et le bien que pourrait me faire votre présence. Je vais bien. Rien en vérité ne motive plus un pareil voyage. J'ai repris, au travail près, toutes mes habitudes intellectuelles. Seulement, je m'interdis encore, par prudence, l'usage de la parole, autant que je le puis. Vous seriez donc peu utile, et ce serait vous rendre *misérable* sans nécessité. Ainsi donc, n'en parlons plus. Aimez-moi comme je vous aime ; je ne vous demande rien de plus.

A GUSTAVE DE BEAUMONT.

Cannes, 4 mars 1859.

Mon cher ami, je ne sais si rien m'a jamais autant coûté à dire que ce que je vais vous dire : *je vous demande de venir.* . . . .

. . . .

Venez. Que madame de Beaumont me pardonne, ou plutôt je suis sûr qu'elle m'a déjà pardonné. Je vous embrasse du fond de mon cœur.

A M. LE BARON DE BUNSEN, A CANNES

Cannes, 6 mars 1859.

Très-cher monsieur de Bunsen, j'ai oublié que j'avais samedi un rendez-vous qui me rendrait impossible de nous voir. Ne pourriez-vous pas remettre notre rendez-vous à lundi ou mardi? Je l'espère. Si vous ne le pouviez pas, j'aimerais mieux renvoyer à un autre jour la personne qui doit venir samedi, tant j'attache de prix à des entretiens qui, comme je le disais hier, après votre départ, à madame de Tocqueville, font à mon esprit plus de bien que tous les soins du docteur Sève n'en peuvent faire à mon corps. Ne vous dérangez pas pour me répondre par écrit. Un mot dit à mon domestique suffira. Mille amitiés de cœur.

A M. VICTOR LANJUINAIS

Cannes, 10 mars 1859.

J'ai reçu hier votre lettre de Cannes, mon cher ami, et elle m'a fait non-seulement du plaisir, mais du bien. Vous m'y dites sur les affaires publiques des choses qui m'ont vivement intéressé. Mais ce qui m'aide, si je puis ainsi parler, en recevant vos lettres, à respirer, c'est le souffle de grandeur morale qui, à votre insu même, les remplit. Vous appartenez, et je me permets de dire, *nous* appartenons à une famille intellectuelle et morale qui disparaît. Que je suis heureux quand je rencontre encore un de ses membres ! J'ai voulu vous dire cela sur-le-champ parce que j'en suis plein. Je répète que des lettres comme vous m'en avez souvent écrit depuis quelque temps me font du bien.

Quant à mon corps, on prétend que les choses marchent toujours de mieux en mieux. Les forces sont en grande partie revenues, puisque je marche une heure de suite, et, en comptant mes différentes sorties, plusieurs heures dans la journée sans fatigue. Mais laissons là les détails, et qu'il vous suffise de savoir que je marche aussi vite que possible vers un rétablissement complet. J'ajoute tristement qu'avec cette singulière maladie, on n'est jamais sûr de rien, tant qu'il reste quelque chose, et qu'un accident peut tout à coup me faire reculer de deux ou trois semaines.

Adieu, mon cher ami, cette lettre n'est qu'un court remerciement pour la vôtre, et en général pour la chaude sympathie qu'on aperçoit sous le calme habituel de votre style. Parlez de moi à Dufaure, qui *sournoisement* m'a donné toutes sortes de preuves d'amitié depuis trois mois, à notre cher Freslon et à Rivet. La solitude au milieu de laquelle je vis, et sous le poids de laquelle je suis souvent prêt à succomber, me rend le souvenir de ces bons et nobles amis encore plus cher.

A N. W. SENIOR, ESQ.

Cannes, 15 mars 1859.

Vous dites, cher Senior, dans une lettre que je viens de recevoir de vous, que j'aime à recevoir des lettres de mes amis, mais non à leur écrire. J'aime, il est vrai, infiniment, que mes amis d'Angleterre particulièrement m'écrivent : mais c'est une calomnie que d'ajouter que je n'aime pas de mon côté à les imiter. J'avoue que je suis en retard avec vous ; mais cela vient surtout de ce qu'un homme qui vit à Cannes ne sait plus rien de ce qui arrive dans le monde. C'est le *solitary confinement*, auquel je commence à trouver des inconvénients de toute espèce, et qui, notamment, au lieu de me donner le goût de la correspondance, m'en éloigne par l'espèce de mollesse et d'abattement qu'il répand à la longue sur l'âme tout entière, et rend pénible à l'esprit toute action.

Madame Grote, dont j'ai reçu hier une lettre très-intéressante et très-aimable, prétend que lord Brougham, à son dernier voyage à Londres, a fait des peintures lamentables de l'état de ma santé. S'il s'est borné à raconter ce qui s'est passé dans le mois de janvier, il n'a pas trop tort ; et il n'est guère possible d'exagérer l'état pénible dans lequel je me suis trouvé durant ce mois-là. Mais depuis tout a changé comme du jour à la nuit, ou plutôt de la nuit au jour. Parler aujourd'hui de ce que

j'étais en janvier, c'est faire un discours sur les maria-
ges espagnols.

Je suis attristé de vous voir repris si vivement cette
année par la grippe. Je crois que vous aurez de la peine
à habituer désormais votre larynx à un hiver d'Angleterre. Mais, d'une autre part, il est bien triste d'être
obligé tous les ans de s'expatrier. Je crois, du reste,
que telle va être ma condition, au moins pour plusieurs
hivers, et ce que je trouve de pénible à m'y déterminer
me fait sympathiser encore plus vivement avec ce qui
vous arrive à vous-même.

Adieu, cher Senior, faites, je vous prie, mille amitiés
de ma part aux Grote, aux Reeve, aux Lewis, et en un
mot à tous ceux de mes amis que vous verrez, et croyez
à ma sincère amitié.

———————

A M. LE COMTE DE CIRCOURT.

Cannes, 17 mars 1859.

Pardonnez-moi de ne pas vous écrire plus souvent,
cher monsieur de Circourt. Que vous dirai-je? Je vis
dans une solitude profonde, avec une maladie qui marche, dit-on, graduellement vers la guérison, mais qui
n'y marche qu'avec une lenteur désespérante. J'ai en
face de moi le plus beau ciel et la plus belle mer du
monde, mais ce sont là des spectacles qui charment

quand on a l'esprit content et qui ne suggèrent aucune
pensée à celui sur lequel pèse l'isolement. Je vous assure que je donnerais en ce moment toutes les beautés
de la nature pour avoir la faculté de causer librement
avec mes amis. Faute de mieux, leurs lettres du moins
me raniment, Écrivez-moi donc souvent, je vous prie;
ce sera une œuvre de charité aussi bien que d'amitié:
d'autant plus que si je suis hors du monde, je n'ai pas
cessé de m'intéresser vivement à tout ce qui s'y passe,
surtout quand c'est vous qui le racontez. Politique, littérature, anecdotes de société, tout excite mon intérêt.

. . . Rappelez-moi au souvenir de madame de Circourt et de madame de Rauzan, et croyez à ma sincère
amitié.

A M. DE CORCELLE

Cannes, 6 avril 1859.

Quoique je ne sois pas bien fort, mon cher ami, je
viens cependant vous dire moi-même combien je me réjouis de voir enfin *notre grande affaire* terminée[1]. Nul
assurément n'éprouve une plus grande joie de cet événement que moi. Dites-le surtout aux principaux intéressés.

---

[1] La *grande affaire* à laquelle fait allusion cette lettre est le mariage
de la fille de M. de Corcelle avec M. le marquis de Chambrun, que Tocqueville souhaitait vivement de voir accomplir et qui venait d'être arrêté.

B***, qui a dû vous voir en passant par Paris, vous a
dit sans doute le mauvais tour que m'a joué mon estomac, et comment, quand tout semblait guéri, il s'est
mis à son tour à se prendre et à refuser obstinément de
me donner de l'appétit ; ce qui, à la longue, m'a jeté
dans l'état de faiblesse dont je commence seulement à
sortir avec une extrême lenteur. Dites à nos amis la raison qui m'empêche de leur écrire. C'est la même qui
me fait désirer recevoir de leurs lettres. Car je ne suis
pas malade ; je ne suis que faible. Écrivez-moi donc,
cher ami, vous et les autres. Je vous embrasse de tout
mon cœur.

A J.-J. AMPÈRE

Cannes, 9 avril 1859.

Mon cher ami, ce que vous me dites dans votre dernière lettre me ravit, je vous le dis sans faire de façon[1].
Jamais je ne vous reverrai avec une plus grande joie,
bien que jamais je n'aie été plus incapable de jouir de
votre société. Car le gosier de ma femme est dans un
état pitoyable, qui presque toujours la met dans l'obli-

[1] Ampère, dans la lettre à laquelle Tocqueville répond ici, annonçait
son prochain départ de Rome pour venir à Cannes, où il comptait passer
quelque temps auprès de son ami. Mais il suivit de si près sa lettre que,
lorsqu'il quitta Rome, il n'avait point encore la réponse de Tocqueville.
Cette lettre est la dernière que Tocqueville ait écrite.

gation de se servir d'une ardoise ; moi, je ne peux plus mettre un pied devant l'autre. Je suis obligé de parler à voix basse et peu. Les lectures un peu étendues me rendent bientôt incapable d'écouter. Néanmoins je dis : Venez, venez ; car rien n'est plus égoïste que la vraie amitié, comme un autre sentiment qu'on ne nomme plus dans ma position actuelle. A partir de ce moment, votre lit va être fait. Vous aurez pour voisin le seul habitant de la maison qui parle, Édouard... Comme j'ai plus de sentiment que de force, j'en reste là.

FIN DU TOME SIXIÈME

TABLE

DU SIXIÈME VOLUME

SUITE DE LA CORRESPONDANCE INÉDITE

	Pages.
Au baron de Tocqueville (Édouard)	1
A Gustave de Beaumont.	4
Au même	6
Au même	8
Au baron et à la baronne de Tocqueville.	13
Au baron de Tocqueville.	16
A Gustave de Beaumont.	19
Au vicomte de Tocqueville.	21
A Gustave de Beaumont.	23
Au même	24
Au même.	26
A N. W. Senior, esq.	28
A M. de Corcelle	31
Au comte Molé.	33
A lord Radnor.	41
A Henry Reeve, esq.	48
A John Stuart Mill, esq.	50
Au même	51
Au même	55
A Henry Reeve, esq.	56
Au même	58
A M. de Corcelle	60

A Gustave de Beaumont 61
A M. de Corcelle 62
A John Stuart Mill, esq. 63
A N. W. Senior, esq. 65
A Henry Reeve, esq. 67
Au même. 69
Au comte Molé 71
Réponse de M. le comte Molé à Alexis de Tocqueville. 73
Au comte Molé 77
A Gustave de Beaumont 78
Au même. 79
Au même. 80
Au même. 82
Au même. 86
Au même. 87
Au baron de Tocqueville 88
A J. J. Ampère. 89
Au même. 91
A John Stuart Mill, esq. 93
A Henry Reeve, esq. 94
Au même 96
A J. J. Ampère. 97
A Henry Reeve, esq. 98
A M. de Corcelle 99
A J. J. Ampère. 101
Au baron de Tocqueville 104
A John Stuart Mill. 106
Au baron de Tocqueville 109
A J. J. Ampère. 112
Au même 114
A Gustave de Beaumont. 116
A lord Radnor 117
A M. de Corcelle 119
Au même 121
Au même 125
A M. Dufaure. 127
A M. de Corcelle 130
A mademoiselle Denise de Tocqueville. 131
A N. W. Senior, esq. 133
A madame la comtesse Louis de Kergorlay. 136

A lord Radnor 138

A Gustave de Beaumont. 140

Au même 141

A G. Grote, esq.. 142

A lord Radnor.. 146

A madame la comtesse de Circourt.. 147

A madame Grote. 148

A M. de Corcelle. 151

A M. Dufaure. 153

A M. de Corcelle. 155

A Gustave de Beaumont. 157

A M. Dufaure. 160

A madame la comtesse de Circourt.. 164

A Gustave de Beaumont. 167

Au même 169

Au même 169

A madame la comtesse de Circourt. 171

A M. Dufaure. 174

A Gustave de Beaumont. 175

A M. de Corcelle. 178

A N. W. Senior, esq. 181

A Gustave de Beaumont. 183

Au comte de Circourt. 185

A M. Dufaure. 189

A madame la comtesse de Circourt 190

A Henry Reeve, esq.. 192

A madame la comtesse de Circourt 194

Au baron de Bunsen.. 196

A Henry Reeve, esq.. 198

A Gustave de Beaumont. 201

Au baron de Bunsen. 202

A W. R. Greg, esq. 204

A M. Freslon, ancien ministre de l'instruction publique. . . . 206

A N. W. Senior, esq. 208

A W. R. Greg, esq. 212

A M. Freslon. 221

Au comte de Circourt. 223

A madame la comtesse de Circourt 225

A M. de Corcelle 229

A M. Freslon. 233

A M. Ch. Rivet. 235
A Gustave de Beaumont. 236
A M. Freslon. 258
A madame la comtesse de Circourt. 259
A madame Grote. 241
Au comte de Circourt. 244
A M. de Corcelle. 246
A madame la comtesse de Circourt 248
Au baron de Tocqueville. 251
Au comte de Circourt. 254
Au même 255
A M. de Corcelle. 258
A madame la comtesse de Circourt 263
A Gustave de Beaumont. 266
Au comte de Circourt. 268
A Gustave de Beaumont. 270
A M. de Corcelle 272
Au même.. 276
Au même.. 279
A madame Grote 282
A la même. 285
A Gustave de Beaumont. 287
A madame Swetchine. 290
A N. W. Senior, esq. 291
A M. de Corcelle. 293
A madame Austin. 294
Au comte de Circourt. 296
A madame Swetchine 297
A M. de Corcelle. 301
Au comte de Circourt. 302
A M. de Corcelle. 304
Au même.. 305
A madame Swetchine 306
A M. de Corcelle 309
Au même 311
Au baron de Bunsen 312
A M. Ch. de Rémusat. 314
A madame Swetchine. 317
A M. Victor Lanjuinais 319
Au prince Albert de Broglie. 321

A madame Swetchine. 325
A M. Ch. de Rémusat. 326
A madame Grote 328
A M. Duvergier de Hauranne. 331
A N. W. Senior, esq. 335
A madame Swetchine. 338
A madame Grote 342
A M. Lanjuinais. 345
A madame Swetchine 346
A Henry Reeve 351
A madame Swetchine. 354
A Gustave de Beaumont. 356
A madame Swetchine. 359
A M. Ch. Rivet. 361
A J. J. Ampère. 363
A madame Grote 365
A M. Freslon. 369
A Henry Reeve, esq. 371
A madame Swetchine. 376
A J. J. Ampère. 377
A madame la comtesse de Circourt. 379
A lady Thereza Lewis 381
A Henry Reeve, esq.. 385
A madame Grote 387
A lord Radnor.. 390
A J. J. Ampère. 391
A M. de Corcelle 393
Au même 395
A lord Hatherton 397
A madame Hollond 399
A J. J. Ampère. 402
Au même 404
A M. Freslon. 406
A madame la comtesse de Circourt. 408
A lady Thereza Lewis. 410
A M. Freslon. 415
A Gustave de Beaumont 417
A N. W. Senior, esq. 419
A lord Hatherton 421
A J. J. Ampère. 424

A Henry Reeve, esq. 426
A sir James Stephen. 430
A lord Hatherton 432
A Henry Reeve, esq. 434
A M. Freslon. 436
A Gustave de Beaumont. 437
A M. Freslon. 440
Au même.. 442
Au comte de Circourt. 447
A madame Grote. 449
A lord Hatherton 451
A sir George C. Lewis.. 452
A W. R. Greg, esq. 454
A M. Freslon 458
Au comte de Circourt. 459
A M. de Corcelle. 461
A J. J. Ampère 463
Au même 465
A M. Victor Lanjuinais 467
A J. Stuart Mill, esq. 469
Au comte de Circourt. 469
A M. Ch. Rivet 471
A M. de Corcelle 472
Au vicomte de Tocqueville (Édouard).. 473
A madame la comtesse de Tocqueville (Hippolyte). 474
A M. Freslon. 476
A Henry Reeve, esq.. 478
A J. J. Ampère. 479
A Gustave de Beaumont 481
Au baron de Bunsen, à Cannes. 482
A M. Victor Lanjuinais 482
A N. W. Senior, esq. 484
Au comte de Circourt. 485
A M. de Corcelle.. 486
A J. J. Ampère. 487

TABLE ALPHABÉTIQUE

DES CORRESPONDANCES CONTENUES DANS CE VOLUME

	Pages.
Ampère (J. J.). 17 septembre 1839	89
2 novembre 1839	91
21 avril 1840	97
27 septembre 1840	101
5 juillet 1841	112
10 août 1841	114
27 janvier 1857	363
12 mai 1857	377
26 juillet 1857	391
9 août 1857	402
23 août 1857	404
1er janvier 1858	424
5 décembre 1858	463
30 décembre 1858	465
3 mars 1859	479
9 avril 1859	487
Austin (madame). 11 septembre 1855	294
Beaumont (Gustave de). 30 août 1829	4
4 octobre 1829	6
29 octobre 1829	8
8 mai 1830	19
13 août 1833	23
5 juillet 1834	24
1er avril 1835	26
6 juillet 1836	61
12 novembre 1837	78

BEAUMONT (Gustave de). 18 janvier 1838. 79

    21 mars 1838. 80

    22 avril 1838. 82

    6 janvier 1839. 86

    31 janvier 1839.. 87

    9 octobre 1843. 116

    Août 1848. 140

    Novembre 1848.. 141

    24 novembre 1850. 157

    5 janvier 1851. 167

    10 janvier 1851 169

    29 janvier 1851 169

    14 septembre 1851. 175

    1er mai 1852. 183

    3 mars 1853. 201

    3 novembre 1853 236

    6 août 1854. 266

    5 octobre 1854.. 270

    21 février 1855 287

    21 décembre 1856. 356

    20 novembre 1857. 417

    21 mai 1858 437

    4 mars 1859. 481

BROGLIE (le prince Albert de). 20 juillet 1856. 321

BUNSEN (le baron de). 2 janvier 1853.. 196

    23 mai 1853.. 202

    19 juillet 1856. 312

    6 mars 1859.. 482

CIRCOURT (le comte de). 14 juin 1852.. 185

    13 août 1853.. 223

    7 décembre 1853.. 244

    1er juin 1854.. 254

    30 juin 1854 255

    1er septembre 1854. 268

    16 septembre 1855. 296

    8 novembre 1855 302

    19 juillet 1858 447

    12 novembre 1858. 459

    9 février 1859. 469

    17 mars 1859. 485

CIRCOURT (la comtesse de). 19 juin 1850 147
    30 décembre 1850 164
    14 février 1851 171
    5 juillet 1852 190
    18 septembre 1852 194
    2 septembre 1853 225
    26 novembre 1853 239
    11 janvier 1854 248
    27 juillet 1854 263
    22 février 1857 379
    24 septembre 1857 408
CORCELLE (F. de). 12 avril 1835   31
    6 juillet 1836   60
    27 juillet 1836   62
    26 septembre 1840   99
    15 novembre 1843 119
    17 septembre 1844 121
    11 octobre 1846 125
    27 août 1847 130
    1er août 1850 151
    1er novembre 1850 155
    13 septembre 1851 178
    17 septembre 1853 229
    31 décembre 1853 246
    22 juillet 1854 258
    2 octobre 1854 272
    23 octobre 1854 276
    15 novembre 1854 279
    4 août 1855 293
    16 octobre 1855 301
    20 novembre 1855 304
    23 décembre 1855 305
    18 juin 1856 309
    29 juin 1856 311
    29 juillet 1857 393
    5 août 1857 395
    22 novembre 1858 461
    15 février 1859 472
    6 avril 1859 486
DUFAURE. 29 juillet 1847 127
    12 octobre 1850 153

DUFAURE. 22 décembre 1850. 160

    12 mars 1851. 174

    4 juillet 1852. 189

DUVERGIER DE HAURANNE. 1er septembre 1856. 331

FRESLON. 9 juin 1853. 206

    19 août 1853. 221

    23 septembre 1853. 233

    3 novembre 1853. 238

    3 février 1857. 369

    11 septembre 1857. 406

    5 novembre 1857. 415

    5 mars 1858. 436

    16 mars 1858. 440

    8 juillet 1858. 442

    11 octobre 1858. 458

    23 février 1859. 476

GREG. (W. R., esq.). 23 mai 1853. 204

    27 juillet 1853. 212

    1er octobre 1858. 454

GROTE (George, esq.). 27 février 1849. 142

GROTE (madame), 24 juillet 1850. 148

    22 novembre 1853 241

    4 février 1855. 282

    21 février 1855 285

    10 août 1856. 328

    1er octobre 1856. 342

    31 janvier 1857 365

    31 mai 1857. 387

    23 juillet 1858. 449

HATHERTON (lord). 7 août 1857. 397

    27 novembre 1857. 421

    6 mars 1858. 432

    1er septembre 1858. 451

HOLLOND (madame). 9 août 1857. 399

KERGORLAY (la comtesse Louis de). Mai 1848. 136

LANJUINAIS (Victor). 18 juillet 1856 319

    13 octobre 1856. 345

    7 février 1859. 467

    10 mars 1859. 482

LEWIS (sir George Cornwall). 5 septembre 1858. 452

Lewis (lady Thereza). 6 mai 1857.. 381
    18 octobre 1857. 410
Mill (John Stuart, esq.). 12 septembre 1835.. 50
    3 décembre 1835. 51
    10 février 1836.. 55
    10 novembre 1836. 63
    15 novembre 1839. 93
    18 décembre 1840. 106
    9 février 1859. 469
Molé (le comte). 19 mai 1835. 35
    12 septembre 1857. 71
    Réponse à la précédente. 14 septembre 1837. . . . 73
    23 septembre 1857. 77
Radnor (lord). Mai 1835. 41
    5 novembre 1843. 117
    26 mai 1848. 138
    7 juin 1849. 146
    19 juillet 1857 390
Reeve (Henry, esq.). 11 septembre 1835.. 48
    17 avril 1836.. 56
    22 mai 1836. 58
    22 mars 1857. 67
    24 juillet 1857. 69
    3 février 1840. 94
    12 avril 1840.. 96
    23 mai 1840. 98
    8 août 1852. 192
    Mars 1853. 198
    7 octobre 1856. 551
    11 février 1857.. 571
    20 mai 1857. 385
    30 janvier 1858.. 426
    22 mars 1858 434
    25 février 1859.. 478
Rémusat (Ch. de). 22 juillet 1856.. 314
    6 août 1856. 326
Rivet (Ch.). 23 octobre 1853. 235
    20 janvier 1857.. 361
    15 février 1859.. 471
Senior (N. W., esq.). 21 février 1855. 28

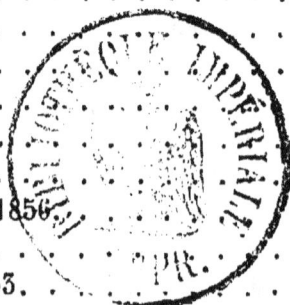

SENIOR (N. W., esq.). 11 janvier 1857   65
    10 avril 1848.   133
    28 novembre 1851.   181
    2 juillet 1853.   208
    25 juillet 1855.   291
    4 septembre 1856.   335
    15 novembre 1857.   419
    15 mars 1859..   484
STEPHEN (sir James). 14 février 1858.. . . . . :   430
SWETCHINE (madame). 20 juillet 1855   290
    6 octobre 1855.   297
    7 janvier 1856.   306
    22 juillet 1856.   317
    4 août 1856.   325
    10 septembre 1856.   338
    20 octobre 1856.   346
    4 décembre 1856.   354
    29 décembre 1856..   359
    11 février 1857..   376
TOCQUEVILLE (le vicomte Hippolyte, aujourd'hui le comte de).
    18 août 1830.   21
TOCQUEVILLE (la vicomtesse Hippolyte, aujourd'hui la comtesse de).
    25 février 1859..   474
TOCQUEVILLE (le baron Édouard, aujourd'hui le vicomte de). 9 août
    1829.   1
    6 mai 1830   16
    11 mars 1839.   88
    2 novembre 1840.   104
    30 mai 1841..   109
    7 mars 1854..   251
    17 février 1859..   473
TOCQUEVILLE (la baronne Édouard, aujourd'hui la vicomtesse de).
    9 août 1829.   1
    6 avril 1830.   13
TOCQUEVILLE (Denise de, aujourd'hui madame de BLIC). 6 janvier 1848   131

FIN DE LA TABLE DU SIXIÈME VOLUME

PARIS — TYP. SIMON RAÇON ET COMP., RUE D'ERFURTH, 1.